Der richterliche Augenschein im deutschen Strafprozeß

AF769695

Europäische Hochschulschriften

Publications Universitaires Européennes
European University Studies

Reihe II

Rechtswissenschaft

Série II Series II

Droit
Law

Bd./Vol. 767

PETER LANG
Frankfurt am Main · Bern · New York · Paris

Wolfgang Wenskat

Der richterliche Augenschein im deutschen Strafprozeß

PETER LANG
Frankfurt am Main · Bern · New York · Paris

CIP-Titelaufnahme der Deutschen Bibliothek

Wenskat, Wolfgang:

Der richterliche Augenschein im deutschen Strafprozess / Wolfgang Wenskat. - Frankfurt am Main ; Bern ; New York ; Paris : Lang, 1988

(Europäische Hochschulschriften : Reihe 2, Rechtswissenschaft ; Bd. 767)
Zugl.: Hamburg, Univ., Diss., 1988
ISBN 3-631-40617-7

NE: Europäische Hochschulschriften / 02

D 18
ISSN 0531-7312
ISBN 3-631-40617-7

© Verlag Peter Lang GmbH, Frankfurt am Main 1988
Alle Rechte vorbehalten.

Das Werk einschließlich aller seiner Teile ist urheberrechtlich geschützt. Jede Verwertung außerhalb der engen Grenzen des Urheberrechtsgesetzes ist ohne Zustimmung des Verlages unzulässig und strafbar. Das gilt insbesondere für Vervielfältigungen, Übersetzungen, Mikroverfilmungen und die Einspeicherung und Verarbeitung in elektronischen Systemen.

Printed in Germany

Inhaltsverzeichnis

EINLEITUNG

Die gesetzliche Regelung des Augenscheinsbeweises in der StPO ist lückenhaft[1]. In den §§ 86, 168 d, 225, 249 I 2, 244 V, 369 III 1 StPO ist dieses Beweismittel erwähnt, wobei jedoch nur bestimmte Einzelaspekte, wie Protokollierung, Anwesenheitsrechte usw. geregelt sind. Ein erster Blick auf diese Vorschriften zeigt, daß im Vergleich zur normativen Ausgestaltung der übrigen Beweismittel die richterliche Augenscheinseinnahme vielfach eine abweichende Sonderbehandlung durch den Gesetzgeber erfahren hat: Während sich das Unmittelbarkeitsprinzip bei allen anderen Beweiserhebungen in der Hauptverhandlung dahingehend auswirkt, daß Zeugen und Sachverständige nach § 250 S. 1 StPO grundsätzlich in eigener Person zu vernehmen und Urkunden nach § 249 I 1 StPO zu verlesen sind, eröffnen die §§ 86, 249 I 2 StPO dem Tatgericht die Möglichkeit, Protokolle über richterliche Augenscheinseinnahmen zu verlesen, ohne daß die Betrachtung des Augenscheinsobjekts in seiner originären Form notwendig wäre. Im Gegensatz zu § 223 I StPO gestattet § 225 StPO dem Gericht zur Vorbereitung der Hauptverhandlung Augenscheinseinnahmen, ohne hierzu an die Beschränkungen des § 223 I StPO gebunden zu sein. Schließlich kann nach § 244 V StPO ein Beweisantrag auf Einnahme eines richterlichen Augenscheins auch dann abgelehnt werden, wenn dies nach dem pflichtgemäßen Ermessen des Gerichts zur Erforschung der Wahrheit nicht erforderlich ist, wohingegen die Ablehnung von allen anderen Beweisanträgen gemäß § 244 III StPO und § 244 IV StPO an wesentlich engere Voraussetzungen geknüpft ist.

Die soeben aufgeführten Vorschriften weisen nicht nur auf eine Sonderstellung des richterlichen Augenscheins innerhalb des

1) So auch die allgemeine Ansicht im strafprozessualen Schrifttum: LR-Sarstedt (22. Aufl.), § 86 Anm. 3; Schäfer, Praxis, S. 337; Fezer, Strafprozeßrecht II, Fall 12 Rdn. 70; Schilling, S. 32; Ross, S. 9; Goslar, S. 31; Meindl, S. 12; Kramer, Rdn. 153; Gerland, S. 229; Peters, Strafprozeß, S. 414.

Systems der gesetzlichen Beweismittel hin, sondern belegen überdies, daß der Gesetzgeber dem richterlichen Augenschein in der Hauptverhandlung eine vergleichsweise untergeordnete Rolle zugewiesen hat. Gerade in der Hauptverhandlung als dem für die Urteilsfindung bedeutsamsten Verfahrensabschnitt bestehen insbesondere wegen § 244 V StPO geringe Möglichkeiten, durch einen Beweisantrag eine in einem früheren Verfahrensstadium versäumte Augenscheinseinnahme nachzuholen. Wenn das Gericht aber nicht durch Beweisanträge von Prozeßbeteiligten zu notwendigen Augenscheinseinnahmen veranlaßt werden kann, so besteht immer die Gefahr einer unvollständigen Sachverhaltsaufklärung und eines damit möglichen Fehlurteils.

Durch die in den §§ 86, 225, 249 I 2 StPO normierte Verlagerung des richterlichen Augenscheins vor die Hauptverhandlung einerseits und die schwache Ausgestaltung des Beweisantragsrechts in § 244 V StPO andererseits ergibt sich somit in normativer Hinsicht eine vernachlässigte Stellung des Augenscheinsbeweises.

Die unvollkommene Regelung des Augenscheinsbeweises in der StPO korrespondiert mit seiner relativ geringen Bedeutung in der forensischen Praxis. Auch ohne empirischen Nachweis wird man behaupten können, daß neben der obligatorischen Vernehmung des Angeklagten gemäß § 243 IV StPO Zeugenvernehmungen, Sachverständigengutachten und die Verlesung von Urkunden die mit Abstand häufigsten Formen der Beweisaufnahme bilden, während demgegenüber Augenscheinseinnahmen wesentlich seltener durchgeführt werden. So wird in der Praxis vor allem auf eine Tatortbesichtigung als wichtigster Form des Augenscheinsbeweises[1] oft vorschnell verzichtet, weil sie vielfach zeitraubend, umständlich und überflüssig erscheint.

Weitgehend unbeachtet gewinnen indessen bestimmte Augenscheinsgegenstände zunehmend an Bedeutung, denn durch die fortschreitende technische Entwicklung wird der Kreis möglicher Augenscheinsobjekte ständig erweitert. Automatische Kameras halten

1) Robert, S. 48; Zbinden, S. 117; Gerland, S. 232.

Verkehrsverstöße oder Banküberfälle im Lichtbild fest, der erpresserische Telefonanruf kann auf Tonband aufgezeichnet werden und häufig werden von der Polizei bei Demonstrationen auch Videofilme eingesetzt, die bei eventuellen Straftaten eine zuverlässige Identifizierung der Täter gewährleisten sollen[1]. Damit wird deutlich, daß in der forensischen Praxis zwar das Bedürfnis nach technisch hergestellten Augenscheinsobjekten zur direkten und schnellen Überführung von Straftätern wächst, jedoch hat dies bislang noch nicht zu der Erkenntnis geführt, daß auch durch eine Augenscheinseinnahme am Tatort bestehende Zweifelsfragen im Rahmen einer Beweisaufnahme oftmals genauer und zeitsparender geklärt werden können als durch weniger anschauliche und nicht selten widersprüchliche Zeugenaussagen.

Die normative und faktische Vernachlässigung des Augenscheinsbeweises spiegelt sich auch in der unzureichenden Auseinandersetzung mit diesem Beweismittel im strafprozessualen Schrifttum wider. Im deutschsprachigen Raum existiert für die Zeit nach 1945 lediglich eine Monographie von Robert aus dem Jahre 1974, die sich aber ganz überwiegend mit dem schweizerischen Rechtszustand beschäftigt.

Aus den vorstehenden Gründen ergibt sich die Notwendigkeit, die soeben dargestellten Defizite im Bereich des Augenscheinsbeweises näher zu untersuchen und Lösungsmöglichkeiten zur Bewältigung der damit einhergehenden Probleme aufzuzeigen. Ein Schwergewicht der vorliegenden Arbeit soll hierbei die Frage bilden, ob und inwieweit die normative und faktische Vernachlässigung des Augenscheinsbeweises zu Gefahren bei der Wahrheitserforschung führt und wie diesen Beeinträchtigungen der Sachverhaltsaufklärung durch Auslegung bestehender Vorschriften oder de lege ferenda begegnet werden kann.

Zur sachgerechten Lösung der zuvor beschriebenen Probleme im Zusammenhang mit dem Augenscheinsbeweis ist es notwendig, zu-

1) Siehe hierzu die ausführliche Übersicht bei Alsberg/Nüse/Meyer, S. 230 u. S. 232.

nächst die Funktion des richterlichen Augenscheins innerhalb des tatrichterlichen Erkenntnisprozesses zu untersuchen. Ausgehend von der Überlegung, daß jedes Beweismittel unterschiedlich auf die richterliche Überzeugungsbildung einwirkt, soll durch eine vergleichende Betrachtung aller Beweismittel der spezifische Erkenntnisweg des Gerichts beim richterlichen Augenschein herausgearbeitet werden. Ziel des 1. Teil des Arbeit ist es, die eigenständige Funktion des richterlichen Augenscheins innerhalb der Beweisaufnahme hervorzuheben.

Aufbauend auf den Ergebnissen des 1. Teils soll dann im 2. Teil die Aufgabe und Stellung des Augenscheinsbeweises vom Ermittlungsverfahren bis zur Wiederaufnahme des Verfahrens untersucht werden. Die Betrachtung des Augenscheinsbeweises in den verschiedenen aufeinanderfolgenden Stadien eines Strafverfahrens ermöglicht eine umfassende Aufarbeitung sämtlicher Probleme des richterlichen Augenscheins im jeweiligen Verfahrensabschnitt, wobei schwerpunktmäßig die Fragen behandelt werden sollen, die nicht primär mit Fehlentwicklungen im Bereich der gerichtlichen Sachaufklärung zusammenhängen.

Dementsprechend ist zunächst zu erörtern, warum der Gesetzgeber in den §§ 86, 225, 249 I 2 StPO - im Gegensatz zu allen anderen Beweismitteln - die Beweisaufnahme mittels richterlichen Augenscheins vor die Hauptverhandlung verlagert hat. Weiterhin ist zu untersuchen, welche Anforderungen an eine richterliche Augenscheinseinnahme gemäß § 86 StPO zu stellen sind. In diesem Zusammenhang ist insbesondere zu prüfen, wie der Kommunikationsprozeß zwischen den Prozeßbeteiligten während einer Augenscheinseinnahme vor der Hauptverhandlung abläuft und welchen Zweck die eingehende Protokollierung des Augenscheinsergebnisses in § 86 StPO hat. Schließlich ist auch zu fragen, in welchem Umfang die Verfahrensteilnehmer vor der Hauptverhandlung eine richterliche Augenscheinseinnahme herbeiführen können und welche Rechte sie bei einer Beweisaufnahme außerhalb der Hauptverhandlung haben.

Die unvollkommene Regelung des Augenscheinsbeweises in der StPO kommt vor allem in fehlenden Verfahrensvorschriften für die Beweisaufnahme in der Hauptverhandlung zum Ausdruck. So ist bis heute ungeklärt, wie der Interaktionsprozeß zwischen den Verfahrensbeteiligten bei einer Augenscheinseinnahme in der Hauptverhandlung abläuft: Während sich das Mündlichkeitsprinzip in der Hauptverhandlung dahingehend auswirkt, daß Angeklagte, Zeugen und Sachverständige zu vernehmen und Urkunden nach § 249 I 1 StPO zu verlesen sind, ist in der StPO die mündliche Einbringung von Augenscheinsobjekten nicht normiert, obwohl sich eine mündliche Erörterung auch bei diesen Beweismitteln u.U. als notwendig erweist. Es ist daher zu untersuchen, ob der Grundsatz der mündlichen Hauptverhandlung eine Kommunikation in Form eines Gedankenaustausches über die individuellen Wahrnehmungen der Verfahrensbeteiligten gebietet. Weiterhin ist zu erörtern, in welchem Umfang das Ergebnis einer richterlichen Augenscheinseinnahme Eingang in das Hauptverhandlungsprotokoll finden muß, denn die Protokollierungsvorschrift des § 86 StPO ist nur auf Augenscheinseinnahmen außerhalb der Hauptverhandlung anzuwenden[1]. Schließlich ist noch zu klären, ob das Gericht während der Urteilsberatung Augenscheinsobjekte benutzen darf, die schon Gegenstand der Beweisaufnahme in der Hauptverhandlung gewesen sind.

Da die §§ 312 ff. StPO keine gesonderten Regelungen über Augenscheinseinnahmen in der Berufungsinstanz enthalten und gemäß § 332 StPO die Vorschriften über die Hauptverhandlung erster Instanz auch für die Berufungshauptverhandlung Anwendung finden, wirkt sich die unvollkommene Ausgestaltung des Augenscheinsbeweises in den §§ 226 ff. StPO auch auf das Berufungsverfahren aus. Aus diesem Grund gelten die Ausführungen über den richterlichen Augenschein in der Hauptverhandlung auch entsprechend für die Berufungshauptverhandlung. Für die zweite Tatsacheninstanz stellt sich aber zusätzlich noch die Frage, ob die intensivere und ausführlichere Behandlung desselben Tatgeschehens vor dem Landgericht dazu führt, die beim Amtsge-

1) Ganz überwiegend anerkannt seit RGSt 26, 277.

richt versäumten Tatortbesichtigungen nunmehr nachzuholen. Mit größerem zeitlichen Abstand von der Tat steht das Berufungsgericht oftmals vor dem Problem, die ursprüngliche Tatortsituation infolge eingetretener Veränderungen nicht mehr rekonstruieren zu können, so daß auch zu untersuchen sein wird, inwieweit das Landgericht in derartigen Fällen gemäß § 325 I StPO auf Augenscheinsprotokolle des erstinstanzlichen Verfahrens zurückgreifen kann.

Während auf der Ebene des Tatrichters Augenscheinseinnahmen in faktischer Hinsicht eine untergeordnete Rolle spielen, wird in auffälligem Gegensatz hierzu von Rechtsprechung und Literatur sehr kontrovers die Frage diskutiert, ob und inwieweit dem Revisionsgericht zur Kontrolle des tatrichterlichen Urteils die Möglichkeit einer eigenen Augenscheinseinnahme der bereits vom Tatgericht benutzten Beweisobjekte eröffnet werden soll[1]. Beweisaufnahmen als Mittel der Sachaufklärung sind nämlich im Revisionsverfahren regelmäßig ausgeschlossen, denn nach § 337 StPO ist das Revisionsgericht ausschließlich zur rechtlichen Überprüfung des vorinstanzlichen Urteils berufen. Von dieser Regel hat schon das Reichsgericht[2] ausgerechnet für die ansonsten unbeliebten Augenscheinseinnahmen in bestimmten Fällen Ausnahmen zugelassen. Insbesondere zur Auslegung von unbestimmten Rechtsbegriffen soll hiernach das Revisionsgericht auf die den Urteilsakten beigefügten Augenscheinsobjekte zurückgreifen dürfen, um z.B. bei pornographischen oder beleidigenden Abbildungen die rechtliche Würdigung des Tatrichters kontrollieren zu können. Eine Untersuchung mit dem Ziel einer stärkeren Berücksichtigung von Augenscheinseinnahmen in der forensischen Praxis darf sich nicht in einer bloßen Beschreibung dieser bemerkenswerten Rechtsentwicklung erschöpfen, sondern muß auch Grund und Grenzen der Zulässigkeit des revisionsgerichtlichen Augenscheins näher analysieren.

Auch im Wiederaufnahmerecht bestehen aufgrund der unvollstän-

---

1) Zur Einführung in die Problematik siehe Schmid in ZStW Bd. 85, S. 893 ff.
2) So insbesondere RGSt 61, 379.

digen Regelungen Unklarheiten, in welchem Umfang durch richterliche Augenscheinseinnahmen die Wiederaufnahme eines bereits rechtskräftig abgeschlossenen Verfahrens möglich ist: Zwar ist in § 359 Nr. 1, 2 StPO und § 362 Nr. 1, 2 StPO festgelegt, unter welchen Voraussetzungen bei Urkunden-, Zeugen- und Sachverständigenbeweisen das Verfahren zugunsten oder zuungunsten des Angeklagten wiederaufgenommen werden kann, jedoch fehlen ähnlich eindeutige Vorschriften für den richterlichen Augenschein. Daher ist umstritten, ob die §§ 359 Nr. 1, 362 Nr. 1 StPO ausschließlich die prozessualen, d.h. verlesbaren Urkunden i.S.d. § 249 I 1 StPO erfassen oder darüber hinaus auch bestimmte Augenscheinsobjekte, die nach herrschender strafrechtlicher Auffassung als Beweiszeichen zu den Urkunden des § 267 I StGB gezählt werden. Problematisch ist zudem, ob Gegenstände des richterlichen Augenscheins neue Beweismittel oder Tatsachen i.S.d. § 359 Nr. 5 StPO sein können[1], denn wenn dies nicht der Fall ist, könnte insbesondere eine in früheren Verfahrensabschnitten unterlassene Tatortbesichtigung nicht zu einer Wiederaufnahme des Verfahrens zugunsten des Angeklagten führen.

Die Vernachlässigung des richterlichen Augenscheins in normativer und faktischer Hinsicht hat ihre weitestreichenden Folgen dort, wo sie mit Gefahren für die Wahrheitserforschung verbunden ist. Daher sollen im 3. Teil der Arbeit die Auswirkungen von fehlerhaften Augenscheinseinnahmen auf eine unvollständige Sachverhaltsaufklärung näher untersucht werden. Dieser Problemkreis hat für die Praxis eine nicht zu unterschätzende Bedeutung, weil die Kenntnis der Fehlerursachen der erste und wichtigste Schritt zur Vermeidung von Fehlurteilen ist.

Nach einer Klärung des Begriffs des Fehlurteils sollen daher zunächst die allgemeinen Gründe einer falschen richterlichen Entscheidung analysiert werden. Im Anschluß hieran ist zu untersuchen, ob speziell beim richterlichen Augenschein typische Fehlermöglichkeiten denkbar sind und ob sich diese theoreti-

1) Zum Streitstand siehe u.a.: Wasserburg, S. 313.

schen Fehlerursachen bei der Augenscheinseinnahme in Fehlurteilen der Praxis nachweisen lassen. Schließlich ist zu prüfen, inwieweit fehlerhafte richterliche Augenscheinseinnahmen auf bestimmte Entwicklungen in Gesetzgebung und Rechtsprechung zurückzuführen sind.

Die möglichen Gefahren für die Wahrheitserforschung durch die zurückhaltende Verwendung von Augenscheinsobjekten in der forensischen Praxis sollen im abschließenden 4. Teil der Arbeit auch aus der Sicht der für die Hauptverhandlung geltenden Prozeßrechtsmaximen betrachtet werden. Unvollständige Sachverhaltsaufklärung kann nämlich nicht nur durch fehlerhafte Augenscheinseinnahmen, sondern auch durch eine falsch verstandene Anwendung des Unmittelbarkeitsprinzips und des Aufklärungsgrundsatzes auf die Beweisaufnahme durch richterlichen Augenschein. Während diese Erkenntnis für den in § 244 II StPO normierten Aufklärungsgrundsatz ohne weiteres verständlich ist, läßt sich dies für das Unmittelbarkeitsprinzip damit begründen, daß jede Reproduktion des originären Augenscheinsobjekts eine Veränderung oder Verfälschung mit sich bringt, so daß die Verwendung dieser reproduzierten Beweismittel zu einer lückenhaften Sachverhaltserforschung führen kann. Daher ist zunächst zu untersuchen, in welchem Umfang der Grundsatz unmittelbarer Beweiserhebung für den richterlichen Augenschein Anwendung finden muß.

Die vom Gesetz in den §§ 86, 249 I 2, 225 StPO vorgesehenen Ausnahmen vom Unmittelbarkeitsprinzip bei Augenscheinseinnahmen regeln stets eine richterliche Augenscheinseinnahme in einem Verfahrensabschnitt vor Beginn der Hauptverhandlung und die Verlesung des entstandenen Augenscheinsprotokolls in der späteren Hauptverhandlung, so daß zunächst zu fragen ist, ob und inwieweit die gerichtliche Aufklärungspflicht einer derartigen Verfahrensweise Grenzen setzt. Noch größere Gefahren bestehen für die Sachaufklärung jedoch bei einem Ersatz des originären Augenscheinsobjekts durch andere Beweismittel, an deren Zustandekommen kein Richter beteiligt ist, denn die Beweisqualität derartiger Beweisobjekte ist schon dadurch beeinträchtigt, daß eine richterliche Augenscheinseinnahme am ursprünglichen Beweisgegenstand im Gegensatz zu den §§ 86, 249 I 2, 225 StPO völlig fehlt. Besonders die Verwertung von Zeugenaussagen anstelle von gerichtlichen Tatortbesichtigungen führte in der Praxis häufig zu Fehlurteilen, denn mit dem Verzicht eines Augenscheins begibt sich der Richter der Möglichkeit, die Richtigkeit der Zeugenaussage kontrollieren zu können[1]. Zweifelhaft ist außerdem, ob die Beauftragung einer Person, bestimmte Wahrnehmungen zu machen und über deren Ergebnis in der späteren Hauptverhandlung auszusagen (sog. Augenscheinsgehilfe), mit den Bestimmungen der StPO in Einklang zu bringen ist.

Dem Ersatz des originären Augenscheinsobjekts durch andere Beweismittel kommt auch aus der Sicht des Beweisantragsrechts eine wichtige Bedeutung zu. Es handelt sich hierbei um das Problem der Ersetzungsbfugnis, d.h. um die Frage, ob das Gericht anstelle der nach § 244 V StPO beantragten richterlichen Augenscheinseinnahme ein anderes Beweismittel benutzen darf. In Rechtsprechung und Literatur wird ganz überwiegend dem Tatgericht das Recht zum Beweismittelaustausch zugestanden, wenn das zu ersetzende Beweisobjekt ein Augenscheinsgegenstand ist[2]. Durch einen Beweismittelaustausch wird indes nicht nur in das Recht des Prozeßbeteiligten auf Wahl eines bestimmten Beweismittels eingegriffen, sondern auch eine Gefahr für die Sachaufklärung begründet, wenn z.B. das neue Beweismittel zu anderen Ergebnissen führt als die Wahrnehmungen am ursprünglichen Augenscheinsobjekt. Dementsprechend wird zu untersuchen sein, ob der Ersatz einer beantragten Augenscheinseinnahme gegen eine andere Form der Beweisaufnahme zulässig ist.

Die Frage nach der Geltung des Aufklärungsgrundsatzes für den richterlichen Augenschein im 2. Abschnitt des 4. Teils bildet den Abschluß der Arbeit. § 244 II StPO verpflichtet das Tatgericht zwar zur umfassenden Erforschung des Sachverhalts, jedoch setzt mit § 244 V StPO das Beweisantragsrecht dieser

1) Siehe hierzu bereits Peters, Fehlerquellen II, S. 191 f.
2) Eine instruktive Darstellung dieser Problematik gibt Schulz in Strafverteidiger 1983, 341 ff.

Pflicht Grenzen: Nach § 244 V StPO darf das Gericht einen Beweisantrag auf Einnahme eines richterlichen Augenscheins mit der Begründung ablehnen, daß nach Überzeugung des Gerichts der richterlichen Augenschein nichts zur Wahrheitsfindung beitragen werde. Damit wird dem Gericht gestattet, eine Beweisantizipation vorzunehmen, denn gemäß § 244 V StPO muß das Gericht ohne Kenntnis von der Beweismittelqualität des Augenscheinsobjekts eine Prognose darüber anstellen, ob die durch das bisherige Beweisaufnahmeergebnis gewonnene richterliche Überzeugung noch erschütterungsfähig ist oder nicht. Die durch § 244 V StPO geförderte Entlastung der Hauptverhandlung von störenden Augenscheinsterminen widerspricht aber dann dem Ziel umfassender gerichtlicher Aufklärung, wenn an die Stelle einer Kontrolle des bisherigen Beweisergebnisses eine vorweggenommene Beweiswürdigung tritt. Gerade bei den in der Praxis unbeliebten Tatortbesichtigungen kann die vom Richter nach § 244 V StPO zu treffende Prognoseentscheidung eher zulasten des Antragstellers ausfallen und zugleich zu Versäumnissen bei der Sachverhaltsaufklärung führen.
Es wird daher zu prüfen sein, ob die in § 244 V StPO getroffene Regelung und ihre Auslegung durch Rechtsprechung und strafprozessuales Schrifttum dem tatsächlichen Bedürfnis nach vollständiger Wahrheitserforschung entspricht.

1. TEIL:

FUNKTION UND SPEZIFISCHE EIGENARTEN DES RICHTERLICHEN AUGENSCHEINS

1. Abschnitt: Notwendigkeit einer Funktionsbeschreibung des richterlichen Augenscheins

Das geltende Strafverfahrensrecht enthält keine Legaldefinition des richterlichen Augenscheins. Die Vorschrift des § 86 StPO umschreibt dieses Beweismittel lediglich, indem sie bei der Protokollierung der Beweisaufnahme bestimmt, daß der "vorgefundene Sachbestand" festzustellen ist und besondere "Spuren oder Merkmale" ebenfalls im Protokoll festgehalten werden müssen.

Diese unscharfe Formulierung in § 86 StPO ist darauf zurückzuführen, daß es eine Vielzahl von möglichen Augenscheinsobjekten gibt. Der Kreis der Beweisobjekte, die vom Gericht in Augenschein genommen werden können, reicht von Fahrtschreiberdiagrammen über Lichtbilder, Filmstreifen, Personen, Schallplatten, Tonbänder, Urkunden bis hin zu Ortsbesichtigungen außerhalb des Gerichtssaals[1]. Die Verwendung dieser auf den ersten Blick völlig unterschiedlichen Beweisgegenstände legt jedoch die Frage nahe, welche gemeinsamen Funktionsmerkmale diese Augenscheinsobjekte haben und ob darüber hinaus der Augenscheinsbeweis eine eigenständige, d.h. von den übrigen Beweismitteln unabhängige Funktion für die gerichtliche Sachverhaltsaufklärung hat.

Die Notwendigkeit der Frage nach der Funktion des richterlichen Augenscheins innerhalb der Beweisaufnahme läßt sich insbesondere auch aus dem sog. Grundsatz eines numerus clausus der gesetzlichen Beweismittel in der StPO ableiten: Nach heute ganz überwiegender Auffassung ist der Katalog der Beweismittel in der StPO erschöpfend, so daß ausschließlich die vom Strafverfahrensrecht zur Verfügung gestellten förmlichen Beweismittel

1) Siehe hierzu die Übersicht über die vielen Augenscheinsobjekte bei KK-Pelchen, § 86 Rdn. 6; Robert, S. 42 ff.; Alsberg/Nüse/Meyer, S. 229 ff.

zur Wahrheitserforschung benutzt werden dürfen[1]. Der Sinn dieses Grundsatzes vom geschlossenen Kreis der Beweismittel liegt in der Gewährleistung eines justizförmigen Verfahrens, denn hierdurch muß jedes konkret vorliegende Beweismaterial einer bestimmten Beweismittelform exakt zugeordnet werden und unterliegt damit gleichzeitig einer festgelegten Form der Vorführung in der Hauptverhandlung[2]. Dies wirkt sich namentlich im Beweisantragsrecht dahingehend aus, daß jeder Antrag ein Beweismittel der StPO benennen, also auf Zeugen-, Sachverständigen-, Urkunden- oder Augenscheinsbeweis gerichtet sein muß[3].

Entsprechend dem Prinzip des numerus clausus der gesetzlichen Beweismittel muß jedes Beweismittel eine selbständige, von den übrigen Beweismitteln abgrenzbare Funktion innerhalb der Beweisaufnahme haben, denn anderenfalls wäre eine genaue Einordnung des jeweiligen Beweismaterials in eine bestimmte Beweismittelform nicht möglich. So ist es z.B. denkbar, daß ein Schriftstück entweder im Wege des Urkundenbeweises verlesen oder zur Feststellung einer Fälschung in Augenschein genommen wird: Die Einordnung des Beweismaterials "Schriftstück" in die Beweismittelform "Urkunde" oder "richterlicher Augenschein" erfolgt im Hinblick auf das zu klärende Beweisthema immer danach, in welcher Weise das ausgewählte Beweismittel im konkreten Einzelfall die richterliche Überzeugungsbildung zu fördern vermag. Demzufolge wirkt jedes Beweismittel unterschiedlich auf die richterliche Erkenntnisbildung ein und hat eine von den übrigen Beweismitteln abgrenzbare Funktion innerhalb der Beweisaufnahme.

1) BGH in NJW 1961, 1486 (1487); Birkmeyer, S. 403 f.; Krause/Nehring, Rdn. 110; Weiß, S. 141; Liermann, S. 64 ff.; KK-Herdegen, § 244 Rdn. 15; Spendel in JuS 1964, 465 (468); Seebode in JZ 1980, 506 (511 f.); Siegert in GA 1957, 265 (269); Henkel in JZ 1957, 148 (152); Schlüchter, Rdn. 474; Bovensiepen, S. 1; Wasserburg, S. 309; Rüping, Strafverfahren, S. 130; Krause, Urkundenbeweis, S. 85; Alsberg/Nüse/Meyer, S. 167 f. m.w.N. in Fn. 25; a.A. noch RGSt 36, 55 (56); RGSt 47, 235 (236 f.); RG in LZ 1923, Sp. 405 (406).
2) BGH in NJW 1961, 1486 (1487); Krause in Jura 1982, 225 (228); Schmidt, LK II, Vorbem. zu §§ 244-256 Rdn. 4; Seebode in JZ 1980, 506 (511); Liermann, S. 66.
3) So zu Recht Alsberg/Nüse/Meyer, S. 169.

Aus diesen Gründen ist zu untersuchen, welche Funktion der Augenscheinsbeweis für die gerichtliche Wahrheitserforschung im Strafprozeß hat.

A. Definitionen des richterlichen Augenscheins in Rechtsprechung und Literatur

In Rechtsprechung und Literatur herrscht keine Einigkeit darüber, was unter dem Begriff des richterlichen Augenscheins zu verstehen ist.

Das ältere Schrifttum definierte den Augenschein überwiegend als diejenige Prozeßhandlung, die der Richter in der gesetzlich vorgeschriebenen Form vornehme, um sachliches Beweismaterial zum Zwecke der unmittelbaren Aufnahme des Beweises seiner eigenen Wahrnehmung zu unterstellen[1].

In neuerer Zeit wird hingegen zunächst festgestellt, daß die richterliche Augenscheinseinnahme nicht auf die optische Sinneswahrnehmung begrenzt sei, sondern über alle Sinnesorgane erfolgen könne[2]. Da sich jedoch jede richterliche Erkenntnisbildung über die Sinnesorgane vollzieht[3], wird der richterliche Augenschein als diejenige Form der Beweisaufnahme angesehen, die nicht bereits als Zeugen-, Sachverständigen- oder Urkundenbeweis eine besondere gesetzliche Regelung erfahren habe[4].

Teilweise werden die mit dem richterlichen Augenschein verbundenen Wahrnehmungen des Gerichts noch dahingehend konkretisiert,

1) Mayer, S. 9; ihm folgend Staib, S. 18; Meindl, S. 16.
2) BGHSt 18, 51 (53); RGSt 36, 55 (56); Voß in GerS Bd. 79, S. 432 (441); Ross, S. 8; KK-Pelchen, § 86 Rdn. 1; Henkel, S. 223; Alsberg/Nüse/Meyer, S. 221 m.w.N. in Fn. 1; Weiß, S. 150; Schilling, S. 33; Exner, S. 53; Westhoff, S. 140; Rüping, Strafverfahren, S. 129 f.; LR-Meyer, § 86 Rdn. 1; Kramer, Rdn. 153.
3) So zu Recht Glaser, Handbuch I, S. 654; ders. in Beiträge, S. 368; Meindl, S. 11; Robert, S. 19; Alsberg/Nüse/Meyer, S. 221 mit Fn. 2.
4) KMR-Paulus, Rdn. 49 vor § 72; Kleinknecht/Meyer, § 86 Rdn. 1; Gössel, Strafverfahrensrecht, S. 242; Dähn in JZ 1978, 640 (641); Alsberg/Nüse/Meyer, S. 221 f.; KK-Pelchen, § 86 Rdn. 1; LR-Meyer, § 86 Rdn. 1; Fezer, Strafprozeßrecht II, Fall 12 Rdn. 71.

daß diese sich auf die Existenz, Qualität und Lage oder die räumlich-zeitliche Beziehung des Beweisobjekts zu anderen Personen oder Sachen beziehen müßten[1]. Ergänzend wird darauf hingewiesen, daß sich der Augenscheinsbeweis von den übrigen Beweismittelarten dadurch unterscheide, daß die Objekte beim richterlichen Augenschein nicht die Träger gedanklicher Äußerungen seien oder mindestens nicht als Mittler gedanklicher Äußerungen benutzt werden könnten[2].

Demgegenüber dient nach Kühne[3] der richterliche Augenschein der Überwindung einer faktischen Mittelbarkeit der Beweisaufnahme, indem sich das Gericht nicht durch Auskunftspersonen über die Beschaffenheit prozeßrelevanter Tatsachen berichten lasse, sondern sich selbst einen originären Eindruck von bestimmten Personen, Gegenständen und Vorgängen verschaffe[4].

B. Kritik und eigener Lösungsansatz

Die bisherigen Begriffsbestimmungen in Rechtsprechung und Literatur sind völlig uneinheitlich, weil die spezifischen Eigenarten des Augenscheinsbeweises entweder überhaupt nicht oder nur sehr unklar beschrieben werden. Der gemeinsame Grund für das Fehlen eindeutiger Definitionen besteht darin, daß der eigenständige Aufgabenbereich des richterlichen Augenscheins und damit seine spezielle Funktion innerhalb der Beweisaufnahme nicht genügend hervorgehoben wird.

Bedenklich ist zunächst die heute überwiegend vertretene Ansicht, die alle richterlichen Wahrnehmungssituationen, die

1) So u.a.: Anuschat, S. 21; Robert, S. 27; Schilling, S. 33; von Hippel, S. 426; von Kries, S. 408, 413; Zipf, Strafprozeßrecht, S. 182 f.; Schmidt, LK II, § 86 Rdn. 4; Westhoff, S. 140; Henkel, S. 223.
2) Alsberg/Nüse, S. 372 f.; ähnlich Schmidt in JZ 1964, 537 (542); Schilling, S. 33.
3) Kühne, Rdn. 518.
4) Siehe auch Gerland, S. 228; Hahn, Ton- und Bildträger, S. 68: "Unmittelbarkeit der Beweiswirkung"; ähnlich: Schilling, S. 35; Meindl, S. 12: "Unmittelbarkeit der Anschauung"; Ullmann, S. 330: "größtmögliche Unmittelbarkeit der Beweisaufnahme".

nicht als Zeugen-, Sachverständigen- oder Urkundenbeweis eine eigenständige gesetzliche Regelung erfahren hätten, allgemein dem richterlichen Augenschein zuordnet. Hierdurch wird der Augenscheinsbeweis nämlich zu einem konturenlosen Auffangtatbebestand oder - mit Robert[1] - "zum Sammelbegriff für alle Beweismittel, die nirgends unterzubringen sind, zum Lückenbüßer für Überzähliges". Entscheidend gegen diese Auffassung spricht auch, daß der Grundsatz vom numerus clausus der Beweismittel es verbietet, nur eine Negativabgrenzung zu den anderen Beweismitteln in der StPO durchzuführen, sondern im Gegenteil eine möglichst eingehende Funktionsbestimmung auch des richterlichen Augenscheins verlangt.

Fraglich ist außerdem, ob sich die richterlichen Wahrnehmungen beim Augenscheinsbeweis nur auf die Existenz, Lage, Qualität usw. eines Beweisobjekts beschränken und menschliche Gedankenäußerungen durch richterlichen Augenschein nicht übertragen werden können. Die Verwendung des Kriteriums "bestehender oder fehlender Gedankeninhalt" steht insbesondere im Widerspruch zu der heute ganz h.M., nach der auch der Inhalt einer Gedankenäußerung bei Tonbandaufnahmen im Wege des richterlichen Augenscheins festgestellt wird[2]. Darüber hinaus enthält z.B. auch eine beleidigende Zeichnung oder sonstige Abbildung eine menschliche Gedankenäußerung in nichtsprachlicher oder nichtschriftlicher, jedoch in bildhafter Form und kann durch richterlichen Augenschein vermittelt werden.

In die richtige Richtung weist dagegen der Lösungsansatz von Kühne, weil hier der Begriff des richterlichen Augenscheins von seiner Funktion her erklärt wird. Die von Kühne als "Überwindung einer faktischen Mittelbarkeit der Beweisaufnahme" gekennzeichnete Aufgabe des Augenscheinsbeweises macht indes zwar den Unterschied zum Bericht durch Auskunftspersonen deutlich, unklar bleibt aber, wie der genaue Vorgang einer richterlichen

1) Robert, S. 24; ähnlich auch Ziegler, S. 122.
2) BGHSt 14, 339 (341); 27, 135 (136); Schuhmacher, S. 268; Kramer, Rdn. 152; Hauser in SJZ Bd. 88, 113 (115); Alsberg/Nüse/Meyer, S. 231 mit umfangreichen Nachw. in Fn. 16; a.A. z.B. Schlüchter, Rdn. 541 m.w.N. in Fn. 500 (Tonbandaufzeichnung als Urkunde).

Augenscheinseinnahme abläuft und in welcher Weise die Wahrnehmung eines Augenscheinsobjekts auf die gerichtliche Überzeugungsbildung einwirkt. Diese Fragen lassen sich auch nicht mit Hilfe einer kurzen Definition des richterlichen Augenscheins beantworten, sondern können nur durch eine vergleichende Betrachtung aller Beweismittel geklärt werden.

Um die Funktion des richterlichen Augenscheins innerhalb der Beweisaufnahme näher bestimmen zu können, ist es daher notwendig, die Strukturunterschiede der verschiedenen Beweismittel im Hinblick auf Beweisaufnahme und Beweiswirkung zu analysieren. Anhand dieser Untersuchung kann dann der spezifische Aufgabenbereich des Augenscheinsbeweises genauer beschrieben werden, so daß eine exakte Zuordnung von Beweismaterial als Objekte des richterlichen Augenscheins ermöglicht wird.

2. Abschnitt: Die Funktion des richterlichen Augenscheins innerhalb der Beweisaufnahme

A. Die Funktion der Beweismittel im tatrichterlichen Erkenntnisprozeß

Für eine vergleichende Untersuchung der Beweismittel ist es zunächst erforderlich, die allgemeine Funktion der Beweismittel im Rahmen des gerichtlichen Erkenntnisverfahrens festzulegen. In einem zweiten Schritt soll dann die Aufgabe der einzelnen Beweismittel für die Sachverhaltsbildung bestimmt werden, wobei zur Verdeutlichung ihrer individuellen Funktion der Schwerpunkt der Untersuchung auf den unterschiedlichen Strukturmerkmalen und Eigenschaften der Beweismittel liegen muß. Die hierdurch gewonnenen Ergebnisse können schließlich dazu verwendet werden, im Wege eines Vergleichs mit den anderen Beweismitteln die spezielle Funktion des richterlichen Augenscheins herauszuarbeiten.

I. Die Struktur des tatrichterlichen Erkenntnisprozesses

Jede gerichtliche Entscheidung besteht aus einem zweiaktigen Prozeß: Der Strafrichter stellt einen regelmäßig in der Vergangenheit liegenden Sachverhalt fest und subsumiert diesen anschließend unter eine oder mehrere Strafnormen. Die Zuordnung eines konkreten menschlichen Verhaltens zu einem abstrakten Rechtssatz setzt somit zuerst eine vollständige Ermittlung eines tatsächlichen Vorgangs voraus.

Dabei geht der Tatrichter jedoch nicht so vor, daß er das zeitlich zurückliegende Geschehen völlig ungeordnet und in einer für die konkrete Entscheidung unerheblichen Weise aufklärt, sondern er wandert gedanklich ständig zwischen dem Obersatz - also der Rechtsnorm - und dem Untersatz - nämlich dem konkreten Lebenssachverhalt - hin und her[1]. Durch diesen Prozeß einer "wechselseitigen Durchdringung zwischen den Akten der Tatsachenfeststellung und denen der rechtlichen Qualifizierung"[2] wird gleichzeitig auch die Auswahl des zur Verfügung stehenden Beweismaterials getroffen, indem entscheidungserheblicher Beweisstoff von irrelevanten Fakten getrennt wird[3]. Das hierbei herausgefilterte Beweismaterial bildet seinerseits die Grundlage für die späteren "tatsächlichen Feststellungen" des Gerichts und vermittelt diesem ein subjektives Bild von der objektiven Wirklichkeit.

Dementsprechend hat sich der Tatrichter bei der Sachverhaltsermittlung aus verschiedenen Perspektiven mit dem Bereich des Tatsächlichen zu befassen, so daß sich der Gesamtvorgang der Wahrheitserforschung auf mehreren "Tatsachenebenen" abspielt[4].

1. Die objektive Wirklichkeit eines menschlichen Verhaltens

Als "erste Tatsachenebene" und Ausgangspunkt jeder richterlichen Sachverhaltsfeststellung ist das regelmäßig in der Ver-

1) Engisch, S. 15; Larenz, S. 268 f.; Hruschka, S. 55.
2) So treffend Scheuerle, S. 23; ähnlich auch Larenz, S. 269.
3) Hruschka, S. 20 f.
4) Im Anschluß an Fezer, Möglichkeiten, S. 43 f.

gangenheit liegende "Urgeschehen" im Sinne der objektiven Wirklichkeit eines menschlichen Verhaltens anzusehen. Diese objektive Wirklichkeit kennt der Richter aus eigenem Erleben nicht[1] und muß deshalb das "Urgeschehen" unter dem Blickwinkel einer darauffolgenden rechtlichen Würdigung rekonstruieren. Der Tatrichter steht damit vor der Aufgabe, das historische Geschehen wieder lebendig werden zu lassen, um aus der Gesamtheit der objektiven Wirklichkeit im Wege einer Selektion rechtlich relevante von rechtlich unerheblichen Verhaltesweisen trennen zu können.

2. Die Beweismittel als Objekte zur Rekonstruktion der objektiven Wirklichkeit

Zur Rekonstruktion der objektiven Wirklichkeit steht dem Gericht Beweismaterial zur Verfügung, aus dem es die zeitlich zurückliegenden Ereignisse folgert. Damit erweist sich die sachverhaltsaufklärende Tätigkeit des Gerichts als spezieller Anwendungsfall der historischen Methode, denn auch der Historiker benutzt Quellen, die ihm das - notwendigerweise mittelbare - Erkennen einer vergangenen Wirklichkeit ermöglichen[2].

Das dem Gericht vorliegende Beweismaterial ist an einen bestimmten Träger, nämlich das Beweismittel, gebunden. Beweismittel ist nach heute ganz h.M. daher immer der Zeuge, Sachverständige, die Urkunde und das Augenscheinsobjekt selbst und nicht etwa die Aussage eines Zeugen oder die an einem Augenscheinsgegenstand möglichen Wahrnehmungen[3].

Keines dieser Beweismittel kann jedoch von sich aus selbständig zur Klärung eines Beweisthemas und damit zur Sachverhaltsbildung beitragen. Der Tatrichter muß deshalb das Beweismittel untersuchen. Dabei geht er methodisch so vor, daß er an die Beweismittel präzise, das konkrete Beweisthema klärende Fragen

1) Eine Ausnahme bildet die Ungebühr in einer Sitzung gemäß § 178 GVG, bei der der Richter die Verhängung von Ordnungsmitteln aus unmittelbarem eigenen Erleben beschließt, siehe Engisch, S. 62; Rödig, S. 240; Hruschka, S. 14 f.; Fezer, Möglichkeiten, S. 43.
2) So zu Recht Käßer, S. 73; Rödig, S. 240 f.
3) So insbesondere Alsberg/Nüse/Meyer, S. 166 m.w.N.

richtet. Die Fragestellung beherrscht den gesamten Ablauf der richterlichen Sachverhaltsaufklärung, denn mit der jeweiligen Antwort kann der Tatrichter die Qualität eines Beweismittels im Hinblick auf das zu klärende Beweisthema beurteilen und gleichzeitig neue Fragen entwerfen, die durch das Beweismittel beantwortet werden sollen. Aus der Antwort des Beweismittels ergibt sich für den Tatrichter auch die Grundlage für die Schlußfolgerung, mit deren Hilfe er sich in den vergangenen Geschehensablauf gedanklich zurückversetzen kann. Somit ist die an das Beweismittel zu richtende Frage die entscheidende Voraussetzung für spätere Schlußfolgerungen[1].

Die Vernehmung einer Auskunftsperson - also des Angeklagten, Zeugen oder Sachverständigen -, die Verlesung einer Urkunde oder die Einnahme eines richterlichen Augenscheins kennzeichnet also nicht nur einen abstrakten Vorgang der Beweisgewinnung, sondern beschreibt die praktische Umsetzung der Methode, an das Beweismittel Fragen zu richten. Deutlich wird auch, daß die Beweismittel selbst eine eigenständige "zweite Tatsachenebene" bilden[2], denn erst der Gesamtvorgang der Untersuchung eines zunächst nur tatsächlich vorliegenden Beweismittels führt zum subjektiven Erkennen der objektiven Wirklichkeit.

3. Die "tatsächlichen Feststellungen" als Ergebnis der Beweisaufnahme

Die Auswertung der Beweismittel schlägt sich nieder in den "tatsächlichen Feststellungen" des Gerichts. Diese "dritte Tatsachenebene" gibt die objektive Wirklichkeit so wieder, als ob das Gericht sie aus eigenem Erleben kennen würde[3]. Eine derartige "subjektive Vorstellung des Gerichts von der Wirklichkeit"[4] deckt sich nie vollständig mit dem Urgeschehen, da zu dem ob-

1) Siehe hierzu ausführlich Hruschka, S. 21 ff.
2) Fezer, Möglichkeiten, S. 43.
3) Fezer, Möglichkeiten, S. 44.
4) Mannheim, S. 35.

jektiven Beweismaterial immer noch eine subjektive Komponente, nämlich die Schlußfolgerung als eigenständige gedankliche Leistung hinzutritt. Die "tatsächlichen Feststellungen" sind somit das Produkt aus Beweisaufnahme und einer Vielzahl von Schlußfolgerungen.

II. Zwischenergebnis

Als Zwischenergebnis kann somit festgehalten werden, daß alle Beweismittel im Strafprozeß die Funktion haben, dem Gericht eine subjektive Vorstellung von der objektiven Wirklichkeit zu verschaffen. Sie bilden das notwendige Bindeglied zwischen dem "Urgeschehen" und den "tatsächlichen Feststellungen". Der Erkenntniswert eines Beweismittels erschließt sich dem Tatrichter jedoch nicht von selbst, vielmehr ist hierzu eine "Befragung" des Beweismittels erforderlich.

Die Unverzichtbarkeit von Beweismitteln im tatrichterlichen Erkenntnisprozeß wird besonders deutlich, wenn man sich ihre Existenz bei der Sachverhaltsbildung hinwegdenkt: In diesem Fall wäre die richterliche Erkenntnisbildung überhaupt nicht nachvollziehbar[1], denn ohne eine feste Tatsachengrundlage geht jede richterliche Erkenntnis über das Stadium einer bloßen Vermutung nicht hinaus[2].

1) Zur Notwendigkeit eines nachvollziehbaren Urteilsbildungsprozesses: Stree, S. 40; Roxin, § 15 C II 1 a; Otto in NJW 1978, 1 (7); ähnlich auch schon Mannheim, S. 48: "Beweisbar ist nur das, von dessen Richtigkeit man einen anderen überzeugen kann, d.h. also nur das, was nicht ausschließlich aus der Eigenart des Urteilenden erklärbar ist."
2) Hierzu besonders anschaulich BGH in NStZ 1981, 33.

B. Die spezifischen Aufgaben der einzelnen Beweismittel innerhalb der Beweisaufnahme

Nach dem eingangs dargestellten Grundsatz vom numerus clausus der gesetzlichen Beweismittel im Strafprozeß ist es nur folgerichtig, jedem Beweismittel eine individuelle und unverwechselbare Aufgabe innerhalb der Beweisaufnahme als Ganzes zuzuordnen. Hierzu sind die jeweiligen Beweismittel teleologisch zu betrachten[1)], denn ihre spezifische Funktion im Rahmen der Beweisaufnahme wird erst erkennbar, wenn Sinn und Zweck ihrer Anwendung in bezug auf den tatrichterlichen Erkenntnisprozeß deutlich werden. Zu prüfen ist außerdem auch, ob zur Klärung eines Beweisthemas bei den einzelnen Beweismitteln eine unterschiedliche Art und Weise der Fragestellung im Sinne der oben beschriebenen Methode der Beweisgewinnung notwendig ist. Die nachfolgende, bewußt ausführlichere, vergleichende Untersuchung dient zugleich dem Zweck, im weiteren Verlauf der Arbeit auf die gewonnenen Erkenntnisse zurückgreifen zu können.

I. Der Angeklagte als Beweismittel

Es ist umstritten, ob auch der Angeklagte ein Beweismittel ist[2)]. Aus § 244 I StPO ergibt sich zunächst, daß die Vernehmung des Angeklagten kein Bestandteil der Beweisaufnahme ist. Diese Sonderstellung des Angeklagten ist gerechtfertigt, da er nicht verpflichtet ist, sich zu dem Vorwurf der Anklage zu äußern. Darin ist notwendig sein Recht eingeschlossen, sich nicht selbst belasten zu müssen[3)] und zur Wahrheitserforschung in

1) So schon Schmidhäuser in ZZP Bd. 72, S. 365 (380 f.) für die Abgrenzung zwischen dem Zeugenbeweis und dem Beweis durch Sachverständige.
2) Dafür z.B. BGHSt 2, 269 (270); Döhring, S. 20; Glaser, Beiträge, S. 343; dagegen u.a.: RGSt 48, 247 (248 f.); KK-Herdegen, § 244 Rdn. 18; zum Streitstand siehe ausführlich Alsberg/Nüse/Meyer, S. 167.
3) Zum Verbot einer Selbstbelastungspflicht siehe u.a.: Rogall, S. 104 ff.; Helgerth, S. 156 ff.; Seebode in JA 1980, 493 ff.; Rieß in JA 1980, 293 (294).

keiner Weise aktiv beitragen zu müssen. Der Angeklagte hat zudem als Verfahrensbeteiligter vielfältige prozessuale Rechte und kann insbesondere durch Beweisanträge nach § 244 III ff. StPO sowie durch Ausübung seiner Frage- und Erklärungsrechte gemäß §§ 240 II, 257 I StPO den Umfang und die Form der Beweisaufnahme maßgeblich beeinflussen.

Trotzdem ist die Einlassung des Angeklagten zur Sache für die zu treffenden "tatsächlichen Feststellungen" von entscheidender Bedeutung, denn das Gericht muß sich in jedem Fall mit dessen Aussage auseinandersetzen[1].Bei einem Geständnis kann die Aussage des Angeklagten sogar alleinige Grundlage für ein Urteil sein[2]. In jedem Fall soll die Vernehmung des Angeklagten dazu beitragen, die Wahrheit zu erforschen[3] und deshalb tritt der Vorsitzende mit ihm "zu Beweiszwecken in Frage- und Antwortverkehr"[4].

Die Aussage des Angeklagten selbst ist inhaltlich vor allem dadurch gekennzeichnet, daß das Tatgeschehen aus dessen subjektiver Sicht dargestellt wird oder Gründe genannt werden, warum die Tat (so) nicht von ihm begangen wurde. Dementsprechend sieht auch § 243 IV 2 StPO i.V.m. § 136 II StPO vor, daß dem Angeklagten Gelegenheit gegeben werden soll, die gegen ihn vorliegenden Verdachtsgründe zu beseitigen und die zu seinen Gunsten sprechenden Tatsachen geltend zu machen.

Unabhängig davon, ob sich der Angeklagte zum Anklagevorwurf äußert oder nicht, kann sein Körper gemäß §§ 81a, 81b StPO auch zum Gegenstand des richterlichen Augenscheins gemacht werden[5]. Der Angeklagte hat somit zwar keine aktive Mitwirkungs-, jedoch

1) BGHSt 2, 269 (270); Kühne, Rdn. 457.
2) So zu Recht Roxin, § 25 I 1; Krause, Urkundenbeweis, S. 71.
3) RGSt 47, 139 (140); Kramer in Jura 1983, 113; Krause, Urkundenbeweis, S. 71; Dahs in NJW 1962, 2238 (2239).
4) So treffend Beling, S. 295.
5) OLG Bremen in MDR 1970, 165; KG in NJW 1979, 1668 (1669); Rogall, S. 33 u. S. 54 ff.; Rieß in JA 1980, 293 (294); Roxin, § 25 I 2; Rupp, S. 120; Alsberg/Nüse/Meyer, S. 167 in Fn. 21 u. S. 236 f.; Gerland, S. 135; von Hippel, S. 418 in Fn. 1; KK-Pelchen, § 81 a Rdn. 1; Kleinknecht/Meyer, § 244 Rdn. 2; Henkel, S. 172.

eine passive Duldungspflicht[1] mit der Folge, daß er über seine Stellung als Beweismittel nur insoweit verfügen kann, als es darum geht, ob er aussagen will oder nicht[2]. Soweit der Körper des Angeklagten als Gegenstand des Augenscheinsbeweises dient, ist er also ein echtes Beweismittel im formellen Sinne[3]. Der Angeklagte wird z.B. dann zum Augenscheinsobjekt, wenn Narben, Wunden oder sonstige Auffälligkeiten am Arm oder am Bein im Gerichtssaal festgestellt werden sollen[4]. Dagegen sind Beobachtungen des Richters, die dieser anläßlich der Vernehmung des Angeklagten macht, keine richterliche Augenscheinseinnahme, sondern können als Teil der Vernehmung der Beweiswürdigung zugrundegelegt werden. Hierzu gehören insbesondere das Betrachten der äußeren Erscheinung des Angeklagten[5] und seiner sich offen darbietenden Körperbeschaffenheit[6] sowie andere "nicht aufgesuchte" Wahrnehmungen, wie Erbleichen, Erröten, Mienenspiel, Gebärden oder sonstige allgemeine Eindruck des Angeklagten während der Vernehmung[7]. Eine Begründung für diese unterschiedliche Behandlung richterlicher Wahrnehmungssituationen wird zwar von Rechtsprechung und Literatur nicht gegeben, jedoch sind die "nicht aufgesuchten" Wahrnehmungen schon deshalb nicht zu den richterlichen Augenscheinseinnahmen zu zählen, weil die Vernehmung des Angeklagten den eigentlichen Gegenstand der Beweisaufnahme bildet und das äußere Verhalten des Angeklagten hierbei lediglich einen unselbständigen Bestandteil seiner Aussage insgesamt darstellt.

1) Seebode in JA 1980, 493 (496 f.); Rogall, S. 56.
2) KG in NJW 1979, 1668 (1669); KK-Pelchen, § 58 Rdn. 8; Rogall, S. 55.
3) Rogall, S. 33.
4) Alsberg/Nüse/Meyer, S. 236.
5) BGH bei Dallinger in MDR 1974, 367 (368); OLG Koblenz in VRS Bd. 47, 441 (442); OLG Stuttgart in VRS Bd. 58, 436 (438); Alsberg/Nüse/Meyer, S. 236.
6) BGH bei Dallinger in MDR 1974, 367 (368); KK-Pelchen, § 86 Rdn. 1 u. 6; Alsberg/Nüse/Meyer, S. 236 m.w.N. in Fn. 62.
7) BGHSt 5, 354 (356); 18, 51 (54 f.); RGSt 33, 403 (404); 39, 303 (304 f.); Alsberg/Nüse/Meyer, S. 236 m.w.N. in Fn. 66; a.A. Rogall, S. 33.

II. Der Zeuge

Der Zeuge ist eine Beweisperson, die in einem nicht gegen sie selbst gerichteten Strafverfahren Auskunft über ihre Wahrnehmung von Tatsachen gibt[1].

Im Stadium der Wahrnehmung ist der Zeuge zunächst - ähnlich wie der Angeklagte - durch eine individuelle Erlebensbeziehung mit dem Gegenstand seiner späteren Aussage verbunden[2]. Diese Wahrnehmung liegt regelmäßig in der Vergangenheit. Der subjektive Eindruck eines Zeugen über das Tatgeschehen qualifiziert ihn zu einem unersetzlichen, d.h. nicht austauschbaren Beweismittel[3], denn der Zeuge ist neben dem Angeklagten in der Regel die einzige Aussageperson, die in irgendeiner Weise an dem konkreten Tatgeschehen i.S. der "ersten Tatsachenebene" teilgenommen hat. In der überwiegenden Zahl der Fälle haben die Beobachtungen eines Zeugen einen absichtslos-zufälligen Charakter, jedoch können z.B. Polizeibeamte oder Privatdetektive im Rahmen ihrer Berufsausübung auch bewußte und konzentrierte Wahrnehmungen machen. Wesentlich für die Beobachtungen von Zeugen ist außerdem, daß das Ergebnis der Wahrnehmungen gedanklich bereits verarbeitet wird, bevor der Zeuge über den Inhalt seiner Wahrnehmungen aussagt. Dies geschieht stets schon im Stadium der Wahrnehmung selbst: Hier wählt der Zeuge bestimmte, ihm wichtig erscheinende Eindrücke aus. Durch diesen Selektionsprozeß entsteht ein subjektiv gefärbtes Abbild von dem wahrgenommenen Geschehen[4].

1) RGSt 52, 289; Schmidt, LK II, Rdn. 1 vor § 48; Henkel, S. 199; von Hippel, S. 395; Krause in Jura 1982, 225 (227); KK-Pelchen, Rdn. 1 vor § 48; Gerland, S. 196; Gössel, Strafverfahrensrecht, S. 198; Alsberg/Nüse/Meyer, S. 171.
2) BGH in NJW 1983, 126 (127); Schmidhäuser in ZZP Bd. 72, 365 (387).
3) BGHSt 22, 347 (348 f.); BGH in NJW 1983, 126 (127); RGSt 47, 100 (105). Auf die nicht bestehende Möglichkeit des Austauschs von Zeugen stellt insbesondere auch Schmidhäuser in ZZP Bd. 72, 365 (394 f., 401 f.) bei der Abgrenzung zwischen Zeugen und Sachverständigen ab.
4) Hierzu insbesondere Bender/Röder/Nack I, Rdn.34; Döhring, S. 105 ff.

Diese gedankliche Vorstellung vom eigenen sinnlichen Eindruck wird dann vom Zeugen durch eine geistige Leistung gespeichert. In dieser Phase kommt es zu mehr oder weniger großen Erinnerungsverlusten oder sonstigen gedanklichen Umformungen des erlebten Geschehens[1].

Der Restbestand des wahrgenommenen und noch in Erinnerung befindlichen Geschehens kann schließlich vom Zeugen durch seine Aussage wiedergegeben werden. Auch diese Wiedergabe seiner Wahrnehmungen ist notwendigerweise unvollkommen, weil niemand seine bloß gedanklich existierende Vorstellung von der Wirklichkeit in sprachlicher Form vollständig vermitteln kann. Der Zeuge wählt deshalb wiederum aus dem Restbestand seiner Eindrücke diejenigen aus, die aus seiner Sicht ein vollkommenes Bild der von ihm erlebten Wirklichkeit abgeben.

Bei der Vernehmung eines Zeugen besteht die Aufgabe für den Tatrichter darin, die zeitlich zurückliegenden Wahrnehmungen des Zeugen in der Gegenwart wieder möglichst vollständig zu rekonstruieren. Dies geschieht dadurch, daß der Tatrichter den Zeugen in mündlicher Form nach dessen Beobachtungen befragt und der Zeuge ihm ebenfalls mündlich seine Eindrücke übermittelt. Damit sich der Tatrichter gedanklich in das Tatgeschehen zurückversetzen kann, ist es erforderlich, daß er sich während der Vernehmung in die Wahrnehmungssituation des Zeugen geistig hineinversetzt.

Die Zeugenaussage ist somit nicht das Ergebnis einer reinen Wiedergabe von wahrgenommenen Tatsachen, sondern ist in erster Linie das Resultat einer bereits urteilsmäßig verarbeiteten Wahrnehmung, die dem Tatrichter im Wege der Aussage zugänglich gemacht wird. Dementsprechend kann sich die richterliche Überzeugungsbildung bei der Würdigung einer Zeugenaussage nur auf eine schon urteilsmäßig verarbeitete Wahrnehmung stützen[2].

Dagegen kann das Gericht die Person des Zeugen gemäß § 81 c I StPO auch zum Gegenstand eigener Wahrnehmungen machen, indem

1) Ausführlich Bender/Röder/Nack I, S. 45 ff.
2) Im Ergebnis ebenso Kuchinke, S. 198.

sein Körper in richterlichen Augenschein genommen wird[1]. In diesem Fall ist nicht mehr der Zeuge das Beweismittel, vielmehr wird sein Körper als Augenscheinsobjekt zum Beweismittel.

III. Der Sachverständige

Nach heute ganz überwiegender Ansicht ist Sachverständiger, wer Tatsachen übermittelt, zu deren Wahrnehmung eine besondere Sachkunde erforderlich war und die er im Auftrag des Gerichts, der Staatsanwaltschaft oder der Polizei festgestellt hat[2]. Im Gegensatz zum sachverständigen Zeugen, auf den nach § 85 StPO die Regeln über den Zeugenbeweis anzuwenden sind, ist der Sachverständige diejenige Beweisperson, die keine eigene unmittelbare Erlebensbeziehung zum konkreten Tatgeschehen hat, sondern ihre fachkundigen Wahrnehmungen erst nach einem entsprechenden Begutachtungsauftrag macht.

Begrifflich gehört zum Sachverständigen, daß er auf einem bestimmten Wissensgebiet eine Sachkunde hat, die dem Richter fehlt[3]. Dies ergibt sich insbesondere auch aus § 244 IV 1 StPO, wonach ein Beweisantrag auf Vernehmung eines Sachverständigen abgelehnt werden kann, wenn das Gericht selbst die erforderliche Sachkunde besitzt.

Der praktisch wichtigste Fall der Sachverständigentätigkeit ist die Anwendung des Erfahrungswissens bei der Begutachtung eines bestimmten Sachverhalts, den das Gericht dem Sachverständigen mitteilt, der nach § 80 StPO ermittelt wird oder den

1) OLG Hamm in MDR 1974, 1036; Friedrichs in ZZP Bd. 19, 390 (391); Schmidt, LK II, § 86 Rdn.5; KK-Pelchen, § 86 Rdn. 6; Alsberg/Nüse/Meyer, S. 236 f. m.w.N.; Kohler in GA Bd. 60, 212 (213 ff.).

2) Gössel, Strafverfahrensrecht, S. 227; Dahs/Dahs, Rdn. 217; Jessnitzer, S. 27; Rüping, Strafverfahren, S. 59; Schmidt, LK II, Rdn. 17 vor § 72; Schlüchter, Rdn. 480 f.; Alsberg/Nüse/Meyer, S. 218 m.w.N. in Fn. 84; a.A. z.B. noch Schmidhäuser in ZZP Bd. 72, 365 (394 f., 401 f.), der die Ersetzbarkeit des Sachverständigen im Gegensatz zum Zeugen als das entscheidende Unterscheidungskriterium ansteht.

3) Beling, S. 300 f.; Alsberg/Nüse/Meyer, S. 207.

der Sachverständige selbst aufgrund seiner besonderen Sachkunde aufdeckt[1]. Entscheidend ist hierbei immer, daß der Sachverständige aus den ihm vorliegenden Tatsachen mit Hilfe seiner Sachkunde selbständig Schlußfolgerungen zieht. Der Sachverständige darf sich jedoch nicht darauf beschränken, dem Gericht lediglich das Ergebnis dieser Schlußfolgerungen mitzuteilen. Er muß vielmehr über die dem Gutachten zugrundegelegten Tatsachen sowie über die angewandten allgemeinen Erfahrungssätze berichten und die Gedankenkette vortragen, welche von diesen Erfahrungssätzen zu dem gefundenen Ergebnis führt. Hierzu muß der Sachverständige sein Gutachten so begründen, daß dem Gericht eine eigenverantwortliche Nachprüfung möglich ist. Der Tatrichter darf nämlich die Ergebnisse des Sachverständigengutachtens nicht ungeprüft übernehmen, sondern ist selbst in schwierigen Fachfragen zu einem eigenen Urteil verpflichtet. Deshalb muß das Tatgericht die Entscheidung über diese Fragen selbst erarbeiten und die vom Sachverständigen gegebene Begründung selbst durchdenken[2].

Aus diesen Gründen beziehen sich die Fragen des Tatrichters an den Sachverständigen immer auf den Erkenntnisweg und die Schlußfolgerungen, die der Sachverständige kraft seines Fachwissens aus den ihm vorliegenden Tatsachen gezogen hat. In wesentlich stärkerem Maße als beim Zeugen liegt dem Gericht eine urteilsmäßig verarbeitete Wahrnehmung vor, denn es ist gerade die Aufgabe des Sachverständigen, mit Hilfe seiner Sachkunde bestimmte Tatsachen auszuwerten und das hieraus folgende Ergebnis dem Gericht zur Verfügung zu stellen. Die Verwendung von Sachverständigen hat für das Gericht also zwar den Vorteil, daß ihm fremdes Sachwissen zur Auswertung von Beweismaterial zugänglich gemacht wird, jedoch hat das fehlende Fachwissen des Gerichts zur Folge, daß eine vollständige gedankliche Nachprüfung des Erkenntnisweges des Sachverständigen nicht möglich

1) Jessnitzer, S. 22, 23 ff.; Gerland, S. 219; LR-Meyer, Rdn. 7 vor § 72; Beling, S. 299; Roxin, § 27 A I 3; Schmidt, LK II, Rdn. 8 ff. vor § 72; von Hippel, S. 415; Alsberg/Nüse/Meyer, S. 211.
2) Siehe hierzu ausführlich BGHSt 8, 113 (118); Jessnitzer, S. 23 u. S. 79.

ist.

Beim Sachverständigen können Abgrenzungsschwierigkeiten beim Zusammentreffen mit einer richterlichen Augenscheinseinnahme entstehen. Wenn ein Richter einen Augenschein unter Hinzuziehung eines Sachverständigen vornimmt, handelt es sich um einen sog. zusammengesetzten oder gemischten Augenschein, der rechtlich nach den Regeln des Augenscheinsbeweises zu behandeln ist[1]. Ein gesetzliches Beispiel für einen solchen zusammengesetzten Augenschein ist die Leichenschau nach § 87 I 1 StPO[2]. Überläßt der Richter dem Sachverständigen hingegen ein Wahrnehmungsobjekt zur selbständigen Auswertung, so liegt eine sog. Befundtatsache vor, die der Sachverständige zur Grundlage seines späteren Gutachtens macht[3]. Die Beschreibung eines Wahrnehmungsobjekts durch den Sachverständigen im Rahmen seines Gutachtens ist dann kein "mittelbarer Augenschein", sondern Bestandteil des Sachverständigenbeweises. Der Grund für diese Abgrenzung zwischen Sachverständigen und richterlicher Augenscheinseinnahme ist darin zu sehen, daß beim zusammengesetzten Augenschein trotz der Hinzuziehung eines Sachverständigen die eigentliche Beweisaufnahme aus richterlichen Wahrnehmungen besteht, während demgegenüber Befundtatsachen wegen der fehlenden Sachkunde des Gerichts von vornherein richterlichen Beweishandlungen entzogen sind und erst über die sachverständige Auswertung für die Beweisaufnahme nutzbar gemacht werden können[4].

1) Siehe hierzu Anuschat, S. 47, Bennecke/Beling, S. 338; Birkmeyer, S. 417; Glaser, Handbuch I, S. 660 u. S. 673; LR-Meyer, § 86 Rdn. 4; Alsberg/Nüse/Meyer, S. 212 u. S. 226; a.A. Simader, S. 156.
2) Dähn in JZ 1978, 640 f.; KMR-Paulus, § 87 Rdn. 2; LR-Meyer, § 86 Rdn. 4; Roxin, § 27 E I; Birkmeyer, S. 418; Alsberg/Nüse/Meyer, S. 212.
3) Zum Begriff der Befundtatsache siehe Schlüchter, Rdn. 527; KK-Pelchen, Rdn. 4 vor § 72.
4) Historisch gesehen hat sich der Sachverständigenbeweis aus dem Augenscheinsbeweis entwickelt. So wurde insbesondere bei einer Leichenschau oder Leichenöffnung ein fachkundiger Arzt hinzugezogen, hierzu: Glaser, Beiträge, S. 382 ff.; Kleinschrod in Arch.Crim. Bd. V, 3. Stück, S. 1 (15 ff.); Schmidt, LK II, Rdn. 1 vor § 72; Alsberg/Nüse/Meyer, S. 208f. Im gemeinen Inquisitionsprozeß sah man jede Auswertung eines Augenscheinsobjekts durch Sachverständige als "mittelbare Augenscheinseinnahme" an, vergl.: Kitka, S. 204; Anuschat, S. 47.

IV. Die Urkunde

Der strafprozessuale Urkundenbeweis besteht in der Ermittlung und Verwertung des gedanklichen Inhalts eines Schriftstücks[1]. Urkunde i.S.d. § 267 StGB ist dagegen die verkörperte und allgemein oder jedenfalls für Eingeweihte verständliche Gedankenerklärung, die geeignet und bestimmt ist, im Rechtsverkehr Beweis zu erbringen, und die ihren Aussteller erkennen läßt[2]. Es bestehen somit entscheidende Unterschiede zwischen dem strafprozessualen Urkundenbegriff des § 249 I 1 StPO und dem materiell-rechtlichen Urkundenbegriff des § 267 StGB: Während eine Urkunde im materiell-rechtlichen Sinne nicht unbedingt verlesbar sein muß, ist die Verlesbarkeit einer Urkunde nach § 249 I 1 StPO unabdingbare Voraussetzung. Andererseits ist für eine Urkunde gemäß § 249 I 1 StPO weder die Beweisbestimmung noch ihre Echtheit oder die Erkennbarkeit ihres Ausstellers zwingend erforderlich[3].

Die Verlesung eines Schriftstücks gehört nicht notwendig zum Urkundenbegriff des § 249 I 1 StPO, denn hierbei handelt es sich lediglich um die Methode, mit der der schriftlich fixierte Gedankeninhalt zur Kenntnis aller Prozeßbeteiligten gebracht wird[4].

Dagegen ist die Verlesbarkeit, also die Möglichkeit einer Verlesung, unabdingbares Element des strafprozessualen Urkundenbegriffs, denn wenn das stumme Lesen eines Schriftstücks nicht möglich ist, kommt es nicht zur Übertragung eines in Schriftzeichen fixierten Gedankeninhalts und damit weder zur Kenntnis-

1) Schmidt, LK II, § 249 Rdn. 1; Beling, S. 311; Kuckuck, S. 146; von Kries, S. 412; Alsberg/Nüse/Meyer, S. 241; von Hippel, S. 434.
2) Siehe aus der umfangreichen Rechtsprechung und Literatur u.a.: BGHSt 3, 82 (84 f.); 13, 235 (239); RGSt 77, 275 (277); Alsberg/Nüse/Meyer, S. 242.
3) Zu den Unterschieden des strafprozessualen und materiellrechtlichen Urkundenbegriffs siehe im einzelnen: Krause, Urkundenbeweis, S. 104 ff.; Schlüchter, Rdn. 531; KMR-Paulus, § 249 Rdn. 7; KK-Mayer, § 249 Rdn. 9; Schmidt, LK II, § 249 Rdn. 7; Rüping, Strafverfahren, S. 130; Kühne, Rdn. 521; Roxin, § 28 B 1; Alsberg/Nüse/Meyer, S. 242 f.
4) So zu Recht Kuckuck, S. 146.

nahme durch den Lesenden noch zur mündlichen Verlesung.

Inhaltlich enthält jede Urkunde i.S.d. § 249 I 1 StPO eine bestimmte menschliche Gedankenerklärung, die der Verfasser des Schriftstücks niedergelegt hat. Diese Gedankenerklärung ist das Ergebnis eines vielschichtigen Urteilsbildungsprozesses, in dem der Verfasser aus verschiedenen Wahrnehmungen und Gedanken den schriftlichen Inhalt formt und dabei ihm unwichtig erscheinende Gedanken nicht schriftlich festhält. An den hierdurch entstandenen Inhalt einer Urkunde ist der Tatrichter beim Lesen gebunden, wenn ihm nicht ausnahmsweise der Verfasser des Schriftstücks zur Beantwortung weiterer Fragen zur Verfügung steht. Dementsprechend kann der Tatrichter über den Urkundeninhalt hinaus keine weiteren Beweisfragen mit Hilfe der Urkunde klären, weil der Verfasser des Schriftstücks den Inhalt der Urkunde abschließend festlegt. Das Tatgericht kann daher den schriftlichen Inhalt einer Urkunde lediglich durch eigene Beweiswürdigung interpretieren, um Rückschlüsse auf Wahrnehmungen und Gedanken des Verfassers zu ziehen.

Wenn zur Klärung eines Beweisthemas nicht die Ermittlung eines schriftlich fixierten Gedankeninhalts, sondern z.B. eine Veränderung oder die Beschaffenheit der Urkunde in Frage steht, so wird die Urkunde zum Augenscheinsobjekt: Ein Erpresserbrief ist z.B. sowohl dem Urkundenbeweis als auch dem Augenscheinsbeweis zugänglich; soweit der gedankliche Inhalt entscheidend ist, liegt ein Urkundenbeweis vor, wenn ein Schriftvergleich mit Schriftproben des Beschuldigten durchgeführt werden soll, handelt es sich um einen Augenscheinsbeweis[1]. Jede Erkenntnisbildung, die an einem Schriftstück vorgenommen wird und über die Ermittlung und Verwertung des Gedankeninhalts eines Schriftstücks hinausgeht, vollzieht sich somit durch richterlichen Augenschein[2].

---

1) RGSt 17, 103 (106); OLG Hamm in NJW 1953, 839; von Kries, S. 413; Schmidt, LK II, § 86 Rdn. 4; Schilling, S. 32; Kühne, Rdn. 522; Krause, Urkundenbeweis, S. 120; Westhoff, S. 140; Anuschat, S. 26; Robert, S. 26; von Weveld, S. 56; Zipf, Strafprozeßrecht, S. 183; Sauer, S. 182 f.; Alsberg/Nüse/Meyer, S. 234 f. mit umfangreichen Nachw. in Fn. 46.

2) Siehe z.B. OLG Hamm in NJW 1953, 839: Nachweis der Tatsache nachgetragener Beträge in Geschäftsbüchern vollzieht sich durch richterlichen Augenschein.

V. Gemeinsame Merkmale von Aussagepersonen und Urkunden

In allen Fällen, in denen Auskunftspersonen, also Angeklagte, Zeugen oder Sachverständige, ihre Aussage machen, handelt es sich um eine aktive menschliche Gedankenäußerung in Form einer mündlichen Informationsvermittlung, durch die eine subjektiv geprägte Vorstellung von Tatsachen übertragen wird. Hier hat der Tatrichter die Möglichkeit, durch Frage und Antwort weitere Beiträge zur Klärung seines Beweisthemas zu bekommen, wenn ihm die bisherigen Auskünfte nicht ausreichend erscheinen.

Im Gegensatz dazu ist der Tatrichter an den schriftlich fixierten Gedankeninhalt einer Urkunde inhaltlich gebunden, kann also keine weiteren Feststellungen inhaltlicher Art treffen, sondern nur den Urkundeninhalt interpretieren.

Gemeinsames Merkmal von Auskunftspersonen und Urkunden ist es, daß der Tatrichter immer bereits urteilsmäßig verarbeitete Wahrnehmungen entgegennimmt[1]. Dem Tatgericht werden also nicht Tatsachen des "Urgeschehens" originär übermittelt, sondern lediglich das Ergebnis eines subjektiv geprägten gedanklichen Auswahlprozesses. Aus diesem Grund muß die richterliche Überzeugungsbildung bei der Verwendung dieser Beweismittel in gewissem Umfang auf bereits urteilsmäßig verarbeiteten Wahrnehmungen aufbauen, wenn der Tatrichter sich nicht ausnahmsweise aufgrund eigener Wahrnehmung ein selbständiges Urteil bilden kann.

C. Funktion und Bedeutung des richterlichen Augenscheins

Der Vergleich der bereits dargestellten Beweismittel mit dem Augenscheinsbeweis hat schon zu einer wichtigen Erkenntnis geführt: Der Beweis durch richterlichen Augenschein kann sich mit jedem anderen zulässigen Beweismittel verbinden[2]. So

1) Ebenso zu Recht: Kuchinke, S. 198.
2) Im Ergebnis ebenso, jedoch ohne nähere Begründung: Döhring, S. 314.

können Angeklagte, Zeugen und Urkunden zu Objekten richterlichen Augenscheins werden und Sachverständige zu Augenscheinseinnahmen hingezogen werden.

Um im folgenden die unterschiedliche Funktion des Augenscheinsobjekts im Vergleich mit den bereits beschriebenen Beweismitteln analysieren zu können, ist es zunächst erforderlich, verschiedene Begriffe zu klären:

- Beweismittel ist allein das Augenscheinsobjekt[1]. Dieser Augenscheinsgegenstand bildet die Beweisgrundlage für die richterliche Erkenntnisbildung.
- Die Begriffe "richterlicher Augenschein", "Augenscheinseinnahme" oder "Inaugenscheinnahme" sind Synonyme und bezeichnen den Vorgang richterlicher Erkenntnisbildung durch sinnliche Wahrnehmung eines Augenscheinsobjekts[2].
- Der Augenscheinsbeweis ist das Ergebnis der Augenscheinseinnahme eines Augenscheinsobjekts.

I. Das Augenscheinsobjekt als Beweismittel

Der Augenscheinsgegenstand unterscheidet sich von allen anderen Beweismitteln insbesondere dadurch, daß der Beweisinhalt nicht bereits in mündlicher oder schriftlicher Form subjektiv vorgeprägt ist. Im Gegensatz zu den übrigen Beweismitteln liegt dem Richter beim Augenscheinsobjekt keine schon urteilsmäßig verarbeitete Wahrnehmung vor, sondern der Richter verfügt über ein Beweisobjekt, an das sich seine eigene Auswertung unmittelbar anknüpft. Dieses Beweisobjekt wird also nie inhaltlich durch Vernehmung von Aussagepersonen oder Verlesung von Schriftstükken vermittelt, vielmehr wird sein Beweisinhalt dem Tatrichter originär zur eigenen und erstmaligen Beurteilung zugänglich

1) Grundlegend: John, S. 494 ff.; ebenso Bennecke/Beling, S. 336 in Fn. 3; von Kries, S. 408; Staib, S. 18; Schmidt, LK II, § 86 Rdn. 2; von Hippel, S. 427; Anuschat, S. 22 f.; Döhring, S. 312; Robert, S. 17; Kleinknecht/Meyer, Einleitung, Rdn. 49; Alsberg/Nüse/Meyer, S. 166; Kohler in GA Bd. 60, 212; a.A. noch Birkmeyer, S. 413, 415 in Fn. 10, der den richterlichen Augenschein als Beweismittel ansieht.
2) Siehe hierzu Döhring, S. 312 f. sowie die zuletzt in Fn. 1) genannten Nachweise.

gemacht[1].

Der Umstand, daß bei Augenscheinsobjekten keine vorherige Umwandlung in Gedankeninhalte stattfindet, erfordert es, daß alle Augenscheinsgegenstände einen Teil des "Urgeschehens" im Sinne der "ersten Tatsachenebene" konservieren. Ohne diese Konservierung wäre dem Tatrichter nämlich keine Vermittlung von Tatsachen des "Urgeschehens" möglich. Die Tatortuntersuchung, der Fahrtenschreiber, die Fotografie, die Tatwaffe sowie Tonband-, Film- und Videoaufzeichnungen zeichnen sich alle dadurch aus, daß dem Tatrichter Wahrnehmungsobjekte so zur Verfügung stehen, wie sie durch das "Urgeschehen" entstanden sind. Keine Ausnahme hiervon machen reproduzierte Augenscheinsobjekte wie z.B. Skizzen oder Lichtbilder vom Tatort, denn diese Beweisgegenstände geben quasi stellvertretend für das originäre Augenscheinsobjekt dessen Beschaffenheit wieder und bei der Herstellung dieser reproduzierten Augenscheinsgegenstände kommt es gerade darauf an, den Tatort oder einen anderen Teil des "Urgeschehens" originalgetreu und damit möglichst frei von eigenen Gedankeninhalten des Herstellers abzubilden. Alle anderen Beweismittel formen das "Urgeschehen" in Gedankeninhalte um und geben nur eine - individuell verschiedene - subjektive Vorstellung von der objektiven Wirklichkeit wieder[2]. Demgegenüber bietet sich der Beweisstoff bei der Wahrnehmung von Augenscheinsobjekten quasi im "Rohzustand" dar[3]. Augenscheinsgegenstände konservieren zwar einen Teil des "Urgeschehens" und stehen dem Gericht für eine erstmalige beweismäßige Beurteilung zur Verfügung, jedoch bedeutet diese Erkenntnis nicht, daß diese Beweisobjekte stets auch unmittelbar Beweis für eine entscheidungserhebliche Tatsache erbringen. Vielfach können Augenscheinsobjekte auch als Indizien zur Sachverhaltsaufklärung beitragen und sind dann Gegenstand richterlicher Schlußfolgerungen, mit denen u.a. die Beweisqualität anderer Beweismittel ermittelt werden kann. Trotz der Verwendung von Augenscheinsobjekten als

1) Ähnlich auch Schilling, S. 35.
2) Ebenso zu Recht: Lang, S. 97 ff., insbes. S. 103; Hahn, Ton- und Bildträger, S. 66.
3) So treffend Döhring, S. 313; ähnlich auch Kiwit, S.100.

Indizien im konkreten Einzelfall - z.B. eine Tatortbesichtigung zur Kontrolle von Wahrnehmungen eines Zeugen - ändert dies nichts daran, daß auch diese Augenscheinsgegenstände die soeben beschriebenen spezifischen Eigenarten besitzen. Die mittelbare Beweisführung im Wege des Indizienbeweises knüpft nämlich wie beim unmittelbaren Beweis an dasselbe Beweisobjekt an und kommt lediglich durch veränderte, z.B. auf die Qualität anderer Beweismittel sich beschränkende Fragestellungen zu andersartigen richterlichen Schlußfolgerungen. Richtigerweise kennzeichnet die Wahrnehmung eines Augenscheinsobjekts zum Zwecke des Indizienbeweises also nur eine bestimmte Form der richterlichen Augenscheinseinnahme, bei der dem Gericht das Augenscheinsobjekt als konservierter Teil des "Urgeschehens" für eine erstmalige beweismäßige Beurteilung zugänglich gemacht wird.

Ein Augenscheinsgegenstand kann selbst auch Träger von Gedankeninhalten (z.B. beleidigende Zeichnung) sein, entscheidend ist nur, daß keine Umformung des Gedankeninhalts durch das Medium "Aussageperson" oder "Urkunde" eintritt, bis es zur Wahrnehmung durch den Tatrichter kommt.

Die Tatsache, daß sowohl Augenscheinsobjekte als auch Urkunden Träger menschlicher Gedankenäußerungen sein können, hat vor allem bei der Einordnung der Tonbandaufnahme in die Beweismittelform "Augenscheinsobjekt" oder "Urkunde" erhebliche Schwierigkeiten bereitet. Für die Richtigkeit der heute ganz h.M., die Tonbandaufzeichnungen als Objekte richterlichen Augenscheins ansieht[1], spricht insbesondere folgende Überlegung: Der Gesetzgeber hat in Kenntnis der seit Mitte der fünfziger Jahre geführten Diskussion um die Beweismittelform des Tonbandes durch Einführung des § 168 a II StPO[2] zum Ausdruck gebracht, daß eine im Ermittlungsverfahren hergestellte Tonbandaufnahme

1) Siehe statt vieler: Alsberg/Nüse/Meyer, S. 231 f. mit umfangreichen Nachweisen.
2) Durch Art. 1 Nr. 13 StVÄG 1979 vom 5.10.1978 (BGBl. I, S. 1645).

in ein schriftliches Protokoll zu übertragen ist. Damit ist klargestellt, daß eine Tonbandaufzeichnung keine Urkunde i.S.d. § 249 I 1 StPO ist und auch nicht im Wege der Analogie mit einer Urkunde gleichgestellt werden darf, denn sonst wäre die Übertragung von Gedankeninhalten auf Tonbändern in schriftliche Protokolle überflüssig[1]. Der Gesetzgeber hat mit § 168 a II StPO daher die schon vor Einführung dieser Vorschrift allgemein vertretene Ansicht[2] bestätigt, wonach als Beweismittel für prozessuale, d.h. dem Gericht gegenüber abzugebende Erklärungen Augenscheinsobjekte ausscheiden, weil für die Vermittlung derartiger Gedankenerklärungen ausschließlich Aussagepersonen oder - mit der in § 250 StPO enthaltenen Einschränkung- Urkunden in Frage kommen. Damit verbleibt für die Tonbandaufnahme als Augenscheinsobjekt ein zweifacher Anwendungsbereich: Handelt es sich um außerprozessuale oder beweiserhebliche Bekundungen mit strafbarem Inhalt (z.B. der erpresserische Anruf des Kindesentführers), so kann der festgehaltene Gedankeninhalt im Wege richterlichen Augenscheins ermittelt werden, weil diese menschliche Gedankenäußerung dem Tatgeschehen selbst entstammt[3]. Außerhalb der Wiedergabe eines Gedankeninhalts kann auch eine prozessual hergestellte Tonbandaufnahme als Augenscheinsobjekt verwendet werden, wenn sie für andere taterhebliche Ereignisse oder Umstände herangezogen werden soll, etwa für die Frage, ob ein bestimmtes Gespräch stattgefunden hat oder der Angeklagte die deutsche Sprache beherrscht[4]. Eine Vermittlung von Gedankeninhalten durch Augenscheinsobjekte - auch in Form von Bildträgern - kann daher nur erfolgen, wenn diese Gedankeninhalte selbst Bestandteil des "Urgeschehens" sind[5].

1) Im Ergebnis ebenso Gundlach, S. 199 f.
2) Gramse in AnwBl. 1980, 433 (434); Roxin, § 28 C; Schmidt, LK II, § 244 Rdn. 80; Krause, Urkundenbeweis, S. 142.
3) Weiß, S. 152 f.; Hahn, S. 80; Gramse in AnwBl. 1980, 433 (434); Roxin, § 28 C, Schmidt, LK II, § 244 Rdn. 81; Alsberg/Nüse/Meyer, S. 232.
4) BGHSt 14, 339 (340); Roxin, § 28 C; Gramse in AnwBl. 1980, 433 (434).
5) Ähnlich auch Hahn,Ton- und Bildträger, S.80 ff., der zu Recht für Bildträger die gleichen Verwendungsgrundsätze wie für Tonträger gelten lassen will.

Unabhängig davon, ob Augenscheinsgegenstände selbst Träger von Gedankeninhalten sind oder nicht, sind Augenscheinsobjekte als Beweismittel nie selbständig in dem Sinne, daß sie völlig unabhängig von anderen Beweismitteln Beweis erbringen können. Die Beschaffenheit einer Sache oder Örtlichkeit, die Gegenstand des richterlichen Augenscheins ist, sagt nämlich für sich allein noch nichts über die Beziehung dieser Sache oder dieser Örtlichkeit zum Tatgeschehen aus. Diese Beziehung wird erst durch anderweitige Erkenntnisse - wie etwa durch Aussagen von Zeugen oder Angeklagten - gewonnen[1]. So ist z.B. die auf dem Richtertisch liegende Waffe für die Beweisaufnahme unergiebig, wenn nicht festgestellt werden kann, ob es sich um die Tatwaffe handelt[2]. Auch ein Lichtbild beweist an sich lediglich die Herkunft einer Aufnahme, die irgendwann und irgendwo stattfand, nicht aber, daß diese Aufnahme gerade an einem bestimmten Ort oder zu einer bestimmten Zeit hergestellt worden ist[3]. Plastisch umschreibt Schmidt[4] dieses gemeinsame Merkmal der Unselbständigkeit von Augenscheinsobjekten auch für die Tonbandaufnahme, denn diese mache die "Herkunftsidentität der erklingenden Worte nicht evident".

Im Gegensatz zu Augenscheinsobjekten können Aussagepersonen ihr Verhältnis zum Tatgeschehen selbst erläutern[5]. Der Tat-

1) Grundlegend Kleinschrod in Arch.Crim. Bd. V, 3. Stück, S. 1 (2): "So viel aber auch eigne Anschauung überzeugen kann, so ist ein bloßer Augenschein ... mehr ein Hülfsmittel anderer Beweise, als ein selbständiger Beweis. Denn wenn der Richter den Platz, wo ein Verbrechen soll vorgefallen seyn, besichtigt, so kann er sich durch seine Sinne allein nicht überzeugen, daß an diesem Ort eine Missethat begangen ward... Soll er zur Gewißheit erlangen, so muß die Begehung des Verbrechens durch andere Beweise hergestellt werden." Siehe auch BGHSt 14, 339 (341); Fezer in JuS 1979, 186 (188); Schilling, S. 36; Hahn, Ton- und Bildträger, S. 64; Glaser, Beiträge, S. 373.
2) Beispiel von Hahn, Ton- und Bildträger, S. 64.
3) RGSt 36, 55 (57); BayObLG in NJW 1965, 2357 (2358); Hahn, Ton- und Bildträger, S. 64 f.
4) Schmidt, LK II, § 244 Rdn. 78; ähnlich auch Gramse in AnwBl. 1980, 433 (435); Fezer in JuS 1979, 186 (188); Alsberg/Nüse/Meyer, S. 232; Hahn, Ton- und Bildträger, S. 65.
5) Treffend bereits Glaser, Beiträge, S. 362: "Das persönliche Beweismittel legitimiert sich selbst zur Sache; ...".

richter kann auch, wie sich aus den §§ 251 ff. StPO ergibt, seine Überzeugung vom Vorliegen oder Nichtvorliegen einer Tatsache unter bestimmten Voraussetzungen allein auf den Inhalt einer Urkunde stützen, ohne daß Auskunftspersonen den schriftlichen Inhalt der Urkunde bestätigen oder die Beziehung zum Tatgeschehen herstellen[1].

Demgegenüber gewinnt das Augenscheinsobjekt seinen Beweiswert erst durch die Verbindung mit anderen Beweismitteln und wird erst hierdurch zur Grundlage für die richterliche Erkenntnisbildung. Aus diesem Grund hat jeder Augenscheinsgegenstand die Funktion, durch Kombination mit anderen Beweismitteln entweder deren Beweisqualität zu kontrollieren oder unmittelbar Beweis für eine entscheidungserhebliche Tatsache zu erbringen.

Diese spezielle Eigenart eines Augenscheinsobjekts, die übrige Beweisaufnahme zu ergänzen, tritt jedoch in der Praxis in unterschiedlichen Erscheinungsformen zutage. So kann ein Wahrnehmungsobjekt auch Vernehmungsbehelf für eine Zeugenaussage sein, wenn der Tatrichter dem Zeugen als Erinnerungshilfe eine Unfallskizze, eine Tatortfotografie oder einen sonstigen Wahrnehmungsgegenstand zur Verfügung stellt und der Zeuge bei gleichzeitiger Betrachtung dieser Objekte seine Aussage macht[2]. In diesem Fall handelt es sich nicht um eine Beweisaufnahme, die aus richterlichem Augenschein und Zeugenaussage zusammengesetzt ist, sondern um eine Zeugenaussage, die aus einer Wahrnehmung und deren Einordnung in die übrige Sachverhaltsschilderung besteht[3]. Ein gesetzliches Beispiel hierfür ist die Gegenüberstellung von anderen Zeugen oder des Beschuldigten nach § 58 II StPO, bei dem der Zeuge aufgrund seiner Wahrnehmung die betreffende Person identifiziert und dem Gericht das Ergebnis seiner Beobtung mitteilt.

1) So mit Recht: Schneidewin in JR 1951, 481; Hahn, Ton- und Bildträger, S. 61.
2) So u.a.: Bender/Röder/Nack II, Rdn. 653; Tschadek, S. 34; Schneider, S. 162.
3) BGHSt 18, 51 (54); RGSt 47, 235 (236); KK-Pelchen, § 86 Rdn.6.

Somit ist ein Wahrnehmungsobjekt immer nur ein Hilfsmittel, wenn es als Erinnerungs- und Vernehmungshilfe die Aussage eines Zeugen unterstüzt und zu dessen Erkenntnisbildung über den Ablauf eines Tatgeschehens beiträgt. Aus der Sicht des Tatrichters kann dagegen ein Wahrnehmungsobjekt nur dann einer eigenen Augenscheinseinnahme unterzogen werden, wenn sein Beweisinhalt aus sich heraus verständlich ist und ohne Hinzuziehung von Zeugen ein bestimmtes Beweisthema selbständig klärt. Die vielfach offengelassene Frage, ob Tatortskizzen, Lichtbilder usw. als Augenscheinsobjekte oder bloße Hilfsmittel anzusehen sind[1], beantwortet sich also danach, ob der Tatrichter durch eigene Anschauung und Auswertung eines ihm verständlichen Wahrnehmungsobjekts im konkreten Einzelfall Erkenntnisse gewinnen kann oder nicht. Kann sich der Tatrichter z.B. anhand einer Tatortfotografie oder -skizze kein Bild von den wirklichen Tatortverhältnissen machen, so hat er die Möglichkeit, entweder sich die Tatortverhältnisse durch Zeugenaussagen mit Hilfe des bestehenden Anschauungsmaterials erläutern zu lassen oder selbst den Tatort in richterlichen Augenschein zu nehmen. Demgegenüber sind Lichtbilder, Film- und Videoaufnahmen, die das Tatgeschehen unmittelbar festhalten, regelmäßig Augenscheinsobjekte, weil hier durch andere Beweismittel lediglich der örtliche und zeitliche Zusammenhang mit der Entstehung dieser Beweisobjekte hergestellt werden muß und der Beweisinhalt dieser Objekte ansonsten aus sich heraus verständlich ist. Zu diesen Beweisgegenständen gehören z.B. Lichtbilder, die einen Banküberfall darstellen[2], bei Geschwindigkeitskontrollen entstandene Radarfotos[3] sowie polizeiliche Filmaufnahmen bei Demonstrationen zur späteren Identifizierung und Überführung von Straftä-

1) Offengelassen u.a. von BGHSt 18, 51 (53); BayObLGSt 1965, 79 f. mit umfangreichen Nachweisen auf die völlig uneinheitliche Judikatur; KK-Pelchen, § 86 Rdn. 6.
2) OLG Celle in NJW 1965, 1677 (1679); Spendel in NJW 1966, 1102 (1106); Alsberg/Nüse/Meyer, S. 230.
3) OLG Hamm in VRS Bd. 44, S. 117; OLG Saarbrücken in VRS Bd. 48, S. 211; OLG Stuttgart in VRS Bd. 59, S. 360 (361); Gramse in AnwBl. 1980, 433 (441); Krause/Nehring, Rd. 259; Alsberg/Nüse/Meyer, S. 230; Robert, S. 58.

tern[1].

Für die Abgrenzung des Augenscheinsgegenstandes zum bloßen Hilfsmittel ist daher entscheidend, ob aus der Perspektive des Richters ein Wahrnehmungsobjekt aus sich heraus verständlich ist oder nicht. Ein Augenscheinsobjekt im technischen Sinne liegt nur dann vor, wenn zwar die Beziehung eines Beweisgegenstandes zum Tatgeschehen durch andere Beweismittel hergestellt werden muß, jedoch im übrigen sich der Beweisinhalt dem Tatrichter von allein erschließt und so ein bestimmtes Beweisthema selbständig geklärt wird.

II. Der richterliche Augenschein als Methode zur Auswertung eines Augenscheinsobjekts

Die Augenscheinseinnahme ist zunächst dadurch gekennzeichnet, daß sie ausschließlich durch den Richter erfolgt[2]. Subjekt und Adressat der Beweisaufnahme ist daher, wie auch die Formulierungen in §§ 86, 168 d, 225, 249 I 2 StPO zeigen, stets der Richter. Dies wirkt sich dahingehend aus, daß jede Form der Wahrnehmung, die durch nichtrichterliche Personen stattfindet, keine Augenscheinseinnahme im Sinne der StPO ist.

Diese im Prinzip selbstverständliche Feststellung ist wichtig, weil hierdurch die unmittelbare Nähebeziehung des Richters zum Gegenstand seiner Beweisaufnahme, nämlich dem Augenscheinsobjekt, deutlich wird.

Dieses direkte Verhältnis des Richters zum Augenscheinsobjekt, das einen Teil des "Urgeschehens" konserviert und keine bereits urteilsmäßig verarbeiteten Wahrnehmungen enthält, prägt in entscheidender Weise den Vorgang der Erkenntnisbildung durch rich-

1) BGH in NJW 1975, 2075 f.; Krause/Nehring, Rdn. 260; Robert, S. 58 f.; Alsberg/Nüse/Meyer, S. 230.
2) John, S. 717; A. Geyer in: von Holtzendorff, S. 224; Anuschat, S. 13; Staib, S. 15; Meindl, S. 12; Ross, S. 8; Birkmeyer, S. 413; Ullmann, S. 341 f.; Gerland, S. 229; Bennecke/Beling, S. 337.

terlichen Augenschein. Der Richter kann nicht - wie sonst bei der Vernehmung von Auskunftspersonen - im Wege des "Frage- und Antwortverkehrs" mit Hilfe von Augenscheinsobjekten das Tatgeschehen rekonstruieren, da ihm hier noch keine urteilsmäßig verarbeitete Wahrnehmung vorliegt. Er muß deshalb sich selbst einen Plan machen, wie er das ihm zur Verfügung stehende Augenscheinsobjekt auswerten will. Bestandteile dieses Plans sind Fragen, die sich aus dem jeweils zu klärenden Beweisthema ergeben und die der Richter sich - rein gedanklich - selbst vorlegen muß[1]. Bei der Untersuchung eines Augenscheinsobjekts muß der Richter zur Beantwortung seiner Fragen in viel stärkerem Maße als bei allen anderen Beweismitteln eigene Erfahrungen und eigene Kenntnisse heranziehen, weil ihn das Augenscheinsobjekt zu einer erstmaligen urteilsmäßigen Verarbeitung zwingt. Ohne ausreichendes Erfahrungswissen ist es dem Richter nämlich nicht möglich, die eigene Wahrnehmung richtig einzuordnen und sich ein eigenes Urteil zu bilden[2]. So kann der Richter z.B. ein blaues Kraftfahrzeug nur als solches einordnen, wenn ihm bereits die Farbe "blau" bekannt ist. Stößt der Richter an die Grenzen seines Erfahrungswissens, wie etwa bei der Auswertung eines Fahrtschreiberdiagramms, so besteht die Gefahr, ein Beweisobjekt nur unzureichend zu verwerten.

Die Anwendung seines Erfahrungswissens verhilft dem Richter außerdem dazu, prozeßrelevante, d.h. das Beweisthema betreffende Wahrnehmungen von unerheblichen Beobachtungen zu unterscheiden. Im Gegensatz zu allen anderen Beweismitteln, bei denen bereits eine urteilsmäßig verarbeitete Wahrnehmung im Zeitpunkt der Beweisaufnahme durch den Richter vorliegt, wird somit die erstmalige urteilsmäßige Verarbeitung eines Augenscheinsobjekts durch das Beweisthema geprägt.

Den Abschluß des gesamten Auswertungsvorganges bildet ein bestimmtes Wahrnehmungsurteil[3]. Dieses kennzeichnet die sub-

1) Siehe hierzu insbesondere Peters, Strafprozeß, S. 411, am Beispiel der Tatortbesichtigung.
2) Grundlegend Stein, S. 16 ff.; ebenso heute Käßer, S. 106, der zu Recht Erfahrungswissen stets als notwendiges Element einer richterlichen Sachverhaltserforschung ansieht.
3) Ebenso bereits Stein, S. 12.

jektive Überzeugung des Richters von der Richtigkeit seiner Wahrnehmung und ist die Grundlage für die sich daran anschließenden Schlußfolgerungen.

Die von Rechtsprechung und Schrifttum vielfach vorgenommene Einordnung des richterlichen Augenscheins als beste[1], zuverlässigste[2] und dem Zeugenbeweis überlegene[3] Methode der Beweisgewinnung läßt sich nach den hier gewonnenen Erkenntnissen also damit rechtfertigen, daß dem Richter bei einer Augenscheinseinnahme zur erstmaligen beweismäßigen Auswertung ein Beweisobjekt vorliegt, welches einen Teil des Tatgeschehens in noch nicht urteilsmäßig verarbeiteter Form konserviert.

Aus diesem Grund eignet sich der richterliche Augenschein insbesondere auch zur Überprüfung von Zeugenaussagen und Einlassungen des Angeklagten[4], denn eine effektivere Kontrolle einer fremden subjektiven Vorstellung von der objektiven Wirklichkeit als durch eigene sinnliche Wahrnehmung eines Teils des konservierten "Urgeschehens" ist nicht denkbar. Hierbei

1) Harreß, S. 66; Goslar, S. 35; ähnlich von Weveld, S. 70: "Inspectio ocularis est regina probationum" (Der Augenschein ist die Königin der Beweise).
2) Schneickert, S. 401; Fingas, S. 36; Ziegler, S. 35; Schneider, S. 163, Birkmeyer, S. 404.
3) BGH in NJW 1961, 280; OLG Bremen in DAR 1963, 170; Rieker, S. 77; Lobe in LZ 1914, Sp. 977 (984); Goslar, S. 35; Völcker, S. 33; Alsberg/Nüse/Meyer, S. 714 f.
4) Grundlegend wiederum Kleinschrod in Arch.Crim. Bd. V, 3. Stück, S. 1 (15): "Deswegen, wenn der Verbrecher in seinem Geständnisse Lokalumstände angibt, ist öfter der Augenschein nothwendig, um zu sehen, ob die Behauptungen des Missethäters mit den Umständen übereinkommen. Dabey kann es auch geschehen, daß der Augenschein die vorhandenen Beweise schwächt, wenn z.B. der Beschuldigte, oder die Zeugen den Ort angeben, wo das Verbrechen soll vorgefallen seyn, und es schlechterdings unmöglich ist, daß diese Handlung an diesem Orte begangen ward." Ähnlich auch Mittermaier, S. 169: "Ebenso bedeutsam kann der Augenschein werden, um ... die Wahrheit gewisser Angaben der Zeugen zu prüfen oder die Glaubwürdigkeit des Geständnisses des Angeschuldigten oder auch der Behauptungen zu entdecken, welche der Inkulpat bei seinem Entschuldigungsbeweise günstig für sich anführt." Siehe auch Robert, S. 52 ff.; Schilling, S. 35; Tschadek, S. 32 ff.; Schneider, S. 162; Lange, S. 29; Peters, Fehlerquellen II, S. 191.

begibt sich der Tatrichter in die gleiche Wahrnehmungssituation, die die betreffende Aussageperson bei ihren Beobachtungen vorfand. Diese Kontrolle eines anderen Beweismittels durch richterlichen Augenschein findet regelmäßig durch mittelbare Beweisführung in Form des bereits dargestellten Indizienbeweises statt. Ist z.B. in einer Hauptverhandlung problematisch, ob ein Zeuge den Täter und das Tatgeschehen von seiner Stelle aus in der von ihm beschriebenen Weise beobachten konnte, so kann dies durch Überprüfung der Sichtverhältnisse am Tatort geklärt werden. Der richterliche Augenschein am Tatort entscheidet also nur mittelbar, nämlich über den Umweg der in Frage stehenden Zeugenaussage, über die unmittelbare Beweisfrage, ob der Täter die ihm vorgeworfene Tat begangen hat oder nicht.

Der bereits dargestellte Nachteil des Augenscheinsobjekts, nur in Verbindung mit anderen Beweismitteln Beweis erbringen zu können, wird somit in entscheidener Weise dadurch ausgeglichen, daß durch richterlichen Augenschein die wirkliche Beziehung des Augenscheinsobjekts zu den anderen Beweismitteln festgestellt werden kann. Ergibt die Beweisaufnahme am Tatort in dem zuletzt gewählten Beispiel etwa, daß die vom Zeugen geschilderten Wahrnehmungen wegen der Ortsverhältnisse und anderer Gründe - z.B. schlechte Sichtbedingungen bei Nacht - nicht möglich gewesen sein konnten, so steht fest, daß dieser Zeuge zu dieser Zeit nicht an dem von ihm angegebenen Ort gewesen ist. In diesem Fall wird daher durch richterlichen Augenschein der Beweis erbracht, daß die behauptete Beziehung des Zeugen zum Tatort nicht existiert.

III. Der Augenscheinsbeweis

Aus der Summe vieler Wahrnehmungsurteile zieht der Richter bestimmte Schlußfolgerungen, die es ihm ermöglichen, sich gedanklich in den zeitlich zurückliegenden Geschehensablauf hineinzuversetzen. Diese Schlußfolgerungen bauen stets auf den Wahrnehmungsurteilen und der durch andere Beweismittel hergestellten Beziehung zum Augenscheinsobjekt auf, weil ein Augenscheinsobjekt immer nur in Verbindung mit anderen Beweismitteln Beweis erbringen kann. Das Ergebnis dieser gedanklichen Tätigkeit ist der Augenscheinsbeweis. Der Augenscheinsbeweis ist somit das Produkt aus einer Vielzahl von Wahrnehmungsurteilen und den sich daran anknüpfenden Schlußfolgerungen.

D. Zusammenfassung der Ergebnisse des ersten Teils

Die vergleichende Untersuchung aller Beweismittel hat ergeben, daß die richterliche Augenscheinseinnahme eine eigenständige und unverwechselbare Funktion innerhalb der Beweisaufnahme hat.

Das Augenscheinsobjekt als Beweismittel hat die Aufgabe, durch Konservierung eines Teils des "Urgeschehens" im Sinne der "ersten Tatsachenebene" dem Richter originär, also ohne vorherige Umformung in Gedankeninhalte, zu dessen eigener sinnlicher Wahrnehmung zur Verfügung zu stehen. Im Gegensatz zu allen anderen Beweismitteln liegt dem Richter beim Augenscheinsobjekt also keine bereits urteilsmäßig verarbeitete Wahrnehmung vor. Jedes Augenscheinsobjekt kann nur unselbständig, d.h. lediglich in Verbindung mit anderen Beweismitteln Beweis erbringen. In Abgrenzung zum bloßen Hilfsmittel als Erinnerungshilfe für einen Zeugen muß der Beweisinhalt eines Augenscheinsobjekts aus sich heraus verständlich sein.

Der richterliche Augenschein als Vorgang sinnlicher Wahrnehmung eines Augenscheinsobjekts vollzieht sich dadurch, daß sich der Richter zur Klärung seines Beweisthemas selbst Fragen vorlegt, die er mit Hilfe eigenen Erfahrungswissens und durch eigene Auswertung des Beweisgegenstandes beantwortet. Daher bezeichnet der richterliche Augenschein nicht nur den allgemeinen Erkenntnisweg der sinnlichen Wahrnehmung eines Augenscheinsobjekts, sondern darüber hinaus auch eine bestimmte Methode der Erkenntnisbildung. Die Augenscheinseinnahme hat insbesondere auch die Funktion, die Aussagen von Auskunftspersonen zu kontrollieren.

Der Augenscheinsbeweis ist das Ergebnis einer Augenscheinseinnahme an einem Augenscheinsgegenstand und besteht aus einr Vielzahl von Wahrnehmungsurteilen und den sich daran anknüpfenden Schlußfolgerungen.

Als Fazit ist somit festzuhalten, daß im Gegensatz zu entsprechenden Versuchen im strafprozessualen Schrifttum eine schlagwortartige Definition des richterlichen Augenscheins zwar nicht möglich ist, jedoch läßt sich durch eine vergleichende Untersuchung mit allen anderen Beweismitteln die spezifische Funktion des richterlichen Augenscheins innerhalb der Beweisaufnahme exakt beschreiben.

Mit der Darstellung der Funktion des richterlichen Augenscheins ist seine Stellung im Beweismittelsystem der StPO ausschließlich im Vergleich mit den übrigen Beweismitteln und daher lediglich abstrakt verdeutlicht worden. Die konkrete Rolle und Bedeutung des Augenscheinsbeweises im Strafverfahren wird hingegen erst sichtbar, wenn die vielfältigen Bedingungen und Probleme, die mit einer Augenscheinseinnahme in den verschiedenen Stadien eines Strafprozesses verbunden sind, näher analysiert werden. Insbesondere die aus der einleitend beschriebenen Vernachlässigung des Augenscheinsbeweises resultierenden Probleme können durch eine Untersuchung über die Aufgabe und Stellung des richterlichen Augenscheins vom Ermittlungsverfahren bis zur Wiederaufnahme des Verfahrens vollständig erfaßt und einer Lösung zugeführt werden.

2. TEIL:

AUFGABE UND STELLUNG DES AUGENSCHEINSBEWEISES VOM ERMITTLUNGSVERFAHREN BIS ZUR WIEDERAUFNAHME DES VERFAHRENS

Eine Augenscheinseinnahme im Strafprozeß wirft wegen der bereits festgestellten ungenügenden Berücksichtigung dieses Beweisvorgangs in legislativer, forensischer und rechtstheoretischer Hinsicht unterschiedliche, auf den jeweiligen Verfahrensabschnitt bezogene Fragestellungen auf. Aus dem Gesamtkomplex dieser Probleme stellt sich die auf fehlerhafte Augenscheinseinnahmen zurückführbare unvollständige Sachverhaltsaufklärung als eigenständiger Bereich dar, der ohne eine vorhergehende rechtstatsächliche Untersuchung über Fehlerquellen beim richterlichen Augenschein nicht erschöpfend behandelt werden kann. Dieser Fragenkreis soll daher dem 3. und 4. Teil der Arbeit vorbehalten bleiben, so daß nachfolgend die nicht primär mit der Wahrheitserforschung zusammenhängenden Probleme des richterlichen Augenscheins in den verschiedenen Studien eines Strafprozesses erörtert werden.

1. Abschnitt: Der richterliche Augenschein vor Beginn der Hauptverhandlung

Kernstück des gesamten Strafprozesses ist die Hauptverhandlung. In der Hauptverhandlung werden sämtliche Beweise erhoben und der Tatrichter muß gemäß § 261 StPO unter Berücksichtigung des gesamten Beweisaufnahmeergebnisses ein rechtskraftfähiges Urteil über Schuld oder Unschuld des Angeklagten treffen.

Nach § 86 StPO i.V.m. § 249 I 2 StPO findet jedoch der richterliche Augenschein vor Beginn der Hauptverhandlung statt und in der späteren Hauptverhandlung erfolgt die Verlesung des hierbei entstandenen Augenscheinsprotokolls anstelle einer unmittelbaren Beweiserhebung. Diese Entscheidung des Gesetzgebers, den Schwerpunkt richterlicher Augenscheinseinnahmen vor die Hauptverhandlung zu verlagern, widerspricht im Prinzip den Eigenarten des richterlichen Augenscheins: Wenn nämlich die besondere Bedeutung einer Augenscheinseinnahme für die gerichtliche Wahrheitserforschung gerade darin besteht, daß dem Tatgericht ein originäres Beweismittel mit der Möglichkeit einer erstmaligen beweismäßigen Auswertung zur Verfügung steht, so ist eine Verlagerung des richterlichen Augenscheins vor die Hauptverhandlung schwer verständlich, weil dem Tatrichter in der Hauptverhandlung hierdurch der spezielle, gegenüber anderen Beweisaufnahmeformen einzigartige Erkenntnisweg einer Augenscheinseinnahme verlorengeht.

Es ist also zu untersuchen, welche Gründe dazu geführt haben, Augenscheinseinnahmen nach dem gesetzlichen Leitbild überwiegend schon vor der Hauptverhandlung vorzunehmen und das Ergebnis der Beweisaufnahme im Wege der Urkundenverlesung in die Hauptverhandlung einzuführen.

Da gemäß § 86 StPO i.V.m. § 249 I 2 StPO das Ergebnis einer Augenscheinseinnahme schon vor Beginn der Hauptverhandlung abschließend festgelegt wird, ist weiterhin zu fragen, welche Anforderungen an die richterlichen Wahrnehmungen einschließlich ihrer Protokollierung zu stellen sind und welche Rechte der Angeklagte, der Verteidiger und die Staatsanwaltschaft in diesem Verfahrensstadium haben.

A. Gründe für eine richterliche Augenscheinseinnahme vor der Hauptverhandlung

I. Drohender Beweisverlust

Ein in der Literatur besonders häufig genannter Grund, den richterlichen Augenschein als "antizipierten Teil der Hauptverhandlung"[1] anzusehen, besteht darin, daß bestimmte Wahrnehmungen wegen zwischenzeitlich eingetretener Veränderung oder Vernichtung des Augenscheinsobjekts in der späteren Hauptverhandlung

1) Ullmann, S. 340 in Fn. 2; Meindl, S. 28; von Hentig, S. 34; Anuschat, S. 44.

nicht mehr möglich sind[1]. Die richterliche Augenscheineinnahme vor Beginn der Hauptverhandlung verfolgt also den Zweck, zur Vermeidung drohender Beweisverluste eine bis zur Hauptverhandlung nicht konservierbare Beweissituation zu sichern[2]. Diese Beweissicherungsmaßnahme ist bei Augenscheinsobjekten weitaus häufiger als bei anderen Beweismitteln, weil dem Gericht Auskunftspersonen oder Urkunden in den meisten Fällen auch noch in der Hauptverhandlung zur Verfügung stehen, während demgegenüber z.B. bestimmte Tatortspuren oft schnell vergänglich sind. So ist etwa die Rekonstruktion von Sichtbedingungen am Tatort nur dann möglich, wenn bei der Beweisaufnahme die gleichen Licht- und Witterungsverhältnisse gegeben sind, wie sie während des Tatgeschehens vorherrschten. Ein weiteres Beispiel ist die richterliche Leichenschau nach § 87 I 1 StPO, wenn wegen der Einzelheiten die spätere Verlesung eines Augenscheinsprotokolls gemäß § 249 I 2 StPO ermöglicht werden soll[3]: Hier ist die Leiche im Zeitpunkt der Hauptverhandlung stets schon bestattet und das erkennende Gericht könnte infolge eingetretener Verwesung auch keine brauchbaren Ergebnisse mehr gewinnen.

II. Prozeßökonomische Gründe

Wesentlich für die Verlagerung richterlicher Augenscheineinnahmen vor Beginn der Hauptverhandlung sind auch prozeßökonomische Gesichtspunkte.

---

1) Kleinschrod in Arch.Crim. Bd. V, 3. Stück, S. 1 (11 f.); Birkmeyer, S. 415 f.; Glaser, Beiträge, S. 376 f.; Fezer, Funktion, S. 124; Anuschat, S. 29; Lange, S. 28; von Jagemann in Zeitschrift für deutsches Strafverfahren, Bd. I, S. 330 (335 f.); Mittermaier, S. 172; LR-Gollwitzer (24. Aufl.), § 225 Rdn. 1.
2) Roxin, § 28 A 2; Zipf, Strafprozeßrecht, S. 183; Robert, S. 36; Schlüchter, Rdn. 433; KK-Treier, § 225 Rdn. 1; LR-Gollwitzer (24. Aufl.), § 225 Rdn. 1; Lange, S. 28; von Kries, S. 409; Krause, Urkundenbeweis, S. 148.
3) Siehe hierzu insbesondere Nr. 33 III S. 2 RiStBV, wonach der Staatsanwalt die Leichenschau durch den Richter beantragen soll, wenn die spätere Verlesung der Niederschrift nach § 249 I 2 StPO notwendig erscheint.

Dies wird insbesondere bei Tatortbesichtigungen deutlich, die regelmäßig außerhalb des Gerichtssaals stattfinden und wegen des damit verbundenen Zeitaufwands den Ablauf der Hauptverhandlung stören könnten. Es ist deshalb manchmal zweckmäßiger, die Hauptverhandlung von Augenscheinseinnahmen am Tatort zu entlasten[1].

Der Gesetzgeber der Reichsstrafprozeßordnung von 1877 hat die Tatortbesichtigung als Hauptanwendungsfall richterlicher Augenscheinseinnahmen angesehen und deshalb in Anbetracht der damaligen Verkehrsverhältnisse den richterlichen Augenschein vor der Hauptverhandlung zur Regel gemacht. Die hiermit zusammenhängenden Erwägungen des Gesetzgebers werden vor allem bei der Schaffung des § 225 StPO erkennbar. In den Motiven zu § 225 StPO wird ausgeführt: "Der Entwurf erachtet es zwar keineswegs für unzulässig, daß das erkennende Gericht, in Begleitung der Staatsanwaltschaft und des Angeklagten, sich selbst an Ort und Stelle begebe, um unmittelbar den Augenschein einzunehmen, und, wo eine solche Maßregel ausführbar ist, wird sie sogar, der Unmittelbarkeit der Anschauung wegen, vor der Augenscheinseinnahme durch einen beauftragten Richter den Vorzug verdienen. Sie wird indes doch nur dann, wenn der zu besichtigende Ort oder Gegenstand sich in der Nähe des Ortes des Gerichts befindet, und folglich nur selten, ausführbar sein"[2]. Diese Begründung für eine Tatortbesichtigung vor Beginn der Hauptverhandlung muß vor dem Hintergrund der technisch noch nicht so weit entwickelten Verkehrsmittel im Jahre 1877 gesehen werden, denn das damals am häufigsten verwendete Transportmittel waren Pferdekutschen. Hinzu kommt, daß bei Einführung der Reichsstrafprozeßordnung die Frist für Unterbrechungen der Hauptverhandlung nach der seinerzeit geltenden Fassung des § 229 StPO ausschließlich drei Tage betrug[3], so daß bei weit entfernten Tatorten

1) Ebenso die strafprozessuale Literatur, so u.a.: Zipf, Strafprozeßrecht, S. 183; Roxin, § 28 A 2; LR-Gollwitzer (24. Aufl.), § 225 Rdn. 2; KK-Treier, § 225 Rdn. 1.
2) Hahn, Motive, S. 181.
3) Hierzu LR-Gollwitzer (24. Aufl.), § 229 vor Rdn.1.

die Gefahr einer Wiederholung der gesamten Hauptverhandlung bestand, wenn diese Tatorte nicht rechtzeitig erreicht werden konnten.

In der heutigen Zeit haben diese Gründe insgesamt nicht mehr die gleiche ausschlaggebende Bedeutung, weil nach § 229 I StPO die Hauptverhandlung bis zu zehn Tagen unterbrochen werden kann und moderne Verkehrsmittel es ermöglichen, die Fahrzeit bis zum jeweiligen Tatort erheblich zu verkürzen[1].

Trotzdem kann auch heute noch eine Tatortbesichtigung vor Beginn der Hauptverhandlung unter prozeßökonomischen Gesichtspunkten sinnvoll sein. So kann eine Augenscheinseinnahme vor der Hauptverhandlung erst zu konkreten Fragen in der späteren Hauptverhandlung hinführen, weil dem Richter und den übrigen Prozeßbeteiligten dann schon die genauen Tatortverhältnisse bekannt sind und so genauere Befragungen von Zeugen möglich werden. Im Zwischenverfahren nach §§ 198 ff. StPO und bei der Vorbereitung einer Hauptverhandlung gemäß §§ 213 ff. StPO, wenn dem Gericht also nach Übersendung der staatsanwaltschaftlichen Ermittlungsakten der wesentliche Inhalt von Zeugenaussagen in Form polizeilicher Protokolle bekannt ist, empfiehlt sich eine Tatortbesichtigung, um eventuelle Widersprüche oder Unklarheiten in den Zeugenaussagen über bestehende Tatortverhältnisse durch eigene Anschauung zu klären. Hierdurch kann zugleich die Richtigkeit der von den Zeugen wiedergegebenen Wahrnehmungen in der späteren Hauptverhandlung kontrolliert werden, ohne die Hauptverhandlung unterbrechen zu müssen[2].

Die Verlagerung des richterlichen Augenscheins vor die Hauptverhandlung aus prozeßökonomischen Gründen ist jedoch stets mit einem gewissen Unsicherheitsmoment behaftet, denn im Verlauf der Beweisaufnahme in der späteren Hauptverhandlung können sich bestimmte Teile eines Tatortes, die bei der vorangegangenen Augenscheinseinnahme völlig unbeachtet blieben, nunmehr

1) Ebenso zu Recht: LR-Gollwitzer (24. Aufl.), § 225 Rdn. 3.
2) Siehe hierzu beispielhaft den Fall in RGSt 12, 308 (310).

überraschenderweise als entscheidungserheblich herausstellen. Die in § 244 II StPO normierte gerichtliche Aufklärungspflicht zwingt in diesem Fall zu einer nochmaligen Tatortbesichtigung und damit sowohl zu einer doppelten Beweisaufnahme als auch zu einer Verzögerung des weiteren Ablaufs der Hauptverhandlung. Zwar wird mit zunehmender Dauer des Ermittlungsverfahrens die Wahrscheinlichkeit einer wiederholten Augenscheinseinnahme in der Hauptverhandlung immer geringer, weil mit steigendem Kenntnisstand der Strafverfolgungsorgane über die Tat auch die tatsächliche Bedeutung bestimmter Tatortverhältnisse immer genauer einschätzbar wird, jedoch ist wegen der trotzdem bestehenden Ungewißheiten über den möglichen Verlauf der späteren Hauptverhandlung eine nochmalige Tatortbesichtigung nie völlig auszuschließen. Eine vorschnelle Durchführung einer Augenscheinseinnahme vor der Hauptverhandlung aus rein prozeßökonomischen Gründen kann vielmehr zur Folge haben, daß sich das damit erstrebte Ziel in sein Gegenteil verkehrt.

Zusammenfassend kann daher festgestellt werden, daß eine Verlagerung des richterlichen Augenscheins vor die Hauptverhandlung wegen eines drohenden Beweisverlustes stets berechtigt ist, während eine vorweggenommene Augenscheinseinnahme aus prozeßökonomischen Bedürfnissen vom Tatgericht eine nähere Prüfung darüber verlangt, ob diese Verfahrensweise im konkreten Fall tatsächlich vorteilhaft ist oder nicht.

B. Anforderungen an eine richterliche Augenscheinseinnahme nach § 86 StPO

Im Gegensatz zur Hauptverhandlung, bei der die Augenscheinseinnahme in Anwesenheit sämtlicher Mitglieder des Gerichts und der übrigen Prozeßbeteiligten stattfindet, wird der richterliche Augenschein vor Beginn der Hauptverhandlung regelmäßig nur vom Ermittlungsrichter oder von einem beauftragten[1] oder ersuchten[2] Richter vorgenommen. In Amtsgerichtssachen führt der Vorsitzende die Augenscheinseinnahme vor der Hauptverhandlung durch. Insbesondere die Laienrichter nehmen vor der Hauptverhandlung an diesen Bewisaufnahmen nicht teil, weil sie gemäß § 30 GVG ihr Richteramt erst während der Hauptverhandlung ausüben. Außerdem ergibt sich aus § 168 d I StPO für die Staatsanwaltschaft, den Beschuldigten und seinen Verteidiger ein Recht auf Teilnahme am richterlichen Augenschein vor der Hauptverhandlung, eine Verpflichtung hierzu besteht jedoch nicht.

In allen Fällen ist der Richter gemäß § 86 StPO verpflichtet, den vorgefundenen Sachbestand umfassend zu protokollieren. Auf das hierbei entstandene Augenscheinsprotokoll stützt sich das erkennende Gericht, indem es in der späteren Hauptverhandlung nach § 249 I 2 StPO das Protokoll verliest und so Kenntnis von den wahrgenommenen Augenscheinsobjekten erhält. Grundlage für die richterliche Überzeugungsbildung gemäß § 261 StPO ist also stets das in der Hauptverhandlung verlesene Augenscheinsprotokoll, wenn eine Augenscheinseinnahme vor der Hauptverhandlung durchgeführt worden ist. Folgerichtig darf auch der Strafrichter beim Amtsgericht in den Strafsachen, die ihm nach § 25 GVG zur alleinigen Entscheidung übertragen sind, seine Urteilsbegründung nicht auf Wahrnehmungen stützen, die keinen Niederschlag in dem nach § 86 StPO erstellten Protokoll gefunden haben.

Hieran wird deutlich, daß durch die richterliche Tätigkeit bei einer Augenscheinseinnahme vor der Hauptverhandlung das spätere Beweisergebnis in der Hauptverhandlung in entscheidender Weise vorprogrammiert wird. Damit gewinnt die Frage an Bedeutung, welche Anforderungen an eine richterliche Augenscheinseinnahme nach § 86 StPO zu stellen sind. In diesem Zusammenhang ist zunächst zu untersuchen, wie der Kommunikationsprozeß während einer richterlichen Augenscheinseinnahme außerhalb der Hauptverhandlung abläuft. Weiterhin wird zu prüfen sein, welchen Inhalt das gemäß § 86 StPO anzufertigende Augenscheinsprotokoll haben muß.

---

1) Also ein Mitglied des erkennenden Gerichts, vergl. § 361 ZPO.
2) Hierbei handelt es sich um einen Richter des anderen Gerichts, vergl. §§ 157 GVG, 362 ZPO.

I. Der Kommunikationsprozeß beim richterlichen Augenschein vor der Hauptverhandlung

Die Augenscheinseinnahme vor der Hauptverhandlung besteht aus einem zweiaktigen Kommunikationsprozeß: Die erste Wahrnehmungsebene kennzeichnet das Verhältnis des Richters als Subjekt der Beweisaufnahme zum Augenscheinsgegenstand als Objekt der Beweisaufnahme. Die zweite Interaktionsebene bezeichnet den mündlichen Gedankenaustausch zwischen dem beweisaufnehmenden Richter und den sonstigen Teilnehmern an einer Augenscheinseinnahme vor Beginn der Hauptverhandlung.

1. Die Wahrnehmungsebene

Auf der Wahrnehmungsebene wirkt das Augenscheinsobjekt auf alle Verfahrensbeteiligten sowohl gleich als auch ungleich ein. Dieser scheinbare Widerspruch wird erklärbar, wenn man das wahrzunehmende Objekt und den wahrgenommenen Eindruck beim Beweisempfänger trennt: Das wahrzunehmende Objekt ist für alle wahrnehmenden Personen bei einer Augenscheinseinnahme identisch, hinterläßt aber aufgrund der individuell verschiedenen Wahrnehmungsfähigkeit unterschiedliche Eindrücke bei den Beobachtern, zumal jede Wahrnehmung unter dem Einfluß subjektiver Erfahrung steht[1]. So kann der gleiche Gegenstand bei verschiedenen Personen unterschiedliche Eindrücke hervorrufen mit der Folge, daß vieles einer Person vollkommen zweifelsfrei, anderen jedoch sehr zweifelhaft erscheinen kann[2].

Besonders anschaulich wird diese Tatsache bei Wahrnehmungen von Farben. Schon die unterschiedlichen Auffassungen über die Frage, ob ein Augenscheinsobjekt (noch) rot oder (schon) orange ist[3], gehen manchmal auseinander. Dies gilt erst recht für

1) So u.a.: Käßer, S. 79.
2) So zu Recht Anuschat, S. 29.
3) Siehe hierzu insbesondere den Fall des OLG Dresden in seinem Urteil vom 22.5.1890, Annalen 11, 413 (415), wo dieses Problem anhand des damals verbotenen Tragens einer roten Fahne revisionsrichterlich anders als durch den Tatrichter beur-

(Fortsetzung nächste Seite)

Helligkeitsunterschiede bei im übrigen gleich wahrgenommenen Farben.

2. Die Interaktionsebene

Trotz dieser wahrnehmungspsychologischen Unterschiede bei verschiedenen Beobachtungspersonen besteht bei einer richterlichen Augenscheinseinnahme vor Beginn der Hauptverhandlung ein Zwang zur Einigung hinsichtlich des Ergebnisses der Wahrnehmungen.

Es ist nämlich allgemein anerkannt, daß eine förmliche richterliche Augenscheinseinnahme nur dann vorliegt, wenn hierbei gemäß §§ 168, 168 a StPO ein Protokollführer mitgewirkt hat[1] und in dem nach § 86 StPO zu erstellenden Augenscheinsprotokoll nur Wahrnehmungen festgehalten werden, die der Richter und der Protokollführer gemeinschaftlich und übereinstimmend gemacht haben[2]. Zwar sind auch unterschiedliche Wahrnehmungen des Richters und des Protokollführers protokollierungsfähig, wenn die Meinungsverschiedenheiten über den vorgefundenen Sachbestand vermerkt wurden[3], jedoch liegt dann insoweit kein nach § 249 I 2 StPO verlesungsfähiges Augenscheinsprotokoll vor, da nur gemeinschaftliche und übereinstimmende Wahrnehmungen zur Grundlage eines verlesungsfähigen Protokolls gemacht werden dürfen[4]. Dementsprechend ist das Ergebnis einer richterlichen Augenscheinseinnahme nach § 249 I 2 StPO in der späteren Haupt-

teilt wurde; hierzu näher Stein, S. 29 in Fn. 36; Werthauer in ZStW 12, 571 f.; Schmid in ZStW 85, 893 f.; Alsberg/Nüse, S. 374; Mannheim, S. 62.

1) RGSt 16, 147 (148); OLG Celle in GA 1954, 316 (317); Meindl, S. 27; LR-Meyer, § 86 Rdn. 37; Anuschat, S. 43; KK-Pelchen, § 86 Rdn. 8; a.A.KK-Mayr, § 249 Rdn. 20, der aber übersieht, daß eine richterliche Augenscheinseinnahme ohne Hinzuziehung eines Protokollführers (§ 168 S. 2 2.HS StPO) nicht zulässig ist.
2) RGSt 16, 147 (149); Anuschat, S.43; KK-Pelchen, § 86 Rdn.8; LR-Meyer, § 86 Rdn. 37; Schmidt, LK II, § 86 Rdn. 19; von Kries, S. 141 u. S. 411; Rintelen, S. 117 in Fn. 3; Alsberg/Nüse, S. 381 f.; Bennecke/Beling, S. 337.
3) RGSt 16, 147 (149); KMR-Paulus, § 86 Rdn. 4; Gerland, S. 233; Meindl, S. 27.
4) RGSt 16, 147 (150); Birkmeyer, S. 416; Rintelen, S. 117 in Fn. 3.

verhandlung nur dann durch Urkundenverlesung reproduzierbar, wenn es sich um gemeinschaftliche und übereinstimmende Wahrnehmungen des Richters und des Protokollführers handelt, denn schriftliche Erklärungen des Richters über seine individuellen Wahrnehmungen außerhalb der Hauptverhandlung dürfen nach § 250 StPO seine Vernehmung nicht ersetzen[1].

Damit steht der Richter bei seiner Wahrnehmung unter einer gewissen Kontrolle durch den Protokollführer, auch wenn die übrigen Prozeßbeteiligten von ihren Rechten nach § 168 d StPO keinen Gebrauch machen. Der Richter nimmt den Augenschein also nie isoliert und unabhängig von anderen Personen ein, vielmehr geht das Gesetz in den §§ 86, 168, 168 d StPO davon aus, daß "vier Augen besser sehen als zwei". Richterlicher Augenschein im Sinne dieser Vorschriften ist also ein formalisierter Akt der Beweisaufnahme in Form einer Kollektivbesichtigung[2], bei der sich die Verfahrensteilnehmer im Hinblick auf mögliche Irrtümer in der Wahrnehmungsphase gegenseitig kontrollieren.

Diese Umstände führen dazu, daß auf der Interaktionsebene ein Gedankenaustausch in mündlicher Form zwischen dem Richter und dem Protokollführer über die wahrgenommenen Gegenstände erfolgen muß. Spätestens beim Diktat des Augenscheinsprotokolls durch den beweisaufnehmenden Richter müssen etwaige andere Beurteilungen durch den Protokollführer zum Ausdruck kommen, damit das Protokoll nur Ergebnise enthält, die auf gemeinsamen und übereinstimmenden Wahrnehmungen beruhen. Außerdem ist auf der Interaktionsebene ein mündlicher Gedankenaustausch notwendig, wenn der Staatsanwalt, der Angeklagte und sein Verteidiger ihre Rechte nach § 168 d StPO ausüben.

1) So zu Recht: RGSt 16, 147 (149). Aus diesem Grund ist insbesondere eine Augenscheinseinnahme unter Verzicht auf einen Protokollführer (§ 168 S. 2 2.HS StPO) stets unzulässig, weil hierbei kein nach § 249 I 2 StPO wirksames Protokoll erstellt werden kann; a.A. KK-Mayr, § 249 Rdn. 20.
2) Hierzu: Glaser, Handbuch I, S. 658; Döhring, S. 315 f.; Mayer in Mezger-Festschrift, S. 455 (461).

II. Der Inhalt eines Augenscheinsprotokolls nach §86 StPO

Nach § 86 StPO ist im Augenscheinsprotokoll der vorgefundene Sachbestand festzustellen und darüber Auskunft zu geben, welche Spuren oder Merkmale, deren Vorhandensein nach der besonderen Beschaffenheit des Falles vermutet werden konnte, gefehlt haben[1].

Diese Vorschrift weist den Richter somit an, sowohl positive als auch negative Feststellungen bei der Augenscheinseinnahme im Protokoll niederzulegen. Die Fixierung negativer Feststellungen im Augenscheinsprotokoll muß im Zusammenhang mit der späteren Verlesung in der Hauptverhandung gemäß § 249 I 2 StPO gesehen werden: Hierdurch soll von vornherein der in der Hauptverhandlung möglicherweise entstehende Einwand ausgeschlossen werden, daß bei der Augenscheinseinnahme bestimmte Spuren oder Merkmale übersehen worden wären[2]. Dies hat nicht nur prozeßökonomische Gründe, nämlich die Verhinderung einer nochmaligen Augenscheinseinnahme in der Hauptverhandlung, sondern ist insbesondere dann wichtig, wenn das Beweisobjekt im Zeitpunkt der Hauptverhandlung schon völlig verändert oder vernichtet worden ist, so daß eine wiederholte Beweisaufnahme sinnlos wäre.

Damit geht es in § 86 StPO um die Verifizierung oder Falsifizierung einer Beweishypothese, indem der Richter im konkreten Fall bestimmte Spuren oder Merkmale als existent ansieht und bei der Augenscheinseinnahme prüft, ob die erwarteten Sachbestände vorhanden sind oder nicht. Für die Niederschrift im Protokoll ist es dabei unerheblich, ob sich die Vermutung bestätigt oder nicht, da der Richter unabhängig vom Beweisergebnis zur Protokollierung verpflichtet ist.

1) Praktisches Beispiel für eine Niederschrift nach § 86 StPO bei Marquardt, S. 7 (Rdn. 14).

2) Von Hippel, S. 430 in Fn. 4; Henkel, S. 224 in Fn. 4; grundlegend wiederum Kleinschrod in Arch.Crim. Bd. V, 3. Stück, S. 1 (24): "Sollte auch bey einem oder dem anderen Punkte nichts besonderes entdeckt werden: so muß dies doch im Protokoll bemerkt werden, damit man daraus überzeugt wird, daß alles untersucht ward."

Bei der Protokollierung muß der Richter ständig berücksichtigen, daß die Niederschrift in der späteren Hauptverhandlung gemäß § 249 I 2 StPO verlesen werden soll. Der Richter muß in inhaltlicher Hinsicht das Protokoll sehr sorgfältig[1] und anschaulich erstellen, wobei nichts fehlen darf, was eines der Gerichtsmitglieder für wesentlich halten könnte[2]. Das Augenscheinsprotokoll hat die Funktion, Beweisverlusten von Augenscheinsobjekten im Zeitpunkt der Hauptverhandlung vorzubeugen und aus Gründen der Prozeßökonomie wiederholte Augenscheinseinnahmen zu verhindern[3]. Aus diesem Grund muß der Richter durch seine Protokollierung alle möglichen Fragen beantworten, die erst in der darauffolgenden Hauptverhandlung entstehen könnten.

Dieser Umwandlungsprozeß eines sinnlich wahrzunehmenden Augenscheinsobjekts in einen schriftlich niedergelegten Gedankeninhalt führt jedoch stets zu einer unzureichenden Vermittlung des wahrgenommenen Objekts, denn jede Vermittlung eines bestimmten Eindrucks bringt eine Vereinfachung, Akzentverschiebung, Verfälschung oder sonstige Veränderung des wahren Sachverhalts mit sich[4]. Genauso wie der Verfasser eines jeden Schriftstücks[5] wählt nämlich der Richter für das Protokoll bestimmte, ihm wichtig erscheinende Wahrnehmungen aus. Das Augenscheinsprotokoll ist dementsprechend im Vergleich zum richterlichen Augenschein bezüglich seines Beweiswertes immer qualitativ schlechter: Wenn sich trotz aller Eventualitäten, die der Richter bei seiner Beweisaufnahme und Protokollierung berücksichtigt, in der Hauptverhandlung zusätzliche Fragestellungen ergeben, können diese nicht beantwortet werden, weil das Beweisobjekt entweder nicht mehr dem Augenschein zugänglich ist oder eine nochmalige Augenscheinseinnahme aus prozeßökonomischen Gründen wenig sinnvoll erscheint.

1) Gerland, S. 232 f.; zu Dohna, S. 105.
2) LR-Meyer, § 86 Rdn. 38.
3) Marquardt, S. 7; KK-Mayr, § 249 Rdn. 20; Roxin, § 28 A 2.
4) Robert, S. 30; Geppert, S. 188; Meindl, S. 23; von Kries, S. 346; Anuschat, S. 29 u. S. 31; Schmidt, LK II, § 225 Rdn.1; Großberger, S. 302; LR-Gollwitzer (24. Aufl.), § 225 Rdn. 3.
5) Hierzu bereits oben im 1. Teil 2. Abschnitt B.IV.

Daher wird oftmals empfohlen, die wörtliche Schilderung im Augenscheinsprotokoll durch Lichtbilder, Skizzen und Zeichnungen zu ergänzen[1]. Diese Wahrnehmungsgegenstände müssen durch unterschriftliche Vollziehung des Richters und des Protokollführers zum Bestandteil des Protokolls gemacht werden und können dann in der Hauptverhandlung in Augenschein genommen werden[2].

Grundsätzlich ist es dem Richter auch gestattet, seine Wahrnehmungen bei einer Augenscheinseinnahme vor Beginn der Hauptverhandlung gemäß § 168 a II StPO mit Hilfe von Tonbandaufnahmen vorläufig festzuhalten und daraus dann das nach § 249 I 2 StPO zu verlesende Augenscheinsprotokoll herzustellen. Hierbei muß aber beachtet werden, daß entgegen § 168 S. 2 2.HS. StPO auf die Hinzuziehung eines Protokollführers nicht verzichtet werden darf, weil das Protokoll nur gemeinschaftliche und übereinstimmende Wahrnehmungen des Richters und des Protokollführers enthalten darf[3]. Es ist auch zulässig, ein bestimmtes, durch schriftliche Vermittlung nur unzureichend wiederzugebendes Geräusch oder sonstigen akustischen Eindruck im Wege einer Tonbandaufzeichnung festzuhalten, um dem erkennenden Gericht eine eigene akustische Wahrnehmung zu ermöglichen. In diesem Fall ist es ebenfalls erforderlich, die Tonbandaufnahme in Anwesenheit des Richters und des Protokollführers herzustellen und durch beiderseitige Unterschrift die Tonbandaufnahme zum Bestandteil des Augenscheinsprotokolls zu machen. Die gleichen Grundsätze gelten auch für Film- oder Videoaufnahmen, die der Richter anläßlich einer Augenscheinseinnahme herstellt.
Es ist hierbei immer zwingend notwendig, daß die vom Richter angefertigten Augenscheinsobjekte zum Bestandteil des Augenscheinsprotokolls gemacht werden, weil erst durch die Verbindung des Lichtbildes, Tonbandes usw. mit dem schriftlichen Inhalt des Protokolls die Herkunft dieser Augenscheinsgegenstände deutlich wird. Auch die vom Richter angefertigten Augenscheins-

1) Anuschat, S. 36 in Fn. 21; Gerland, S. 233; Kleinknecht/Meyer, § 86 Rdn. 16; KMR-Paulus, § 86 Rdn. 4.
2) RGSt 36, 55 (56); Schmidt, LK II, § 86 Rdn. 21; KMR-Paulus, § 86 Rdn. 4.
3) Siehe oben im 2. Teil 1. Abschnitt B.I.2.

objekte können nämlich - wie allgemein alle Augenscheinsobjekte - nur unselbständig, d.h. in Verbindung mit anderen Beweismitteln Beweis erbringen[1] und dieser Zusammenhang wird hier durch die Verlesung des Augenscheinsprotokolls gemäß § 249 I 2 StPO hergestellt.

Schließlich ist das Augenscheinsprotokoll nach § 168 a IV 1 StPO vom Richter und vom Protokollführer zu unterschreiben, wodurch die sachliche Richtigkeit von beiden Personen bestätigt und die Verantwortung für den Inhalt von beiden Urkundspersonen übernommen wird[2].

C. Die Rechte der Prozeßbeteiligten beim richterlichen Augenschein vor der Hauptverhandlung

Die oben dargestellten Grundsätze zur Kommunikation und Protokollierung bei einer Augenscheinseinnahme gelten in jedem Stadium des gerichtlichen Verfahrens vor Beginn der Hauptverhandlung.

Da bei einem richterlichen Augenschein gemäß § 86 StPO das endgültige Beweisergebnis bereits vor der Hauptverhandlung festgelegt und in der darauffolgenden Hauptverhandlung nur noch nach § 249 I 2 StPO durch Protokollverlesung reproduziert wird, können die Staatsanwaltschaft, der Angeklagte und sein Verteidiger auch ausschließlich vor der Hauptverhandlung auf Verlauf und Resultat der Augenscheinseinnahme Einfluß nehmen. Aus diesem Grund ist zu untersuchen, welche Rechte die Prozeßbeteiligten bei einer Augenscheinseinnahme in diesem Verfahrensstadium haben. Der mögliche Verlust eines den Beschuldigten entlastenden Augenscheinsobjekts wirft dabei zunächst die Frage auf, in welchem Umfang der Beschuldigte noch vor Beginn der Hauptverhandlung Augenscheinseinnahmen herbeiführen kann.

1) Hierzu eingehende Ausführungen im 1. Teil 2. Abschnitt C.I.
2) BGHSt 9, 297 (301); RGSt 53, 106 (107); 56, 257 (258); KK-Rainer Müller, § 168 a Rdn. 15.

I. Die Rechte im Ermittlungsverfahren

1. Das Recht des Beschuldigten auf richterliche Augenscheinseinnahme im Ermittlungsverfahren

Die StPO beruht auf einer im einzelnen genau ausgestalteten Funktionsteilung zwischen Staatsanwalt und Gericht, wobei der zur Objektivität verpflichtete Staatsanwalt den Sachverhalt in eigener Verantwortung erforscht und der Richter die Richtigkeit und Vollständigkeit der staatsanwaltschaftlichen Ermittlungen nach Anklageerhebung - vor allem während der Hauptverhandlung - überprüft[1]. Dabei ist heute allgemein anerkannt, daß bereits im Vorverfahren nach §§ 158 ff. StPO in entscheidender Weise die Weichen für das Hauptverfahren gestellt werden[2]. Dies hat zur Folge, daß Fehler und Versäumnisse im Ermittlungsverfahren durch das Hauptverfahren nur schwer korrigiert werden können und häufig bis zum Urteil durchschlagen[3].

Nach Abschaffung der gerichtlichen Voruntersuchung[4] kann heute durch einen Richter vor Anklageerhebung nicht mehr überprüft werden, ob der Staatsanwalt seinen Verpflichtungen aus § 160 StPO ausreichend nachgekommen ist[5]. Die Entscheidung, ob und in welchem Umfang richterliche Untersuchungshandlungen im Vorverfahren stattfinden, trifft nach § 162 I StPO allein die Staatsanwaltschaft. Stellt ein Staatsanwalt einen derartigen Antrag nach § 162 I StPO, so hat der Richter gemäß § 162 III StPO nur zu prüfen, ob die beantragte Handlung gesetzlich zulässig ist. Dagegen hat der Richter bei diesen Anträgen nicht über die Notwendigkeit, Zweckmäßigkeit oder Angemessenheit der

1) Vergl. auch Fezer in Schröder, Gedächtnisschrift, S.407 (408).
2) Heimeshoff in DRiZ 1972,164 (165); Skuhr in NJW 1966, 1350; Müller in NJW 1976, 1063 (1067); Peters, Fehlerquellen II, S. 299; Quedenfeld in Peters-Festgabe, S. 215 (230); Rückel in Peters-Festgabe, S. 265 (268).
3) Geisler in ZStW Bd.93, 1109 (1121); Peters, Fehlerquellen II, S. 195; Fezer in Schröder-Gedächtnisschrift, S. 407 (413); Quedenfeld in Peters-Festgabe, S. 215 (230); Beulke, S. 244 f.
4) Durch das 1. StVRG vom 9.12.1974 (BGBl. I, S. 3393).
5) Vergl. Fezer in Schröder-Gedächtnisschrift, S. 407.

Untersuchungshandlung zu befinden[1]. Der eingeschränkte Prüfungsumfang des Richters beruht auf der Kompetenzverteilung zwischen dem Ermittlungsrichter und dem Staatsanwalt im Vorverfahren, wobei eine unbegrenzte Kontrolle durch den Richter zu stark in die Sachherrschaft des Staatsanwalts im Ermittlungsverfahren eingreifen würde[2].

Diese Aufgabenverteilung zwischen Staatsanwalt und Gericht wirkt sich auch auf die Rechte des Beschuldigten aus, soweit er im Ermittlungsverfahren die Aufnahme von Beweisen begehrt: Nach § 163 a II StPO liegt es im Ermessen des Staatsanwalts, ob die zur Entlastung des Beschuldigten beantragten Beweiserhebungen von Bedeutung sind und bei einer ablehnenden Entscheidung kann der Beschuldigte de lege lata keine gerichtliche Entscheidung beantragen[3]. § 163 a II StPO konkretisiert die in § 160 II StPO vorgeschriebene gesetzliche Verpflichtung des Staatsanwalts, auch die zur Entlastung dienenden Umstände zu ermitteln[4], so daß einem Beweisantrag nach § 163 a II StPO dann stattgegeben werden muß, wenn der Beweisverlust eines den Beschuldigten entlastenden Augenscheinsobjekts droht und eine Augenscheinseinnahme durch den Richter im anschließenden gerichtlichen Verfahren nicht mehr nachgeholt werden kann[5]. In diesem Fall hat die Staatsanwaltschaft nämlich gemäß § 163 a II StPO keinen eigenständigen Beurteilungsspielraum mehr, weil jede andere Verfahrensweise willkürlich wäre und dem Gebot eines fair trial widersprechen würde[6].

---

1) So u.a.: Schlüchter, Rdn. 396; KK-Rainer Müller, § 162 Rdn. 17; LR-Meyer-Goßner, § 162 Rdn. 33; Kessler, S. 72.
2) LG Waldshut in NJW 1972, 1148 für den Antrag nach § 162 III StPO i.V.m. § 87 IV 1 StPO (Leichenöffnung im Ermittlungsverfahren); LR-Meyer-Goßner, § 162 Rdn. 34 m.w.N.
3) Alsberg/Nüse/Meyer, S. 336 f.. Müller in NJW 1976, 1063 (1067) und Mörsch, S. 107, schlagen deshalb de lege ferenda vor, das Beweisantragsrecht des Beschuldigten mit einer Beschwerdemöglichkeit auszustatten; dagegen kritisch Fezer in Schröder-Gedächtnisschrift, S. 407 (415 ff.).
4) KK-Rainer Müller, § 163 a Rdn. 8.
5) Siehe hierzu insbesondere auch Nr. 10 der RiStBV, wonach der Staatsanwalt richterliche Untersuchungshandlungen beantragen soll, wenn der Verlust eines Beweismittels droht.
6) Im Ergebnis ebenso Nelles in Strafverteidiger 1986, 74 (77), die jedoch in derartigen Fällen bei der Auslegung von § 163 a II StPO fälschlicherweise eine Ermessensbindung der Staatsanwaltschaft annimmt.

Hierbei gilt jedoch die Einschränkung, daß gerade die sinnliche Wahrnehmung durch einen Richter und die umfassende Protokollierung für die spätere Hauptverhandlung erforderlich sein muß. Gemäß § 161 StPO kann nämlich der Staatsanwalt auch durch einen Polizeibeamten z.B. umfangreiche Tonbandaufnahmen abhören lassen und diesen als Zeugen in der darauffolgenden Hauptverhandlung durch einen Richter vernehmen lassen, denn die stundenlange Augenscheinseinnahme von Tonbändern in der Hauptverhandlung ist aus prozeßökonomischen Gründen abzulehnen, wenn sich im Ermittlungsverfahren der größte Teil der Tonbandaufzeichnungen als völlig bedeutungslos herausgestellt hat[1].

Damit kann der Staatsanwalt im Ermittlungsverfahren nicht nur nach § 162 I StPO die Entscheidung treffen, ob ein Gegenstand zu Beweiszwecken zu besichtigen ist, sondern auch darüber, ob die Wahrnehmungen durch einen Richter, einen Sachverständigen gemäß § 161 a I 1 StPO oder einen Polizeibeamten als späteren Zeugen erfolgen sollen.

Anders verhält es sich jedoch bei richterlichen Vernehmungen des Beschuldigten nach § 166 I StPO. Hier ergibt sich für den Richter eine Beweiserhebungspflicht, wenn der Beschuldigte zu seiner Entlastung die Aufnahme einzelner Beweise beantragt und, soweit der Richter die Beweiserhebungen für erheblich hält, ein Beweisverlust droht oder die Beweiserhebung die Freilassung des Beschuldigten begründen kann. Die durch § 166 I StPO bestimmte Beweiserhebungspflicht enthält eine Abweichung von dem Grundsatz, daß das Ermittlungsverfahren in der Hand der Staatsanwaltschaft liegt. Diese Vorschrift kann nämlich zu Ermittlungen zwingen, die die Staatsanwaltschaft nicht veranlaßt hat, die sie für überflüssig hält oder von deren Möglichkeit sie bisher keine Kenntnis hatte[2]. Die Bedeutung von § 166 I StPO für richterliche Augenscheinseinnahmen im Ermittlungsver-

---

1) Siehe hierzu den Fall des KG Berlin in NJW 1980, 952 f.; jedoch war hier der Zeuge nicht Augenscheinsgehilfe, sondern hat richtigerweise nach § 163 I StPO oder § 161 StPO gehandelt.
2) So zu Recht: Alsberg/Nüse/Meyer, S. 338 f.

fahren liegt insbesondere darin, daß der Richter die Beweise selbst erheben muß und nicht die Polizei oder Staatsanwaltschaft damit beauftragen darf[1]. Wenn ein Beweisverlust zu befürchten ist, weil ein Augenscheinsgegenstand unterzugehen droht, kann also der Richter dem nur dadurch entgegenwirken, daß er selbst den Augenschein einnimmt und hierüber ein nach § 249 I 2 StPO verlesbares Augenscheinsprotokoll erstellt.

Von erheblicher praktischer Bedeutung ist die Frage nach beweisrechtlichen Konsequenzen, wenn eine an sich gebotene und nach § 163 a II StPO oder § 166 I StPO beantragte Augenscheinseinnahme pflichtwidrig unterblieben ist. In der späteren Hauptverhandlung ist ein Beweisantrag auf richterliche Augenscheinseinnahme gemäß § 244 V StPO nur dann sinnvoll, falls das Augenscheinsobjekt dem Tatgericht noch zur Verfügung steht. Bei zwischenzeitlichem Beweisverlust muß das Gericht hingegen entsprechend dem Grundsatz "in dubio pro reo" von der Richtigkeit der behaupteten Entlastungstatsachen ausgehen und diese zugunsten des Beschuldigten als wahr unterstellen, weil mit dem bewußten Verzicht auf eine den Beschuldigten entlastende Beweisaufnahme das Gericht zugleich den ihm obliegenden Gegenbeweis nicht erbracht hat und auch nicht mehr durch Augenscheinseinnahme in der Hauptverhandlung nachholen kann[2].

Insgesamt ist jedoch festzustellen, daß das Recht des Beschuldigten auf richterliche Augenscheinseinnahme im Ermittlungsverfahren sehr begrenzt ist.

2. Die Rechte der Verfahrensbeteiligten während einer richterlichen Augenscheinseinnahme

Nach § 168 d I 1 StPO ist bei der Einnahme eines richterlichen Augenscheins dem Staatsanwalt, dem Beschuldigten und seinem Verteidiger die Anwesenheit gestattet. Das Anwesenheitsrecht

1) Vergl. Alsberg/Nüse/Meyer, S. 340.
2) Zu den beweisrechtlichen Folgen pflichtwidrig unterlassener Beweisaufnahmen in Ermittlungsverfahren siehe Nelles in Strafverteidiger 1986, 74 (78 f.).

des sich in Haft befindlichen Beschuldigten ist aber gemäß § 168 d I 2 StPO i.V.m. § 168 c IV StPO insofern eingeschränkt, als er an richterlichen Augenscheinseinnahmen nur teilnehmen kann, wenn der Ort der Gerichtsstelle, an der die Beweisaufnahme stattfindet, mit dem Ort seiner Untersuchungshaft zusammenfällt.

Die Einschränkung des Anwesenheitsrechts des Beschuldigten beim richterlichen Augenschein durch die §§ 168 d I 2, 168 c IV StPO ist insbesondere bei Tatortbesichtigungen von Bedeutung, da derartige Beweisaufnahmen regelmäßig außerhalb der Gerichtsstelle stattfinden. Auch in diesen Fällen hat der Beschuldigte ein Anwesenheitsrecht, jedoch ist sein Anspruch auf Ermöglichung der Ausübung dieses Rechts durch Führung zum Termin der Beweisaufnahme eingeschränkt[1]. Diese Differenzierung ist sachgerecht, da nach § 168 d I 2 StPO i.V.m. § 168 c V StPO die zur Anwesenheit Berechtigten zu benachrichtigen sind und dementsprechend auch der Beschuldigte, der den Beschränkungen der §§ 168 d I 2, 168 c IV StPO unterliegt, benachrichtigt wird, damit dieser seinen Verteidiger zur Wahrnehmung seiner Rechte beim Augenscheinstermin veranlassen kann[2].

Hat der Beschuldigte keinen Verteidiger, so ist dem Beschuldigten die Anwesenheit beim Beweisaufnahmetermin zu gestatten oder, wenn dies wegen der Gefahr des Entweichens erschwert sein sollte, ein Verteidiger nach § 141 III StPO zu bestellen, der die Rechte des Beschuldigten während der Beweisaufnahme wahrnimmt[3]. Darüber hinaus erscheint eine Verteidigerbestellung im Vorverfahren nach § 141 III StPO auch dann erforderlich, wenn der Beschuldigte am Augenscheinstermin teilnimmt. Der Ge-

1) BGH bei Holtz in MDR 1976, 814; RGSt 23, 142 (143); KK-Rainer Müller, § 168 c Rdn. 9.
2) Grundlegend RGSt 23, 142 (143); ebenso BGH bei Holtz in MDR 1976, 814; KK-Rainer Müller, § 168 c Rdn. 9 für die Benachrichtigung des Beschuldigten beim Vernehmungstermin gemäß §§ 168 c II, IV StPO; a.A. KMR-Müller, § 168 c Rdn. 4, der lediglich eine Benachrichtigung des Verteidigers für erforderlich hält.
3) KK-Rainer Müller, § 168 c Rdn. 8; Kleinknecht/Meyer, § 168 c Rdn. 4.

setzgeber hat nämlich bei der Schaffung des § 141 III StPO insbesondere auch an die Möglichkeit einer Verteidigung bei einer richterlichen Augenscheinseinnahme im Vorverfahren gedacht. In den Motiven zu § 141 III StPO wird hierzu u.a. ausgeführt: "Eine Mitwirkung des Verteidigers im Vorverfahren ist namentlich dann von besonderer Wichtigkeit, wenn Beweisaufnahmen stattfinden, welche sich in der Hauptverhandlung nicht wiederholen lassen, wie z.B. die Einnahme des Augenscheins...."[1]. Beantragt die Staatsanwaltschaft nach § 141 III 2 StPO dennoch keinen Verteidiger zum Augenscheinstermin, so kann der Beschuldigte auch nach § 137 I 1 StPO einen Verteidiger hinzuziehen.

Vom Augenscheinstermin sind die Staatsanwaltschaft, der Beschuldigte und sein Verteidiger nach §§ 168 d I 2, 168 c V 1 StPO vorher zu benachrichtigen.

Des weiteren kann der Richter den Beschuldigten nach §§ 168 d I 2, 168 c III 1 StPO nur dann vom Augenscheinstermin ausschließen, wenn dessen Anwesenheit den Untersuchungszweck gefährden würde. Hierbei ist eine Gefährdung des Untersuchungszwecks i.S.d. § 168 c III 1 StPO insbesondere dann anzunehmen, wenn zureichende tatsächliche Anhaltspunkte dafür erkennbar sind, daß der Beschuldigte seine Anwesenheit oder sein durch die Vernehmung erlangtes Wissen dazu mißbrauchen würde, die Ermittlungen durch unerlaubte Machenschaften, vor allem durch Beseitigung oder Verfälschung noch nicht sichergestellter Beweismittel oder sonstige Verdunkelungshandlungen zu beeinträchtigen[2]. Bei Beweisaufnahmen mittels richterlichen Augenscheins kommt dementsprechend ein Ausschluß des Beschuldigten z.B. dann in Betracht, wenn die konkrete Gefahr besteht, daß durch den Beschuldigten bestimmte Spuren am Tatort während der Beweisaufnahme verändert oder vernichtet werden.

1) Hahn, Motive, S. 142; ähnlich heute Sandermann, S. 178: Anwesenheitsrecht muß dann gewährt werden, wenn eine Beweisaufnahme im späteren Verlauf des Verfahrens nicht wiederholt wird.
2) Kleinknecht/Meyer, § 168 c Rdn. 3; KK-Rainer Müller, § 168 c Rdn. 6.

In allen übrigen Fällen ist nach § 168 d I 1 StPO der Staatsanwaltschaft, dem Beschuldigten und seinem Verteidiger die Anwesenheit beim richterlichen Augenschein gestattet. Sinn und Zweck dieser Anwesenheitsrechte beim richterlichen Augenschein ist es, daß die Verfahrensbeteiligten mitgestaltend auf das Ergebnis der Beweisaufnahme Einfluß nehmen können, um insbesondere auf die erschöpfende Auswertung der Augenscheinsobjekte hinwirken zu können[1]. Dabei ist die Teilnahme der Prozeßbeteiligten bei einer richterlichen Augenscheinseinnahme im Vorverfahren deshalb von entscheidender Bedeutung, weil bei dieser Form einer "antizipierten Beweisaufnahme" die Einflußnahme auf das Ergebnis der Beweisaufnahme schon während der Augenscheinseinnahme selbst erfolgen muß und spätere Einwendungen gegen den Inhalt des Augenscheinsprotokolls nicht mehr möglich sind[2]. Es wäre überdies auch nicht prozeßökonomisch, wenn eine im Ermittlungsverfahren ohne Teilnahme der übrigen Verfahrensbeteiligten durchgeführte Augenscheinseinnahme in der Hauptverhandlung wiederholt werden müßte, um z.B. in diesem Verfahrensstadium den Prozeßbeteiligten eine Besichtigung eines weit entfernten Tatortes zu ermöglichen[3].

Aus diesen Gründen hat der Gesetzgeber parallel zur Vorverlagerung der Augenscheinseinnahme vor die Hauptverhandlung die Beteiligungsrechte der übrigen Verfahrensteilnehmer schon mit in den Vorschriften über das Ermittlungsverfahren geregelt. In der späteren Hauptverhandlung wird das schon im Vorverfahren endgültig herbeigeführte Beweisergebnis dann nur noch durch die Verlesung des Augenscheinsprotokolls nach § 249 I 2 StPO reproduziert, so daß eine wirkliche Einflußnahme auf das Beweisergebnis eines richterlichen Augenscheins nur während der Beweisaufnahme selbst möglich ist.

Eine besondere Bedeutung hat die Anwesenheit eines Beschuldig-

1) Ullmann, S. 340; Anuschat, S. 44; Meindl, S. 28.
2) Anuschat, S. 44; Birkmeyer, S. 416; von Kries, S. 411; Kessler, S. 83: vergl. hierzu auch bereits oben im 2. Teil 1. Abschnitt B.II.
3) Vergl. hierzu bereits näheres oben im 2. Teil 1. Abschnitt A.II.

ten bei einer Tatortbesichtigung, denn in den meisten Fällen kennt der Beschuldigte die Tatortverhältnisse von allen Prozeßbeteiligten am besten und kann deshalb auch auf bestimmte Spuren oder Merkmale hinweisen, die sonst vom Richter übersehen worden wären. Dementsprechend ist die bereits erwähnte Benachrichtigung des Beschuldigten vom Termin der Beweisaufnahme eine wesentliche Förmlichkeit, denn hierdurch erhält der Beschuldigte die Möglichkeit, an der richterlichen Augenscheinseinnahme teilzunehmen und u.U. einen Entlastungsbeweis zu führen, indem er die für ihn erheblichen Punkte an Ort und Stelle bezeichnen kann[1]. Ein Verstoß gegen die Benachrichtigungspflicht führt zu einem Verlesungsverbot des Augenscheinsprotokolls, wenn der Beschuldigte oder sein Verteidiger in der Hauptverhandlung diesen Mangel rügen[2]. Wird das Augenscheinsprotokoll trotz des Widerspruchs in der späteren Hauptverhandlung verlesen, so ist die Revision begründet, falls sich das Urteil auf das verlesene Protokoll stützt und darauf beruht, d.h. nicht auszuschließen ist, daß der Beschuldigte oder sein Verteidiger durch ihre Anwesenheit beim Augenscheinstermin das Beweisergebnis zum Vorteil des Beschuldigten beeinflußt hätten[3]. Die Absicherung des § 168 c V 1 StPO durch ein Verwertungsverbot bei Verletzung der Benachrichtigungspflicht und Widerspruch in der Hauptverhandlung verfolgt den Zweck, zu verhindern, daß vor Beginn der Hauptverhandlung ein für den weiteren Verlauf des Strafverfahrens möglicherweise entscheidendes Beweisergebnis herbeigeführt wird, ohne daß dem Beschuldigten oder seinem Verteidiger zuvor Gelegenheit gegeben war, hierauf Einfluß zu nehmen[4].

Nach § 168 d II 1 StPO kann der Beschuldigte im Fall des sog. "zusammengesetzten Augenscheins"[5] Sachverständige hinzuziehen,

1) RGSt 1, 256 (257).
2) RGSt 1, 256 (257); 23, 142 (144); Anuschat, S. 44; Roxin, § 24 III 2 g; KK-Mayr, § 249 Rdn. 21.
3) RGSt 1, 256 (257); Schlüchter, Rdn. 433.
4) BGHSt 26, 332 (335), nur im Ergebnis ebenso: BGHSt 31, 140 (144 f.); ausführlich hingegen Fezer in JuS 1978, 325 (330 f.); Temming in Strafverteidiger 1983, 52; Roxin, § 24 D III 2 g.
5) Zum "zusammengesetzten Augenschein" näheres oben im 1. Teil 2. Abschnitt B.III.

wenn der Richter seinerseits die Anwesenheit von Sachverständigen bei der Augenscheinseinnahme für erforderlich hält. Der vom Richter hinzugezogene Sachverständige hat die Aufgabe, die richterlichen Wahrnehmungen durch sachkundige Unterstützung zu fördern oder zu ermöglichen oder selbst die für ein in der Hauptverhandlung zu erstattendes Gutachten notwendigen Wahrnehmungen zu machen[1].

Obwohl die Staatsanwaltschaft in § 168 d II StPO nicht erwähnt ist, kann diese beim zusammengesetzten Augenschein aus Gründen der Waffengleichheit ebenfalls Sachverständige hinzuziehen[2].

Die Teilnahme der vom Beschuldigten für die Hauptverhandlung vorzuschlagenden Sachverständigen am Augenschein soll einmal ihm und seinem Verteidiger die nötige Sachkunde vermitteln, Anregungen bei der Augenscheinseinnahme geben, an der richtigen und vollständigen Erfassung des Augenscheinsobjekts durch den vom Richter zugezogenen Sachverständigen mitwirken und diesen dabei gleichzeitig kontrollieren sowie zum anderen selbst Tatsachengrundlagen erarbeiten, um Erkenntnisse für sein Gutachten in der späteren Hauptverhandlung zu gewinnen[3]. Um sein Recht nach § 168 d II 1 StPO ausüben zu können, ist es notwendig, daß dem Beschuldigten mit der Terminsnachricht gemäß §§ 168 d I 2, 168 c V 1 StPO mitgeteilt wird, daß der Richter bei der Augenscheinseinnahme einen oder mehrere Sachverständige hinzuziehen wird[4]. Lehnt der Richter den Antrag des Beschuldigten auf Hinzuziehung eines weiteren Sachverständigen zum Augenscheinstermin ab, so kann der Beschuldigte den Sachverständigen nach §§ 168 d II 1, 38 StPO selbst laden lassen. Darüber hinaus ist es dem Beschuldigten nach einhelliger Ansicht gestattet, entgegen dem Wortlaut des § 168 d II 1 StPO einen Sachverständigen auch ohne vorherige Ablehnung seines Antrags unmittelbar zu laden oder einfach zum Augenscheinstermin mit-

1) LR-Meyer-Goßner, § 168 d Rdn. 7; KK-Rainer Müller, § 168 d Rdn. 3.
2) LR-Meyer-Goßner, § 168 d Rdn. 15; im Ergebnis ebenso KMR-Müller, § 168 d Rdn. 2; KK-Rainer Müller, § 168 d Rdn. 8.
3) KK-Rainer Müller, § 168 d Rdn. 3.
4) Kleinknecht/Meyer, § 168 d Rdn. 2; KMR-Müller, § 168 d Rdn.3; Alsberg/Nüse/Meyer, S. 341; KK-Rainer Müller, § 168 d Rdn.4.

zubringen[1].

§ 168 d II 1 StPO verbessert in entscheidendem Maße die Beweisantragsmöglichkeiten des Beschuldigten in der späteren Hauptverhandlung: Er kann den Sachverständigen, der bereits alle Tatsachengrundlagen während der Augenscheinseinnahme erarbeitet hat, nach § 219 I 1 StPO vom Gericht laden lassen oder gemäß § 220 I StPO auch ohne vorherigen Antrag zum Hauptverhandlungstermin laden lassen und den Sachverständigen hierdurch zum präsenten Beweismittel nach § 245 I StPO bzw. § 245 II StPO machen. Das erkennende Gericht kann den erschienenen Sachverständigen dann nur noch nach § 245 I 1 StPO - bei Ladung durch das Gericht auf Antrag des Beschuldigten nach § 219 I 1 StPO - oder nach § 245 II 2, 3 StPO - bei Ladung durch den Angeklagten gemäß § 220 I StPO - ablehnen, jedoch seine ablehnende Entscheidung nicht auf § 244 IV StPO stützen. Dies ist insbesondere dann von Bedeutung, wenn das Gericht nach Vernehmung des vom Ermittlungsrichter zum Augenscheinstermin hinzugezogenen Sachverständigen die Auffassung vertritt, daß durch das schon erstattete Gutachten das Gegenteil der behaupteten Tatsache bereits erwiesen sei, denn der vom Beschuldigten zum Augenschein hinzugezogene und zum Hauptverhandlungstermin geladene und auch erschienene Sachverständige kann vom Gericht nicht nach § 244 IV 2 StPO abgelehnt werden[2].

Der vom Beschuldigten benannte Sachverständige kann gemäß § 168 d II 2 StPO von der Teilnahme am Augenschein ausgeschlossen werden, wenn hierdurch die Tätigkeit der vom Richter bestellten Sachverständigen behindert wird.

Im übrigen kann der Beschuldigte auch dann die Hinzuziehung von Sachverständigen nach § 168 d II 1 StPO verlangen, wenn er wegen Ausschlusses gemäß §§ 168 d I 2, 168 c III 1 StPO, abgelehnter Vorführung nach §§ 168 d I 2, 168 c IV StPO oder wegen unterbliebener Benachrichtigung gemäß §§ 168 d I 2, 168 c V 2

---

1) KK-Rainer Müller, § 168 d Rdn. 6; Alsberg/Nüse/Meyer, S. 342; KMR-Müller, § 168 d Rdn. 4.
2) Insofern sind die Ablehnungsmöglichkeiten bei § 245 II 3 StPO enger als in § 244 IV 2 StPO, vergl. Alsberg/Nüse/Meyer, S. 825; KK-Herdegen, § 245 Rdn. 14.

StPO beim Augenscheinstermin nicht anwesend ist oder ihn nur durch seinen Verteidiger wahrnehmen läßt[1].

II. Die Rechte der Prozeßbeteiligten vom Beginn des Zwischenverfahrens bis zur Hauptverhandlung

1. Die Rechte im Zwischenverfahren nach §§ 198 ff. StPO

Nach Einreichung der Anklageschrift bei dem für die Hauptverhandlung zuständigen Gericht hat der Richter gemäß §§ 199, 203 StPO zu prüfen, ob die Staatsanwaltschaft den hinreichenden Tatverdacht zu Recht bejaht hat und deshalb die Eröffnung des Hauptverfahrens zu beschließen ist. Damit wechselt gemäß § 201 StPO auch die Entscheidungskompetenz hinsichtlich der Beweisanträge des Angeschuldigten, denn jetzt beschließt nur noch das Gericht, ob den Beweisanträgen stattzugeben ist oder nicht.

Der Angeschuldigte kann nach § 201 I StPO die Vornahme einzelner Beweiserhebungen vor der Entscheidung über die Eröffnung des Hauptverfahrens beantragen und damit auch richterliche Augenscheinseinnahmen im Zwischenverfahren herbeiführen. Zwar ist allgemein anerkannt, daß nicht nur der Angeschuldigte, sondern auch die Staatsanwaltschaft im Zwischenverfahren Beweiserhebungen beantragen kann[2], jedoch ist unklar, wann im einzelnen eine Beweisaufnahme nicht erfolgen soll, weil sie der Hauptverhandlung vorgreift und wann sie zur Entscheidung über die Eröffnung des Hauptverfahrens erforderlich ist[3]. In jedem Fall ist das Gericht zur sorgfältigen Prüfung verpflichtet, ob ein hinreichender Tatverdacht i.S.d. § 203 StPO besteht[4], so daß das dem Hauptverfahren vorgeschaltete Zwischenverfahren als

1) Kleinknecht/Meyer, § 168 d Rdn. 2; KK-Rainer Müller, § 168d Rdn. 4; Alsberg/Nüse/Meyer, S. 341.
2) LR-Rieß (24. Aufl.), § 202 Rdn. 6 m.w.N. in Fn. 7.
3) Fezer in Schröder-Gedächtnisschrift, S. 407 (408 in Fn. 4); LR-Rieß (24. Aufl.), § 202 Rdn. 2; ähnlich auch KK-Treier, § 201 Rdn. 19: Vorschrift über Ablehnung von Beweisanträgen nach § 201 StPO fehlt.
4) Meyer-Goßner in NJW 1970, 415 (416).

"erste Verteidigungslinie" gegenüber grundlosen Anklagen dient und im Wege einer "negativen Kontrolle" die Funktion hat, alle "verhandlungsunwürdigen" Anklagen auszumerzen[1]. Aus diesem Grund muß das Gericht Beweisaufnahmen nach § 202 S. 1 StPO durchführen, falls diese notwendig und geeignet sind, einen bereits bestehenden hinreichenden Tatverdacht ganz oder teilweise zu entkräften oder einen noch nicht bestehenden hinreichenden Tatverdacht zu begründen[2]. Dementsprechend hat das Gericht nach § 202 S. 1 StPO Beweiserhebungen immer dann anzuordnen, wenn es nach Studium des in den Akten enthaltenen staatsanwaltschaftlichen Ermittlungsergebnisses Zweifel am hinreichenden Tatverdacht i.S.d. § 203 StPO hat und diese Zweifel auf tatsächlichen Gründen beruhen, d.h. insbesondere auf unvollständige staatsanwaltschaftliche Ermittlungen zurückzuführen sind.

Folgerichtig muß das Gericht einem Antrag des Angeschuldigten auf Beweiserhebung gemäß § 201 I StPO immer dann entsprechen, wenn hierdurch beim Gericht begründete Zweifel am hinreichenden Tatverdacht entstehen und gerade die vom Angeschuldigten beantragten Beweismittel ihn soweit entlasten könnten, daß eine Ablehnung des hinreichenden Tatverdachts möglich erscheint. Dies kann im Zusammenhang mit richterlichen Augenscheinseinnahmen vor allem bei Tatortbesichtigungen dann von Bedeutung sein, wenn der Angeschuldigte in genauer Kenntnis der wirklichen Tatortverhältnisse die bisherige Tatortarbeit der Ermittlungsbeamten in Frage stellt, indem er z.B. detailliert darlegt, daß die Durchführung der Tat wegen der bestehenden Tatortverhältnisse unmöglich oder zumindest unwahrscheinlich sei.

Das Gericht darf Beweisanträge nach § 201 I StPO nicht mit der Begründung ablehnen, der Beweis werde ohnehin in der Hauptverhandlung erhoben werden[3]. Weil die ablehnende Entscheidung des Gerichts jedoch gemäß § 201 II 2 StPO unanfechtbar ist,

1) Zur Funktion des Zwischenverfahrens vergl. zusammenfassend Lüttger in GA 1957, 193 (196) m.w.N.; Schäfer, Praxis, S. 261; Roxin, § 40 A II 1.
2) LR-Rieß (24. Aufl.), § 202 Rdn. 2; KMR-Paulus, § 201 Rdn. 16.
3) Gössel, Strafverfahrensrecht, S. 114; KMR-Paulus, § 201 Rdn. 18; Quedenfeld in Peters-Festgabe, S. 215 (221); Alsberg/Nüse/Meyer, S. 344.

wird in der Praxis oftmals trotzdem ein im Prinzip begründeter Beweisantrag abgelehnt[1].

Findet eine richterliche Augenscheinseinnahme auf Antrag des Angeschuldigten nach § 201 I StPO oder zur Aufklärung der Sache auf Anordnung des Gerichts gemäß § 202 S. 1 StPO statt, so gelten für die Kommunikationsstrukturen bei der Beweisaufnahme, für die Protokollierung und die Beteiligungsrechte der übrigen Prozeßbeteiligten die Ausführungen über die richterliche Augenscheinseinnahme im Vorverfahren[2] entsprechend für das Eröffnungsverfahren, denn die §§ 86, 168 d StPO finden auch hier Anwendung[3].

2. Die Rechte bei der Vorbereitung der öffentlichen Hauptverhandlung

a) Die gesetzliche Regelung in den §§ 219 I, 224, 225 StPO

Nach Eröffnung des Hauptverfahrens kann der Angeklagte nach § 219 I StPO noch vor Beginn der Hauptverhandlung beantragen, daß bestimmte Gegenstände zur richterlichen Augenscheinseinnahme während der Hauptverhandlung herbeizuschaffen sind[4].

Die h.M. geht zu Recht davon aus, daß der Vorsitzende die zulässigen Gründe für die Ablehnung eines mangelfreien Beweisantrages dem § 244 III-V StPO entnehmen muß[5], so daß dic Herbeischaffung von Augenscheinsobjekten vom Vorsitzenden in entsprechender Anwendung des § 244 V StPO nach dessen pflichtgemäßen Ermessen abgelehnt werden kann[6].

1) Siehe hierzu: Quedenfeld in Peters-Festgabe, S. 215 (221).
2) Siehe oben 2. Teil 1. Abschnitt B. u. C.I.2.
3) Schlüchter, Rdn. 411 u. Rdn. 542 (S. 578); KK-Pelchen, § 86 Rdn. 8; LR-Meyer, § 86 Rdn. 35.
4) OLG Celle in NJW 1957, 1812 (1813); Alsberg/Nüse/Meyer, S. 352.
5) OLG Köln in MDR 1953, 376; Schmidt, LK II, § 219 Rdn. 8; KMR-Paulus, § 219 Rdn. 9; Roxin, § 41 B I 3 c; Alsberg/Nüse/Meyer, S. 356 m.w.N. in Fn. 26; a.A. Peters, Strafprozeß, S. 308; Sarstedt in DAR 1964, 307 (309); wieder anders Quedenfeld in Peters-Festgabe, S. 215 (223 f.).
6) Alsberg/Nüse/Meyer, S. 356; a.A. Quedenfeld in Peters-Festgabe, S. 215 (223 f.), der die Anwendung des § 244 V StPO auf § 219 I StPO undifferenziert verneint.

Dagegen kann der Beschuldigte nach § 219 I StPO keinen richterlichen Augenschein in Form einer Tatortbesichtigung beantragen, weil es hierbei nicht um die Herbeischaffung eines Beweismittels zur Beweisaufnahme in der späteren Hauptverhandlung geht[1]. Die Vornahme einer Ortsbesichtigung kann vom Angeklagten in diesem Verfahrensabschitt nicht beantragt werden, da die StPO ganz allgemein den Antrag auf Durchführung einer vorweggenommenen Beweisaufnahme nicht kennt. Ein derartiges Antragsrecht existiert deshalb nicht, weil nach Zulassung der Anklage richterliche Beweiserhebungen außerhalb der Hauptverhandlung grundsätzlich nicht zulässig sind und vorweggenommene Beweisaufnahmen nach §§ 223 ff. StPO demgegenüber lediglich Ausnahmefälle darstellen[2].

Damit kommt schon in diesem Verfahrensabschnitt eine gewisse Ungleichbehandlung verschiedener Augenscheinsobjekte zum Ausdruck, die sich jedoch erst im Beweisantragsrecht in der Hauptverhandlung voll auswirkt: Während über die Ortsbesichtigung nach § 225 StPO durch das Gericht nach pflichtgemäßem Ermessen entschieden wird[3] und dieser Maßstab auch für die Ablehnung von Beweisanträgen nach § 244 V StPO in der späteren Hauptverhandlung gilt, kann der Angeklagte bei beweglichen Augenscheinsobjekten trotz ablehnender Entscheidung gemäß § 219 I 2 StPO den Beweisgegenstand zur Hauptverhandlung selbst herbeischaffen und durch einen Beweisantrag nach § 245 II 1 StPO das Gericht zu einer Beweisaufnahme am präsenten Augenscheinsobjekt zwingen, denn nach § 245 II 2, 3 StPO kann das Gericht nicht unter Berufung auf die Ausübung seines pflichtgemäßen Ermessens den Augenscheinsbeweisantrag ablehnen, weil § 244 V StPO im Rahmen des § 245 II StPO nicht gilt[4]. Dies ist insofern bedenklich, als Tatortbesichtigungen als wichtigste Form des richterlichen Augenscheins anzusehen sind und der Angeklagte bei der Vorbe-

---

1) OLG Celle in NJW 1957, 1812 (1813); Alsberg/Nüse/Meyer, S. 352 m.w.N. in Fn. 2; Quedenfeld in Peters-Festgabe, S. 215 (223).
2) RG in HRR 1939 Nr. 667; Meyer-Goßner in NJW 1970, 415 (416).
3) LR-Gollwitzer (24. Aufl.), § 225 Rdn. 5; KK-Treier, § 225 Rdn. 3.
4) Vergl. hierzu: KK-Herdegen, § 245 Rdn. 14; Rieß in NJW 1978, 2265 (2270); Alsberg/Nüse/Meyer, S. 825; Schlüchter, Rdn. 556 (S. 599); Kleinknecht/Meyer, § 245 Rdn. 22.

reitung der öffentlichen Hauptverhandlung nach § 219 I StPO den Umfang vorzunehmender Tatortbesichtigungen in der Hauptverhandlung nicht über § 244 V StPO hinaus erweitern kann. Letztlich beruht die schlechtere Beweisantragssituation des Angeklagten bei Tatortbesichtigungen gemäß § 219 I StPO darauf, daß das gesamte Beweisantragsrecht in der Hauptverhandlung zwischen präsenten und nichtpräsenten Beweismitteln differenziert und die Tatortbesichtigung naturgemäß nicht als präsentes Augenscheinsobjekt anzusehen ist.

Durch eine kommissarische Augenscheinseinnahme nach § 225 StPO wird in erster Linie das Ziel verfolgt, eine in der Hauptverhandlung auf diese Weise nicht mehr vorhandene Beweissituation zu sichern[1]. Will dagegen das Gericht auch aus prozeßökonomischen Gründen in diesem Verfahrensabschnitt eine Augenscheinseinnahme - z.B. an einem weit entfernten Tatort - durchführen, so hat es Vor- und Nachteile eines vorweggenommenen richterlichen Augenscheins genau abzuwägen und hierbei insbesondere die Tatsache zu berücksichtigen, daß vor allem den Laienrichtern in der Hauptverhandlung die unmittelbare sinnliche Wahrnehmung mehr sagen wird als eine protokollarisch vermittelte[2].

In der Praxis wird die Vorschrift des § 225 StPO zu Recht kaum angewendet[3], da in den Fällen, in denen das Augenscheinsergebnis für das Urteil eine entscheidende Rolle spielt, die Aufklärungspflicht eine unmittelbare sinnliche Wahrnehmung durch das erkennende Gericht gebietet[4]. Der Umwandlungsprozeß eines Augenscheinsobjekts in einen schriftlich niedergelegten Gedankeninhalt gemäß § 86 StPO führt nämlich beim beweiserhebenden Richter immer dazu, daß im Augenscheinsprotokoll nur bewußt ausgewählte Wahrnehmungen enthalten sind[5], während sich im Verlauf der Hauptverhandlung u.U. ganz andere Teile eines Augenscheinsobjekts als entscheidungserheblich herausstellen können.

1) So zu Recht: Schlüchter, Rdn. 433 (S. 435); Anuschat, S. 29.
2) Schmidt, LK II, § 225 Rdn. 1; LR-Gollwitzer (24. Aufl.), § 225 Rdn. 3. Auch Benz, S. 100, sieht die Besichtigung von Augenscheinsobjekten als wichtiges Mittel zur Rekonstruktion des Tatgeschehens durch die Schöffen an.
3) KK-Treier, § 225 Rdn. 1; Schäfer, Praxis, S. 276 u. S. 337.
4) Schäfer, Praxis, S. 337; Schlüchter, Rdn. 542; Anuschat, S. 36.
5) Siehe hierzu oben näheres im 2. Teil 1. Abschnitt B.II.

Findet zur Vorbereitung der öffentlichen Hauptverhandlung eine kommissarische Augenscheinseinnahme nach § 225 StPO statt, so gelten für die Kommunikationsstrukturen bei der Beweisaufnahme und für das Augenscheinsprotokoll die Ausführungen über die richterliche Augenscheinseinnahme nach § 86 StPO[1]. Nach § 225 StPO i.V.m. § 224 StPO hat der Angeklagte ein Recht auf Anwesenheit auch bei einer kommissarischen Augenscheinseinnahme zur Vorbereitung der Hauptverhandlung, wobei dieses Recht durch § 224 II StPO aus den gleichen Gründen wie in § 168 c IV StPO eingeschränkt ist.

Im übrigen gelten die Ausführungen zu den Beteiligungs- und Anwesenheitsrechten der Prozeßbeteiligten beim richterlichen Augenschein im Vorverfahren[2] hier auch entsprechend, da § 168 d StPO im Rahmen des § 225 StPO neben § 224 StPO ebenfalls Anwendung findet[3]. Dementsprechend kann der Angeklagte analog § 168 d II StPO beim "zusammengesetzten Augenschein" zur Vorbereitung der Hauptverhandlung nach § 225 StPO von ihm zu benennende Sachverständige zum Augenscheinstermin hinzuziehen.

Ebenso darf auch ein nach §§ 225, 86 StPO erstelltes Augenscheinsprotokoll dann nicht nach § 249 I 2 StPO in der Hauptverhandlung verlesen werden, wenn die nach § 224 I StPO erforderliche Benachrichtigung unterblieben ist; eine Verletzung dieses Grundsatzes kann die Revision nach § 337 StPO begründen[4]. Darüber hinaus ist anerkannt, daß bei einer Verletzung der Benachrichtigungs- und Anwesenheitsrechte aus §§ 225, 224 StPO ein in der Hauptverhandlung gestellter Beweisantrag auf erneute Augenscheinseinnahme nicht nach § 244 V StPO unter Hinweis auf das vorliegende Augenscheinsprotokoll abgelehnt werden darf[5].

1) Siehe oben im 1. Abschnitt B.
2) Vergl. hierzu oben im 2. Teil 1. Abschnitt C.I.2.
3) Zur Anwendung des § 168 d StPO auf § 225 StPO: KK-Treier, § 225 Rdn. 4; Kleinknecht/Meyer, § 225 Rdn. 2; Dahs, Handbuch, Rdn. 252; LR-Gollwitzer (24. Aufl.), § 225 Rdn. 7.
4) RGSt 1, 256 (257); LR-Gollwitzer (24. Aufl.), § 224 Rdn. 34 u. § 225 Rdn. 10; näheres oben im 2. Teil 1. Abschnitt C.I.2.
5) Schmidt, LK II, § 225 Rdn. 6; LR-Gollwitzer (24. Aufl.), § 225 Rdn. 10.

b) Exkurs: Die informatorische Besichtigung als besondere Form einer Vorbereitung der Hauptverhandlung

Das Gericht kann sich neben dem Studium der Akten auch dadurch auf die Hauptverhandlung vorbereiten, daß es die bei den Akten befindlichen Lichtbilder und Zeichnungen, die asservierten Beweisgegenstände oder den Tatort besichtigt[1].

Derartige Vorbereitungshandlungen werden allgemein als informatorische Besichtigungen bezeichnet und dienen nicht der Aufklärung des Sachverhalts, sondern sollen den Richter nur in die Lage versetzen, die Entscheidung darüber zu treffen, welche Beweisaufnahmen in der Hauptverhandlung durchgeführt werden sollen[2]. Informatorische Besichtigungen sind also im Gegensatz zu § 225 StPO keine förmlichen Beweisaufnahmen durch Augenschein, sondern die sich hieraus ergebenden Kenntnisse können nur dazu verwendet werden, um sie zu geeigneten Vorhalten gegenüber Beschuldigten, Zeugen oder Sachverständigen zu benutzen[3].

Daher dürfen die Wahrnehmungen eines Augenscheinsobjekts durch informatorische Besichtigungen nicht zur Urteilsgrundlage gemacht werden[4], vielmehr liegt ein nach § 337 StPO revisibler Verfahrensverstoß gegen § 261 StPO vor, wenn das Gericht sein Urteil unmittelbar auf Kenntnisse einer informatorischen Besichtigung stützt. Da es sich bei informatorischen Besichtigungen nicht um förmliche Augenscheinseinnahmen zu Beweiszwekken handelt, gelten hier auch sämtliche Vorschriften über den richterlichen Augenschein nicht.

Möglicherweise ist jedoch eine spätere Augenscheinseinnahme

1) Alsberg/Nüse/Meyer, S. 238.
2) KG in VRS 17, 285 (287); Alsberg/Nüse/Meyer, S. 238.
3) BGH bei Dallinger in MDR 1966, 383; RGSt 26, 272 (273); KG in VRS 17, 285 (286); OLG Hamburg in NJW 1952, 1271; Alsberg/Nüse/Meyer, S. 238 f. m.w.N. in Fn. 4; teilweise anders Koch in DAR 1961, 275 (276).
4) BGHSt 2, 1 (3); RGSt 26, 272; KG in VRS 17, 285 (287); OLG Hamburg in NJW 1952, 1271; Koch in DAR 1961, 275; KK-Pelchen, § 86 Rdn. 5; Alsberg/Nüse/Meyer, S. 239 m.w.N. in Fn.5.

in der Hauptverhandlung wegen Vernichtung oder Verlust des Beweisobjekts nicht mehr durchzuführen. In diesem Fall können die privaten Kenntnisse des Richters nur durch seine Vernehmung als Zeuge in der Hauptverhandlung verwertet werden, dann ist er gemäß § 22 Nr. 5 StPO kraft Gesetzes vom Richteramt ausgeschlossen[1]. Dies gilt auch dann, wenn der Richter während der Hauptverhandlung oder in der darauffolgenden Beratung sein privates Wissen mitteilt, da er dann die Stellung des Richters verläßt und die eines Zeugen einnimmt[2].

Im übrigen sind informatorische Besichtigungen nur vor Beginn der Hauptverhandlung zulässig, denn die Besichtigung eines Gegenstandes in der Hauptverhandung darf nur in Form einer gerichtlichen Augenscheinseinnahme in Anwesenheit aller Prozeßbeteiligten durchgeführt werden[3].

Die Verwendung von privatem richterlichen Tatwissen zum Vorhalt gegenüber Beschuldigten, Zeugen und Sachverständigen kann jedoch dazu führen, daß der Tatrichter sich frühzeitig festlegt und ihm deshalb die im Interesse der Wahrheitsfindung notwendige "Neutralität und Distanz" fehlt[4]. Wird in der Hauptverhandlung ein Beweisantrag auf Einnahme eines richterlichen Augenscheins nach § 244 V StPO gestellt, so kann das Ergebnis einer informatorischen Besichtigung leicht dazu führen, diesen Antrag abzulehnen, ohne die Ermessensentscheidung in § 244 V StPO mit dem privaten Wissen zu begründen. In diesem Fall wird, ohne daß das private Wissen Grundlage eines Urteils wird, die Beweisantragssituation für die Prozeßbeteiligten verschlechtert. Dabei kann gerade eine Augenscheinseinnahme in der Hauptverhandlung erkannte oder unerkannte Widersprüche und Unstimmigkeiten der bisherigen Beweisaufnahme beseitigen helfen, die im Zeitpunkt der informatorischen Besichtigung noch nicht vor-

1) RGSt 26, 272 (274).
2) RGSt 26, 272 (273); KK-Pfeiffer, § 22 Rdn. 14; LR-Wendisch (24. Aufl.), § 22 Rdn. 43.
3) BGHSt 3, 187 (188); RGSt 42, 197 (198); OLG Hamburg in GA 1961, 177; KK-Pelchen, § 86 Rdn. 5; Gössel, Strafverfahrensrecht, S. 245; Alsberg/Nüse/Meyer, S. 238.
4) So zu Recht: Geppert, S. 152.

herzusehen waren[1]. Insbesondere das Anwesenheitsrecht der Prozeßbeteiligten ermöglicht dann eine Korrektur von etwaigen Wahrnehmungsfehlern des Richters, da der Richter aus psychologischen Gründen seine eigenen - im Unterschied zum richterlichen Augenschein isolierten - Wahrnehmungen nicht objektiv und unbefangen beurteilen und Fehlerquellen bei informatorischen Besichtigungen nicht kritisch genug überprüfen kann[2].

Aus diesen Gründen darf m.E. ein in der Hauptverhandlung gestellter Beweisantrag nach § 244 V StPO nicht mit Hinweis auf eine vorangegangene informatorische Ortsbesichtigung abgelehnt werden, da nicht ausgeschlossen werden kann, daß sich unter den Bedingungen einer förmlichen Augenscheinseinnahme in Anwesenheit aller Prozeßbeteiligten der bisherige Kenntnisstand des Richters verändert.

III. Zusammenfassung

Die Beweisantragssituation des Beschuldigten im Hinblick auf Augenscheinseinnahmen vor Beginn der Hauptverhandlung ist im Vergleich zu den anderen Beweismitteln weder günstiger noch schlechter. Im Ermittlungsverfahren ist das Beweisantragsrecht des Beschuldigten im wesentlichen auf Fälle eines drohenden Beweisverlustes beschränkt, denn eine pflichtwidrige Ablehnung eines Antrags nach § 163 a II StPO oder § 166 I StPO führt bei nachfolgender Vernichtung des Augenscheinsobjekts dazu, daß das Tatgericht in der späteren Hauptverhandlung die vom Beschuldigten behaupteten Entlastungstatsachen als wahr unterstellen muß. Dem drohenden Verlust von Tatortspuren kann der Beschuldigte im Zwischenverfahren und während der Vorbereitung der öffentlichen Klage nicht mehr uneingeschränkt durch einen Augenscheinsbeweisantrag vorbeugen, da einem Beweisantrag gemäß

1) Auch Geppert, S. 152 f., tritt mit Recht für eine eingeschränkte Verwendung informatorischer Ortsbesichtigungen ein.
2) Grundlegend Stein, S. 2; ebenso Beling, S. 287; Petry, S. 107; Geppert, S. 151 f.

§ 201 I StPO nur dann stattgegeben werden muß, wenn das Ergebnis dieser Beweisaufnahme die Frage nach dem hinreichenden Tatverdacht insgesamt entscheidend beeinflussen kann und § 219 I StPO einen Beweisantrag auf Tatortbesichtigung generell ausschließt. Möglichen Beweisverlusten kann der Beschuldigte in diesen Verfahrensabschnitten am wirkungsvollsten dadurch entgehen, daß er vom Tatort Lichtbilder oder andere Augenscheinssurrogate herstellt und diese durch einen Beweisantrag nach § 245 II 1 StPO in die spätere Hauptverhandlung einführt.

Die Anwesenheits- und Mitwirkungsrechte der Verfahrensbeteiligten während einer Augenscheinseinnahme vor Beginn der Hauptverhandlung sind vom Gesetzgeber durch § 168 d StPO und § 225 StPO i.V.m. § 224 StPO in angemessenem Umfang berücksichtigt worden. Im Gegensatz zur unvollkommenen Regelung des richterlichen Augenscheins in den übrigen Vorschriften der StPO sind die Beteiligungsrechte der Prozeßteilnehmer - wie insbsondere § 168 d II StPO zeigt - sehr detailliert normiert worden.

2. Abschnitt: Der richterliche Augenschein in der Hauptverhandlung

Die unvollständige normative Ausgestaltung des richterlichen Augenscheins in der StPO kommt vor allem in fehlenden Bestimmungen über die Beweisaufnahme in der Hauptverhandlung zum Ausdruck. Vor Einführung des § 244 V StPO im Jahre 1950[1] bestand keine Vorschrift, die in der Hauptverhandlung die Beweisaufnahme durch richterlichen Augenschein vorsah[2]. Dies entsprach der Einstellung des Gesetzgebers der Reichsstrafprozeßordnung von 1877, der die vor Beginn der Hauptverhandlung durchzuführende Augenscheinseinnahme als Normallfall ansah[3] und deshalb den richterlichen Augenschein in der Hauptverhandlung als nicht näher regelungsbedürftig betrachtete[4].
Da jedoch in der heutigen Zeit prozeßökonomische Gesichtspunkte für eine Vorwegnahme des richterlichen Augenscheins ihre damalige Bedeutung verloren haben[5], geht die forensische Praxis mehr und mehr dazu über, Augenscheinseinnahmen möglichst erst in der Hauptverhandlung vorzunehmen. Ein richterlicher Augenschein in der Hauptverhandlung hat insbesondere für Kollegialgerichte den Vorteil, daß alle Gerichtsmitglieder unter Einschluß der Laienrichter gemäß § 30 I GVG zugleich eine unmittelbare Anschauung vom originären Beweisobjekt erhalten und somit über den gleichen Kenntnisstand verfügen. Außerdem bleibt bei einer Augenscheinseinnahme in der Hauptverhandlung der spezielle, gegenüber den übrigen Beweisaufnahmeformen einzigartige Erkenntnisweg des richterlichen Augenscheins bestehen und wird nicht über § 249 I 2 StPO durch eine bloße Beweisreproduktion ersetzt.

1) Durch Art. 3 Nr. 112 des Vereinheitlichungsgesetzes vom 12. 9.1950 (BGBl. I, S. 455, 629).
2) Ebenso schon Ross, S. 10, 11; Goslar, S. 31; Meindl, S. 24; Anuschat, S. 30; Birkmeyer, S. 417 vor Einführung des § 244 V StPO.
3) Näheres siehe oben im 2. Teil 1. Abschnitt A.II.
4) So von Kries, S. 541 für die vor dem 1.4.1987 geltende Fassung des § 257 I StPO.
5) Siehe hierzu bereits oben im 2. Teil 1. Abschnitt A.II.

Aus diesen Gründen entspricht die damalige Entscheidung des Gesetzgebers, Augenscheinseinnahmen vor Beginn der Hauptverhandlung durchzuführen, vielfach nicht mehr der heutigen gerichtlichen Praxis. Die als Folge dieser Entwicklung entstandenen normativen Defizite im Bereich der Vorschriften über Augenscheinseinnahmen in der Hauptverhandlung haben Fragen aufgeworfen, die von Rechtsprechung und strafprozessualem Schrifttum bisher nur unzureichend geklärt worden sind.
Daher ist insbesondere zu untersuchen, wie der Interaktionsprozeß unter den Gerichtsmitgliedern und den übrigen Prozeßbeteiligten beim richterlichen Augenschein ausgestaltet ist, welchen Niederschlag die Augenscheinseinnahme im Hauptverhandlungsprotokoll finden muß und ob Augenscheinsobjekte auch noch während der Urteilsberatung wahrgenommen werden dürfen.

A. Der Interaktionsprozeß beim richterlichen Augenschein in der Hauptverhandlung

Ein grundlegender Unterschied zwischen der richterlichen Augenscheinseinnahme vor und in der Hauptverhandlung besteht darin, daß vor Beginn der Hauptverhandlung der Augenschein isoliert und unabhängig von anderen Beweisaufnahmen durchgeführt wird, während der richterliche Augenschein in der Hauptverhandlung in die übrige Beweisaufnahme eingebettet ist. So kann z.B. eine bestimmte Zeugenaussage oder ein Beweisantrag nach § 244 V StPO dazu führen, einen Augenschein am Tatort auch dann einzunehmen, wenn dies dem Gericht aufgrund der Aktenlage und des Kenntnisstandes vor Beginn der Hauptverhandlung noch nicht erforderlich erschien.

Außerdem unterscheidet sich der richterliche Augenschein außerhalb der Hauptverhandlung von der Beweisaufnahme in der Hauptverhandlung dadurch, daß die Ergebnisse des richterlichen Augenscheins vor der Hauptverhandlung nach § 86 StPO aufgrund der gemeinsamen Wahrnehmungen des Richters und des Protokollführers im Augenscheinsprotokoll fixiert werden[1], während § 86

1) Siehe oben in 2. Teil 1. Abschnitt B.I.2.

StPO im Rahmen einer Hauptverhandlung keine Anwendung findet[1], weil für den richterlichen Augenschein in der Hauptverhandlung nicht die übereinstimmenden Wahrnehmungen eines Richters und des Protokollführers, sondern die Beobachtungen sämtlicher oder die in der Mehrzahl befindlichen Richter für die Beweisaufnahme maßgebend sind[2]. Die §§ 86, 249 I 2 StPO finden ausnahmsweise in der Hauptverhandlung nur dann Anwendung, wenn das Gericht die Hauptverhandlung unterbricht, eines seiner Mitglieder mit der Augenscheinseinnahme beauftragt und in der fortgesetzten Hauptverhandlung das Augenscheinsprotokoll verlesen wird[3].

Während somit vor der Hauptverhandlung die Augenscheinseinnahme nach § 86 StPO der "aus Beobachtung und gleichzeitiger Beschreibung zusammengesetzte Vorgang"[4] ist, der die Kommunikation unter den Verfahrensbeteiligten ermöglicht, existieren für die Hauptverhandlung keine Bestimmungen, die für den richterlichen Augenschein einen Gedankenaustausch über die individuellen Wahrnehmungen der Richter eines Gerichts vorsehen. Es ist daher zu prüfen, ob sich aus dem Grundsatz einer mündlichen Hauptverhandlung Erkenntnisse für eine Kommunikation bei der richterlichen Augenscheinseinnahme gewinnen lassen.

I. Ableitung einer notwendigen Kommunikation bei einer richterlichen Augenscheinseinnahme aus dem Mündlichkeitsprinzip

Der Grundsatz, daß nur der in der Hauptverhandlung mündlich verhandelte Prozeßstoff zur Urteilsgrundlage gemacht werden dürfe[5], wirkt sich in der Praxis der Hauptverhandlung dahingehend aus, daß der Angeklagte nach § 243 IV 2 StPO, Zeugen

1) RGSt 26, 277; RG Recht 1908, Nr. 3367; OLG Neustadt in VRS 28, 377 (378); Kroschel/Meyer-Goßner, S. 346; Schmidt, LK II, § 86 Rdn. 22; KMR-Paulus, § 86 Rdn. 8; KK-Pelchen, § 86 Rdn. 9; Schlüchter, Rdn. 542 (S. 578) und die ganz h.M.; a.A. zu Unrecht: Marquardt, Rdn. 413; Hendrix/Reiss, S. 53.
2) RGSt 26, 277 (278); RG Recht 1911, Nr. 3883; Anuschat, S. 33; Meindl, S. 25.
3) Siehe hierzu näher RGSt 20, 149.
4) So schon treffend Glaser, Handbuch I, S. 663 f.
5) Schlüchter, Rdn. 4.3; Roxin, § 44 A I; KK-Pfeiffer, Einleitung Rdn. 7; von Kries, S. 254.

und Sachverständige nach § 250 S. 1 StPO zu vernehmen sowie Urkunden gemäß § 249 I 2 StPO zu verlesen sind. In diesen Fällen ist gewährleistet, daß der Prozeßstoff vor dem erkennenden Gericht mündlich in die Verhandlung und damit den Beteiligten zur Kenntnis gebracht und zur Diskussion gestellt wird, so daß alle Beteiligten wissen, was Gegenstand der Entscheidung des Gerichts sein wird, damit sie ihre Anträge und Vorträge darauf einstellen können[1]. Daneben hat die mündliche Hauptverhandlung auch die Funktion, den Laienrichtern allein aufgrund des Gehörten die Urteilsbildung zu ermöglichen und der Forderung nach einer öffentlichen Hauptverhandlung zu entsprechen[2].

Demgegenüber ist der StPO keine Vorschrift über die mündliche Einbringung von Augenscheinsobjekten in die Hauptverhandlung zu entnehmen. In der Literatur wird teilweise lediglich festgestellt, die richterliche Augenscheinseinnahme in der Hauptverhandlung unterliege den allgemeinen Beweisgrundsätzen[3]. Hiernach kann für die mündliche Erörterung von Augenscheinsobjekten nichts anderes gelten als für alle anderen Beweismittel. Es ist daher i.d.R. nicht ausreichend, einen Beweisgegenstand stumm zu besichtigen, seine Aufmerkamkeit möglicherweise auf eine bestimmte Stelle zu konzentrieren und den eigenen Auswertungsvorgang den anderen Prozeßbeteiligten vorzuenthalten.

Zwar ist es nicht üblich und auch nicht erforderlich, daß über die Ergebnisse der sinnlichen Wahrnehmung zwischen dem Gericht und den Verfahrensteilnehmern Einverständnis hergestellt wird[4], jedoch muß das Gericht den Prozeßbeteiligten mitteilen, welche Teile eines Augenscheinsobjekts näher untersucht werden, damit etwa abweichende Auffassungen durch Beweisanträge oder im abschließenden Plädoyer deutlich gemacht werden können. Abweichende Beurteilungen des Staatsanwalts und des Verteidigers sind nämlich nur dann möglich, wenn alle zur Urteilsfindung be-

1) Schäfer, Praxis, S. 310; KK-Pfeiffer, Einleitung Rdn. 7.
2) Vergl. auch Fezer, Funktion, S. 41; Henkel, S. 329.
3) Ross, S. 11 f.; von Hippel, S. 430; Birkmeyer, S. 417; Ullmann, S. 341.
4) Schäfer, Praxis, S. 338.

rufenen Personen von ein und derselben Tatsachengrundlage ausgehen.

In vielen Fällen ist der Vorsitzende deshalb verpflichtet, das Augenscheinsobjekt in mündlicher Form zu beschreiben, damit die Beweisaufnahme für die Prozeßbeteiligten nachvollziehbar und u.U. korrigierbar durchgeführt wird. Zu Recht fordert deshalb auch das OLG Köln[1], daß das Gericht bei der Auswertung eines Augenscheinsobjekts mit den Verfahrensbeteiligten alle Einzelheiten und die daraus zu ziehenden Schlüsse erörtern müsse. Dies muß insbesondere für die Auswertung von Fahrtschreiberdiagrammen gelten, damit dem Staatsanwalt oder dem Verteidiger erkennbar ist, ob sich die Auswertung auf ausreichendes eigenes Fachwissen des Richters stützt oder ein Sachverständigengutachten zu beantragen ist[2]. Das erkennende Gericht muß also vor allem bei komplizierteren Augenscheinsobjekten seine Kriterien zur Auswertung des betreffenden Beweisgegenstandes offenlegen, um den übrigen Prozeßbeteiligten Gelegenheit zu anderen Bewertungen des Augenscheinsobjekts zu geben.

Der Richter ist jedoch nicht verpflichtet, alle Wahrnehmungen in mündlicher Form umzusetzen, sondern es sind nur diejenigen Beobachtungen mitzuteilen, die nach seiner Auffassung für die jeweilige Beweisaufnahme und damit für das spätere Urteil erheblich sein können.

Bei bestimmten Augenscheinsobjekten können aber derartige mündliche Informationen auch ganz entfallen. Insbesondere bei Tonband-, Schallplatten-, Film- und Videoaufnahmen, bei denen der fixierte Gedankeninhalt schon auf technischem Wege in mündlicher bzw. optisch-akustischer Form allen Verfahrensbeteiligten übermittelt wird, würde die Wiedergabe der richterlichen Wahrnehmungen zu überflüssigen Verzögerungen des Verfahrens führen und liefe nicht selten auf eine unnötige Wiederholung der Beweisaufnahme hinaus.

Grundsätzlich gebietet jedoch das Mündlichkeitsprinzip den mündlichen Gedankenaustausch zwischen dem Gericht und den Pro-

1) OLG Köln in VRS 24, 61 (62).
2) Siehe hierzu zusammenfassend Kraft in DAR 1971, 124 (125); Alsberg/Nüse/Meyer, S. 234 m.w.N.

zeßbeteiligten über die Besichtigung und Auswertung von Augenscheinsobjekten, auch wenn die StPO für die Hauptverhandlung keine bestimmte Form bei diesem Beweismittel vorsieht.

Auch für die Laienrichter im Kollegialgericht, die nach § 30 I GVG die Beweisaufnahme in der Hauptverhandlung mitgestalten und deren Vorausinformation sich im Gegensatz zur Aktenkenntnis der Berufsrichter auf kurze Mitteilungen des Vorsitzenden über Verfahrensgegenstand und Sitzungsdauer beschränkt[1], führt die mündliche Erörterung von Augenscheinsobjekten zur leichteren Rekonstruktion des Tatgeschehens[2]. Da erst durch die Verbindung mit anderen Beweismitteln das Augenscheinsobjekt seinen eigenständigen Beweiswert gewinnt[3], muß diese Beziehung gegenüber den Schöffen auch in mündlicher Form hergestellt werden, damit diesen ein vollständiges Bild vom Ablauf des Tatgeschehens vermittelt wird.

Aus diesen Gründen ist aus dem Grundsatz einer mündlichen Beweisaufnahme in der Hauptverhandlung die Notwendigkeit zur mündlichen Erörterung von Augenscheinsobjekten abzuleiten, auch wenn sich dies dem Gesetz unmittelbar nicht entnehmen läßt.

II. Das Erklärungsrecht des Angeklagten bei Augenscheinseinnahmen gemäß § 257 I StPO

Die unvollkommene Regelung des richterlichen Augenscheins in der Hauptverhandlung kam durch den früheren Wortlaut des § 257 I StPO besonders deutlich zum Ausdruck. Vor Neufassung des § 257 I StPO[4] bestimmte die bis zum 1.4.1987 geltende Vor-

1) Vergl. hierzu: Benz, S. 77 f.
2) Im übrigen empfiehlt Benz, S. 100, zu Recht die verstärkte Vorführung von Beweisobjekten und vermehrte Durchführung von Tatortbesichtigungen, um den Schöffen die Rekonstruktion des Tatgeschehens zu erleichtern.
3) Siehe hierzu eingehend im 1. Teil 2. Abschnitt C.I.
4) Durch Art. 1 Nr. 18 des StVÄG 1987 vom 27.1.1987 (BGBl. I, S. 475).

schrift, daß der Angeklagte nach der Vernehmung eines jeden Zeugen, Sachverständigen oder Mitangeklagten sowie nach der Verlesung eines jeden Schriftstücks befragt werden soll, ob er dazu etwas zu erklären habe. Aufgrund des - unverändert gebliebenen - § 257 II StPO konnten der Staatsanwalt oder der Verteidiger hingegen nach jeder einzelnen Beweiserhebung Erklärungen abgeben, so daß nach damaliger Gesetzeslage nur § 257 II StPO auch richterliche Augenscheinseinnahmen erfaßte, nicht jedoch § 257 I StPO a.F.

Die unterschiedliche Ausgestaltung der Mitwirkungsbefugnisse in § 257 StPO a.E. führte zu der Frage, ob das fehlende Erklärungsrecht des Angeklagten nach Augenscheinseinnahmen sachlich gerechtfertigt war.

Unter Hinweis auf den Wortlaut von § 257 I a.F. StPO wurde vereinzelt die Auffassung vertreten, daß der Angeklagte "nach den darin bezeichneten Prozeßhandlungen"[1] Erklärungen abgeben, nicht aber nach richterlichen Augenscheinseinnahmen, denn in diesem Fall stünde die Befragung des Angeklagten gemäß § 238 I StPO im Ermessen des Vorsitzenden[2]. Demgegenüber wollte die ganz h.L. § 257 I a.F. StPO ohne nähere Begründung direkt[3] oder analog[4] auch auf richterliche Augenscheinseinnahmen anwenden[5].

Gemäß der Neufassung des § 257 I StPO soll der Angeklagte nach der Vernehmung eines jeden Mitangeklagten und nach jeder einzelnen Beweiserhebung befragt werden, ob er dazu etwas zu erklären habe. Der heutige Wortlaut des § 257 I StPO stellt somit eindeutig klar, daß dem Angeklagten auch nach Augenscheinseinnahmen das vorher nur für alle anderen Beweismittel ausdrücklich bestehende Erklärungsrecht zusteht[6]. Die Einbeziehung

1) RGSt 44, 284 (285).
2) So vor allem Kleinknecht/Meyer, § 257 Rdn. 1.
3) von Hippel, S. 430 in Fn. 6; Gössel, Strafverfahrensrecht, S. 260; KK-Mayr, § 257 Rdn. 1; LR-Gollwitzer (24. Aufl.), § 257 Rdn. 6.
4) Gerland, S. 354; KMR-Paulus, § 257 Rdn. 7.
5) Unklar Ortlieb, S. 97 mit Fn. 7; von Kries, S. 541; Dahs in NJW 1962, 2238: Richter soll den Angeklagten nach Benutzung jedes Beweismittels fragen.
6) So auch die heute allgemeine Auslegung des § 257 I n.F. StPO u.a. durch Rieß/Hilger in NStZ 1987, 145 (151); Meyer-Goßner in NJW 1987, 1161 (1164); LR-Gollwitzer (24. Aufl.), § 257 Rdn. 6 in Fn. 4.

richterlicher Augenscheinseinnahmen in § 257 I StPO war auch ein wesentlicher Grund für die Änderung dieser Vorschrift, denn die amtliche Begründung der Bundesregierung sieht vor, daß mit der Reform u.a. "die nicht ganz unumstrittene, von der herrschenden Meinung aber bejahte Frage, ob § 257 Abs. 1 auch nach Augenscheinseinnahmen gilt, positiv entschieden"[1] werden sollte.

Weder die Diskussion um die alte noch die Gesetzesmaterialien zur neuen Fassung des § 257 I StPO haben zur befriedigenden Klärung der Frage geführt, aus welchen Gründen diese Norm auch nach einem richterlichen Augenschein Anwendung finden muß. Die entscheidenden Argumente für ein Erklärungsrecht des Angeklagten nach Augenscheinseinnahmen lassen sich aus Sinn und Zweck dieser Vorschrift herleiten.

Nach allgemeiner Ansicht hat § 257 I StPO nämlich die Funktion, den in Art. 103 I GG verfassungsrechtlich garantierten Anspruch auf rechtliches Gehör zu sichern[2]. § 257 I StPO enthält im Interesse einer wirkungsvollen Verteidigung des Angeklagten eine präzise Bestimmung des Zeitpunktes, zu dem ihm regelmäßig rechtliches Gehör gewährt werden soll[3]. Zur Verwirklichung des Rechtes aus Art. 103 I GG gibt § 257 I StPO dem Angeklagten eine Art Schlußwort nach jedem Teil der Beweisaufnahme, weil dessen Äußerung unter dem unmittelbaren Eindruck des Beweisergebnisss genauer und lebendiger ausfällt als der Schlußvortrag nach § 258 I StPO[4].

Die verfassungskonforme Auslegung des früheren Wortlauts von § 257 I a.F. StPO ergibt somit, daß einem Angeklagten auch nach einer Augenscheinseinnahme das Recht zu Erklärungen eingeräumt werden muß, denn ohne die Einbeziehung des richterlichen Augenscheins in § 257 I StPO wären die Rechte des Angeklagten in

1) BT-Drucks. 10/1313, S. 29.
2) Rüping, Rechtliches Gehör, S. 147; Kühne, Rdn. 122; Ortlieb, S. 97 in Fn. 7; Dahs in NJW 1962, 2238 (2240); KK-Mayr, § 257 Rdn. 1; Peters, Strafprozeß, S. 205; Schorn, Menschenwürde, S. 73; Heinicke, S. 348; Frank, S. 164 f.; Dahs, Rechtliches Gehör, S. 101 f.; Schmidt, LK II, § 257 Rdn. 1; Gössel, Strafverfahrensrecht, S. 260.
3) So zu Recht: LR-Gollwitzer (24. Aufl.), § 257 Rdn. 1.
4) Bröll, S. 67; ähnlich Steffen, S. 86; Frank, S. 167.

einer dem Art. 103 I GG widersprechenden Weise verkürzt.

Auch für den ohne Verteidiger auftretenden Angeklagten bedeutete die Differenzierung in § 257 I a.F. StPO und Absatz 2 der Vorschrift eine sachlich nicht zu rechtfertigende Benachteiligung gegenüber dem Angeklagten mit Verteidiger. Die Befragung des Angeklagten, ob er sich nach einer durchgeführten Beweiserhebung äußern wolle, ist vielmehr gleichzeitig auch als Ausdruck einer gerichtlichen Fürsorgepflicht anzusehen[1], so daß der nicht verteidigte Angeklagte gemäß § 257 I StPO nach richterlichen Augenscheinseinnahmen genauso gestellt werden muß wie der Angeklagte, dessen Verteidiger gemäß § 257 II StPO für diesen zur richterlichen Augenscheinseinnahme Stellung nehmen kann[2].

Die Neufassung des § 257 I StPO durch das Strafverfahrensänderungsgesetz 1987 hat somit dem Angeklagten zwar nicht ein erweitertes Erklärungsrecht verschafft, weil sich dieses bereits schon durch eine Auslegung der früher geltenden Vorschrift unter besonderer Berücksichtigung von Art. 103 I GG und der gerichtlichen Fürsorgepflicht ergibt. Die Reform des § 257 I StPO hat jedoch klargestellt, daß der Interaktionsprozeß zwischen den Prozeßbeteiligten bei einer Augenscheinseinnahme in gleichem Umfang wie bei allen anderen Formen der Beweisaufnahme von der Pflicht des Gerichts zur Gewährung rechtlichen Gehörs und seiner Fürsorgepflicht gegenüber dem Angeklagten beherrscht wird.

Angesichts der vernachlässigten Stellung des richterlichen Augenscheins im Beweismittelsystem der StPO ist die Gesetzesänderung und die Begründung der Bundesregierung hierzu besonders bemerkenswert, denn erstmals seit Einführung der Reichsstrafprozeßordnung im Jahre 1877 hat der Gesetzgeber den richterlichen Augenschein ganz bewußt aufgewertet, indem er ihn nunmehr in § 257 I StPO wie alle anderen Beweismittel behandelt. Die

1) Plötz, S. 165 f.; Steffen, S. 84 ff., insbes. S. 86; Hübner, S. 77; Schorn in MDR 1966, 639 (640).
2) Zur Unterlegenheit des Angeklagten ohne Verteidiger eingehend Plötz, S. 122 ff.; von Stackelberg in AnwBl. 1959, 190 (198 f.); Maiwald in Lange-Festschrift, S. 745 (752 f.).

Gleichstellung des richterlichen Augenscheins mit den übrigen Beweismitteln durch § 257 I n.F. StPO wirft aber die Frage auf, ob für eine Reform der Vorschriften über den richterlichen Augenschein in der Hauptverhandlung nicht eher dort ein vorrangiges Bedürfnis besteht, wo sie zugleich auch die Wahrheitserforschung verbessert. Auf diese Frage wird im 4. Teil der Untersuchung noch zurückzukommen sein.

B. Die Protokollierung des richterlichen Augenscheins in der Hauptverhandlung

Aus den bereits dargestellten Gründen findet die Protokollierungsvorschrift des § 86 StPO in der Hauptverhandlung keine Anwendung[1].

Daher ist im Protokoll der Hauptverhandlung die Augenscheinseinnahme als wesentliche Förmlichkeit gemäß § 273 I StPO zu beurkunden, wobei nur die Tatsache der Beweisaufnahme an einem bestimmten Gegenstand oder Ort aufzunehmen ist, nicht aber das Ergebnis des richterlichen Augenscheins[2].

Ausnahmsweise ist jedoch auch das Ergebnis der richterlichen Augenscheinseinnahme in der Sitzungsniederschrift festzuhalten, wenn die Voraussetzungen des § 273 III StPO vorliegen[3].

Problematisch ist in diesem Zusammenhang, unter welchen Voraussetzungen nach § 273 III 1 StPO das Protokoll die Feststellung eines Vorgangs in der Hauptverhandlung enthalten muß und

1) Siehe oben im 2. Teil 2. Abschnitt A.
2) RGSt 26, 277 (278); OLG Hamm in GA 1973, 280 (281); Anuschat, S. 34; Meindl, S. 26; Ross, S. 12; Schlüchter, Rdn. 542 (S. 578); Roxin, § 28 A 2; Kühne, Rdn. 519; Gerland, S. 386; Schäfer, Praxis, S. 440; Alsberg/Nüse/Meyer, S. 240 m.w.N. in Fn. 14; Kroschel/Meyer-Goßner, S. 346 mit Beispielen aus der Praxis; a.A.: Hendrix/Reiss, S. 53; Marquardt, Rdn. 413 (S. 171), die - unzutreffend - auch in der Hauptverhandlung § 86 StPO anwenden.
3) OLG Bremen in NJW 1981, 2827; OLG Hamm in GA 1973, 280 (281); OLG Köln in NJW 1955, 843.

wie weit die vollständige Niederschreibung im Sinne dieser Bestimmung geht.

Überwiegend wird heute angenommen, daß es gemäß § 273 III 1 StPO dann auf die Feststellung eines Vorgangs ankomme, wenn hieran ein rechtlich geschütztes Interesse bestehe[1]. Weitergehend vertritt Ulsenheimer[2] die Ansicht, daß der jeweilige Vorgang immer schon dann rechtserheblich sei, wenn sich eine derartige Möglichkeit nicht von vornherein ausschließen lasse, die Entscheidung als solche also auf dem zu protokollierenden Vorgang sachlich in irgendeiner Weise beruhen könne.

Eine derartige ex-ante-Betrachtung führt jedoch dazu, daß das Gericht stets zu einer nach § 261 StPO unzulässigen vorweggenommenen Beweiswürdigung gezwungen wäre, wohingegen sich die Bedeutung der Beweisergebnisse im Verlauf der weiteren Hauptverhandlung wandeln kann[3].

Richtiger Ansicht nach ist § 273 III 1 StPO als eine Ausnahmevorschrift zu § 273 I StPO anzusehen[4] und deshalb eng auszulegen[5]. Daher ist ein bestimmter Vorgang und eine richterliche Augenscheinseinnahme nur dann nach § 273 III 1 StPO zu protokollieren, wenn die richterliche Wahrnehmung in ihrer konkreten Individualität aus der Sicht des Gerichts für das spätere Urteil entscheidungserheblich sein wird[6]. Dies wird in erster Linie dann der Fall sein, wenn es sich um die Besichtigung eines zeitlich ablaufenden Vorgangs handelt[7], z.B. bei

1) Schlüchter, Rdn. 590 (S. 641); KMR-Müller, § 273 Rdn. 15; Ulsenheimer in NJW 1980, 2273 (2276); Schmid in NJW 1981, 1353 (1354); Gössel, Strafverfahrensrecht, S. 296.
2) Ulsenheimer in NJW 1980, 2273 (2276).
3) So zu Recht: Foth in JR 1982, 253 (254); Sieß in NJW 1982, 1625 (2626).
4) Im Ansatz ebenso Ulsenheimer in NJW 1980, 2273, der jedoch anschließend § 273 III 1 StPO extensiv auslegt.
5) Zur engen Auslegung von Ausnahmevorschriften siehe ausführlich Peters, Strafprozeß, S. 90; Kleinknecht/Meyer, Einleitung Rdn. 199; Larenz, S. 339 f.
6) So wohl auch neuestens das OLG Bremen in NStZ 1986, 183; ähnlich auch Schmid in NJW 1981, 1353 (1354); Roxin, § 49 I 2; Schlüchter, Rdn. 590 (S. 640) in Fn. 662 für die Frage der wörtlichen Protokollierung einer Aussage nach § 273 III 1 StPO.
7) So zu Recht: OLG Köln in NJW 1955, 843.

einer Rekonstruktion des Tatverlaufs, wobei durch Angeklagte und Zeugen das Tatgeschehen unter möglichst gleichen Verhältnissen nachgestellt wird[1].
Das gleiche gilt, wenn ein Verfahrensbeteiligter die Protokollierung nach § 273 III 1 StPO beantragt. In diesem Fall hat der Antragsteller keinen uneingeschränkten Anspruch auf Protokollierung[2], vielmehr wird die vom Gericht von Amts wegen zu erstellende Niederschrift des Beweisergebnisses durch den Antrag der Prozeßbeteiligten auf Protokollierung nur ergänzt. Erst wenn der Vorsitzende die Voraussetzungen des § 273 III 1 StPO bejaht, wandelt sich das Recht auf Antragstellung in ein Recht auf Protokollierung um[3]. Lehnt der Vorsitzende dagegen die Anordnung ab, so entscheidet nach § 273 III 2 StPO das Gericht.

Den Wortlaut der Niederschrift bestimmt der Vorsitzende[4]. Unklar ist jedoch, welchen Umfang die vollständige Niederschreibung nach § 273 III 1 StPO bei einer richterlichen Augenscheinseinnahme einnehmen muß.

Entgegen dem Wortlaut des § 273 III 1 StPO kann man ein Augenscheinsobjekt nicht vollständig niederschreiben, sondern bestenfalls allgemein beschreiben[5]. Eine totale Reproduktion der eigenen sinnlichen Wahrnehmung in schriftlicher Form ist nämlich faktisch unmöglich. Die "vollständige Niederschreibung" ist immer das Ergebnis einer Auswahl[6], die ihrerseits immer

---

1) Zu dieser Form der richterlichen Augenscheinseinnahme siehe u.a. BGH in NJW 1961, 1486 (1487); Robert, S. 48; Stützel, S. 15; Alsberg/Nüse/Meyer, S. 235 m.w.N.
2) BGH in NJW 1966, 63; RGSt 5, 352 (353); 28, 394 (395) für die wörtliche Protokollierung einer Aussage; RG in JW 1921, 840 für Protokollierung eines Vorgangs; Sieß in NJW 1982, 1625 (1626); Foth in JR 1982, 253 (254); Kleinknecht/Meyer, § 273 Rdn. 23; a.A.: OLG Bremen in NJW 1981, 2827; Ulsenheimer in NJW 1980, 2273 (2276).
3) Siehe hierzu insbesondere BGH bei Spiegel in DAR 1983, 202.
4) Kleinknecht/Meyer, § 273 Rdn. 23; LR-Gollwitzer (24. Aufl.), § 273 Rdn. 45.
5) So zu Recht: Sieß in NJW 1982, 1625 (1627); ebenso Robert, S. 70.
6) Insofern gilt nichts anderes als bei der Protokollierung nach § 86 StPO; siehe hierzu oben im 2. Teil 1. Abschnitt B.II.

eine Wertung ist. Daher ist die umfassende Protokollierung nicht mehr ein Teil der Beweisaufnahme, sondern gehört streng genommen schon zur Beweiswürdigung[1].
Dementsprechend gebietet § 273 III 1 StPO bei der Protokollierung einer richterlichen Augenscheinseinnahme nur, den subjektiven Auswahlprozeß so zu gestalten, daß eine möglichst umfassende Beschreibung der urteilsrelevanten Eindrücke des Gerichts entsteht. Eine weitergehende "vollständige Niederschreibung" kann zumindest bei richterlichen Augenscheinseinnahmen nicht verlangt werden, weil sie theoretisch nicht denkbar und praktisch undurchführbar ist, denn die Wirklichkeit der Wahrnehmung ist immer viel komplexer als ihre schriftliche Reproduktion.

C. Die Benutzung von Augenscheinsobjekten während der Urteilsberatung

In auffallendem Gegensatz zur zurückhaltenden Verwendung von Augenscheinsgegenständen in der forensischen Praxis der Hauptverhandlung wird in Rechtsprechung und Lehre das Probem erörtert, ob das Gericht noch während der Urteilsberatung Augenscheinsobjekte benutzen darf, die schon Gegenstand der Beweisaufnahme in der Hauptverhandlung gewesen sind.

Bei der Beantwortung dieser Frage wird ganz überwiegend zwischen verschiedenen Augenscheinsobjekten differenziert: Während bewegliche Beweisgegenstände in das Beratungszimmer zur wiederholten Besichtigung mitgenommen werden dürfen[2], sei eine Urteilsberatung am Tatort immer unzulässig, da hierdurch beim Gericht Eindrücke entstehen könnten, die zuvor beim richterlichen Augenschein in Anwesenheit aller Prozeßbeteiligten ausge-

1) So zu Recht: Sieß in NJW 1982, 1625 (1627).
2) RGSt 66, 28 (29); RG in Zeitschrift für Rechtspflege in Bayern 1930, S. 337, Rupp, S. 156; Alsberg/Nüse/Meyer, S. 240; kritisch Ross, S. 19 f.

blieben seien[1]. Bei einer Urteilsberatung am Tatort sind nach der ganz h.M. immer die §§ 226, 230, 261 StPO verletzt und gleichzeitig der absolute Revisionsgrund des § 338 Nr. 5 StPO gegeben, weil die hierbei möglichen Wahrnehmungen nicht in Anwesenheit der Prozeßbeteiligten erfolgt sind, "an denen diese also nicht teilgenommen, mit denen sie nicht gerechnet, über die sie sich nicht erklärt haben"[2].

Das Reichsgericht begründet die unterschiedliche Behandlung der Augenscheinsobjekte damit, daß die beweglichen Beweismittel regelmäßig keiner Veränderung ausgesetzt seien, während bei der Tatortbesichtigung jeder Wechsel im Standort des Beschauers das Bild verschiebe und die unter dem Einfluß von Tageszeit und Witterung ständig wechselnde Beleuchtung einzelne Sachen näher oder ferner, größer oder kleiner, schärfer oder unschärfer erscheinen lasse, als sie vorher erschienen seien[3]. Diese differenzierende Betrachtungsweise ist jedoch kritischen Bedenken ausgesetzt. So sind auch bei beweglichen Augenscheinsgegenständen unterschiedliche Beleuchtungsverhältnisse und damit abweichende Wahrnehmungsbedingungen denkbar, wenn z.B. die Beweisaufnahme bei Tageslicht und die Besichtigung im Beratungszimmer wegen hereinbrechender Dunkelheit bei künstlicher Beleuchtung stattfindet[4]. Die Mitnahme von Augenscheinsobjekten in das Beratungszimmer ist insbesondere auch dann bedenklich, wenn diese leicht zu unterschiedlichen Beurteilungen und Schlußfolgerungen Anlaß geben können, weil sich eine klare Grenze zwischen einer neuen Wahrnehmung und einer bloßen Rückerinnerung an eine bereits durchgeführte Wahrnehmung kaum finden läßt und demzufolge nicht erkennbar ist, ob sich die Urteilsberatung

---

1) RGSt 66, 28 (29); Schorn, Strafrichter, S. 302; Ross, S. 21 ff., insbes. S. 23; Kühne, Rdn. 593; KK-Hürxthal, § 260 Rdn. 5 u. § 261 Rdn. 9; KMR-Paulus, § 261 Rdn. 8; Henkel, S. 355 in Fn. 23; Alsberg/Nüse/Meyer, S. 240 m.w.N. in Fn. 13; a.A.: Meindl, S. 46 f.

2) RGSt 66, 28 (29 f.); OLG Hamm in NJW 1959, 1192; Schorn, Strafrichter, S. 302; Ross, S.23; LR-Gollwitzer (24. Aufl.), § 261 Rdn. 23 u. § 226 Rdn. 19 u. § 230 Rdn. 8.

3) RGSt 66, 28 (29).

4) So zu Recht auch Meindl, S. 45; Ross, S. 19.

ausschließlich auf die Wahrnehmungen in Anwesenheit aller Prozeßbeteiligten stützt oder nicht[1]. Deshalb muß auch bei beweglichen Beweisgegenständen schon der Schein vermieden werden, daß von dem Ergebnis der richterlichen Augenscheinseinnahme abweichende Vorstellungen noch nach Abschluß der Beweisaufnahme entstehen können[2]. Wenn aus der Tatsache, daß das Gericht zur Urteilsberatung den Tatort aufsucht, schon der Schluß gezogen werden kann, daß eine Verletzung der §§ 226, 230, 261 StPO vorliegt[3], so kann aus der Mitnahme von beweglichen Augenscheinsobjekten in das Beratungszimmer nichts anderes gefolgert werden[4]. Durch das Beratungsgeheimnis für Berufs- und Laienrichter gemäß §§ 43, 45 I 2 DRiG bleibt es für die Prozeßbeteiligten auch unaufklärbar, ob sich das Urteil auf die Wahrnehmungen während der Beweisaufnahme oder auf die Eindrücke während der Beratung stützt[5].

Aus diesen Gründen liegt bei der Heranziehung von Augenscheinsobjekten in der Urteilsberatung stets ein Verstoß gegen § 261 StPO vor[6]. Daneben sind auch die §§ 226, 230 StPO verletzt, so daß ein absoluter Revisionsgrund nach § 338 Nr. 5 StPO gegeben ist, denn schon die Mitnahme von Augenscheinsgegenständen in das Beratungszimmer zu wiederholten Wahrnehmungen rechtfertigt die Annahme, daß eine nochmalige Beweisaufnahme ohne die notwendige Anwesenheit der Verfahrensbeteiligten erfolgen wird.

1) Ähnlich auch Ross, S. 19 f.
2) Ebenso das OLG Hamm in NJW 1959, 1192 für die Ortsbesichtigung.
3) So das RG in RGSt 66, 28 (29).
4) Anders jedoch das RG in Zeitschrift für Rechtspflege in Bayern 1930, S. 337, mit dem Hinweis auf fehlende Anhaltspunkte für eine Beweisaufnahme während der Urteilsberatung.
5) Ebenso das RG in Zeitschrift für Rechtspflege in Bayern 1930, S. 337, für das Beratungsgeheimnis im damaligen § 198 GVG; ähnlich auch Schmidt, LK II, § 261 Rdn. 4.
6) Im Ergebnis ebenso Schmidt, LK II, § 261 Rdn. 4, für jede Heranziehung von Beweismitteln während der Urteilsberatung.

D. Zusammenfassung

Als Fazit läßt sich festhalten, daß die Regelungslücken im Bereich der Vorschriften über den richterlichen Augenschein in der Hauptverhandlung durch eine sachgerechte Auslegung bestehender Bestimmungen - wie etwa § 273 III 1 StPO - oder durch Anwendung allgemeiner Verfahrensgrundsätze geschlossen werden können. Aus diesem Grund besteht kein ausgeprägtes Bedürfnis, die unvollständige normative Ausgestaltung des Augenscheinsbeweises in den §§ 226 ff. StPO de lege ferenda zu ändern. Ob diese generelle Feststellung jedoch auch dort zutrifft, wo die derzeitige gesetzliche Situation zu Gefahren für die Wahrheitserforschung führen kann, wird im 4. Teil der Arbeit noch zu untersuchen sein.

3. Abschnitt: Der richterliche Augenschein in der Berufungsverhandlung

Das gegen das Urteil der ersten Instanz gerichtete Rechtsmittel der Berufung führt zu einer neuen Beurteilung der Tat in tatsächlicher und rechtlicher Hinsicht durch das Berufungsgericht. Das hierauf ergehende Urteil ist stets das Resultat einer eigenen Untersuchung des Berufungsgerichts, nicht aber das Ergebnis einer Überprüfung der Entscheidung des Erstgerichts über die angeklagte Tat[1]. Gegenstand der Verhandlung und Urteilsfindung des Berufungsgerichts ist damit allein die in der Anklage bezeichnete Tat[2], über die das Gericht in eigener Verantwortung nach der von ihm durchgeführten Beweisaufnahme gemäß § 324 II StPO und anschließender Beweiswürdigung nach § 261 StPO entscheidet[3].

Nach § 323 I 1 StPO gelten für die Vorbereitung der Berufungshauptverhandlung die Vorschriften der §§ 214, 216 bis 225 StPO, so daß hier auf die Ausführungen zur Vorbereitung der erstinstanzlichen Hauptverhandlung verwiesen werden kann[4].

Die unvollkommene Regelung des richterlichen Augenscheins in den Vorschriften über die Hauptverhandlung erster Instanz wirkt sich auch auf die Berufungsverhandlung aus, denn gemäß § 332 StPO finden die Bestimmungen über die erstinstanzliche Hauptverhandlung für die Berufungshauptverhandlung vor dem Landgericht entsprechende Anwendung. Bei einer Beweisaufnahme durch richterlichen Augenschein in der Berufungsinstanz ergibt sich jedoch noch ein zusätzliches Problem daraus, daß mit größerem

1) So die wohl h.M., siehe RGSt 62, 130 (132); 62, 401 (402); Gössel in JR 1982, 270 (271); Schmidt, LK II, Rdn. 29 vor § 296; Amelunxen, S. 19; Kühne, Rdn. 649; Schulz, S. 76; von Hippel, S. 565 f.; KMR-Paulus, Rdn. 3 vor § 312; Schlüchter, Rdn. 668; Kleinknecht/Meyer, Rdn. 1 vor § 312; KK-Ruß, § 312 Rdn. 1; a.A.: Peters, Strafprozeß, S. 627; Rüping, Strafverfahren, S. 167; Roxin, § 52 E III: Berufung als Rechtsmittel, das sowohl der Überprüfung des angefochtenen Urteils diene als auch ein neues selbständiges Verfahren darstelle.
2) So zu Recht: Gössel in JR 1982, 270 (272).
3) Eingehend hierzu: KK-Ruß, § 312 Rdn. 1.
4) Siehe hierzu näheres in 2. Teil 1. Abschnitt C.II.2.a).

zeitlichen Abstand von der Tat der Augenscheinsbeweis sich häufig verschlechtert und insbesondere die ursprünglichen Tatortverhältnisse infolge eingetretener Veränderungen häufig nicht mehr rekonstruiert werden können[1]. Es stellt sich daher die Frage, in welchem Umfang das Landgericht in derartigen Fällen nach § 325 I StPO auf die Augenscheinsprotokolle des erstinstanzlichen Verfahrens zurückgreifen kann.

Die bisherige Untersuchung hat gezeigt, daß Augenscheinsprotokolle in verschiedenen Stadien des Strafverfahrens und mit unterschiedlichem Inhalt entstehen können:

- Nach § 86 StPO vor Beginn der Hauptverhandlung, wobei es sich nicht nur um ein Ergebnis-, sondern um ein ausführliches Inhaltsprotokoll handelt.
- Nach § 273 I StPO in der Hauptverhandlung, bei dem nicht das Ergebnis, sondern lediglich die Tatsache der richterlichen Augenscheinseinnahme festgehalten wird.
- In eng begrenzten Ausnahmefällen wird gemäß § 273 III StPO auch der Inhalt einer Augenscheinseinnahme während der Hauptverhandlung vollständig protokolliert.

Für das Berufungsgericht sind dementsprechend die Protokolle nach § 273 I StPO völlig unergiebig und die Niederschriften gemäß § 273 III StPO stehen nur in seltenen Fällen zur Verfügung.

Deshalb können in der Berufungshauptverhandlung gemäß § 325 I 1.Halbs. StPO in der Regel nur nach § 86 StPO erstellte Augenscheinsprotokolle verlesen werden. § 325 I 1.Halbs. StPO gestattet nämlich die Verlesung von Augenscheinsprotokollen der ersten Instanz in dem gleichen Umfang, wie dies gemäß § 249 I 2 StPO für die erste Instanz möglich ist, so daß sich insoweit für die Berufungshauptverhandlung keine Besonderheiten ergeben[2].

---

1) Siehe hierzu: Tröndle in GA 1967, 161 (171); Peters, Strafprozeß, S. 623.
2) Zur Zulässigkeit der Verlesung von Augenscheinsprotokollen gemäß §§ 86, 249 I 2 StPO in der Berufungshauptverhandlung siehe bereits Meyer in GA Bd. 31 (1883), S. 326 (329).

Der vielfach beklagte Nachteil des Berufungsverfahrens, daß das Gericht wegen des längeren Zeitablaufs auf schlechteren Beweisgrundlagen ein besseres Urteil als die erste Tatsacheninstanz fällen müsse[1], kann zumindest im Bereich des richterlichen Augenscheins durch die Verlesung von Augenscheinsprotokollen nach §§ 86, 249 I 2, 325 I 1.Halbs. StPO ausgeglichen werden, weil beiden Tatsacheninstanzen hier der gleiche Urkundeninhalt zur Verfügung steht.

Die Veränderung oder der Verlust von Augenscheinsobjekten infolge des zeitlichen Abstands von dem zu beurteilenden Geschehnis können - insbesondere bei nicht mehr rekonstruierbaren Tatortverhältnissen[2] - sogar dazu führen, daß unter dem Gesichtspunkt der in § 244 II StPO normierten gerichtlichen Aufklärungspflicht nicht das umgestaltete Augenscheinsobjekt zu besichtigen ist, sondern vielmehr die schriftlich fixierten Eindrücke des erstinstanzlichen Gerichts vom ursprünglichen Beweisgegenstand zu verlesen sind.

Schließlich ist es noch denkbar, daß ein erstinstanzliches Augenscheinsprototokoll nicht zu Beweiszwecken, sondern im Rahmen der Berichterstattung nach §§ 324 I 1, 325 I 1.Halbs. StPO verlesen wird. § 324 I 1 StPO legt den Umfang der Berichterstattung dahingehend fest, daß die "Ergebnisse des bisherigen Verfahrens" mitzuteilen sind. Diese Formulierung ist jedoch mißverständlich und darf nicht dazu führen, daß Schriftstücke, die der Beweisaufnahme selbst dienen, schon während der Berichterstattung verlesen werden dürfen[3]. Die Berichterstattung ist nämlich, wie sich aus § 324 I StPO und Absatz 2 der Vorschrift ergibt, kein Teil der Beweisaufnahme[4]. Daraus folgt,

1) Tröndle in GA 1967, 161 (171); Pfeiffer/von Bubnoff in DRiZ 1972, 42 (46); Meyer-Goßner in JZ 1978, 329 u. S. 330; Küng-Hofer, S. 252 ff.; Kühne, Rdn. 660; Peters, Strafprozeß, S. 623; KK-Ruß, § 312 Rdn. 1; Amelunxen, S. 19 f.; Schlüchter, Rdn. 668 (S. 724); Roxin, § 52 B; LR-Gollwitzer, Rdn. 1 vor § 312; kritisch hierzu. Haddenhorst, S. 114 ff., insbes. S. 116; Fezer, Möglichkeiten, S. 289 f.
2) Siehe hierzu: Tröndle in GA 1967, 161 (171); Peters, Strafprozeß, S. 623.
3) von Kries, S. 655; Schmidt, LK II, § 324 Rdn. 7.
4) RGSt 61, 287 (288); 61, 399 (400); OLG Hamm in NJW 1974, 1880; Amelunxen, S. 87; von Hippel, S.575; von Kries, S. 655; Lichti in DRiZ 1952, 150 (151); KMR-Paulus, § 324 Rdn. 5; Birkmeyer, S. 706.

daß Beweisurkunden erst in der Beweisaufnahme zu verlesen sind[1], so daß die Verlesung eines Augenscheinsprotokolls, das nach § 86 StPO von der gesetzlichen Konzeption her bereits den Inhalt einer richterlichen Beweisaufnahme wiedergeben soll[2], während der Berichterstattung grundsätzlich nicht zulässig ist.

Ausnahmsweise kann es jedoch notwendig sein, schon im Rahmen der Berichterstattung eine Urkunde zu Beweiszwecken zu verlesen. In diesem Fall sind die Verfahrensbeteiligten und vor allem die Laienrichter ausdrücklich darauf hinzuweisen[3]. Diese Kriterien müssen auch für das in § 249 I 2 StPO der Urkunde gleichgestellte Augenscheinsprotokoll gelten, wenngleich sich prinzipiell eine solche Vermischung von verschiedenen Prozeßvorgängen wegen der damit verbundenen Unklarheit nicht empfiehlt[4]. Insbesondere die Laienbeisitzer, die in den meisten Fällen nicht oder nicht ausreichend über ihre Aufgabe informiert sind[5], können überwiegend den Vorgang der Berichterstattung nicht von der Beweisaufnahme trennen.

Dagegen ist m.E. die Verlesung eines erstinstanzlichen Protokolls, das nur die Tatsache der Augenscheinseinnahme in der Hauptverhandlung gemäß § 273 I StPO festhält, auch im Rahmen des Vortrags nach § 324 I StPO unbegrenzt zulässig, weil sich diese Niederschrift nicht zu Beweiszwecken eignet.

Hat eine unmittelbare Augenscheinseinnahme in erster Instanz nicht stattgefunden, so muß das Berufungsgericht gemäß § 244 II StPO prüfen, ob zur Wahrheitserforschung jetzt eine erstmalige Beweisaufnahme mittels richterlichen Augenscheins erforderlich ist. Hierbei ist insbesondere zu berücksichtigen, daß angesichts der Vielzahl der Fälle beim Amtsgericht eine

1) Lichti in DRiZ 1952, 150 (151); Ullmann, S. 594.
2) Siehe hierzu näher im 2. Teil 1. Abschnitt B.II.
3) RG in JW 1932, 113; Amelunxen, S. 87; KMR-Paulus, § 324 Rdn. 5; Kleinkecht/Meyer, § 325 Rdn.1.
4) So zu Recht: LR-Gollwitzer, § 324 Rdn.9.
5) Siehe hierzu: Benz, S. 117.

schnelle Verhandlungsweise erforderlich ist, die dazu führen kann, daß eine nach der Sachlage notwendige Augenscheineinnahme - insbesondere eine Ortsbesichtigung - unterbleibt[1]. Obwohl die richterliche Aufklärungspflicht unteilbar ist und beide Tatsacheninstanzen in gleichem Maße zur Wahrheitserforschung verpflichtet sind[2], ist im Berufungsverfahren gegenüber der mehr summarischen Verhandlungsführung vor dem Amtsgericht eine weitere, ausgedehntere Beweisaufnahme möglich[3], so daß das Berufungsgericht vor allem unterlassene Ortsbesichtigungen nachholen kann.

Es ist aber sehr zweifelhaft, ob in der forensischen Berufungspraxis von der Möglichkeit zu vermehrten Augenscheinseinnahmen tatsächlich in einem an umfassender Sachaufklärung orientierten Umfang Gebrauch gemacht wird. Die generelle Vernachlässigung des richterlichen Augenscheins in der gerichtlichen Praxis kann auch noch in der Berufungsinstanz dazu führen, daß das Landgericht die Frage einer erstmaligen Tatortbesichtigung verneint. Aus den dem Berufungsgericht vorliegenden Akten ergeben sich nämlich häufig nicht konkrete Anhaltspunkte dafür, daß eine Augenscheinseinnahme in Berufungsverfahren ein besseres Beweisergebnis erbringt, als dies schon in Form der vom Amtsgericht verwendeten Beweismittel vorliegt. Die Prognose, ob durch eine erstmalige Augenscheinseinnahme im Berufungsverfahren ein besseres Beweisergebnis zu erwarten ist, wird zudem oftmals dadurch beeinflußt werden, daß mit zunehmendem zeitlichen Abstand von der Tat Veränderungen am Tatort eingetreten sein können, die die mögliche Beweisaufnahme erschweren oder unmöglich machen. Auch ohne empirischen Nachweis wird man daher behaupten können, daß auch in den Berufungsverfahren vor den Landgerichten die Möglichkeit einer verbesserten Sachaufklärung durch vermehrte Tatortbesichtigung nicht selten ungenutzt bleibt.

1) So zu Recht: Benz in ZRP 1977, 58 (60).
2) Haddenhorst, S. 116; Schmidt, LK II, Rdn. 34 vor § 296.
3) Fezer, Möglichkeiten, S. 289; Peters, Fehlerquellen II, S. 253; Schlüchter, Rdn. 668 (S. 724); Benz in ZRP 1977, 58 (60); Roxin, § 52 B.

Eine ablehnende Haltung von Berufungsrichtern gegenüber Augenscheinseinnahmen ist jedoch vielfach nicht berechtigt. Sowohl im Interesse einer umfassenden Wahrheitserforschung als auch unter prozeßökonomischen Gesichtspunkten wird eine Tatortbesichtigung im Berufungsverfahren häufig bessere und schnellere Erkenntnisse über den Tathergang ergeben, als dies durch eine erneute Befragung von Auskunftspersonen möglich ist. Gegenüber dem erstinstanzlichen Verfahren kann sogar der Beweiswert der Aussagen von Angeklagten und Zeugen noch gesteigert werden, wenn diese vom Berufungsgericht am Tatort vernommen werden, weil hierdurch eine inzwischen verblasste Erinnerung an den genauen Tatablauf wieder aufgefrischt werden kann und die Aussage für das Gericht durch den unmittelbaren optischen Eindruck wesentlich anschaulicher wird. Eine Tatortbesichtigung in Anwesenheit von Angeklagten und Zeugen kann u.U. selbst dann noch bessere Beweisergebnisse als vor dem Amtsgericht erbringen, wenn einzelne Tatortspuren zwischenzeitlich verändert oder vernichtet worden sind, da die Auskunftspersonen das Gericht am Tatort auf diese Tatsache hinweisen können und unter Berücksichtigung der geänderten Tatortverhältnisse dem Gericht mit geringeren Erinnerungslücken als im erstinstanzlichen Prozeß ihre damaligen Wahrnehmungen mitteilen können.

Somit kann ein erstmaliger richterlicher Augenschein im Berufungsverfahren zu verbesserten Beweisgrundlagen führen und hierdurch ein Berufungsurteil ermöglichen, das sich auf eine gegenüber dem erstinstanzlichen Verfahren vollständigere Sachverhaltsaufklärung stützen kann. Erkennt das Landgericht im konkreten Einzelfall diese Vorteile einer Tatortbesichtigung nicht, so können die Prozeßbeteiligten gemäß § 244 V StPO einen Beweisantrag auf Augenscheinseinnahme stellen. Zwar kann das Berufungsgericht diesen Beweisantrag nach § 244 V StPO i.V.m. § 332 StPO in dem gleichen, sehr weitgehenden Umfang ablehnen, wie dies in der Hauptverhandlung erster Instanz möglich ist, jedoch wird sich das Gericht in dem Bewußtsein, daß das Berufungsverfahren im Prinzip die letzte Möglichkeit zur Feststellung des Tathergangs darstellt, eher für als gegen einen Augenscheinsbeweisantrag entscheiden. Weist das Gericht dennoch einen Beweisantrag nach § 244 V StPO auf Tatortbesichtigung ab, so können der Angeklagte oder sein Verteidiger als ultima ratio Lichtbilder vom Tatort herstellen und diese gemäß § 245 II StPO als präsente Beweismittel in die Berufungshauptverhandlung einführen.

Zusammenfassend bleibt festzuhalten, daß die normative und faktische Vernachlässigung des richterlichen Augenscheins sich zwar auch im Berufungsverfahren noch nachteilig auf die Sachverhaltsaufklärung auswirken kann, jedoch können die Gefahren für die Wahrheitserforschung verringert werden, wenn die erstmalige Tatortbesichtigung im Berufungsverfahren von den Landgerichten und von den Prozeßbeteiligten stärker als bisher als ein Beitrag zur Verbesserung der Beweisgrundlagen eines Berufungsurteils angesehen wird.

4. Abschnitt: Der richterliche Augenschein in der Revisionsinstanz

Während in der forensischen Praxis auf der Ebene der Tatgerichte richterliche Augenscheinseinnahmen eine für die Sachverhaltsaufklärung eher untergeordnete Rolle spielen, wird in auffälligem Gegensatz hierzu von Rechtsprechung und strafprozessualem Schrifttum sehr kontrovers die Frage diskutiert, ob und inwieweit dem Revisionsgericht zur Kontrolle des tatrichterlichen Urteils die Möglichkeit einer Augenscheinseinnahme der bereits vom Tatgericht benutzten Beweisgegenstände eröffnet werden soll[1]. Diese Aufwertung des Augenscheinsbeweises ausgerechnet in der Revisionsinstanz muß zunächst überraschen, weil das Revisionsgericht Beweisaufnahmen zur Überprüfung der inhaltlichen Richtigkeit und Vollständigkeit der tatrichterlichen Feststellungen regelmäßig nicht durchführen darf[2].

Im Gegensatz zur Berufung ist die Revision nämlich ein beschränktes Rechtsmittel, das nur zur Nachprüfung in iure führt, § 337 I StPO[3].

Daraus folgt, daß die Revision auf einer Arbeits- und Verantwortungsteilung zwischen Tatrichter und Revisionsgericht beruht, indem das Revisionsgericht die tatsächlichen Feststellungen - im Sinne der bereits dargestellten "dritten Tatsachenebene"[4] - ohne eigene Kontrolle übernimmt und das angefochtene Urteil lediglich in rechtlicher Hinsicht überprüft[5]. Aus diesem Grund ist das Revisionsgericht grundsätzlich an das Ergebnis der tatrichterlichen Feststellung gebunden[6].

1) Eine instruktive Einführung in dieses Problem gibt Schmid in ZStW Bd. 85, S. 893 ff.
2) So u.a.: BGHSt 21, 149 (151); Fezer, Strafprozeßrecht II Fall 20 Rdn. 46; KMR-Paulus, § 244 Rdn. 361.
3) Vergl. statt vieler: Roxin, § 53 A I; Gerland, S. 415.
4) Siehe hierzu oben im 1. Teil 2. Abschnitt A.I.3.
5) Sarstedt/Hamm, Rdn. 154; Roxin, § 53 B 2; KK-Pikart, § 337 Rdn. 3; Kühne, Rdn. 667; Schlüchter, Rdn. 692.1.
6) Aus der umfangreichen Rechtsprechung siehe nur BGHSt 29, 18 (19 f.); 26, 56 (62); 21, 149 (151); 2, 248 (249); ebenso KK-Pikart, § 337 Rdn. 3; Krause, Revision, Rdn. 7; Gerland, S. 415.

Nach der im Schrifttum herrschenden Auffassung handelt es sich hierbei jedoch um einen idealtypischen Fall, weil eine exakte Abgrenzung zwischen Tat- und Rechtsfrage nicht möglich sei[1]. Deshalb sei die Unterscheidung des revisiblen vom irrevisiblen Bereich nicht nach logischen, sondern nach teleologischen Gesichtspunkten durchzuführen, indem man auf die Leistungsfähigkeit der Revision abstellen müsse, so daß alle diejenigen Fälle irrevisibel seien, bei denen das Revisionsgericht die Sache erneut aufklären müßte, während umgekehrt alles revisibel sei, was der Revisionsrichter auch ohne eigene Beweiserhebung erkennen und beurteilen könne[2].

In jüngster Zeit hat insbesondere Schünemann versucht, eine neue Abgrenzung zwischen Tat- und Rechtsfrage vorzunehmen: Eine rechtliche Würdigung liege immer dann vor, wenn unter Rechtsbegriffe subsumiert werde; eine tatsächliche Feststellung hingegen, wenn ein Sachverhalt in Alltagsbegriffen beschrieben, d.h. unter im Rahmen der Umfangssprache verwendete Ausdrücke subsumiert werde[3]. Gegen eine solche Betrachtungsweise spricht jedoch, daß sich der Unterschied zwischen Rechts- und Alltagssprache praktisch nicht auflösen läßt, so daß man hieraus auch keine praktischen Folgerungen ableiten kann[4]. Zudem sind in der Rechtsanwendung Norm und Realität nicht isolierte, einander fremd gegenüberstehende Bereiche, vielmehr bilden der Aufbau des tatsächlichen Sachverhalts und die Anwendung des Gesetzes

1) Larenz, S. 294 ff.; Krause in Peters-Festschrift, S. 323 (331); Warda, S. 69; Schwinge, S. 52 ff.; Sarstedt/Hamm, Rdn. 325 f.; Kuchinke, S. 119; Peters, Strafprozeß, S. 638; Engisch, S. 86 ff., 92 ff., insbes. S. 94 f., S. 102 ff.; Gössel in GA 1979, 241 (246); Zipf, Strafmaßrevision, S. 174; Lamertz, S. 40; Otto in NJW 1978, 1 (2); Henkel, S. 375; Schmidt, LK II, § 337 Rdn. 4.

2) Grundlegend KG in JW 1929, 885 Nr. 44; Zipf, Strafmaßrevision, S. 174; Warda, S. 77 u. S. 178; Hanack in Dünnebier-Festschrift, S. 301 (304); Schmidt, LK II, § 337 Rdn. 7; Henkel, S. 375; Sarstedt/Hamm, Rdn. 326; Lamertz, S. 44; Krause, Revision, Rdn. 8; Peters, Strafprozeß, S. 639 f.

3) Schünemann in JA 1982, 71 (74); ihm folgend Roxin, § 53 D III 1; wohl auch Schlüchter, Rdn. 692.1; dagegen zu Recht: Sarstedt/Hamm, Rdn. 325; siehe auch den neuen Lösungsansatz von Nierwetberg in JZ 1983, 237 ff. aus zivilrechtlicher Sicht.

4) So zu Recht: Sarstedt/Hamm, Rdn. 325 a.E.

auf diesen Sachverhalt eine notwendige Einheit[1].

Fezer kommt aufgrund einer eingehenden Analyse des revisionsgerichtlichen Erkenntnisprozesses anhand einer umfangreichen Untersuchung der Rechtsprechung[2] zu dem Ergebnis, daß sich exakte Grenzen für die Revisibilität eines Urteils nicht mehr finden lassen, da sich allgemeingültige, von der konkreten Entscheidung losgelöste Maßstäbe nicht aufstellen lassen[3]. Weitergehend vertritt Schmid die Auffassung, daß alle tatsächlichen Feststellungen der revisionsgerichtlichen Nachprüfung zugänglich sind und sowohl inhaltliche als auch Rechtsfehler bei ihrem Zustandekommen zur Urteilsaufhebung führen, wenn die fehlerhafte Entscheidung hierauf beruht[4].

Insgesamt ist damit festzuhalten, daß Lehre und Revisionspraxis noch keine einheitlichen Kriterien zur Auslegung des § 337 StPO herausgebildet haben, so daß ein konturenloses Revisionsrecht entstanden ist[5].

A. Umfang der revisionsgerichtlichen Prüfung der tatrichterlichen Beweiswürdigung

Die Revisionsrechtsprechung beschränkt sich zwar überwiegend auf eine Kontrolle der rechtlichen Ausführungen des Tatrichters, überprüft aber in wechselnder Intensität auch dessen tatsächliche Feststellungen[6].

Dabei greifen die Revisionsgerichte in die Beweiswürdigung des Tatrichters gemäß § 261 StPO ein, indem sie diese auf "Denk- und Erfahrungsverstöße" sowie auf widersprüchliche, unklare, unvollständige oder lückenhafte Feststellungen" überprüfen[7].

1) Zutreffend Otto in NJW 1978, 1 (7).
2) Fezer, Möglichkeiten, S. 94 ff.
3) Fezer, Möglichkeiten, S. 172; ihm folgend Gössel, Tatsachenfeststellungen, S. 117 (123).
4) Schmid in ZStW Bd. 85, 360 (370); ähnlich auch Otto in NJW 1978, 1 (7).
5) So: Fezer, Möglichkeiten, S. 172; Hanack in Dünnebier-Festschrift, S. 301 (303); Roxin, § 53 D II 3 b.
6) Vergl. statt vieler: Roxin, § 53 D II 3 b.
7) Siehe zusammenfassend Fezer, Erweiterte Revision, S. 13 ff.; Schlüchter, Rdn. 694 ff.; Dahs/Dahs, Rdn. 54 ff.; Roxin, § 53 D II 3 b; KK-Pikart, § 337 Rdnr. 28.

In jedem dieser Fälle bilden stets die tatrichterlichen Urteilsgründe die Beurteilungsgrundlage für das Revisionsgericht.

Darüber hinaus ist ganz überwiegend anerkannt, daß das Revisionsgericht den Akteninhalt nicht zur Prüfungsgrundlage machen darf. Es kann mit der Sachbeschwerde nicht gerügt werden, daß die Tatsachenfeststellungen im Urteil dem Inhalt der Akten widersprechen (sog. Rüge der "Aktenwidrigkeit")[1].

B. Die Problematik des richterlichen Augenscheins in der Revisionsinstanz

Damit erweist sich das einleitend beschriebene Problem des revisionsgerichtlichen Augenscheins gewissermaßen als Spezialfall der Zulässigkeit einer Rüge der "Aktenwidrigkeit". Es handelt sich hierbei nämlich um die Frage, ob das Revisionsgericht den Akteninhalt zumindest dann zur Prüfungsgrundlage machen darf, wenn durch die Besichtigung der den Urteilsakten beigefügten Augenscheinsobjekte die rechtliche Beurteilung des Tatrichters überprüft werden soll. Aus der Sicht einer Untersuchung, die zu einer Verbesserung der bisher vernachlässigten Stellung des richterlichen Augenscheins beitragen will, ist außerdem von Interesse, in welchem Umfang Augenscheinsgegenstände zur Beweisaufnahme in der Revisionsinstanz herangezogen werden dürfen.

1) BGH in DRiZ 1973, 98; BGH in NJW 1966, 63; RGSt 43, 437 (438); KG in JR 1968, 195; OLG Koblenz in VRS 46, 440 (441); Schwinge, S. 246 ff.; Krause, Revision, Rdn. 7; Sarstedt/Hamm, Rdn. 259; Schmidt, LK II, § 337 Rdn. 34; Dahs/Dahs, Rdn. 44 u. 359; Schlüchter, Rdn. 696 (S. 761); KK-Pikart, § 337 Rdn. 28; a.A.: Peters, Strafprozeß, S. 647; Rüping, Strafverfahren, S. 175.

I. Die Auffassungen der Rechtsprechung

1. Die Entwicklung in der Rechtsprechung

Die Rechtsprechung hatte sich mit diesen Fragen insbesondere bei der Würdigung von politischen und pornographischen Bildern auseinanderzusetzen.

Das Reichsgericht vertrat ursprünglich den Standpunkt, daß das Revisionsgericht nicht berechtigt sei, die tatsächlichen Beurteilungen des Tatrichters nach § 261 StPO durch einen richterlichen Augenschein zu überprüfen[1]. Folgerichtig begründete der 2. Senat des Reichsgerichts seine Ansicht damit, daß das Revisionsgericht an die tatsächlichen Feststellungen im angefochtenen Urteil gebunden sei und bei richtiger Rechtsauffassung sowie vollständiger Würdigung der tatsächlichen Umstände "es sich nicht vermeiden" lasse, "daß ein Urteil, welches die Unzüchtigkeit einer Abbildung verneint, ebenso aufrechterhalten werden muß, wie ein Urteil, welches die Unzüchtigkeit derselben Abbildung bejaht"[2].
Diese Auffassung des 2. Senats des Reichsgerichts stand jedoch schon früh im Widerspruch zur Praxis des 5. Senats, der auf diese Rechtsfrage zwar nicht einging, jedoch die zum Urteilsbestandteil gemachten Abbildungen einer eigenen Würdigung unterzog und dabei z.T. ganz erheblich von den tatrichterlichen Feststellungen abwich[3].

In der Folgezeit schloß sich zunächst der 1. Senat in einem Urteil vom 20.11.1925 der Ansicht des 2. Senats mit der Begründung an, daß dem Revisionsgericht die Möglichkeit fehle, die

1) RG - Urteil des II. Senats vom 30.1.1912 - in Recht 1912 Nr. 952; RG-Urteil des II. Senats vom 31.3.1914 - in JW 1914, 886 (unzüchtige Kunstwerke); RG-Urteil des II. Senats vom 31.3.1914 - in RGSt 48, 220 (222) (Bildpostkarten); RG-Urteil des II. Senats vom 20.12.1921 - in Deutsche Strafrechtszeitung 1922, Sp. 174 (175) (schlechter Buntdruck einer unzüchtigen Abbildung).
2) RG in Recht 1912 Nr. 952.
3) So insbesondere RG-Urteil des V. Senats vom 10.3.1914 - in JW 1914, 888 f.

dem Urteil beigefügten Bilder einer eigenen Überprüfung zu unterziehen[1]. Völlig entgegengesetzt entschied jedoch der 1. Senat am 10.5.1927, daß die Bilder, auf die im Urteil Bezug genommen wurde, einen Bestandteil der Gründe des angefochtenen Urteils bildeten, "so daß diese im Zusammenhalt mit den beiden Bildern und mit ihnen als ihrer Grundlage zu würdigen sind"[2].

In seinem später vielzitierten Urteil vom 27.9.1927 stützte der 1. Senat des Reichsgerichts seine geänderte Auffassung damit, daß den Akten beigefügte Bilder in Augenschein genommen werden dürften, weil "ohne deren Heranziehung das angefochtene Urteil nicht darauf nachgeprüft werden könnte, ob die Beurteilung durch die Strafkammer rechtlich einwandfrei ist"[3]. Trotz dieser Entscheidung hielt der 2. Senat in den folgenden Jahren an seiner Ansicht fest, daß das Revisionsgericht die tatsächlichen Feststellungen des Berufungsgerichts nicht durch eine Nachprüfung anhand der beigefügten Augenscheinsobjekte ersetzen dürfe[4].

Nach 1945 folgte zunächst das OLG Braunschweig[5] der letztgenannten Auffassung des Reichsgerichts und lehnte es ab, zur Ergänzung der für unzureichend gehaltenen tatrichterlichen Darlegungen selbst die fraglichen Bilder zu betrachten und zu würdigen. Dieses gelte insbesondere dann, wenn der Tatrichter statt einer ausführlichen Beschreibung der Augenscheinsobjekte lediglich auf die Abbildungen im Urteil Bezug nehme, so daß das Urteil darüber im unklaren lasse, was in tatsächlicher Hinsicht festgestellt worden sei[6].

Dagegen sah das OLG Hamm in einem Urteil vom 27.6.1968 die Au-

1) RG in JW 1926, 1221; ebenso das bei Pohle, S. 109 (Nr. 15) abgedruckte Urteil des 1. Senats vom 26.3.1926 - insoweit nicht abgedruckt in RG in JW 1926, 2174 (2175).
2) RGSt 61, 293 (294).
3) RGSt 61, 379.
4) RG-Urteil vom 22.4.1929 - in JW 1929, 2739 f. (unzüchtiges und ehrkränkendes Plakat); RG-Urteil vom 5.2.1931 - in JW 1931, 2795 (unzüchtige Postkarte).
5) OLG Braunschweig in NJW 1956, 72.
6) OLG Braunschweig in NJW 1956, 72.

genscheinseinnahme durch das Revisionsgericht als zulässig an, wenn die Bilder "zu den Akten genommen sind und das Urteil sich auf sie und die auf ihnen zu sehenden Darstellungen ausdrücklich bezieht, ferner auch, wenn es sich um genau bezeichnete Zeitschriften handelt, die beschlagnahmt sind und sich deshalb bei den Akten befinden"[1]. Im übrigen betont das OLG Hamm, daß sich die Notwendigkeit eines revisionsgerichtlichen Augenscheins dann ergebe, "wenn die Beschreibung von beanstandeten Bildern im Urteil unzureichend ist, so daß das Revisionsgericht nicht nachprüfen kann, ob deren Unzüchtigkeit rechtsfehlerfrei bejaht oder verneint worden ist"[2].

Ebenfalls im Jahr 1968 vertrat das OLG Köln[3] die Ansicht, daß das Tatgericht nicht über die Möglichkeit verfüge, durch Bezugnahme auf bestimmte Schallplatten das Revisionsgericht zu einer Augenscheinseinnahme zu veranlassen. Ein Jahr später lehnte es auch der BGH ab, ergänzende Feststellungen durch Abhören einer Schallplatte vorzunehmen, da es dem Revisionsgericht grundsätzlich nicht gestattet sei, diese Aufgabe dem Tatrichter zu entziehen[4].

Wesentlich ausführlicher begründete hingegen das OLG Schleswig in einem Urteil vom 19.9.1969 seine Ansicht, daß das Revisionsgericht unzüchtige Filme in Augenschein nehmen dürfe: "... Rechtliche Bedenken gegen eine solche Augenscheinseinnahme durch das Revisionsgericht bestehen nicht, da die tatsächlichen Feststellungen des LG notwendigerweise nur den Gesamtinhalt jedes Filmgeschehens wiedergeben können und dabei die Bewertung der Vorgänge als unzüchtig in jedem Falle schon die Anwendung eines Rechtsbegriffs enthält, der der Nachprüfung des Revisionsgerichts unterliegt. Ebenso wie bei unzüchtigen Schriften oder Bildern, die vom Tatgericht nicht vollständig dargestellt werden können, ist es daher notwendig, zur Beurteilung der Frage, ob es sich um unzüchtige Gegenstände handelt, diese Gegenstände, die Bestandteile der Akten und des angefochtenen Urteils sind,

1) OLG Hamm in JMBlNRW 1969, 246 (247).
2) OLG Hamm a.a.O.
3) OLG Köln - Urteil vom 24.5.1968 - in GA 1968, 344 (345).
4) BGHSt 23, 64 (78) ohne Hinweis auf OLG Köln in GA 1968, 344.

in Augenschein zu nehmen und nach dem Gesamteindruck des ablaufenden Filmstreifens, bei dem es auch auf die durch Schnelligkeit und Zeitdauer des Filmstreifens, Hervorhebung von Licht, Schatten oder Farben entscheidend ankommt, die Rechtsfrage zu bewerten"[1].

Später nahmen auch das BayObLG[2] und das OLG Bremen[3] unzüchtige Magazine und Prospekte in revisionsgerichtlichen Augenschein, wobei zwar mitgeteilt wird, daß diese Augenscheinsobjekte den Akten beigegeben waren und zur Nachprüfung der tatrichterlichen Feststellungen dienten, jedoch fehlt eine Begründung für die rechtliche Zulässigkeit des revisionsgerichtlichen Augenscheins.

Dagegen bringt das OLG Frankfurt[4] einen weiteren wichtigen Gesichtspunkt in die Diskussion: Eine genaue Beschreibung eines unzüchtigen Films dergestalt, daß sie die unmittelbare Anschauung ersetzt und demgemäß für das Revisionsgericht eine zuverlässige Beurteilungsgrundlage darstellt, sei unmöglich. Die sprachliche Wiedergabe einer Filmszene in seinen gesamten Einzelheiten sei stets unvollkommen und unvollständig. Wollte man dem Revisionsgericht die Beurteilung der Unzüchtigkeit allein aufgrund einer - auch noch so gelungenen - Beschreibung des Films im Urteil abverlangen, so stünde ihm eine schlechtere Urteilsgrundlage als dem Tatrichter zur Verfügung, der in der vorhergehenden Instanz seine rechtliche Würdigung auf die unmittelbare Anschauung des Films stützen könne. Dieses könne nicht rechtens sein. Daher sei eine rechtliche Beurteilung durch das Revisionsgericht nur möglich, wenn der "Film dem Urteil als Bestandteil beigegeben" worden wäre und dem Revisionsgericht vorgespielt würde. Dieses sei gesetzlich nicht vorgesehen[5], vielmehr sei der Tatrichter nur verpflichtet, die von ihm getroffenen Feststellungen im Urteil schriftlich niederzulegen.

1) OLG Schleswig bei Ernesti/Jürgensen in SchlHA 1970, 198 (Nr. 53).
2) BayObLGSt 1970, 133 (135).
3) OLG Bremen in NJW 1972, 1678 (1681).
4) OLG Frankfurt in JZ 1974, 516 (517).
5) Bei Erlaß dieser Entscheidung gab es den heutigen § 267 I 3 StPO noch nicht.

Folgerichtig kommt das OLG Frankfurt[1] zu dem Ergebnis, daß bei fehlendem Filmmaterial das Revisionsgericht die Frage der Unzüchtigkeit nicht prüfen könne. Deshalb müsse das Revisionsgericht aufgrund der tatrichterlichen Feststellungen lediglich die Beurteilung des Berufungsgerichts insoweit nachvollziehen können, daß es Rechtsfehler verneinen könne.

In jüngster Zeit hat der BGH[2] zu dieser umstrittenen Frage nur unklar Stellung bezogen: Die für die Augenscheinseinnahme von politischen und pornographischen Bildern in der Revisionsinstanz abgegebene Begründung, daß ohne richterlichen Augenschein eine rechtliche Beurteilung nicht möglich sei, gelte jedenfalls dann nicht, wenn die Nachprüfung des Revisionsgerichts über die materiellrechtiche Strafbarkeit der bildhaften Darstellung hinausgehe. Daher dürfe ein Radarfoto als Beweismittel für die Überführung des Täters nicht vom Revisionsgericht herangezogen werden, weil der Vergleich des auf dem Radarfoto abgebildeten Fahrers mit dem in der Hauptverhandlung erschienenen Betroffenen eine ausschließlich tatrichterliche Aufgabe sei.

Den vorläufigen Abschluß der Rechtsprechung zum revisionsgerichtlichen Augenschein bildet ein Urteil des OLG Hamburg vom 27.5.1981, in dem der Senat die Nachbildung eines Hakenkreuzes auf einem Plakat und dessen rechtliche Einordnung als Kennzeichen einer verfassungswidrigen Organisation nach §§ 86 a, 86 I Nr. 4 StGB zu beurteilen hatte[3]. In dieser Entscheidung wird ausgeführt, daß das Gericht "zur Ergänzung der tatrichterlichen Darstellung und zu deren näheren Überprüfung" eine revisionsgerichtliche Augenscheinseinnahme durchgeführt hat. Eine Begründung hierfür fehlt, stattdessen wird in umfangreichem Maße auf die befürwortende und ablehnende Judikatur zu dieser Frage verwiesen. Aus dem Urteil geht dagegen hervor,

---

1) OLG Frankfurt in JZ 1974, 516 (517).
2) BGHSt 29, 18 (22 f.).
3) OLG Hamburg in OLGSt § 86 a, S. 1 (3) = JR 1982, 76 mit krit. Anm. von Bottke.

daß die Vorinstanz nicht gemäß § 267 I 3 StPO auf das - eingehend beschriebene - Plakat näher im Urteil Bezug genommen hat.

2. Analyse der Rechtsprechung

In der Judikatur des Reichsgerichts hat sich zu der Frage, ob und unter welchen Voraussetzungen das Revisionsgericht zur Überprüfung bzw. Ergänzung der tatrichterlichen Feststellungen eine Augenscheinseinnahme an politischen oder unzüchtigen Abbildungen durchführen darf, keine einheitliche Meinung gebildet. Die befürwortenden Stellungnahmen hierzu befinden sich in der Minderheit, so daß der von vielen späteren Entscheidungen praktizierte Rückgriff auf RGSt 61, 379[1] nicht für sich in Anspruch nehmen kann, eine einhellige oder auch nur überwiegende Ansicht des Reichsgerichts zu dieser Problematik wiederzugeben.

Den Hintergrund für die ablehnenden Urteile des Reichsgerichts bildet eine ältere Entscheidung des 3. Senats[2], die die rechtliche - also revisible - Frage der Unzüchtigkeit von den tatsächlichen - mithin irrevisiblen - Tatsachenfeststellungen wie folgt unterscheiden wollte: Rechtlicher Natur sei das Tatbestandsmerkmal der Unzüchtigkeit in § 184 StGB, wie sie durch die Auffassung des Tatgerichts in den Urteilsgründen zum Ausdruck komme; m.a.W.: Revisibel sei lediglich die Definition des Begriffs "Unzüchtigkeit". Demgegenüber liege die Frage, ob die konkrete Abbildung den so definierten Rechtsbegriff tatbestandsmäßig erfülle, auf rein tatsächlichem Gebiet und könne beantwortet werden, indem die "Beschaffenheit dieser Gegenstände" aus eigener Anschauung gewürdigt werde[3].

1) So insbesondere OLG Hamm in JMBlNRW 1969, 246 (247); BayObLGSt 1970, 133 (135); OLG Bremen in NJW 1972, 1678 (1681); BGHSt 29, 18 (22); OLG Hamburg in OLGSt § 86 a, S. 1 (3).
2) RGSt 8, 128 (130).
3) Einschränkend dagegen noch der III. Senat des RG in Rechtsprechung, Bd. 3, S. 52 (55): "Die Frage, ob eine Darstellung als unzüchtig anzusehen sei, liegt vorwiegend auf thatsächlichem Gebiete..."

Das Reichsgericht hatte somit schon frühzeitig für die Auslegung des unbestimmten Rechtsbegriffs der Unzüchtigkeit eine klare Trennungslinie zwischen dem revisiblen und dem irrevisiblen Bereich gezogen.

Diese Grenze überwindet die Entscheidung RGSt 61, 379, mit der Begründung, eine rechtliche Nachprüfung des angefochtenen Urteils sei ohne die tatsächliche Feststellung der Unzüchtigkeit im Wege revisionsgerichtlicher Augenscheinseinnahme nicht möglich. Damit bleibt die eigentlich entscheidende Vorfrage, aus welchen Gründen die zuvor auferlegte Selbstbeschränkung hinsichtlich des revisionsgerichtlichen Prüfungsumfangs aufgegeben wird, völlig unbeantwortet. Solange diese Frage aber nicht geklärt wird, ist der Schluß von der faktischen Möglichkeit einer revisionsgerichtlichen Augenscheinseinnahme auf deren rechtliche Zulässigkeit zweifelhaft[1]. Der hinter dieser Begründung des Reichsgerichts[2] stehende Gedanke, daß eine theoretisch denkbare Trennung von Tat- und Rechtsfrage bei unbestimmten Rechtsbegriffen für die Revisionspraxis zu nicht vertretbaren Einschränkungen des Prüfungsumfangs führen würde, wird in diesem Urteil nicht ausreichend deutlich.

Auch die Argumentation des 1. Senats des Reichsgerichts, aus der tatrichterlichen Bezugnahme auf die dem Urteil beigefügten Bilder folge die Zulässigkeit des revisionsgerichtlichen Augenscheinsbeweises[3], ist nicht überzeugend. Im damaligen § 267 I StPO war eine derartige Bezugnahme noch gar nicht vorgesehen. In der Rechtsprechung des Reichsgerichts war anerkannt, daß eine Verweisung auf Abbildungen im Urteil zulässig ist, wenn sie nicht die schriftliche Darstellung der Urteilsgründe ersetzt, sondern lediglich der Verdeutlichung der eingehenden Beschreibung in den Urteilsgründen dient[4]. Hieraus

1) Siehe hierzu auch die Kritik von Schmid in ZStW Bd. 85, 893 (899) an der Argumentation von RGSt 61, 379.
2) RGSt 61, 379.
3) RGSt 61, 293 (294).
4) So der 1. Senat in RGSt 41, 19 (23); RG Recht 1915 Nr. 278; ähnlich auch der 3. Senat in RGSt 62, 216.

kann nicht ohne weiteres die Befugnis des Revisionsgerichts zur Augenscheinseinnahme abgeleitet werden, weil die Bezugnahme des Tatrichters auf Abbildungen nur die Frage beantwortet, ob dieser die Formvorschriften des § 267 StPO eingehalten hat[1]. Mit der Feststellung des Reichsgerichts[2], die Bilder würden durch Bezugnahme zum Urteilsbestandteil und seien zusammen mit den Urteilsgründen "zu würdigen", geht es auch nicht in erster Linie um eine Begründung für die Zulässigkeit des revisionsgerichtlichen Augenscheinsbeweises. Im Vordergrund steht vielmehr das Bemühen, mit Hilfe von Augenscheinsobjekten eine Art "erweiterte Urteilsgründe" über den schriftlichen Teil hinaus zu schaffen. Damit soll der Eindruck vermieden werden, daß durch den Rückgriff auf die beiden Akten befindlichen Augenscheinsobjekte das Revisionsgericht in unzulässiger Weise den Akteninhalt zur Prüfungsgrundlage mache. Sachlich geht es aber um nichts anderes als um eine Rüge der "Aktenwidrigkeit", denn die Revisionsbegründung stützt sich in derartigen Fällen gerade darauf, daß die tatsächlichen Feststellungen im Urteil im Widerspruch zu einer - rechtlich einwandfreien - Würdigung der Augenscheinsobjekte stehen[3].

Zusammenfassend kann also festgestellt werden, daß die Rechtsprechung des Reichsgerichts zur Frage des revisionsgerichtlichen Augenscheins völlig uneinheitlich war und die befürwortenden Entscheidungen eine ausreichende Begründung vermissen lassen.

Dagegen sind die vom OLG Schleswig[4] und OLG Frankfurt[5] abgegebenen Begründungen für ihre - im Ergebnis abweichenden - Entscheidungen wesentlich stichhaltiger. In beiden Urteilen kommt der Grundgedanke zum Ausdruck, daß eine totale Reproduk-

1) So zu Recht: Schmid in ZStW Bd. 85, 893 (900).
2) RGSt 61, 293 (294).
3) Zum revisionsgerichtlichen Augenscheinsbeweis als Ausnahme von der im übrigen unzulässigen Rüge der "Aktenwidrigkeit" siehe auch Schlüchter, Rdn. 696 (S. 761); Schmid in ZStW Bd. 85, 893 (912 f.).
4) OLG Schleswig bei Ernesti/Jürgensen in SchlHA 1970, 198 (Nr. 53).
5) OLG Frankfurt in JZ 1974, 516 (517).

tion der eigenen sinnlichen Wahrnehmung in sprachlicher und damit schriftlicher Form unmöglich ist - anders ausgedrückt: Der eigene sinnliche Eindruck einer optischen, akustischen usw. Wahrnehmung ist nie vollständig intersubjektiv vermittelbar und damit gleichzeitig im schriftlichen Urteil nie umfassend mitteilbar[1]. Diese Erkenntnis ist zwar richtig, jedoch ist zweifelhaft, ob sie für sich allein genommen eine ausreichende Grundlage für die Zulässigkeit des revisionsgerichtlichen Augenscheins bietet. Folgerichtig müßte nämlich auch für die anderen Beweismittel ähnliches gelten, denn der Eindruck eines Richters z.B. von einer Zeugenaussage ist genausowenig vollständig vermittelbar wie die Wahrnehmung eines Augenscheinsobjekts, wenn man über die schriftliche Wiedergabe des Aussageinhalts hinaus den eigenen Eindruck von der Persönlichkeit des Zeugen und sein genaues Verhalten während der Aussage vermitteln will. Außerdem gab es nach der damaligen Gesetzeslage noch keine Vorschrift, die dem Revisionsgericht den Rückgriff auf die Augenscheinsobjekte in den Akten gestattete[2], so daß das OLG Frankfurt ausschließlich aus diesem Grund den revisionsgerichtlichen Augenschein ablehnte[3]. Aus der Sicht des Augenscheinsbeweises ist es deshalb nur schwer einsehbar, warum in der revisionsgerichtlichen Praxis gerade bei der Heranziehung eines Augenscheinsobjekts etwas anderes gelten soll als bei allen anderen Beweismitteln.

Allerdings hat der BGH den Umfang revisionsrichterlicher Augenscheinseinnahmen in seiner letzten Entscheidung zu dieser Problematik eingeschränkt: Eine revisionsgerichtliche Augenscheinseinnahme sei nur dann zulässig, wenn sich die materiellrechtliche Strafbarkeit ausschließlich aus der sinnlichen Wahrnehmung

1) Diese Erkenntnis ist im Rahmen der vorliegenden Untersuchung schon mehrfach von Bedeutung gewesen, nämlich bei der Protokollierung nach § 86 StPO - näheres hierzu in 2. Teil 1. Abschnitt B.II. - und nach § 273 III StPO, hierzu näheres im 2. Teil 2. Abschnitt B. Diese Tatsache gilt somit nicht nur für die förmliche Protokollierung, sondern auch für die Beschreibung von Augenscheinsobjekten in einem Urteil.
2) So zu Recht: Schmid in ZStW Bd. 85, 893 (909).
3) OLG Frankfurt a.a.O.

der bildhaften Darstellung ergebe[1]. Die materiellrechtliche Strafbarkeit einer bildhaften Darstellung kann sich z.B. jedoch auch dann ergeben, wenn die strafbare Handlung nur durch eine Film- oder Videoaufnahme nachweisbar ist[2]. In diesem Fall dürften die Grenzen der Zulässigkeit revisionsgerichtlicher Augenscheinseinnahmen überschritten sein, denn dann würde das Revisionsgericht mit Hilfe der fortschreitenden technischen Entwicklung automatischer Überwachungssysteme quasi zu einer dritten Tatsacheninstanz. Interpretiert man den BGH richtig, so sieht er vielmehr den revisionsgerichtlichen Augenschein nur dann als zulässig an, wenn sich die materiellrechtliche Strafbarkeit aus der sinnlichen Wahrnehmung der bildhaften Darstellung ergibt und gleichzeitig dem Angeklagten die Herstellung gerade dieser pornographischen oder politischen Abbildung vorgeworfen wird. Somit sind grundsätzlich die von Dritten angefertigten Augenscheinsobjekte von vornherein dem revisionsgerichtlichen Augenschein entzogen, so daß in der Regel lediglich die instrumenta, obiecta vel producta sceleris als Beweisgegenstände in Frage kommen[3]. Aus diesem Grund ist es z.B. dem Tatgericht nicht gestattet, vor oder während der Hauptverhandlung Foto- oder Filmaufnahmen von einem Tatort herzustellen, im Urteil auf diese Bezug zu nehmen und so einen revisionsgerichtlichen Augenscheinsbeweis zu ermöglichen.

Die Rechtsprechung macht jedoch bei bestimmten producta sceleris eine Ausnahme, indem sie Schallplatten mit pornographischem[4] oder politischem[5] Inhalt nicht in revisionsgerichtlichen Augenschein nimmt. Diese Differenzierung zwischen verschiedenen Augenscheinsobjekten erscheint zunächst wenig einleuchtend,

1) BGHSt 29, 18 (22 f.).
2) Siehe hierzu insbesondere den Fall des OLG Schleswig in NJW 1980, 352, bei dem das Gericht die Rechtmäßigkeit einer heimlich hergestellten Videoaufnahme zur Überführung eines Täters bejaht hatte; hierzu ausführlich Gramse in AnwBl. 1980, 433 ff.; Bonarens in Dünnebier-Festschrift, S. 215 ff.; Schlüchter, Rdn. 395.
3) Im Ergebnis ebenso, jedoch ohne Begründung: Schmid in ZStW Bd. 85, 893 (898).
4) OLG Köln in GA 1968, 344 (345).
5) BGHSt 23, 64 (78).

denn der eigene sinnliche Eindruck einer akustischen Wahrnehmung ist im Prinzip genausowenig vollständig vermittelbar wie die Wahrnehmung in optischer Form. Trotzdem ist die Vermittlung eines akustischen Eindrucks in den meisten Fällen einfacher als die Transformation eines optischen Eindrucks, weil menschliche Gedankeninhalte überwiegend in sprachlicher Form geäußert werden, so daß eine Übertragung in den schriftlichen Bereich leichter möglich ist. Aus den Entscheidungen zum revisionsgerichtlichen Augenscheinsbeweis bei Tonträgeraufnahmen wird aber nicht deutlich, ob dieser Gesichtspunkt für die unterschiedliche Behandlung der Augenscheinsobjekte maßgebend gewesen ist.

Insgesamt ist festzuhalten, daß sich in der Rechtsprechung weder von der Begründung her noch im Ergebnis eine einheitliche Linie zur Zulässigkeit des revisionsgerichtlichen Augenscheinsbeweises gebildet hat. Es zeichnet sich jedoch die Tendenz zu einer Revisionspraxis ab, die zumindest bei bestimmten Abbildungen auch von Augenscheinseinnahmen in verstärktem Maße Gebrauch macht.

II. Die Auffassungen in der Literatur

Im Schrifttum wird teilweise der revisionsgerichtliche Augenscheinsbeweis generell für unzulässig gehalten, weil das Revisionsgericht seine ihm gesteckten Grenzen überschreite, wenn es sich wie ein Tatgericht betätigt und Beweise zur Schuldfrage erhebt[1]. Es sei nicht die Aufgabe des Revisionsgerichts, festzustellen, welchen Inhalt Bilder oder Filme haben. Zudem sei ein Augenscheinsobjekt sprachlich darstellbar, so daß sich das Revisionsgericht auf die tatrichterlichen Mitteilungen zu beschränken habe. Diese schriftlichen Darstellungen bildeten die

1) Rüping, Strafverfahren, S. 173; LR-Meyer, § 337 Rdn. 106; ebenso LR-Hanack (24. Aufl.), § 337 Rdn. 106.

alleinige Grundlage für die revisionsgerichtliche Prüfung[1].

Demgegenüber hält Roxin[2] im Anschluß an Schünemann[3] einen revisionsgerichtlichen Augenscheinsbeweis immer dann für möglich, wenn eine sprachliche Beschreibung wahrgenommener Gesamtsituationen nicht möglich sei, weil die Komplexität der Wahrnehmungen und die Imponderabilien des persönlichen Eindrucks eine erschöpfende intersubjektive Vermittlung ausschließe. Wenn z.B. die Frage zu beurteilen sei, ob eine 1 cm lange, flache Narbe als eine erhebliche Entstellung i.S.d. § 224 StGB anzusehen sei, so könne man zwar Länge, Breite, Höhe und Farbe der Narbe wiedergeben, aber "den Gesamteindruck der Häßlichkeit nicht so weitgehend in deskriptive Einzelbeschreibungen auflösen", daß der gleiche Eindruck allein auf sprachlichem Wege jedem Gesprächspartner vermittelt werden könne[4]. Deshalb sei der revisionsrichterliche Augenschein "das ungleich verläßlichere Kontrollinstrument"[5].

Schmid[6] sieht zwar im revisionsgerichtlichen Augenschein wegen der damit verbundenen abschließenden Sachentscheidung des Revisionsgerichts einen Eingriff in die Zuständigkeit des Tatrichters, hält jedoch eine revisionsrichterliche Augenscheinseinnahme für vorteilhaft, weil sie der Richtigkeit der eigenen Beurteilung diene und zur Verfahrensbeschleunigung beitrage. Außerdem enthielten unbestimmte Rechtsbegriffe, wie z.B. der Begriff der Unzüchtigkeit, in erheblichem Maße wertende Bestandteile, so daß tatrichterliche Sachverhaltsfeststellung und Subsumtion unter eine Strafnorm - z.B. unter § 184 StGB - "ganz eng, fast untrennbar" miteinander verbunden seien[7].

1) LR-Meyer, § 337 Rdn. 106; Schlüchter, Rdn. 696; Gössel, Tatsachenfeststellungen, S. 117 (135 f.); noch weitergehend LR-Hanack (24. Aufl.), § 337 Rdn. 106 f., der entgegen der heute völlig h.L. selbst nach Inkrafttreten des § 267 I 3 StPO revisionsgerichtliche Augenscheinseinnahmen in den Grenzen dieser Vorschrift ablehnt (Rdn. 107).
2) Roxin, § 53 D III 2.
3) Schünemann in JA 1982, 71 (75).
4) Schünemann in JA 1982, 71 (75).
5) Schünemann in JA 1982, 123 (126).
6) Schmid in ZStW Bd. 85, S. 893 (898).
7) Schmid in ZStW Bd. 85, S. 893 (907).

Schmid vermißt jedoch den Beweis dafür, daß der Revisionsrichter de lege lata zu einer Augenscheinseinnahme verpflichtet und darum berechtigt sei, in geeigneten Fällen über die tatrichterliche Urteilsbegründung hinaus auf den Akteninhalt zurückzugreifen[1]. Er schlägt deshalb vor, entweder im Wege einer "großen Lösung" (Aktenwidrigkeit als Aufhebungsgrund) oder durch eine "kleine Lösung" (Sonderstellung des richterlichen Augenscheins) de lege ferenda diese Problematik zu regeln[2].

Gottwald[3] sieht den revisionsgerichtlichen Augenschein als zulässig an, weil anderenfalls das revisionsrichterliche Urteil schlechter fundiert wäre als das des Tatgerichts. Der revisionsgerichtliche Augenschein diene außerdem nicht primär der weiteren Sachverhaltsaufklärung, sondern der Verdeutlichung, um die Rechtsprüfung zu verbessern und die Nachteile der Beschränkung auf die Rechtsfrage abzumildern[4].

In seiner ablehnenden Anmerkung zur Radarfoto-Entscheidung des BGH vertritt Peters[5] die Auffassung, daß dem Revisionsgericht eine Überprüfung eines Radarfotos auf dessen mögliche beweismäßige Eignung nicht versagt sei. Die Frage, ob ein Foto verwertbar sei, sei rein technischer Natur, die nach objektiven Kriterien entschieden werden müsse. Erst nach der positiven Feststellung, daß das Foto zur Identifizierung des Fahrers geeignet sei, müsse der Tatrichter die Entscheidung treffen, ob mit Hilfe des Fotos die Person des Fahrers zweifelsfrei identifiziert werden kann. Daher entspreche die Kontrolle eines Radarfotos auf seine Beweiseignung durchaus der Leistungsfähigkeit des Revisionsgerichts.

1) Schmid in ZStW Bd. 85, S. 893 (909).
2) Schmid in ZStW Bd. 85, S. 893 (913 ff., insbes. S. 915).
3) Gottwald, S. 342 f.
4) Gottwald, S. 343.
5) Peters in JR 1980, 169 (170); im Ergebnis ebenso: Fezer, Strafprozeßrecht II, Fall 20 Rdn. 49.

III. Stellungnahme

Der Gesetzgeber hat mit der Einführung des § 267 I 3 StPO[1] den Streit um den revisionsgerichtlichen Augenschein weitgehend zugunsten der von Schmid so bezeichneten "kleinen Lösung" entschieden. Nach § 267 I 3 StPO hat der Tatrichter die Möglichkeit, wegen der Einzelheiten - hinsichtlich des schriftlich darzustellenden Augenscheinsobjekts - auf Abbildungen zu verweisen, die sich bei den Akten befinden.

Wie diese Vorschrift auszulegen ist, wird vor allem durch die Begründung zum Regierungsentwurf[2] deutlich: "Die Abbildungen, auf die verwiesen worden ist, werden Bestandteil der Urteilsgründe. Damit wird zugleich eine weitere und bessere Überprüfung der tatsächlichen Feststellungen durch das Revisionsgericht erreicht, weil dieses unmittelbar zur Augenscheinseinnahme und eigener Bewertung in der Lage ist."[3]

§ 267 I 3 StPO ermöglicht somit in engen Grenzen den revisionsgerichtlichen Augenschein. Zunächst werden nur Abbildungen - auch Film- und Videoaufnahmen[4] - vom Wortlaut dieser Bestimmung erfaßt, jedoch keine Schriftstücke[5] oder Tonträgeraufnahmen[6]. § 267 I 3 StPO hält dementsprechend an dem Grundsatz fest, daß das Revisionsgericht den Akteninhalt nicht zur

1) Durch Art. 1 Nr. 22 Buchst. a StVÄG 1979 vom 5.10.1978 (BGBl. I, S. 1645).
2) BT-Drucks. VIII/976, S. 55.
3) Ebenso die heute ganz h.M. in der Literatur, siehe Rieß in NJW 1978, 2265 (2270 f.); LR-Gollwitzer (Erg.Bd.), § 267 Rdn. 2; Schlüchter, Rdn. 696; Gössel, Tatsachenfeststellungen, S. 117 (136); Bottke in JR 1982, 77 (78); KK-Hürxthal, § 267 Rdn. 6; Kleinknecht/Meyer, § 337 Rdn. 22; a.A. dagegen LR-Hanack (24. Aufl.), § 337 Rdn. 107.
4) Schlüchter, Rdn. 696; LR-Gollwitzer (24. Aufl.), § 267 Rdn.14.
5) Siehe hierzu wiederum die Begründung zum Regierungsentwurf in BT-Drucks. VIII/976, S. 55, wonach die Möglichkeit der Verweisung auf Schriftstücke durch § 267 I 3 StPO ausdrücklich ausgeschlossen werden soll; ebenso: Schlüchter, Rdn. 696; LR-Gollwitzer (24. Aufl.), § 267 Rdn. 25; Kleinknecht/Meyer, § 267 Rdn. 8; Dahs/Dahs, Rdn. 56; im Ergebnis ebenso BGH bei Pfeiffer in NStZ 1981, 296, jedoch ohne Hinweis auf § 267 I 3 StPO; a.A. Kroschel/Meyer-Goßner, S. 82.
6) So zutreffend Bottke in JR 1982, 77/78); Kroschel/Meyer-Goßner, S. 82 f.; LR-Gollwitzer (24. Aufl.), § 267 Rdn. 24; a.A. wohl Schlüchter, Rdn. 696, die jedoch den insoweit eindeutigen Wortlaut mißachtet.

Prüfungsgrundlage machen darf, gestattet jedoch dann eine Ausnahme, wenn es sich um Augenscheinsobjekte handelt, die durch ihren optisch wahrnehmbaren Gesamteindruck auf die richterliche Überzeugungsbildung einwirken. Nach hier vertretener Ansicht sind vom revisionsgerichtlichen Augenschein jedoch grundsätzlich nur Abbildungen erfaßt, deren Herstellung dem Angeklagten vorgeworfen wird und bei denen sich die materiellrechtliche Strafbarkeit allein aus der optischen Wahrnehmung der Darstellung ergibt[1]. Bei Skizzen, Lageplänen oder fotographischen Tatortaufnahmen, die von Ermittlungsbeamten stammen, handelt es sich nämlich stets um unvollkommene Reproduktionen der erlebten Wirklichkeit, auf deren Anfertigung der Beschuldigte regelmäßig keinen Einfluß hat. Pornographische, beleidigende oder politische Darstellungen sind demgegenüber immer Originale, deren alleinige Betrachtung schon unmittelbare Rückschlüsse auf Tat- und Schuldfrage - insbesondere Verwirklichung der tatbestandsmäßigen Voraussetzungen der §§ 184, 185, 86 a StGB - zuläßt. Die Beschränkung des revisionsgerichtlichen Augenscheins auf die instrumenta, obiecta vel producta sceleris ist notwendig, weil anderenfalls das Revisionsgericht bei Heranziehung von Reproduktionen gezwungen wäre, über den unmittelbaren Eindruck des Bildinhaltes hinaus Sachaufklärung zu betreiben. Eine derartig erweiterte Sachaufklärung ist dem Revisionsgericht jedoch grundsätzlich nicht gestattet, da die Beurteilung von Tatortskizzen usw. nicht zur Klärung unbestimmter Rechtsbegriffe beiträgt, sondern einen nicht mehr zu rechtfertigenden Eingriff in die tatrichterlichen Befugnisse aus § 261 StPO darstellt[2].

1) Siehe hierzu bereits oben unter I.2. Anderer Ansicht offenbar die Begründung zum Regierungsentwurf in BT Drucks. VIII/976, S. 55 und LR-Gollwitzer (Erg.Bd.), § 267 Rdn. 3, wonach "durch Lichtbilder oder Skizzen zutreffend verdeutlichte Örtlichkeiten" in den Anwendungsbereich von § 267 I 3 StPO fallen sollen; ebenso offenbar auch der BGH bei Pfeiffer in NStZ 1981, 296.

2) A.A. offenbar der BGH bei Pfeiffer in NStZ 1981, 296, wobei aber nicht deutlich wird, ob die durch § 267 I 3 StPO eröffnete Verweisungsmöglichkeit und der von dieser Vorschrift zugelassene revisionsgerichtliche Prüfungsumfang inhaltlich identisch ist.

Problematisch ist, ob dieser Grundsatz eine Ausnahme dann gestattet, wenn es sich um die Feststellung der Beweiseignung von Radarfotos zur Identifizierung des Fahrers handelt. Dem eigentlichen Kern dieser Frage weicht der BGH[1] aus, denn mit seiner Ansicht, daß die Identifizierung von Personen mit Hilfe von Radarfotos eine ausschließlich dem Tatrichter vorbehaltene Aufgabe sei, wird nicht das Problem gelöst, ob der Revisionsrichter zumindest das den Urteilsakten beigefügte Radarfoto auf seine Beweiseignung hin überprüfen und damit die tatrichterliche Beweisgrundlage einer eigenen Würdigung unterziehen darf. Nach Auffassung von Peters[2] ist ein revisionsgerichtlicher Augenschein in dieser Form zulässig, weil auch der Tatrichter zunächst allein über die Beweisqualität des Radarfotos entscheiden müsse, bevor ein Vergleich mit dem angeblichen Fahrer möglich sei. Dieser Ansicht liegt der - unausgesprochene - Gedanke zugrunde, daß der revisionsrichterliche Augenschein den Zweck verfolge, dem Revisionsgericht keine schlechtere Beurteilungsgrundlage als dem Tatgericht zur Verfügung zu stellen[3].

Diesem Ansatz ist zwar im Prinzip zu folgen. Zweifelhaft ist jedoch, ob diese Bedingung tatsächlich auf die Feststellung der Beweiseignung von Radarfotos zur Identifizierung des Fahrers zutrifft[4]. Sieht man - wie Peters - den Gesamtvorgang der Identitätsfeststellung aufgrund von Radarfotos als zweiaktigen Prozeß an, bei dem erst die Beweisqualität des Radarfotos und in einem zweiten Schritt der Vergleich mit dem Betroffenen erfolgt, so verfügt das Revisionsgericht über dieselbe Beurteilungsgrundlage wie das Tatgericht. Richtigerweise gewinnt der Tatrichter aber seine Erkenntnisse über die Beweiseignung von Radarfotos nicht isoliert und unabhängig von der Person des Betroffenen. Aus der wechselseitigen Augenscheinseinnahme des Betroffenen einerseits und des Radarfotos andererseits ergeben

1) BGHSt 29, 18 (22 f.).
2) Peters in JR 1980, 169 (170).
3) Deutlicher insoweit OLG Frankfurt in JZ 1974, 516 (517); Gottwald, S. 342 f.; Schmid in ZStW Bd. 85, S. 893 (898).
4) So ausdrücklich Fezer, Strafprozeßrecht II, Fall 20 Rdn. 49.

sich für den Tatrichter vielmehr auch Rückschlüsse für die Frage der Beweisqualität des Radarfotos. Demgegenüber stellt die alleinige Besichtigung eines Radarfotos durch das Revisionsgericht lediglich einen Teilausschnitt aus dem Gesamtkomplex der Indizienschritte dar, die dem Tatgericht eine zuverlässige Aussage über die Identität der abgebildeten Person ermöglichen. Die Feststellung der Beweiseignung eines Radarfotos resultiert für den Tatrichter also aus einer Vielzahl von vergleichenden Wahrnehmungen, während die revisionsgerichtliche Würdigung sich allein auf den optischen Eindruck des Radarfotos ohne Kenntnis der den Betroffenen individuell-charakterisierenden äußeren Merkmale stützen muß. Eine revisionsrichterliche Augenscheinseinnahme an einem Radarfoto zur Überprüfung seiner Beweisqualität ist daher abzulehnen, weil die revisionsgerichtliche Erkenntnisfindung auf schlechteren Beweisgrundlagen als denjenigen des Tatgerichts beruht.

Auch fotographische oder filmische Aufnahmen von Demonstrationen und ähnliche Abbildungen, die das strafwürdige Verhalten von Angeklagten festhalten, sind dem revisionsgerichtlichen Augenschein nicht zugänglich. Hier kann sich zwar die materiellrechtliche Strafbarkeit aus der Abbildung ergeben, jedoch muß immer noch der Vergleich der abgebildeten mit der angeklagten Person hinzutreten, um die Schuldfrage klären zu können. Dies ist eine ausschließlich tatrichterliche Aufgabe, weil der Vergleich zwischen Abbildung und Beschuldigtem nicht mehr eine bloße Augenscheinseinnahme ist und somit über § 267 I 3 StPO hinausgeht. Anders ausgedrückt: Der richterliche Augenschein, der im Vergleich eines Beschuldigten mit einer vorliegenden Abbildung besteht, wird vom Wortlaut des § 267 I 3 StPO nicht gedeckt[1]. Zudem dient die Betrachtung derartiger Augenscheinsobjekte nicht der Klärung auslegungsbedürftiger unbestimmter Rechtsbegriffe, sondern primär der Sachverhaltsaufklärung.

1) Ähnlich auch Kleinknecht/Meyer, § 337 Rdn. 14 sowie Gössel in GA 1979, 241 (247) und Gössel, Tatsachenfeststellungen, S. 117 (135 f.): Unüberprüfbar seien das sinnliche Bemerken und die faktische Würdigung des Feststellungsvorgang selbst; gleiches gelte für Identitätsfeststellungen des Tatrichters aufgrund von Lichtbildern, die sich bei den Akten befinden.

Es ist auch nicht zulässig, wenn anstelle eines Ermittlungsbeamten der Tatrichter selbst anläßlich einer Augenscheineinnahme z.B. ein Foto von einer Narbe herstellt, um den erheblich entstellenden Charakter i.S.v. § 224 StGB gegenüber einer möglichen revisionsgerichtlichen Kontrolle besser verdeutlichen zu können. In diesem Fall würden nämlich das Tatgericht und das Revisionsgericht auf unterschiedlichen Erkenntnisgrundlagen arbeiten: Der Tatrichter sähe die Narbe in seiner Originalgröße am lebenden Objekt, während das Revisionsgericht nur eine verkleinerte Abbildung zu beurteilen hätte, die möglicherweise perspektivische Verzerrungen enthält, weil alle drei Dimensionen des Raumes zweidimensional nicht vollkommen darstellbar sind. Damit stünde dem Revisionsgericht eine schlechtere Erkenntnisquelle als dem Tatgericht zur Verfügung, so daß der Zweck des revisionsgerichtlichen Augenscheins, dem Gericht keine schlechtere Beurteilungsgrundlage als dem Tatgericht zur Verfügung zu stellen[1], hierdurch nicht erreicht wird. Dem könnte entgegengehalten werden, daß eine wenn auch nur unvollkommene Reproduktion in optisch wahrnehmbarer Form immer noch besser sei als die bloße schriftliche Beschreibung des Original-Beweismittels, so daß das Revisionsgericht zur Kontrolle eines unbestimmten Rechtsbegriffs eine zumindest gegenüber der sprachlichen Wiedergabe verbesserte Urteilsgrundlage hätte. Hiergegen spricht jedoch, daß nach dem Grundsatz "nullum crimen sine lege stricta" eine allein wegen eines irrationalen, sprachlich nicht mitteilbaren Eindrucks erfolgende Verurteilung aus rechtsstaatlichen Gründen materiellrechtlich ausgeschlossen ist[2] mit der prozessualen Folge, daß der Richter sein Urteil nicht auf intersubjektiv nicht vermittelbare Wahrnehmungen stützen darf. Würde der Tatrichter dementsprechend sein Urteil auch

1) So das OLG Frankfurt in JZ 1974, 516 (517); Gottwald, S. 342 f.; Schmid in ZStW Bd. 85, S. 893 (898); allgemeiner Rieß in GA 1978, 257 (270): Revisibilität tatrichterlicher Feststellungen finde dort ihre Grenze, wo eine dem tatrichterlichen Urteil erkenntnismäßig überlegene Kontrolle nicht möglich sei, wenn dem Revisionsgericht also "mindestens gleich gute Erkenntnismittel" fehlten.

2) Insoweit zu Recht: Roxin, § 53 D III 2; Schünemann in JA 1982, 71 (75).

mit Hilfe von ihm selbst hergestellter Abbildungen begründen wolle, so bestünde die Gefahr, daß er sich der eigentlichen schriftlichen Entscheidungsbegründung entzieht. Aus diesen Gründen sind vom Tatgericht hergestellte Reproduktionen von Original-Beweismitteln nicht dem revisionsgerichtlichen Augenschein zugänglich.

Im übrigen können auch Lichtbilder, die gemäß § 86 StPO vor Beginn der Hauptverhandlung dem Augenscheinsprotokoll beigefügt wurden[1], nicht der revisionsgerichtlichen Überprüfung unterliegen: Sie sind schon Bestandteil des Augenscheinsprotokolls und damit gleichzeitig der Akten, auf die das Revisionsgericht nicht zurückgreifen darf.

Es muß somit das Prinzip gelten, daß § 267 I 3 StPO nur solche Augenscheinsobjekte umfaßt, die auf optischem Wege auf die richterliche Überzeugungsbildung einwirken und die als Erkenntnisgrundlage sowohl für das Tatgericht als auch für das Revisionsgericht identisch sind. Daher muß der "vorgefundene Sachbestand" i.S.d. § 86 StPO beim revisionsgerichtlichen Augenschein mit dem vom Tatgericht vorgefundenen Sachbestand völlig übereinstimmen.

Auf der Grundlage dieser Überlegungen ist es dem Revisionsgericht somit z.B. gestattet, eine von einem Ermittlungsbeamten hergestellte Fotographie zu betrachten, um auf gleichem Wege wie das Tatgericht, das ebenfalls nur über das Lichtbild verfügt, eine erhebliche Entstellung i.S.d. § 224 StGB festzustellen. In diesem Fall besitzen Tat- und Revisionsgericht die gleichen Erkenntnisgrundlagen und der Augenschein durch das Revisiosngericht dient ausschließlich dem Zweck, zur Klärung eines unbestimmten Rechtsbegriffs ein Beweisobjekt heranzuziehen, um die materiellrechtliche Strafbarkeit hinsichtlich der Erfolgsqualifizierung des § 224 StGB allein aus der optischen Wahrnehmung der Fotographie heraus beurteilen zu können. Insofern ist von dem Grundsatz, daß nur die instrumenta, obiecta vel producta sceleris dem revisionsgerichtlichen Augenschein zugänglich seien, eine - in der Praxis wohl nur selten vorkommen-

1) Siehe hierzu schon oben im 2. Teil 1. Abschnitt B.II.

de - Ausnahme zu machen.

Die hier entwickelte Kasuistik ist somit insgesamt das Resultat einer Auslegung des § 267 I 3 StPO vor dem Hintergrund der Rechtsprechung und Literatur vor Inkrafttreten dieser Vorschrift. Dabei hat sich gezeigt, daß nicht alle Abbildungen i.S.d. § 267 I 3 StPO dem revisionsgerichtlichen Augenschein zur Verfügung stehen, sondern nur in den oben beschriebenen Fallgruppen der revisionsrichterlichen Überprüfung dienen.

Dies schließt nicht aus, daß Abbildungen, die dem revisionsgerichtlichen Augenschein nicht zugänglich sind, trotzdem über § 267 I 3 StPO durch Verweisung zum Bestandteil der Urteilsgründe gemacht werden dürfen. So ist es z.B. zulässig, im Urteil gemäß § 267 I 3 StPO auf Tatortskizzen usw. zu verweisen, um hierdurch dem Berufungsgericht den Einstieg in die speziellen Probleme des Einzelfalles zu erleichtern. Auch auf diesem Wege kann die mit § 267 I 3 StPO verfolgte Absicht des Gesetzgebers, zu einer Beschleunigung des Strafverfahrens beizutragen[1], verwirklicht werden.

Daher sind also die durch § 267 I 3 StPO eröffnete Verweisungsmöglichkeit auf Abbildungen und der revisionsgerichtliche Prüfungsumfang nicht notwendig identisch, vielmehr ist ein revisionsrichterlicher Augenschein nur unter den bereits dargestellten Voraussetzungen zulässig.

Es ist entgegen der Auffassung des OLG Hamburg[2] dem Revisionsgericht auch nicht gestattet, einen Augenschein dann einzunehmen, wenn das Tatgericht nicht nach § 267 I 3 StPO auf die Abbildungen verwiesen hat. Nur durch die Verweisung gemäß § 267 I 3 StPO werden nämlich die Abbildungen Bestandteil der schriftlichen Urteilsgründe. Hierdurch wird erst die "erweiterte schriftliche Urteilsbegründung"[3] geschaffen, die das Revisionsgericht in die Lage versetzt, Widersprüche zwischen tat-

1) Siehe hierzu wiederum BT-Drucks. VIII/976, S. 55.
2) OLG Hamburg in OLGSt § 86 a, S. 1; dagegen zu Recht: Bottke in JR 1982, 77 f.; Kleinknecht/Meyer, § 337 Rdn. 22.
3) So treffend Bottke in JR 1982, 77 (78).

richterlicher Sachverhaltsfeststellung und der eigenen Anschauung des Augenscheinsmaterials aufzudecken. Würde man über § 267 I 3 StPO hinaus auch einen revisionsrichterlichen Augenschein an Abbildungen zulassen, auf die der Tatrichter nicht verwiesen hat, so würde das Revisionsgericht in erweitertem Maße den Akteninhalt zur Prüfungsgrundlage machen - ein Ergebnis, das von § 267 I 3 StPO nicht gedeckt ist und vom Gesetzgeber nicht beabsichtigt war.

Schließlich ist es verfehlt, § 267 I 3 StPO bei der prinzipiellen Frage nach der Zulässigkeit eines revisionsgerichtlichen Augenscheins völlig zu übersehen[1] oder die von dieser Vorschrift gesteckten Grenzen, die erst vor dem Hintergrund der jahrzehntelangen Diskussion um den revisionsrichterlichen Augenschein deutlich geworden sind, zu mißachten[2].

Als Ergebnis der eingangs gestellten Fragen ist somit festzuhalten: Ein revisionsgerichtlicher Augenschein ist nur unter den Voraussetzungen des § 267 I 3 StPO zulässig. Da der revisionsrechtliche Prüfungsumfang nicht mit der durch § 267 I 3 StPO eröffneten Verweisungsmöglichkeit identisch ist, müssen außerdem noch folgende Bedingungen erfüllt sein: Der Augenschein muß der Klärung eines unbestimmten Rechtsbegriffs dienen, die materiellrechtliche Strafbarkeit darf sich ausschließlich aus der optischen Wahrnehmung der Abbildung ergeben und der dem Tatrichter und dem Revisionsgericht vorliegende "vorgefundene Sachbestand" i.S.d. § 86 StPO müssen sachlich völlig übereinstimmen (Verbot der revisionsrichterlichen Augenscheinseinnahme einer optisch wahrnehmbaren Reproduktion, wenn das Tatgericht das originäre Augenscheinsobjekt besichtigt hat). In der Regel wird dies immer der Fall sein, wenn es sich um Augenscheinsobjekte handelt, deren Herstellung gerade dem Angeklagten vorgeworfen wird, also bei beleidigenden, politischen oder pornographischen Darstellungen.

1) Nach Inkrafttreten des § 267 I 3 StPO wurde diese Bestimmung insbesondere von BGHSt 29, 18 (22 f.); Rüping, Strafverfahren, S. 173; Roxin, § 53 D III 2 und Schünemann in GA 1982, 71 (75) u. S. 123 (126) übersehen.

2) So insbesondere das OLG Hamburg a.a.O.

Die Untersuchung über Grund und Grenzen des revisionsgerichtlichen Augenscheins hat gezeigt, daß ein richterlicher Augenschein in der Revisionsinstanz lediglich bestimmte optisch wahrnehmbare Abbildungen erfaßt und auch dann nur in sehr beschränktem Umfang zulässig ist. Aus diesem Grnd ändert der unter engen Voraussetzungen mögliche revisionsrichterliche Augenschein nichts an der Tatsache, daß der richterliche Augenschein in der forensischen Praxis zu sehr vernachlässigt wird. Es ist jedoch deutlich geworden, daß selbst in der Revisionspraxis ein richterlicher Augenschein den besten und deshalb unverzichtbaren Erkenntnisweg darstellen kann, um eine umfassende Kontrolle des tatrichterlichen Urteils zu erreichen.

5. Abschnitt: Der richterliche Augenschein im Wiederaufnahmeverfahren

Auch im Wiederaufnahmeverfahren ergeben sich aufgrund der unvollständigen Regelung des Augenscheinsbeweises in der StPO Zweifel, in welchem Umfang durch richterliche Augenscheineinnahmen die Wiederaufnahme eines bereits rechtskräftig abgeschlossenen Verfahrens möglich ist. Während der Gesetzgeber durch § 359 Nr. 1, 2 StPO und § 362 Nr. 1, 2 StPO in klar umrissener Weise festgelegt hat, unter welchen Voraussetzungen bei Urkunden-, Zeugen- und Sachverständigenbeweisen das Verfahren wiederaufgenommen werden kann, fehlen ähnlich eindeutige Vorschriften für den richterlichen Augenschein. Daher ist problematisch, ob die §§ 359 Nr. 1, 362 Nr. 1 StPO neben schriftlichen Urkunden auch diejenigen Augenscheinsobjekte erfassen, die nach herrschender strafrechtlicher Auffassung als Beweiszeichen zu den Urkunden i.S.d. § 267 I StGB gerechnet werden. Außerdem ist fraglich, ob und inwieweit nach § 359 Nr. 5 StPO Gegenstände des richterlichen Augenscheins als neue Beweismittel oder Tatsachen im Rahmen eines Wiederaufnahmeverfahrens anzuerkennen sind.

Im Gegensatz zur Berufung und Revision ist ein Wiederaufnahmeverfahren nach §§ 359 ff. StPO kein Rechtsmittel, sondern dient dazu, in den vom Gesetz abschließend aufgeführten Fällen[1] Eingriffe in die Rechtskraft eines Urteils vorzunehmen, um im Interesse der materiellen Gerechtigkeit Justizirrtümer beseitigen zu können[2]. Das Wiederaufnahmeverfahren ist somit ein außerordentlicher Rechtsbehelf[3], der zugunsten der materiellen Gerechtigkeit unter bestimmten Voraussetzungen die Durchbre-

1) OLG Bamberg in NJW 1955, 1121; Kühne, Rdn. 683; Schorn in MDR 1965, 869; Peters, Fehlerquellen III, S. 45; KK-von Stackelberg, Rdn. 5 vor § 359; Schlüchter, Rdn. 769.1.
2) Kühne, Rdn. 683; Schlüchter, Rdn. 764.1; Roxin, § 55 A I; Schmidt, LK II, Rdn. 4 vor § 359; Rüping, Strafverfahren, S. 180; Peters, Strafprozeß, S. 668.
3) OLG Bamberg in NJW 1955, 1121; Schorn in MDR 1965, 869; Rüping, Strafverfahren, S. 180.

chungen der Rechtskraft erlaubt[1].

Die Wiederaufnahme eines durch rechtskräftiges Urteil abgeschlossenen Strafverfahrens ist vom Gesetz in zwei Richtungen gestattet: Nach § 359 StPO zugunsten des Verurteilten und nach § 362 StPO auch zuungunsten des Angeklagten[2].

Ein erster Vergleich dieser beiden Vorschriften zeigt, daß nach § 359 Nr. 5 StPO grundsätzlich auch ein Augenscheinsobjekt ein neues Beweismittel oder eine neue Tatsache darstellen kann, während eine entsprechende Parallelnorm in § 362 StPO zuungunsten des Angeklagten fehlt. Daraus könnte der Schluß gezogen werden, daß eine Wiederaufnahme allein aufgrund neuen Augenscheinsmaterials nur zugunsten des Verurteilten möglich ist.

A. Anwendung der §§ 359 Nr. 1, 362 Nr. 1 StPO auf Augenscheinsobjekte

Die h.M. in der Literatur geht jedoch bei der Auslegung von §§ 359 Nr. 1, 362 Nr. 1 StPO davon aus, daß bei diesen Vorschriften nicht der verfahrensrechtliche[3], sondern der materiellrechtliche Urkundsbegriff des § 267 StGB zugrundezulegen ist[4]. Nach dieser Auffassung fallen auch Blechmarken, Nummernkarten, Kerbhölzer, Siegel und ähnliche Beweiszeichen[5] sowie technische Aufzeichnungen oder sonstige, einen Gedanken-

1) KK-von Stackelberg, § 359 Rdn. 1; Roxin, § 55 A I.
2) Außerdem noch nach § 79 BVerfGG.
3) Zur Unterscheidung des verfahrensrechtlichen Urkundsbegriffs i.S.d. § 249 I 1 StPO vom materiellrechtlichen Urkundsbegriff nach § 267 I StGB siehe oben im 1. Teil 2. Abschnitt B.IV.
4) Neumann, S. 23 ff.; Krause, Urkundenbeweis, S. 103 f.; KMR-Paulus, § 359 Rdn. 19; Schmidt, LK II, § 359 Rdn. 2; Kleinknecht/Meyer, § 359 Rdn. 5; Stückle, S. 53; Ziemba, S. 181 f.; Gerland, S. 438; Wasserburg, S. 277; von Hentig, S. 54; Schlüchter, Rdn. 531 in Fn. 448; Alsberg/Nüse/Meyer, S. 242 in Fn. 9; LR-Gössel (24. Aufl.), § 359 Rdn. 15; a.A.: Peters, Fehlerquellen III, S. 48 f.; von Hippel, S. 613; von Kries, S. 704; KK-von Stackelberg, § 359 Rdn. 8 ff.: Augenscheinsobjekte fallen nicht unter diese Vorschrift, ihre Fälschung oder Verfälschung kann nur Wiederaufnahme nach § 359 Nr. 5 StPO begründen.
5) LR-Gössel (24. Aufl.), § 359 Rdn. 19; Neumann, S. 24 f.

inhalt verkörpernde Gegenstände[1] unter die §§ 359 Nr. 1, 362 Nr. 1 StPO. Dagegen sollen Fußspuren, Geschoßeinschläge und Kälberzeichen nicht von den §§ 359 Nr. 1, 362 Nr. 1 StPO erfaßt sein[2].

Die praktische Bedeutung dieser Problematik ist für die Wiederaufnahme zugunsten des Verurteilten gering, weil der Wiederaufnahmegrund des § 359 Nr. 1 StPO sich überwiegend gleichzeitig als neue Tatsache oder neues Beweismittel und damit als Spezialfall des § 359 Nr. 5 StPO erweist[3].

Dagegen führt die materiellrechtliche Lösung bei der Wiederaufnahme nach § 362 Nr. 1 StPO zuungunsten des Angeklagten dazu, daß bei bestimmten Augenscheinsobjekten mit strafrechtlichen Urkundseigenschaften eine Wiederaufnahme möglich ist, während bei allen anderen Augenscheinsgegenständen es bei dem - u.U. auch falschen - rechtskräftigen Urteil bleibt. Damit wirkt sich die weite Fassung des Urkundsbegriffs in § 362 Nr. 1 StPO überwiegend zu Lasten anstatt zugunsten des Verurteilten aus[4]. So stünde z.B. der in einer Verkehrsunfallstrafsache zu Unrecht Freigesprochene nach § 362 Nr. 1 StPO bei von ihm selbst geschaffenen falschen Tatortspuren besser da als derjenige, dessen Freispruch aufgrund ge- oder verfälschter Fahrtschreiberdiagramme erfolgt, denn nach h.M. ist nur gegen letzteren eine Wiederaufnahme gemäß § 362 Nr. 1 StPO möglich.

Dieses Beispiel zeigt, daß eine materiellrechtliche Betrachtungsweise des § 362 Nr. 1 StPO unerträgliche Auswirkungen zu Lasten des Freigesprochenen zur Folge hat. Es ist zwar im Prinzip richtig, daß ein Urteil, dessen Beweisgrundlagen mit dem Makel der Strafbarkeit behaftet sind, über den Eintritt der

1) KMR-Paulus, § 359 Rdn. 19; Kleinknecht/Meyer, § 359 Rdn. 5; teilweise a.A. LR-Gössel (24. Aufl.), § 359 Rdn. 18.
2) Schmidt, LK II, § 359 Rdn. 3; LR-Meyer, § 359 Rdn. 5.
3) Zum Verhältnis zwischen § 359 Nr. 1-4 StPO und § 359 Nr. 5 StPO siehe OLG Hamburg in NJW 1957, 601 f.; Schneidewin in JR 1957, 537 ff.; Dippel in: Jescheck/Meyer, S. 13 (75); Peters, Fehlerquellen III, S. 48; Wasserburg, S. 272 f.; wie hier auch neuestens LR-Gössel (24. Aufl.), § 359 Rdn. 13.
4) So zu Recht: KK-von Stackelberg, § 359 Rdn. 8.

Rechtskraft hinaus angreifbar bleiben muß[1], jedoch ist die Heraushebung unechter oder verfälschter Augenscheinsobjekte mit strafrechtlichen Urkundseigenschaften gegenüber der Fälschung von anderen Beweismitteln, wie z.B. Fußspuren, willkürlich[2]. Für das Gerechtigkeitsempfinden ist es m.E. unerträglich, daß die planmäßige Herstellung falscher Tatortspuren nicht zur Wiederaufnahme zuungunsten des Angeklagten führt, während eine unechte Urkunde i.S.v. § 267 I StGB die Durchbrechung der Rechtskraft zu Lasten des Freigesprochenen nach sich zieht.

Überdies wäre es wenig verständlich, wenn die StPO einen so grundlegenden Begriff des Beweisrechts wie den der Urkunde in § 249 I 1 StPO und in § 362 Nr. 1 StPO mit unterschiedlichen Inhalten verwenden würde, vielmehr ist auch bei § 362 Nr. 1 StPO ebenso wie in § 249 I 1 StPO von einer schriftlichen und verlesbaren Gedankenerklärung auszugehen[3].

Schließlich muß bei der Auslegung von § 362 Nr. 1 StPO auch Art. 103 III GG beachtet werden, wonach niemand wegen derselben Tat aufgrund der allgemeinen Strafgesetze mehrmals bestraft werden darf. Der verfassungsrechtlich garantierte Grundsatz des ne bis in idem gilt zwar nicht unbeschränkt, zwingt jedoch zu engen, sachlich begründeten und tatbestandsmäßig klaren Ausnahmeregelungen, wenn es um die Durchbrechung der Rechtskraft eines Urteils geht[4]. § 362 Nr. 1 StPO ist wegen der aufgeführten Unklarheiten um den Urkundsbegriff nicht eindeutig, so daß die tatbestandlichen Zweifelsfälle gemäß Art. 103 III GG nicht zu Lasten des Angeklagten gehen dürfen.

Somit gilt auch für § 362 Nr. 1 StPO der Urkundsbegriff im prozeßrechtlichen Sinne[5] mit der Folge, daß Augenscheinsobjekte mit strafrechtlichen Urkundseigenschaften nicht zu einer

1) So Deml, S. 101; Wasserburg, S. 275 f.
2) Ähnlich auch: Dippel, in: Jescheck/Meyer, S. 13 (75).
3) So zu Recht: Peters, Fehlerquellen III, S. 48.
4) Siehe hierzu: Deml, S. 48 f. m.w.N.
5) So im Ergebnis auch von Hippel, S. 613; von Kries, S. 704; KK-von Stackelberg, § 359 Rdn. 8 ff.; Peters, Fehlerquellen III, S. 48 f. mit jeweils unterschiedlichen Begründungen.

Wiederaufnahme zuungunsten des Angeklagten führen. Urkunde im Sinne der §§ 359 Nr. 1, 362 Nr. 1 StPO ist also eine beweisgerichtete schriftliche Gedankenerklärung i.S.d. § 249 I 1 StPO, bei der zusätzlich wegen der Formulierung "echt" bzw. "unecht" in §§ 359 Nr. 1, 362 Nr. 1 StPO der Aussteller erkennbar sein muß[1].

Durch die hier vertretene Auffassung wird außerdem vermieden, daß die Streitigkeiten und Ungewißheiten um den materiellrechtlichen Urkundsbegriff in das Wiederaufnahmerecht hineingetragen werden[2]. Bei dieser Lösung muß in Kauf genommen werden, daß es bei gefälschten Augenscheinsobjekten zu ungerechtfertigten Freisprüchen kommt, die jedoch für das Rechtsempfinden nicht so unerträglich sind wie ungerechtfertigte Verurteilungen[3].

Aus diesen Gründen ist eine Wiederaufnahme zuungunsten des Angeklagten nach § 362 Nr. 1 StPO aufgrund ge- oder verfälschten Augenscheinsmaterials nicht möglich.

B. Augenscheinsobjekte als neue Tatsachen oder Beweismittel i.S.d. § 359 Nr. 5 StPO

Im Rahmen der Wiederaufnahme zugunsten des Angeklagten ist problematisch, ob ein Augenscheinsobjekt auch dann eine neue Tatsache oder ein neues Beweismittel i.S.d. § 359 Nr. 5 StPO ist, wenn das Gericht schon vor dem Urteil Kenntnis von der Möglichkeit der Beweiserhebung hatte[4].

Nach früher vertretener Auffassung ist ein Augenscheinsgegenstand niemals ein neues Beweismittel, weil es dem Gericht je-

1) Ähnlich KK-von Stackelberg, § 359 Rdn. 10; Peters, Fehlerquellen III, S. 48, die weitergehend unterzeichnete Schriftstücke verlangen.
2) Peters, Fehlerquellen III, S. 49.
3) Mayer in GerS Bd. 99, S. 299 (305); Ziemba, S. 180 f.; von Hippel, S. 611; Peters, Strafprozeß, S. 671; Henkel, S. 395.
4) Zusammenfassend zum Streitstand siehe Wasserburg, S. 313; LR-Gössel (24. Aufl.), § 359 Rdn. 109.

derzeit möglich gewesen sei, diesen Beweis zu erheben[1]. Diese Ansicht ist jedoch seit der im Jahre 1964 geänderten Fassung des § 369 III StPO[2] überholt: § 369 III 1 StPO geht davon aus, daß die "Aufnahme der angetretenen Beweise" nach § 369 I StPO auch durch richterlichen Augenschein möglich ist. Außerdem eröffnet § 369 III 2, 3 StPO die Möglichkeit kommissarischer Augenscheinseinnahmen mit detailliert ausgestalteten Anwesenheitsrechten und nennt damit die Voraussetzungen, nach denen ein außerhalb der Hauptverhandlung einzunehmender richterlicher Augenschein stattfinden soll. Die in § 369 III 2, 3 StPO getroffene Regelung ist somit überwiegend auf Tatortbesichtigungen anzuwenden, also auf Augenscheinsobjekte, die selbst nach Auffassung der Anhänger des materiellrechtlichen Urkundsbegriffs nicht unter §§ 359 Nr. 1, 362 Nr. 1 StPO zu subsumieren sind. Damit bleibt aber für die von § 369 III StPO erfaßten Augenscheinsobjekte nur noch § 359 Nr. 5 StPO übrig. Eine andere Auffassung hätte zur Folge, daß die vom Gesetz in § 369 III StPO geschaffenen Bestimmungen überflüssig wären, weil sie in der Praxis keinen eigenständigen Anwendungsbereich hätten.

Aus diesen Gründen kann ein Augenscheinsobjekt grundsätzlich ein neues Beweismittel i.S.d. § 359 Nr. 5 StPO sein.

Die heute ganz h.M. geht dementsprechend zu Recht davon aus, daß ein Augenscheinsobjekt ein neues Beweismittel i.S.v. § 359 Nr. 5 StPO sein kann[3], wobei jedoch die entscheidende Begründung, die sich aus den normativen Zusammenhängen zwischen § 359 Nr. 5 StPO und § 369 III StPO ohne weiteres ableiten läßt, durchweg nicht erkannt wird.

1) KG in JW 1928, 1950; Erbs, § 359 Anm. XI A; Dalcke/Fuhrmann/Schäfer, § 359 Anm. 4 (S. 1609) für die Tatortbesichtigung.
2) Durch Art. 10 Nr. 4 StPÄG vom 19.12.1964 (BGBl. I, S. 1067).
3) OLG Frankfurt in NJW 1966, 2423; Dippel in: Jescheck/Meyer, S. 13 (81); LR-Meyer, § 359 Rdn. 56; Schmidt, LK II, § 359 Rdn. 23; Meyer in ZStW Bd. 84, S. 909 (932); KMR-Paulus, § 359 Rdn. 65; Peters, Fehlerquellen III, S. 75 und in Strafprozeß, S. 673; KK-von Stackelberg, § 359 Rdn. 27; LR-Gössel (24. Aufl.), § 359 Rdn. 110; ebenso schon früher: RMG 16, 295 (296); Neumann, S. 45.

Die Voraussetzungen, nach denen bei vorheriger Kenntnis des Gerichts von der Möglichkeit der Beweiserhebung das Augenscheinsobjekt "neu" i.S.d. § 359 Nr. 5 StPO ist, werden jedoch völlig uneinheitlich beurteilt. Teilweise wird die Neuheit des Augenscheinsmaterials immer schon dann bejaht, wenn das erkennende Gericht das Beweismittel nicht benutzt[1] oder keinen Anlaß gehabt hätte, die Augenscheinseinnahme vorzunehmen[2]. Vielfach wird auch auf die Antragsbegründung abgestellt: Hiernach müsse die Antragsbegründung ergeben, daß eine richterliche Augenscheinseinnahme entweder andere Tatsachen zutage fördern würde, die das bisherige Beweisergebnis erschüttert (z.B. Tatortbesichtigung zur Widerlegung einer Zeugenaussage) oder zu einem bisher völlig unbekannten Beweisobjekt (z.B. anderer Tatort als im Urteil) führt[3].

Auf den ersten Blick scheint die hier dargestellte Problematik lediglich den Begriff der Neuheit von Beweismitteln zu berühren, nicht aber zur Aufwertung des auch im Wiederaufnahmerecht bisher vernachlässigten Augenscheinsbeweises beizutragen[4]. In Wirklichkeit ist diese Frage aber für den Umfang richterlicher Augenscheinseinnahmen im Wiederaufnahmeverfahren von erheblicher Bedeutung. Sieht man nämlich schon den Umstand unterlassener Augenscheinseinnahmen trotz Kenntnis von der Möglichkeit der Beweiserhebung als ausreichend an, um die Neuheit des Augenscheinsobjekts zu bejahen[5], so müßte das Wiederaufnahmegericht über § 244 V StPO hinaus stets alle Augenscheinsobjekte heranziehen, die das erkennende Gericht wegen Verneinung des § 244 V StPO nicht in seine Beweisaufnahme einbezogen hat. Käme es dagegen "allein auf eine plausible Antragsbegründung"[6]

1) Kleinknecht/Meyer, § 359 Rdn. 32; KK-von Stackelberg, § 359 Rdn. 27; LR-Gössel (24. Aufl.), § 359 Rdn. 110.
2) Schmidt, LK II, § 359 Rdn. 23; Meyer in ZStW Bd. 84, S. 909 (932).
3) OLG Frankfurt in NJW 1966, 2423 f.; Wasserburg, S. 313; Dahs, Handbuch, Rdn. 908; Dippel in: Jescheck/Meyer, S. 13 (81); KMR-Paulus, § 359 Rdn. 65.
4) Siehe auch Peters, Fehlerquellen III, S. 75, der den Beweismittelcharakter und die Frage der Neuheit scharf trennt.
5) So Meyer in ZStW Bd. 84, S. 909 (932); KK-von Stackelberg, § 359 Rdn. 27; Schmidt, LK II, § 359 Rdn. 23; Kleinknecht/Meyer, § 359 Rdn. 32.
6) Wasserburg, S. 313.

oder einen "substantiierten Vortrag des Antragstellers"[1] an, so läge das Risiko für eine Ablehnung des Wiederaufnahmeantrags einseitig beim Antragsteller.

Richtiger Ansicht nach macht die Behauptung des Antragstellers, das erkennende Gericht habe eine richterliche Augenscheinseinnahme trotz einer ihm bekannten Beweiserhebungsmöglichkeit unterlassen, für sich allein genommen ein Augenscheinsobjekt noch nicht zum neuen Beweismittel i.S.d. § 359 Nr. 5 StPO. Dieses liefe auf eine im Wiederaufnahmerecht unzulässige Aufklärungsrüge hinaus[2]. Trotzdem ist ein Wiederaufnahmeantrag wegen unterlassener Augenscheinseinnahme im Kern darauf gerichtet, das Wiederaufnahmegericht zu einem Augenscheinsbeweis zu veranlassen, den das erkennende Gericht in Ausübung seines Ermessens gemäß § 244 V StPO noch nicht erheben mußte. Hierzu muß der Antragsteller Gründe darlegen, die für das Wiederaufnahmegericht ermessensreduzierend wirken. Dies ist im Rahmen des Zulassungsverfahrens besonders wichtig, da für die Prüfung der Erheblichkeit des Augenscheinsobjekts gemäß §§ 359 Nr. 5, 368 StPO ebenfalls das pflichtgemäße Ermessen in § 244 V StPO als Maßstab gilt[3]. Sowohl bei der Benennung des Augenscheinsgegenstandes als "neu" i.S.d. § 359 Nr. 5 StPO als auch bei der Erheblichkeitsprüfung müssen somit durch den Antragsteller Gründe angegeben werden, die das Ermessen des Wiederaufnahmegerichts so weit einschränken, daß die Ablehnung einer Augenscheinseinnahme pflichtwidrig wäre. Anders ausgedrückt: Das Antragsvorbringen muß ergeben, daß das bisherige Beweisergebnis, auf dem das Urteil des erkennenden Gerichts beruht, durch eine Augenscheinseinnahme, die zuvor noch zulässigerweise nach § 244 V StPO vom Gericht abgelehnt worden war, so erschüttert werden wird, daß eine dem Verurteilten günstige Entscheidung in einer neuen Hauptverhandlung hinreichend wahrscheinlich ist.

---

1) OLG Frankfurt in NJW 1966, 2423; ähnlich auch OLG Frankfurt in NJW 1978, 841 (842).
2) So zu Recht schon Neumann, S. 45.
3) Zur Anwendung des § 244 V StPO im Rahmen der Erheblichkeitsprüfung des Wiederaufnahmegerichts siehe Wasserburg, S. 328; Peters, Fehlerquellen III, S. 98.

Es müssen also im Bereich der Augenscheinsobjekte die Neuheit und die Eignung (Erheblichkeit) zusammenhängend betrachtet werden[1], denn die Trennung dieser Begriffe ist zwar gedanklich vorstellbar, jedoch aus den o.g. Gründen nicht sachgerecht.

Außerdem dürfen im konkreten Einzelfall nicht zu strenge Anforderungen an die Antragsbegründung gestellt werden, weil die Verpflichtung des Antragstellers, in detaillierter Form das mögliche Beweiserhebnis darlegen zu müssen, die Gefahr begründet, daß das Wiederaufnahmegericht bei näherer Prüfung an sich zulässiger Anträge die Zulässigkeit im Wege einer vorweggenommenen Beweiswürdigung verneint. Nur die formale Beweisaufnahme im Rahmen der Begründetheitsprüfung nach § 369 StPO kann nämlich zu der Feststellung führen, ob die in dem Antrag aufgestellten Behauptungen genügende Bestätigung gefunden haben[2].

Schwieriger ist die Neuheit eines Augenscheinsobjekts dann zu beurteilen, wenn das erkennende Gericht zwar eine Augenscheinseinnahme durchgeführt hat, jedoch dabei die den Angeklagten entlastenden Umstände nicht oder nicht richtig wahrgenommen hat. Dies ist z.B. dann der Fall, wenn das Gericht wegen veränderter Witterungs- oder Sichtbedingungen die wirklichen Tatortverhältnisse zum Tatzeitpunkt falsch einschätzt und es hierdurch zu einer fehlerhaften Verurteilung kommt.

Hier muß der Antragsteller nach § 359 Nr. 5 StPO nicht den Tatort als neues Objekt des Augenscheinsbeweises, sondern die fehlerhafte Wahrnehmung des erkennenden Gerichts als neue Tatsache vorbringen. Für die Zulässigkeit eines Wiederaufnahmeantrags kann es hierbei keine entscheidende Rolle spielen, ob eine Tatsache nicht zur Kenntnis des Gerichts gekommen ist, weil sie in der Hauptverhandlung nicht zur Sprache kam oder weil das Gericht sie infolge eines Wahrnehmungsfehlers nicht

1) So zu Recht auch Peters, Fehlerquellen III, S. 75, der von einem richterlichen Augenschein als geeignetes neues Beweismittel ausgeht; a.A.: LR-Meyer, § 359 Rdn. 56.
2) So mit Recht auch: von Stackelberg in Peters-Festgabe, S. 453 (459); Peters, Fehlerquellen III, S. 96 u. S. 136; jedoch str., siehe Schlüchter, Rdn. 772.2 m.w.N.

zur Kenntnis genommen hat[1]. Daher ist der Wahrnehmungsfehler eines Gerichts stets als neue Tatsache i.S.d. § 359 Nr. 5 StPO anzusehen, jedoch dürfte der Nachweis fehlender oder falscher Wahrnehmungen nur schwer zu führen sein[2].

Der Antragsteller kann sich insbesondere nicht auf die fehlende Erwähnung der als neu vorgebrachten Tatsachen im Protokoll der Hauptverhandlung berufen[3], weil durch § 274 S. 1 StPO nur die Augenscheinseinnahme selbst, nicht aber deren Ergebnisse beweiskräftig sind[4]. Hat die fehlerhafte Augenscheinseinnahme schon vor Beginn der Hauptverhandlung stattgefunden, so kann das hierbei nach § 86 StPO aufgenommene Protokoll auch nicht im Rahmen der Antragsbegründung verwendet werden, weil die sich aus § 86 StPO ergebende Verpflichtung des Ermittlungsrichters, auch nicht aufgefundene Spuren zu protokollieren, gerade den Zweck hat, später mögliche Einwände einer angeblich unvollständigen Beweisaufnahme auszuschließen[5]. Für das Wiederaufnahmegericht besteht somit nach § 86 StPO eine gesetzliche Vermutung dafür, daß die Wahrnehmungen und deren Protokollierungen in jeder Hinsicht vollständig waren, so daß es das Ziel des Wiederaufnahmeantrags sein muß, gerade diese Vermutung zu widerlegen.

Der Antragsteller ist zum Nachweis fehlerhafter Wahrnehmungen deshalb darauf angewiesen, seine Antragsbegründung durch Lichtbilder, Zeichnungen oder Skizzen über die wirklichen Tatortverhältnisse zu ergänzen, um so die im Protokoll und die in den Urteilsgründen getroffenen Feststellungen des erkennenden Gerichts widerlegen zu können. Bei nicht mehr rekonstruierbaren Tatortverhältnissen ist hingegen der Nachweis fehlerhafter Wahrnehmungen kaum möglich, bzw. wegen § 86 StPO ausgeschlossen.

1) OLG Frankfurt in NJW 1978, 841; Wasserburg, S. 320 m.w.N. in Fn. 204.
2) OLG Frankfurt in NJW 1978, 841.
3) So offenbar jedoch: von Stackelberg in Peters-Festgabe, S. 453 (455).
4) Vergl. hierzu Kühne, Rdn. 582; Roxin, § 49 III 2; Schlüchter, Rdn. 590; KK-Engelhardt, § 274 Rdn. 1, 4.
5) Siehe hierzu näheres im 2. Teil 1. Abschnitt B.II.

6. Abschnitt: Zusammenfassung

Die Untersuchung über Aufgabe und Stellung des Augenscheinsbeweises vom Ermittlungsverfahren bis zum Wiederaufnahmeverfahren hat ergeben, daß die nachrangige Bedeutung des richterlichen Augenscheins in der forensischen Praxis oftmals sachlich nicht gerechtfertigt ist und der vernachlässigten Stellung des richterlichen Augenscheins in normativer Hinsicht durch eine Auslegung von Strafprozeßvorschriften begegnet werden kann, die sich sowohl an der Sachaufklärungspflicht der Strafverfolgungsorgane als auch an den Verteidigungsinteressen des Angeklagten orientiert.

Die Vernachlässigung des richterlichen Augenscheins durch Gesetzgebung und gerichtliche Praxis hat ihre weitestreichenden Folgen jedoch dort, wo sie mit Gefahren für die Wahrheitserforschung verbunden ist. Im nachfolgenden 3. Teil der Arbeit sollen daher die Auswirkungen von fehlerhaften richterlichen Augenscheinseinnahmen auf eine unvollständige Sachverhaltsaufklärung näher untersucht werden.

3. TEIL:

FEHLERQUELLEN BEI DER RICHTERLICHEN AUGENSCHEINSEINNAHME

Jede richterliche Sachverhaltsfeststellung zur Rekonstruktion des Tatgeschehens im Sinne der "ersten Tatsachenebene" muß sich notwendigerweise auf Beweismittel stützen, denn sie bilden - mosaikartig zusammengefügt - die Basis für die richterlichen Schlußfolgerungen[1]. Im Prinzip liegt eine unvollständige Sachverhaltsaufklärung somit immer dann vor, wenn ein Beweismittel vom Gericht falsch ausgewertet oder überhaupt nicht benutzt wurde. Diese aus erkenntnistheoretischer Sicht an sich zutreffende Feststellung wird jedoch praktischen Bedürfnissen nicht gerecht, denn dann müßte vom Tatgericht gefordert werden, jedes nur erdenkliche und mit der Tat in irgendeinem Zusammenhang stehende Beweismittel für seine Erkenntnisfindung zu verwenden. Richtigerweise kann daher eine gerichtliche Sachverhaltsfeststellung schon dann als vollständig angesehen werden, wenn alle im Einzelfall erforderlichen Beweismittel so intensiv ausgewertet wurden, daß diese in ihrer Gesamtheit eine tragfähige Basis für nachvollziehbare richterliche Schlußfolgerungen bilden.

Gefahren für die gerichtliche Wahrheitserforschung bestehen aber dann, wenn durch fehlerhafte oder unterlassene Beweisaufnahmen die richterliche Grundlage für die Schlußfolgerungen so gering ist, daß eine Rekonstruktion des Tatgeschehens erheblich beeinträchtigt wird. Fehlen im tatrichterlichen Beweisgebäude unverzichtbare Bausteine, so kann dies u.U. sogar zu Fehlurteilen führen.

Dementsprechend hat die Kenntnis der Fehlerursachen beim richterlichen Augenschein eine nicht zu unterschätzende Bedeutung für die forensische Praxis, weil dies der erste und wichtigste Schritt zur Vermeidung von Fehlurteilen ist. Die nachfolgende Untersuchung über Fehlerquellen beim richterlichen Augenschein

1) Siehe hierzu ausführlich oben im 1. Teil 2. Abschnitt A.I.

verfolgt zudem den Zweck, in rechtstheoretischer und rechtstatsächlicher Hinsicht Grundlagen für die im 4. Teil der Arbeit zu beantwortende Frage zu schaffen, ob und welche Folgerungen für die rechtliche Ausgestaltung des Augenscheinsbeweises in der StPO gezogen werden müssen.

Nach einer Klärung der Definition des Fehlurteils erscheint es daher notwendig, zunächst die allgemeinen Gründe für eine falsche richterliche Entscheidung herauszuarbeiten, denn erst eine eingehende Beschäftigung mit den generellen Entstehungsgründen für ein Fehlurteil läßt die vielfältigen Bedingungen, unter denen auch eine fehlerhafte Augenscheinseinnahme möglich wird, deutlich hervortreten. Die hieran sich anschließende Untersuchung über speziell beim richterlichen Augenschein theoretisch mögliche Fehlerquellen bildet dann den Ausgangspunkt für die weitere Frage, ob sich diese Fehlerursachen bei Augenscheinseinnahmen in Fehlurteilen der Praxis nachweisen lassen. Schließlich wird zu prüfen sein, inwieweit fehlerhafte Augenscheinseinnahmen auf bestimmte Entwicklungen in Gesetzgebung und Rechtsprechung zurückzuführen sind.

1. Abschnitt: Der Begriff des Fehlurteils im Strafprozeß

Wenn Fehlurteile verhindert werden sollen, ist eine Klärung der Definition des Fehlurteils erforderlich, weil erst dann im konkreten Einzelfall entschieden werden kann, unter welchen Voraussetzungen ein Fehlurteil vorliegt.

In der Literatur wird der Begriff des Fehlurteils nicht einheitlich beurteilt. Peters[1)] sieht ein Urteil dann als fehlerhaft an, wenn es inhaltlich erkennbar falsch ist oder wenn es beweismäßig nicht genügend abgesichert ist, so daß es inhaltlich in Zweifel gezogen werden könne. Dieses lasse sich nicht nach formalen Kriterien entscheiden, vielmehr bedürfe es einer "wertenden Beurteilung im Einzelfall"[2)].

1) Peters, Fehlerquellen III, S. 33; dagegen zu Recht: Lange, S. 4.
2) Peters, Fehlerquellen I, S. 12.

Nach überwiegender Ansicht liegt dagegen ein Fehlurteil dann vor, wenn das Strafverfahren mit einem dem materiellen Recht entgegenstehenden Ergebnis endet, also der Schuldige freigesprochen wird und der Unschuldige verurteilt wird[1]. In diesen Fällen sei das Urteil vom Standpunkt der materiellen Gerechtigkeit aus falsch[2]. Nach Lange[3] soll zu der materiellen Ungerechtigkeit des Urteils die prozessuale Seite hinzutreten: Ein Fehlurteil liegt danach vor, wenn das Urteil vom Standpunkt der materiellen Gerechtigkeit aus falsch ist und diese falsche Entscheidung nicht auf zwingenden formellen Vorschriften beruht. So sei es z.B. denkbar, daß ein Gericht bewußt ein materiellrechtlich falsches Urteil fällen muß, weil es bestimmte Beweise wegen Beweisverbotes nicht verwerten darf.

Die zuletzt genannte Ansicht von Lange verdient den Vorzug, weil sie als einzige sowohl materiellrechtliche als auch prozeßrechtliche Gesichtspunkte berücksichtigt. Damit erweisen sich formelle Bestimmungen als "Rechtfertigungsgründe" für ein materiellrechtlich falsches Urteil. Hiermit wird insbesondere auch einem rechtsstaatlichen Verfahren Rechnung getragen, weil der materielle Strafverfolgungsanspruch des Staates formellrechtlich nicht uneingeschränkt durchsetzbar ist[4].

Umgekehrt ist dagegen die formellrechtlich korrekte Durchsetzung eines nicht existenten Strafanspruchs nicht nur ein Verstoß gegen die materielle Gerechtigkeit, sondern auch rechtsstaatswidrig, denn für den Rechtsstaat gibt es keine schlimmere Situation als die Verurteilung eines Unschuldigen[5].

Ein Fehlurteil liegt somit immer dann vor, wenn das Urteil einen in Wirklichkeit (so) nicht existenten staatlichen Straf-

1) Kleinknecht in GA 1961, 45 (46); Wimmer in Schorn-Festschrift, S. 99; Fingas, S. 10; Kiwit, S. 80; Dippel in GA 1972, 97 (103); LR-Schäfer, Einl. Kap. 6 Rdn. 4.
2) Kleinknecht a.a.O.
3) Lange, S. 5; ihr folgend Wasserburg, S. 50.
4) Wassmann, S. 110 f. Allgemein wird dies unter Hinweis auf BGHSt 14, 358 (365) dahingehend formuliert, daß die Wahrheit nicht um jeden Preis erforscht werden darf, siehe u.a. Rogall in ZStW Bd. 91, 1 (21); Rüping, Strafverfahren, S. 132; Engels, S. 11; KK-Boujong, § 136 a Rdn. 1.
5) So zu Recht: Schmidt, Kolleg, Rdn. 334; Deml, S. 34.

anspruch verwirklicht oder eine an sich falsche Entscheidung nicht auf zwingenden formellrechtlichen Vorschriften beruht.

2. Abschnitt: Allgemeine Gründe für die Entstehung von Fehlurteilen im Zusammenhang mit richterlichen Augenscheinseinnahmen

A. Allgemeine Ursachen eines Fehlurteils

Es ist seit langem allgemein anerkannt, daß der vollkommene Nachweis objektiver Wahrheit durch menschliche Erforschung und Erkenntnis unmöglich ist, da jeder Erkenntnisprozeß an eine bestimmte Person gebunden ist und somit stets subjektive Elemente menschlicher Fehlbarkeit enthält. Daher muß die richterliche Wahrheitsfindung von vornherein darauf beschränkt bleiben, sich nur eine subjektive Überzeugung - im Sinne einer höchstmöglichen Gewißheit - von der objektiven Wahrheit zu verschaffen[1].

Der Umstand, daß objektive Wahrheit subjektiv nie vollständig erkennbar ist, darf jedoch nicht dazu führen, nur bei der Wahrscheinlichkeit stehenzubleiben, wo Gewißheit möglich wäre[2]. § 261 StPO verlangt vielmehr, daß das Gericht jeden anderen möglichen Tathergang für ausgeschlossen hält, wenn es zu einer Verurteilung gelangt. Anders ausgedrückt: Der Richter darf nicht die Schuld des Angeklagten für sehr wahrscheinlich erachten, sondern muß den Beweis für die Unmöglichkeit der Unschuld besitzen.

In der Praxis entsteht jedoch durch die routinehafte Ausübung

1) Siehe hierzu u.a.: RGSt 66, 163 (164 f.); Käßer, S. 78 f.; Wassmann, S. 111 f.; Leistner in DRiZ 1960, 243 (244); KK-von Stackelberg, Rdn. 2 vor § 359.
2) So zu Recht Hirschberg, S. 95, der hierin den Hauptgrund für die Entstehung von Fehlurteilen sieht; ähnlich Peters, Fehlerquellen II, S. 230.

des Richteramtes die Tendenz, sich immer mehr mit Wahrscheinichkeiten zufriedenzugeben und auf Gewißheit zu verzichten. Dieser Trend wird noch verstärkt, wenn sich der Richter durch das Aktenstudium bereits ein Vorurteil gebildet hat, so daß er jeden Beweisantrag des Verteidigers als Störung seiner schon errungenen Einstellung empfindet[1].

Peters kommt aufgrund seiner umfangreichen empirischen Untersuchung von Wiederaufnahmeverfahren zu dem Ergebnis, daß jedes Fehlurteil, auch wenn der eigentliche Fehler erst später liegt, seine Wurzel im Vorverfahren hat[2]. Fehler und Versäumnisse können dementsprechend in den späteren Verfahrensabschnitten durch das Gericht nicht mehr korrigiert werden, sondern wirken sich bis zum späteren Urteil aus[3]. Hinzu kommt, daß die Staatsanwaltschaft vielfach das polizeiliche Ermittlungsergebnis nicht ausreichend kontrolliert[4]. In der Hauptverhandlung wird dann das polizeiliche und staatsanwaltschaftliche Ermittlungsergebnis durch das Gericht übernommen und die Beweisaufnahme in derselben Richtung wie die bisherigen Ermittlungen weitergeführt. Die Anlehnung an die vorangegangenen Untersuchungen bestimmt also vielfach Art, Umfang und Würdigung der Beweisaufnahme[5]. Schließlich führen diese gesamten Umstände dazu, daß dem Gericht die erforderliche Beweglichkeit fehlt, um neue Wege einzuschlagen und auf Situationen, die von den Ergebnissen der bisherigen Ermittlungen abweichen, entsprechend zu reagieren[6].

Der empirisch belegbare Hauptgrund für Fehlurteile besteht somit darin, daß das Gericht seine Kontrolle hinsichtlich bisheriger Ermittlungsergebnisse nicht wirksam genug ausübt[7]. Die Akten-

1) Graßberger, S. 333; Hirschberg, S. 95; Hellwig, S. 29 ff.; ausführlich Fingas, S. 43 ff.; eindringlich auch Hamm in Festschrift für Sarstedt, S. 49 (59 f.); sowie Berkemann in JZ 1971, 537 (538) aus psychologischer Sicht.
2) Peters, Fehlerquellen II, S. 212; ihm folgend Lange, S. 8.
3) Siehe hierzu bereits im 2. Teil 1. Abschnitt C.I.1. u. Peters, Fehlerquellen II, S. 195; ebenso Nelles in Strafverteidiger 1986, 74.
4) Peters, Fehlerquellen II, S. 214 ff.
5) Peters, Fehlerquellen II, S. 226.
6) Peters, Fehlerquellen II, S. 227 ff.
7) So zu Recht: Peters, Fehlerquellen II, S. 195.

kenntnis des Gerichts führt daher nicht nur zu seiner Voreingenommenheit und damit zur psychologischen Blockade gegenüber Beweisanträgen des Verteidigers[1)], sondern auch zur möglichen "Fehlprogrammierung" des Gerichts mit weitreichenden Folgen für die Beweisaufnahme und -würdigung in der Hauptverhandlung. Unbefangener können dagegen die Laienrichter in Kollegialgerichten ihre Kontrollfunktion ausüben[2)], weil sie keine Aktenkenntnis besitzen. Hierdurch wird der Berufsrichter zwar gezwungen, seine eigene Entscheidung selbst mehrfach zu überdenken[3)], jedoch lassen sich viele Schöffen auch leicht beeinflussen oder neigen zur unreflektierten Zustimmung zu einer Entscheidung eines Berufsrichters[4)].

Die Erkenntnis, daß jedes Fehlurteil seine Grundlage letztlich im Ermittlungsverfahren hat, läßt den Schluß zu, daß die Mängel in erster Linie kriminalistischer und nicht juristischer Natur sind[5)]. Die Ausbildung der Juristen sieht jedoch eine umfassende Beschäftigung mit Kriminalistik nicht vor[6)], so daß Staatsanwaltschaft, Verteidigung und Gericht die Richtigkeit der kriminalistischen Vorgehensweise der Polizeibeamten überhaupt nicht wirksam kontrollieren können. Wegen dieser fehlenden Kontrollmöglichkeit durch die Prozeßbeteiligten besteht zusätzlich die Gefahr, daß dem Ermittlungsbeamten aufgrund seiner kriminalistischen Ausbildung und seiner Stellung als "berufsmäßiger Zeuge" zu starkes Vertrauen entgegengebracht wird, da dieser durch seinen Beruf zeitlich und örtlich gesehen außerdem den engsten sozialen Kontakt zur Tat hatte. Oftmals wird dabei übersehen, daß der Polizeibeamte vielfach unter dem beruflichen Erfolgsdruck steht, eine möglichst hohe Aufklärungs-

1) Siehe wiederum Hirschberg, S. 95. Zum Abblocken des Verteidigervorbringens eindringlich auch Wasserburg, S. 46 f.; Peters in JR 1980, 265 (266); sowie Berkemann in JZ 1971, 537 (538); Graßberger, S. 333 aus psychologischer Sicht.
2) Zur Kontrollfunktion der Schöffen gegenüber den Berufsrichtern siehe Benz, S. 216 f.; Peters, Fehlerquellen II, S. 244; Böttges, S. 127 f.
3) Böttges, S. 128; Benz, S. 216 f.
4) Graßberger, S. 338 ff.; Benz, S. 116 ff.; Böttges, S. 146f.
5) So zu Recht auch Lange, S. 8.
6) Hierzu insbesondere Peters, Fehlerquellen II, S. 332.

quote zu erreichen[1] und daß er durch seine Aussage in der Hauptverhandlung inhaltlich seine von ihm selbst erarbeiteten Ermittlungsergebnisse in den meisten Fällen nur bestätigt[2]. Das Bewußtsein der Prozeßbeteiligten, daß die gerichtliche Wahrheitserforschung im Vergleich zu den Ermittlungen "vor Ort" stets nur einen losen sozialen Kontakt zu Tat und Täter darstellen, kann in starkem Maße dazu verführen, polizeiliche Ermittlungsergebnisse mehr oder weniger ungeprüft zu übernehmen.

Aus diesen psychologischen Gründen ist es auch verständlich, daß das Gericht seine Sachaufklärung in der gleichen Richtung wie die Ermittlungsbehörden weiterführt: Weicht das Gericht in seiner Beweisaufnahme und -würdigung zu stark von dem bisherigen Ermittlungsprogramm ab, so läuft es Gefahr, eine Entscheidung zu treffen, die dem unmittelbaren Erleben des Tatgeschehens oder seiner Folgen durch die Polizeibeamten widerspricht, sich also weiter von der Realität und damit der Wahrheit entfernt.

Nur der Verteidiger, dem die kriminalistischen Mängel im Ermittlungsverfahren mit ihren psychologischen Folgen in der späteren Hauptverhandlung bekannt sind, kann mit Hilfe eigener Ermittlungen Beweisanträge vorbereiten und so in überzeugender Weise das staatsanwaltliche Untersuchungsergebnis in Frage stel-

1) Zum Aussagewert von Polizeibeamten siehe Foth in DRiZ 1971, 341; Grohmann/Schulz in DAR 1980, 74 ff.; Bender/Röder/Nack II, Rdn. 841; Kube/Leineweber, S. 15.
2) Treffend Hamm in Festschrift für Sarstedt, S. 49 (60); Kube/Leineweber, S. 15; Rückel in Peters-Festgabe, S. 265 (268): Häufig werden Polizeibeamte vom Gericht nicht in ihrer Rolle gesehen, Beweismittel ordnungsgemäß zu sammeln und zu präsentieren, sondern werden selbst zu Beweismitteln. - Für die Entstehung von Fehlurteilen ist hierbei wichtig, daß der damit verbundene "Rollentausch" eben noch keine Richtigkeitskontrolle hinsichtlich der Ermittlungsergebnisse ermöglicht. In vielen Fällen informieren sich die Polizeibeamten vor der Verhandlung aus den Ermittlungsakten und geben nicht ihre eigene Erinnerung wieder, siehe Foth in DRiZ 1971, 341. Für Polizeibeamte besteht wegen § 163 StGB allerdings nach ganz h.M. die Pflicht zur Information aus dienstlichen Unterlagen, näher hierzu Krause/Nehring, Rdn. 324 m.w.N.; dagegen zu Recht: Nöldeke in NJW 1979, 1644 (1645).

len[1]. Die standesrechtlichen und strafprozessualen Grenzen derartiger Nebenermittlungen des Strafverteidigers sind jedoch bis heute ungeklärt[2]. Dabei wäre eine Ermittlungsbefugnis des Verteidigers de lege ferenda schon im Vorverfahren dringend notwendig, zumal die von vielen Verteidigern gemachte Erfahrung, daß die später kaum noch korrigierbaren Ermittlungen einseitig zum Nachteil des Beschuldigten verlaufen[3], durch die empirischen Forschungen von Peters belegt wird, wonach rund 92% aller durchgeführten Wiederaufnahmeverfahren zugunsten des Verurteilten durchgeführt werden[4]. Die eigene Ermittlungstätigkeit des Verteidigers steht aufgrund fehlender gesetzlicher Grundlagen in einem Spannungsverhältnis zum Verbot der Strafvereitelung nach § 258 StGB[5], so daß der Verteidiger de lege lata im Zweifel eigenständige Aufklärungsmaßnahmen unterläßt.

Will der Verteidiger dagegen erst in der Hauptverhandlung die bisherigen Ermittlungsergebnisse kontrollieren, indem er die

---

1) Zur Notwendigkeit eigener Ermittlungen des Verteidigers siehe Rückel in Peters-Festgabe, S. 265 ff.; Peters, Fehlerquellen II, S. 266; Dahs, Handbuch, Rdn. 255 ff.; Beulke, S. 148; Müller, Verteidgung, Rdn. 9; Weihrauch, Rdn. 94 ff.
2) Zur Problematik der rechtlichen Zulässigkeit der eigenständigen Ermittlungsbefugnis des Verteidigers siehe Jungfer in Strafverteidiger 1981, 100 ff.; Wassmann, S. 143 ff.; Rückel in Peters-Festgabe, S. 265 m.w.N. in Fn. 1; Richter II in NJW 1981, 1820 (1823 f.); Hamm in Festschrift für Sarstedt, S. 49 (62); Strzyz, S. 286 ff.; Schäfer, Praxis, S. 92 f.; siehe auch § 6 der Grundsätze des anwaltlichen Standesrechts i.d.F. vom 1. März 1982 und § 10 des Reformvorschlages des Arbeitskreises Strafprozeßreform, Die Verteidigung, S. 95; wonach der Verteidger de lege ferenda berechtigt sein soll, eigene Ermittlungen anzustellen; kritisch hierzu die Stellungnahme des Strafrechtsausschusses der Bundesrechtsanwaltskammer aus dem Jahre 1984, S. 37 f., zusammenfassend auch Weihrauch, Rdn. 93.
3) Siehe die Begründung des Arbeitskreises Strafprozeßreform zu § 10, S. 95; ebenso Richter II in NJW 1981, 1820 (1821), Rückel in Peters-Festgabe, S. 265 (268 f.).
4) Peters, Fehlerquellen I, S. 4; ebenso Lange, S. 11 f.
5) Siehe wiederum die Begründung des Arbeitskreises Strafprozeßreform zu § 10, S. 96; Wassmann, S. 143 ff.; Heinicke, S. 469 ff., insbes. S. 474 f.; Beulke, S. 147 ff. u. S. 218 ff.; Strzyz, S. 286 ff.; Rückel in Peters-Festgabe, S. 265.

von der Staatsanwaltschaft in der Anklageschrift benannten und vom Gericht bereits vernommenen Polizeibeamten befragt, so muß er damit rechnen, auf einen Zeugen zu treffen, der von seiner Dienststelle gezielt auf Verteidigungsstrategien des Verteidigers vorbereitet wurde[1]. Erwiesenermaßen betrachten viele Beamte den Strafverteidiger als einen Gegner, "der die von ihnen verfolgten Ziele obstruiert, dem Recht nicht dient, sondern seiner Durchsetzung im Wege steht"[2]. Darüber hinaus sehen Polizeibeamte Fragen des Verteidigers oftmals als Angriff auf ihr berufliches Selbstverständnis und ihr Ehrgefühl an, weil hierdurch das Ermittlungsergebnis, das sie als ihren persönlichen Erfolg ansehen, in Frage gestellt wird[3].

Diese gesamten Ursachen für die Entstehung von Fehlurteilen müssen gleichzeitig vor dem Hintergrund einer ständig steigenden Überbelastung der Strafverfolgungsbehörden[4] und ungenügender personeller und sachlicher Ausstattung der Justiz[5] gesehen werden. Wachsende Kriminalitätsraten einerseits und sinkende Aufklärungsquoten andererseits führen in der Öffentlichkeit zu der weitverbreiteten Ansicht, "man könne sich nicht mehr auf die Straße trauen". Hierdurch entsteht bei den Ermittlungsbehörden ein allgemeiner Erfolgsdruck in Richtung auf "anklagereife Ermittlungsergebnisse", die vielfach einseitig zu Lasten des Beschuldigten gehen[6].

1) Hamm in Festschrift für Sarstedt, S. 49 (61) mit Hinweis auf entsprechende Forschungsergebnisse von Maeffert in Berlin; Wetterich, S. 80 ff. mit detaillierten Ratschlägen zur Verhaltensweise von Polizeibeamten bei Fragen des Verteidigers.
2) Grohmann/Schulz in DAR 1980, 74 (80).
3) Kube/Leineweber, S. 15; Grohmann/Schulz in DAR 1980, 74 (80 f.).
4) Peters, Fehlerquellen II, S. 214 ff., S. 312.
5) Hierzu ausführlich neuestens Küng-Hofer, S. 13 ff.
6) Grohmann/Schulz in DAR 1980, 74 (78): Polizeibeamte gehen im Gegensatz zur Justiz von Schuldvermutung beim Täter aus. Beispielhaft hierfür die Untersuchungen von Rasch/Hinz in Kriminalistik 1980, 377 ff., wonach bei vernehmenden Beamten die Tendenz bestehe, einen eindeutigen Sachverhalt herauszuarbeiten. Insbesondere bei Tötungsdelikten werde oft einseitig versucht, das Tatgeschehen in die von § 211 StGB vorgegebene Schablone der gesetzlichen Mordmerkmale einzupassen, siehe Rasch/Hinz in Kriminalistik 1980, 377 (382).

Hinzu kommt, daß der oftmals ungerechtfertigte Vertrauensvorschuß für Polizeibeamte gerade von den unteren Instanzen gewährt wird, weil insbesondere die Strafrichter bei den Amtsgerichten angesichts der Aktenflut im Bereich der Kleinkriminalität unter erheblichem Zeitdruck stehen und daher eher zur ungeprüften Verwertung von Aussagen durch Ermittlungsbeamte neigen[1)].

Die vorstehenden Ausführungen haben gezeigt, daß die Entstehung von Fehlurteilen ihre wesentliche Ursache in kriminalistischen Mängeln des Vorverfahrens hat, die aufgrund vielfältiger psychologischer, rechtlicher und tatsächlicher Gegebenheiten von den Prozeßbeteiligten weder im Ermittlungsverfahren noch in der späteren Hauptverhandlung ausreichend korrigiert werden (können). Die im Prinzip deshalb notwendige richterliche Kontrolle der Staatsanwaltschaft vor Anklageerhebung wirft jedoch zahlreiche, im einzelnen noch ungeklärte rechtliche Zweifelsfragen auf[2)]. Im Ergebnis laufen die hierbei auftretenden Fragestellungen auf das Grundproblem hinaus, ob und inwieweit durch erweiterte richterliche Kontrollbefugnisse die bereits beschriebene Funktionsteilung zwischen Staatsanwaltschaft und Gericht[3)] beeinträchtigt wird.

Wie sich aus den §§ 168 d I 2, 168 c III 1, V 2 StPO ergibt, verfügt der Richter über ein gesetzliches Instrumentarium, um eine Gefährdung des Untersuchungszwecks durch den Beschuldigten bei Augenscheinseinnahmen im Vorverfahren auszuschließen[4)]. Das hierin erkennbare und legitime Geheimhaltungsbedürfnis im Ermittlungsverfahren, ohne dessen Beachtung die Effektivität der Ermittlungsarbeit nicht gewährleistet sein würde, steht damit in Widerspruch zu der Erkenntnis, daß eine Korrektur von kriminalistischen Fehlern nur durch Einräumung von Mitwirkungsrechten des Beschuldigten schon im Ermittlungsverfahren möglich

1) Grohmann/Schulz in DAR 1980, 74 (75).
2) Hierzu ausführlich Fezer in Schröder-Gedächtnisschrift, S. 407 (414 ff.) mit eingehender Diskussion von möglichen Vorschlägen de lege ferenda.
3) Siehe oben im 2. Teil 1. Abschnitt C.I.1.
4) Siehe hierzu ausführlich im 2. Teil 1. Abschnitt C.I.2.

ist[1].

Hieraus ergeben sich für jeden, der mit Vorschläge de lege ferenda zur Vermeidung von Fehlurteilen beitragen will, Zielkonflikte, deren Lösung eigentlich nur möglich ist, wenn die gesamte Struktur des deutschen Strafverfahrens in Frage gestellt wird[2].

Die Untersuchung über allgemeine Entstehungsgründe eines Fehlurteils hat die vielfältigen Ursachen einer falschen richterlichen Entscheidung aufzeigen können. Über diese allgemeinen Gründe hinaus ist aber zu fragen, ob es spezielle, nur den richterlichen Augenschein betreffende Fehlerursachen gibt, die zu einer unvollständigen Sachaufklärung oder sogar zu einem Fehlurteil führen können.

B. Theoretisch mögliche Ursachen für fehlerhafte richterliche Augenscheinseinnahmen

Zur Beantwortung der Frage nach theoretisch möglichen Fehlerquellen bei richterlichen Augenscheinseinnahmen erscheint es zunächst zweckmäßig, die voneinander abweichende Struktur einer Zeugenaussage und eines richterlichen Augenscheins gegenüberzustellen, denn durch den Vergleich dieser Beweisaufnahmeformen läßt sich der Bereich, in dem bei Augenscheinseinnahmen Fehler auftreten können, am anschaulichsten darstellen[3].

Bei der Zeugenaussage unterscheidet man allgemein drei Stationen, die bis zur Aussage vor Gericht passiert werden: Wahrnehmung, Erinnerung und Wiedergabe. Jede der drei Stationen hat ihre physiologischen und psychologischen Eigenheiten, damit

1) Vergl. hierzu insbesondere: Welp, S. 42; Fezer in Schröder-Gedächtnisschrift, S. 407 (417); Nelles in Strafverteidiger 1986, 74.
2) Zum Versuch, im Rahmen des bestehenden Rechts den Einfluß der Verteidigung auf Beweiserhebungen im Ermittlungsverfahren zu erweitern, siehe Nelles in Strafverteidiger 1986, 74 ff.
3) Zur vergleichenden Betrachtung der Beweismittel des Zeugen und des Augenscheinsobjekts siehe bereits im 1. Teil 2. Abschnitt B.II, V. u. C.I. passim.

aber auch ihre ganz speziellen Fehlerquellen[1]. Treten auf einer dieser Stufen Fehler auf, so wirken sie in den darauffolgenden Stationen fort. Die Genauigkeit der späteren Wiedergabe wird dabei am meisten durch Wahrnehmungsfehler beeinträchtigt, weil die dazwischenliegende Erinnerungsphase die Wahrnehmungsfehler noch verstärkt[2]. Aufgrund psychologisch-empirischer Forschungsergebnisse steht heute fest, daß Zeugen im Zeitpunkt ihrer Aussage vor Gericht nur noch etwa 10% der erlebten Wirklichkeit als Erinnerung abrufen können[3]. Es kommt somit bei Wahrnehmungsfehlern infolge unabänderlicher Erinnerungsfehler nicht zur Verdoppelung, sondern zur Potenzierung der Fehlerursachen bei Zeugenaussagen. Selbst wenn beim Zeugen während seiner späteren Vernehmung der Wille zur wahrheitsgetreuen Wiedergabe seiner Wahrnehmungen besteht, könnte er also aufgrund einmal eingetretener Wahrnehmungsfehler nicht "die Wahrheit" sagen. Die Wiedergabegenauigkeit leidet zusätzlich noch darunter, daß der Zeuge während der Erinnerungsphase bewußt oder unbewußt versucht, seine fehlerhaften Wahrnehmungen nachträglich zu korrigieren[4].

Erfüllt schließlich der Richter seine Verpflichtung, durch geeignete Vernehmungstechniken zu einer erschöpfenden und klaren Zeugenaussage beizutragen[5], nur unzureichend, so können die Wahrnehmungs- und Erinnerungsfehler nicht erkannt werden. Das liegt in erster Linie daran, daß der Richter sich oftmals lediglich auf die Glaubwürdigkeit des Zeugen - also die Lüge im Sinne einer bewußt falschen Wiedergabe einer für richtig erkannten Wirklichkeit - und nicht auf dessen Irrtümer konzentriert (Irrtum als unbewußte Divergenz zwischen Vorstellung und Wirklichkeit)[6]. In diesen Fällen wird der wahrheitswillige

1) Gundlach, S. 67; Groß/Geerds, S. 415 f.; Zbinden, S. 152 f.; Geerds, S. 206.
2) Hierzu insbesondere Bender/Röder/Nack I, S. 45 ff.
3) Gundlach, S. 81; Graßberger, S. 77 f.
4) Hierzu eingehend: Bender/Röder/Nack I, Rdn. 128 ff.; Döhring, S. 104 ff.; Gundlach, S. 82 f.
5) Grundlegend: RGSt 30, 70 (71); ebenso Bender/Röder/Nack II, Rdn. 536.
6) Bender/Röder/Nack I, Rdn. 33; grundlegend schon Mittermaier, S. 340.

Zeuge überschätzt, obwohl seine Aussage infolge seiner Wahrnehmungsfehler objektiv genauso unwahr ist wie die des bewußten Lügners. Für den Richter ergeben sich bei wahrnehmungsbedingten Irrtümern von Zeugen ungleich größere Probleme als bei Lügnern, weil der Richter unbewußt von dem Wahrheitswillen des Zeugen auf die Richtigkeit seiner Wahrnehmung schließt und Irrtümer wesentlich schwerer erkennbar sind[1].

Demgegenüber unterscheidet sich der richterliche Augenschein von der Zeugenaussage dadurch, daß Erinnerungs- oder Wiedergabefehler beim Beweisobjekt und fehlerhafte Vernehmungstechniken beim Richter als Subjekt der Beweisaufnahme nicht auftreten können.

Im Ermittlungs- und Zwischenverfahren sowie bei der kommissarischen Augenscheinseinnahme im vorbereitenden Verfahren wird nach § 86 StPO nämlich das Ergebnis der Wahrnehmungen möglichst vollständig protokolliert und nach § 249 I 2 StPO durch Urkundenverlesung in der Hauptverhandlung reproduziert[2]. Findet in der Hauptverhandlung eine richterliche Augenscheinseinnahme statt, so stützt sich das Gericht unmittelbar auf seine sinnlichen Wahrnehmungen. Erst bei langen Hauptverhandlungen, die sich über mehrere Wochen oder Monate erstrecken, können auch beim Gericht Erinnerungsverluste eintreten. Deshalb ist in den Großverfahren eine mündliche Erörterung zwischen den Prozeßbeteiligten bei Augenscheinseinnahmen[3] besonders wichtig, weil sich hierdurch das Erinnerungsbild für die Richter verfestigt und eine Besichtigung von Augenscheinsgegenständen während der Urteilsberatung nach hier vertretener Ansicht nicht zulässig ist[4].

1) Ebenso Hellwig, S. 120, der auch zutreffend darauf hinweist, daß die Mehrzahl aller Aussagefehler auf ungenaue Wahrnehmungen der Zeugen zurückzuführen sind.
2) Siehe hierzu oben im 2. Teil 1. Abschnitt B.II.
3) Zur mündlichen Erörterung von Augenscheinsobjekten in der Hauptverhandlung siehe bereits ausführlich oben im 2. Teil 2. Abschnitt A.I.
4) Hierzu näheres im 2. Teil 2. Abschnitt C.

Die Gegenüberstellung von Zeugenaussage und richterlichem Augenschein hat deutlich gemacht, warum der richterliche Augenschein nicht nur gegenüber der Zeugenaussage überlegen, sondern die zuverlässigste Form der Beweisaufnahme[1] überhaupt ist: Fehlerquellen bei richterlichen Augenscheinseinnahmen können nur auf der Wahrnehmungsebene entstehen. Die Wahrnehmungssituation bei richterlichen Augenscheinseinnahmen ist im Vergleich zu Zeugenbeobachtungen außerdem noch dadurch verbessert, daß nur gemeinsame Wahrnehmungen mehrerer Personen bei der Beweisaufnahme berücksichtigt werden[2]. Die Mitwirkungsmöglichkeit von Staatsanwaltschaft, Beschuldigtem, Verteidiger und eventuell nach § 168 d II StPO auch eines Sachverständigen steigert zusätzlich die Qualität richterlicher Wahrnehmungen.

Auch die mittelbare Beweisführung, insbesondere die Irrtums- und Glaubwürdigkeitskontrolle von Zeugen, wird nirgends so zuverlässig ermöglicht wie durch richterlichen Augenschein[3].

Trotzdem können auch beim richterlichen Augenschein Fehlerquellen auftreten. Bei der Erörterung der nachstehenden Fehlerursachen ist die bereits beschriebene Wahrnehmungsebene[4] noch dahingehend aufzuspalten, daß Fehlerquellen bei der Augenscheinseinnahme auf zwei Stufen denkbar sind: zunächst beim Richter als Subjekt der Beweisaufnahme und weiterhin beim Objekt des richterlichen Augenscheins, also beim Augenscheinsgegenstand.

I. Fehlerquellen beim Richter als Subjekt des Augenscheins

Eine Untersuchung über mögliche richterliche Wahrnehmungsfehler muß berücksichtigen, daß die Erkenntnisse der Aussagepsycholo-

1) Siehe bereits oben im 1. Teil 2. Abschnitt C.II.
2) Siehe hierzu im 2. Teil 1. Abschnitt B.I.2. (außerhalb der Hauptverhandlung) und im 2. Teil 2. Abschnitt A. (während der Hauptverhandlung).
3) Siehe bereits im 1. Teil 2. Abschnitt C.II.
4) Siehe oben im 2. Teil 1. Abschnitt B.I.1.

gie im Hinblick auf Wahrnehmungsfehler von Zeugen[1] nur begrenzt auf den Augenschein übertragbar sind, weil richterliche Beobachtungen unter veränderten Bedingungen stattfinden[2]. Die günstigeren Wahrnehmungssituationen des Richters schließen aber nicht aus, daß der Richter sich schon im Stadium seiner Beobachtung irrt[3]. Diese Irrtümer des Richters bei Augenscheinseinnahmen können verschiedene Ursachen haben.

1. Überschätzung des eigenen sinnlichen Eindrucks

Der wesentlichste Grund für fehlerhafte Augenscheinseinnahmen besteht in der Überschätzung des eigenen sinnlichen Eindrucks durch den Richter. Treffend hat schon Kleinschrod im Jahre 1803 mit Bezug auf den richterlichen Augenschein[4] formuliert: "Der Mensch ist am meisten von demjenigen überzeugt, was er mit eignen Sinnen empfindet"[5]. Bis heute ist ungeklärt, ob die eigene unmittelbare Wahrnehmung zu verläßlichen Augenscheinsergebnissen führt[6] oder nicht[7]. Auf jeden Fall besteht für den Richter die Gefahr, daß er in Kenntnis der Schwächen des Zeugenbeweises und im Bewußtsein einer ständigen Kontrolle durch Protokollführer und Prozeßbeteiligte seine eigene sinnliche Wahrnehmung überschätzt. Eine lückenlose Kontrolle durch andere Wahrnehmungspersonen scheitert jedoch schon daran, daß jeder Mensch aus physiologischen und psychologischen Gründen den gleichen Gegenstand unterschiedlich wahrnimmt[8].

1) Hierzu Hellwig, S. 114 ff.; Graßberger, S. 40 ff.; Bender/Röder/Nack I, Rdn. 33 ff.; Groß/Geerds II, S. 147 f.; Döhring, S. 95 ff.
2) Ebenso zu Recht: Döhring, S.315 f.
3) Grundlegend Rupp, S.125 f.; ebenso Döhring, S. 315.
4) Kleinschrod in Arch.Crim. Bd. V, 3. Stück, S. 1.
5) Ähnlich auch Glaser, Beiträge, S. 368; Döhring, S. 319.
6) Mayer in Mezger-Festschrift, S. 455 (460 f.); Engisch, S. 62 f.; Sauer, S. 184; sowie von Weveld, S. 70: "Inspectio ocularis est regina probationum" (Der Augenschein ist die Königin der Beweise).
7) Stein, S. 29: "Keine Stütze ist schwächer als die der eigenen Sinneswahrnehmung"; ähnlich auch Rumpf I, S. 79 ff.; differenzierend Alsberg/Nüse, S. 374 ff.; Döhring, S. 315.
8) Siehe hierzu bereits oben im 2. Teil 1. Abschnitt B.I.1.

Die folgenden Fehlerursachen bei richterlichen Wahrnehmungen sind im Prinzip immer auch auf die Überschätzung des eigenen sinnlichen Eindrucks durch den Richter zurückzuführen.

a) Fehlende Trennung zwischen Wahrnehmung und Interpretation

Die Überschätzung des eigenen sinnlichen Eindrucks kann beim Richter bewirken, daß er nicht zwischen Wahrnehmung und Interpretation des Wahrgenommenen trennt, sondern beide unkontrolliert miteinander verknüpft[1]. Nach § 244 II StPO muß der Richter zunächst alle entscheidungserheblichen Beweismittel voll ausschöpfen, bevor er gemäß § 261 StPO das Gesamtergebnis der Beweisaufnahme auswertet und so zu seiner Urteilsgrundlage macht. Daher ist das Gericht zwar gesetzlich verpflichtet, zwischen Beweisaufnahme (Wahrnehmung des Augenscheinsobjekts) und Beweiswürdigung (Interpretation des Wahrgenommenen) zu unterscheiden, jedoch lassen sich in der Praxis beide Vorgänge aus psychologischen Gründen nicht immer trennen. Jeder Mensch neigt nämlich dazu, schon im Stadium der Beobachtung Ursachen und Folgen des Erlebten gleich "mitzudenken"[2]. Insbesondere dort, wo mit der Augenscheinseinnahme starke gefühlsmäßige Beteiligungen verbunden sind (z.B. Bild einer Getöteten mit danebenliegender Tatwaffe), kann es zu Schlußfolgerungen kommen, die sich keineswegs von selbst verstehen, sondern auf ihre Berechtigung sorgfältig untersucht werden müssen[3]. Ein typischer Fehlschluß liegt z.B. auch dann vor, wenn aus dem Fehlen von Spuren i.S.d. § 86 StPO negative Schlüsse gezogen werden, etwa in der Richtung, daß die Tat wegen fehlender Spuren so nicht abgelaufen sein könne[4].

---

1) Bender/Röder/Nack I, Rdn. 74; Döhring, S. 318; Groß/Geerds I, S. 415 f.; Weimar, S. 32 ff.
2) Bender/Röder/Nack I, Rdn. 74; Döhring, S. 318; ähnlich auch Weimar, S. 32 f.
3) Döhring, S. 318.
4) Kiwit, S. 100.

Weil sich diese Vorgänge unterhalb der Bewußtseinsschwelle vollziehen[1], können derartige Wahrnehmungsfehler weder vom Richter noch von anderen Wahrnehmungspersonen richtig erkannt und korrigiert werden. Diese Form des richterlichen Wahrnehmungsfehlers ist deshalb so gefährlich, weil die - unbewußten - Schlußfolgerungen die weitere Beweisaufnahme in eine völlig andere Richtung drängen können und für die Prozeßbeteiligten nicht erkennbar ist, warum die Beweisaufnahme auf eine - rational nicht nachvollziehbare - bestimmte Art und Weise weitergeführt wird.

b) Übermäßige emotionale Beteiligung des Richters bei Betrachtung von Augenscheinsobjekten

Insbesondere bei der Betrachtung von Fotos oder Filmen, die erschreckende Einzelheiten des Tatvorgangs festhalten, kann es beim Richter zu einer übermäßigen emotionalen Beteiligung (Mitleid mit dem Opfer, Vorverurteilung und Wille zu harter Bestrafung des Täters) kommen[2].

Ein allgemein sehr bekanntes Beispiel hierfür ist das von einem Journalisten aufgenommene Foto, das zwei Personen zeigt, die während einer Demonstration in Brokdorf am 28.2.1981 in einem Wassergraben gemeinsam mit Schaufel und Holzlatte auf einen sich hilflos wehrenden Polizeibeamten einschlagen[3]. Das in der Strafhöhe von vielen als zu hart empfundene Urteil resultiert nicht zuletzt aus der unmittelbaren Konfrontation mit dem Tatgeschehen durch die Betrachtung der Foto-

1) Groß/Geerds I, S. 416; Graßberger, S. 41; Bender/Röder/Nack I, Rdn. 74.
2) Ähnlich Döhring, S. 318 f.; sowie Benz, S. 100 mit Fn. 108 für Laienrichter.
3) Siehe das veröffentlichte Fahndungsfoto in: "Der Spiegel" Nr. 20 vom 17. Mai 1982, S. 63, wo auch (S. 63 f.) auf unterschiedliche Betrachtungsweisen der festgehaltenen Szene hingewiesen wird.

grafie[1]. Der für die Sachverhaltsaufklärung unschätzbare Vorteil eines Augenscheinsobjekts, das das Tatgeschehen unverfälscht und lückenlos festhält[2], kann sich also bei starker gefühlsmäßiger Beteiligung nachteilig auf die Strafzumessung auswirken.

Auch die Sachverhaltsaufklärung wird in hohem Maße durch die unmittelbare Anschauung derartiger Fotos oder Filme beeinflußt, weil der Richter dann eher emotional reagiert und nicht mehr kritisch-rational mögliche Fehlerquellen des Augenscheinsobjekts[3] in seine Überlegungen miteinbezieht[4].

c) Wahrnehmungsblockade aufgrund des sog. "Scheuklappeneffekts"

Aus sinnesphysiologischen und -psychologischen Gründen[5] ist jede Wahrnehmung gekoppelt mit einem Selektionsprozeß: Jeder Mensch wählt aus der Vielzahl von Eindrücken von vornherein nur diejenigen aus, die er in ein Gesamtbild mosaikartig einfügen kann[6].

Hierdurch kann es zu "Wahrnehmungsblockaden" kommen, weil andere Dinge nicht mehr wahrgenommen werden, sog. "Scheuklappeneffekt"[7].

1) Hinzu kommt, daß das urteilende LG Itzehoe in direkter Nähe zum Demonstrationsort Brokdorf lag, so daß in einer "aufgeheizten Stimmung" verhandelt wurde; hierzu: "Der Spiegel" Nr. 20 vom 17. Mai 1982, S. 66 f. Der BGH hat im Wege der Strafmaßrevision das Urteil nicht nur aufgehoben, sondern zudem statt an das LG Itzehoe an das LG Kiel zurückverwiesen (§ 354 II 1 2.Alt. StPO; siehe hierzu auch Dahs/Dahs, Rdn. 481).
2) Siehe hierzu bereits im 1. Teil 2. Abschnitt C.I. a.E.
3) Zu möglichen Fehlerquellen bei Fotographien siehe nachfolgend unter II.2.d.
4) Ebenso Döhring, S. 319.
5) Hierzu näher Bender/Röder/Nack I, Rdn. 62, 70.
6) Graßberger, S. 40 ff.; Döhring, S. 316 f.; Hellwig, S. 116.
7) Bender/Röder/Nack I, Rdn. 62 f.

aa) "Scheuklappeneffekt" durch zu einseitige Konzentration

Die einseitige Konzentration auf bestimmte Teile eines Augenscheinsgegenstandes kann dazu führen, daß andere, außerhalb des Beweisthemas liegende Einzelheiten nicht mehr wahrgenommen werden, obwohl sie für die Wahrheitsfindung möglicherweise erheblich wären[1].

Als Beispiel hierfür kann ein aus der Praxis stammender Fall von Hellwig[2] angeführt werden: "Ein Mann war beschuldigt, eine graugrüne Militärhose gestohlen zu haben. Er wurde dem Untersuchungsrichter vorgeführt. Er leugnete und der Untersuchungsrichter glaubte ihm auch. Aus einem anderen Grunde mußte der Beschuldigte aber unmittelbar danach zu einem anderen Untersuchungsrichter gebracht werden. Dieser bemerkte auf den ersten Blick, daß der Beschuldigte das gestohlene Kleiderstück ganz offen selbst trug. Der Polizei und dem ersten Untersuchungsrichter war dies ganz entgangen, weil sie nur an das Verhör selbst gedacht, ihre Aufmerksamkeit aber nicht auf die Kleidung des Beschuldigten gelenkt hatten."

Der hier geschilderte Fall betrifft zwar eine Beschuldigtenvernehmung, ist aber ohne weiteres auch auf Augenscheinseinnahmen übertragbar. Vor allem bei umfangreichen Tatortbesichtigungen können durch zu einseitige Konzentration auf bestimmte Beweisfragen andere wesentliche be- oder entlastende Spuren leicht übersehen werden.

bb) "Scheuklappeneffekt" durch Erfahrung und routinemäßiges Vorgehen

Naheliegende Informationen können u.U, auch deshalb nicht zur Kenntnis genommen werden, weil Erfahrungen, die durch frühere Augenscheinseinnahmen in anderen Fällen gewonnen wurden, unbe-

1) Grundlegend: Glaser, Beiträge, S. 379 f.; ebenso Bender/Röder/Nack I, Rdn. 62, 67; Döhring, S. 317; Hellwig, S. 123.
2) Hellwig, S. 116.

wußt auf den konkret aufzuklärenden Sachverhalt übertragen werden, ohne daß die speziellen Abweichungen vom Üblichen ausreichende Beachtung finden[1]. Dieser Effekt kann durch routinemäßiges Vorgehen noch verstärkt werden.

Beide hier dargestellten Formen der "Wahrnehmungsblockade" können nur dadurch vermieden werden, daß der Richter sich ständig selbstkritisch überprüft und die an der Augenscheinseinnahme teilnehmenden Personen ihre Kontrollaufgabe wirksam erfüllen[2].

d) Fehlende oder ungenügende Kontrolle durch andere Wahrnehmungspersonen

Nehmen die Prozeßbeteiligten ihre Kontrollaufgabe beim Augenschein nicht oder nur ungenügend wahr, so können Korrekturen nicht erfolgen und der Richter verläßt sich zu sehr "auf seine eigenen fünf Sinne"[3].

Insbesondere vor der Hauptverhandlung durchgeführte Augenscheinseinnahmen können dann fehlerhaft sein, wenn der Beschuldigte wegen § 168 d I 2 StPO nicht am Augenscheinstermin teilnimmt, obwohl er z.B. wegen eigener Ortskenntnisse am besten mit dem Augenscheinsobjekt vertraut ist und u.U. entlastende Umstände am Beweisgegenstand selber belegen könnte. Der Verteidiger kann ebenfalls nicht zu ergänzenden Wahrnehmungen beitragen, wenn der Beschuldigte sich keines Verteidigers bedient oder die Staatsanwaltschaft nach § 141 III StPO die Voraussetzungen einer notwendigen Verteidigung gemäß §§ 140 I, II StPO im Hinblick auf den richterlichen Augenschein im Ermittlungsverfahren verneint[4]. Schließlich entfällt auch eine Korrektur richterlicher Wahrnehmungen durch den Staatsanwalt dann,

1) Siehe hierzu Döhring, S. 316 f.; Bender/Röder/Nack I, Rdn. 95 ff.; Graßberger, S. 41; ähnlich auch bereits Glaser, Beiträge, S. 381.
2) Ähnlich Döhring, S. 315 f.
3) Grundlegend hierzu Glaser, Beiträge, S. 381.
4) Zur Beantragung eines Verteidigers durch die Staatsanwaltschaft nach § 141 III StPO bei richterlichem Augenschein im Vorverfahren siehe im 2. Teil 1. Abschnitt C.I.2.

wenn er wegen Arbeitsüberlastung von seinem Anwesenheitsrecht nach § 168 d I 1 StPO keinen Gebrauch macht.

Die Unkenntnis des Protokollführers über seine wirkliche Funktion bei Augenscheinseinnahmen außerhalb der Hauptverhandlung[1] kann dazu führen, daß er den Wahrnehmungsergebnissen des Richters zu großes Vertrauen schenkt und unkontrolliert als eigene Feststellungen mit übernimmt[2]. Vielfach empfindet sich der Protokollführer auch bei Augenscheinseinnahmen fälschlicherweise nur als "Schreibperson" und widerspricht deshalb bei abweichenden eigenen Wahrnehmungsergebnissen nicht[3].

In der Hauptverhandlung ist dagegen die gegenseitige Kontrolle der Prozeßbeteiligten durch die Anwesenheitspflicht nach § 226 StPO in stärkerem Maße gewährleistet. Lediglich in Kollegialgerichten kann es dazu kommen, daß sich das Verantwortungsgefühl des einzelnen Richters für die Richtigkeit seines Beweisergebnisses abschwächt und er deshalb weniger aufmerksam als der Einzelrichter die Beweisaufnahme verfolgt[4].

2. Überschätzung der eigenen Sachkunde

Eine richterliche Augenscheinseinnahme kann auch dann fehlerhaft sein, wenn das Gericht seine eigene Sachkunde überschätzt und es infolgedessen zu einer unvollständigen oder falschen Auswertung eines Augenscheinsobjekts gelangt.

Aus den §§ 81 a, 81 c II 2, 93 StPO ergibt sich, daß die Grenze zwischen Sachverständigen- und Augenscheinsbeweis ausschließlich durch die fehlende oder bestehende Sachkunde des Gerichts gebildet wird[5]. Nach § 87 I 2 StPO wird bei der Leichenschau

1) Siehe hierzu im 2. Teil 1. Abschnitt B.I.2.
2) Zum sog. "Mitläufereffekt" bei Wahrnehmungen durch "rangniedere" Personen siehe Bender/Röder/Nack I, Rdn. 111, 113, 117 ff.
3) Zur Pflicht des Protokollführers, "ihm auffallende Unrichtigkeiten in der Angabe des Richters nicht stillschweigend" in das Augenscheinsprotokoll aufzunehmen, siehe bereits Glaser, Handbuch I, S. 659 in Fn. 8 a.E.
4) Hierzu Altavilla II, S. 439; Dagtoglou, S. 25 f.; Weimar, S. 200; Berkemann in JZ 1971, 537 (540).
5) Zur Abgrenzung des Sachverständigenbeweise vom richterlichen Augenschein siehe bereits oben im 1. Teil 2. Abschnitt B. III. sowie Robert, S. 20.

regelmäßig ein Arzt hinzugezogen, hingegen ist bei der Leichenöffnung gemäß § 87 II 2 StPO die Untersuchung durch fachkundige Ärzte zwingend vorgeschrieben und richterliche Anwesenheit die Ausnahme, § 87 II 1 StPO[1]. Bei Verdacht einer Vergiftung wird die Untersuchung der Leiche nach § 91 I StPO durch Sachverständige allein durchgeführt. Schließlich wird auch die Prüfung eines echten oder unechten Augenscheinsobjekts vom Gesetz nach der Sachkunde des Gerichts beurteilt: Während die Feststellung einer Geld- oder Wertzeichenfälschung nach § 92 StPO Sachverständigenbeweis ist, findet nach § 93 StPO bei allen übrigen Schriftstücken ein Augenschein[2] oder Sachverständigenbeweis statt.

Die ständig fortschreitende und sich beschleunigende technische Entwicklung ist über diese wenigen gesetzlich geregelten Fälle längst hinweggegangen. Neue und immer kompliziertere Augenscheinsobjekte machen vielfach ein Sachverständigengutachten notwendig. Beispielhaft hierfür sei das nach § 106 UrhG strafbare Kopieren von Computer-Software genannt[3]: Da auf diesen Fall die §§ 92, 93 StPO tatbestandlich nicht passen, muß der Richter bei einem Beweisantrag nach § 244 IV 1 StPO entscheiden, ob er über die erforderliche Sachkunde verfügt oder nicht[4].

1) Hierzu ausführlich Dähn in JZ 1978, 640 ff.
2) Zu § 93 StPO als Sonderfall des Augenscheinsbeweises siehe u.a. von Hippel, S. 434; Gerland, S. 234; KK-Pelchen, § 93 Rdn. 1.
3) Zum strafbaren Kopieren von Computerprogrammen und den Schwierigkeiten der Justiz, dieses Beweismaterial zu verwerten, siehe "Der Spiegel" Nr. 19 vom 7. Mai 1984, S. 89 f.
4) Zu den Kriterien, nach denen eine Zuziehung von Sachverständigen notwendig ist, siehe eingehend Große, S. 67 ff.; Arbab-Zadeh in NJW 1970, 1214 ff.; Alsberg/Nüse/Meyer, S. 695 ff.; Jessnitzer, S. 114 ff.; grundlegend hierzu Stein, S. 74 ff., insbes. S. 82 f. u. S. 101.

3. Unterlassen einer richterlichen Augenscheinseinnahme

Insbesondere bei Tatortbesichtigungen, die umständlich, zeitraubend und kostspielig sein können, besteht die Möglichkeit eines Fehlurteils dann, wenn der Richter wegen der damit verbundenen Unannehmlichkeiten von vornherein auf eine Augenscheinseinnahme verzichtet. Nimmt das Gericht seine Aufgabe nicht wahr, durch eine Tatortbesichtigung in direkten - nämlich örtlichen - sozialen Kontakt zur Tat zu treten, so kann es zwangsläufig nur die indirekten Schilderungen von Aussagepersonen, Urkunden oder Reproduktionen des Tatortes (z.B. Fotographien, Unfallskizzen u.ä.) als Urteilsgrundlage verwenden. Hierbei besteht die Gefahr, zu sehr auf die Richtigkeit dieser Beweismittel zu vertrauen, anstatt deren Beweisgehalt durch unmittelbare eigene Anschauung zu kontrollieren.

Im Gegensatz zu präsenten Augenscheinsobjekten i.S.d. § 245 StPO, bei denen höchstens die Ablehnungsgründe nach § 245 II 3 StPO eingreifen können, kann eine Tatortbesichtigung gemäß § 244 V StPO durch einen Beweisantrag nicht erzwungen werden[1]. Diese unterschiedliche Behandlung von Augenscheinsobjekten im Beweisantragsrecht kann ebenfalls dazu führen, daß die Tatortbesichtigung als wichtigste Form des Augenscheinsbeweises[2] unterlassen wird und eine notwendige Kontrolle von Zeugenaussagen unterbleibt. Selbst wenn das Gericht dann die Glaubwürdigkeit des Zeugen bejaht, kann dessen Aussage aufgrund von Wahrnehmungsfehlern falsch sein, die dann ungeprüft in das dann fehlerhafte Urteil übernommen werden.

Zur Vermeidung von Fehlurteilen durch unterlassene Tatortbesichtigungen ist es notwendig, darauf hinzuweisen, daß ein

1) Siehe hierzu bereits oben im 2. Teil 1. Abschnitt C.II.2.a).
3) So zu Recht: Zbinden, S. 117; Robert, S. 48; Gerland, S. 232.

schnelles Urteil mit geringen Kosten nur dann sinnvoll ist, wenn es ein richtiges Urteil ist[1].

II. Fehlerquellen beim Augenscheinsobjekt

Fehlerquellen im Zusammenhang mit richterlichen Augenscheinseinnahmen können auch dadurch entstehen, daß die Beweisaufnahme am falschen Objekt erfolgt oder an einem an sich richtigen Beweisgegenstand durchgeführt wird, dessen Wahrnehmung jedoch aus unterschiedlichen Gründen in eine falsche Beweisrichtung führt.

1. Augenscheinseinnahme an einem falschen Objekt

Falsche Augenscheinsobjekte können bei sog. Trugspuren vorliegen, die mit der aufzuklärenden Tat nichts zu tun haben, jedoch fälschlicherweise mit der Tat in Verbindung gebracht werden[2]. Diese Trugspuren wirken sich in der Regel belastend für den Beschuldigten aus[3]. Zu den Trugspuren gehören z.B. nachträgliche Veränderungen am Tatort durch Ermittlungsbeamte oder Zufallsspuren[4]. Derartige Trugspuren können nur dann erkannt werden, wenn der Zusammenhang des Augenscheinsobjekts mit der aufzuklärenden Tat hergestellt wird[5].

Auch bei der Tatortbesichtigung, z.B. in einer Verkehrsstrafsache, können leicht Ungewißheiten darüber entstehen, wo eigentlich der Unfall passiert ist und welche Stelle in Augenschein genommen werden muß[6]. Diese Unklarheiten können dadurch beseitigt werden, daß Zeugen zum Tatort geführt werden, die über die genaue Unfallstelle Auskunft geben sollen.

1) So zu Recht: Tschadek, S. 35; Kurtze, S. 83.
2) Zum Begriff der Trugspur siehe Huelke, S. 3 f.; Zbinden, S. 67; Lange, S. 54.
3) Huelke, S. 4.
4) Hierzu Zbinden, S. 67 mit weiteren Beispielen.
5) Döhring, S. 320; Fingas, S. 36 f.
6) Döhring, S. 320.

2. Augenscheinseinnahme am richtigen Objekt mit veränderter Beweisrichtung

Die Beweisaufnahme durch richterlichen Augenschein am richtigen Objekt kann aufgrund vielfältiger Fallgestaltungen fehlerhaft sein.

a) Vorgetäuschte oder fingierte Spuren

Ein im Prinzip richtiges Beweisobjekt kann insbesondere dann zu einer veränderten Beweisrichtung führen, wenn der Täter oder sein Gehilfe bewußt falsche Spuren legt, um entweder der Strafverfolgung zu entgehen oder zu einem späteren Zeitpunkt einen Entlastungsbeweis vorbringen zu können[1]. Diese vorgetäuschten oder fingierten Spuren können sowohl eine Straftat verschleiern (z.B. Leiche eines Ermordeten wird in die Position eines Verunglückten oder Selbstmörders gebracht) als auch vortäuschen (z.b. unveruntreuender Bankangestellter täuscht Raubüberfall vor) oder der Täter lenkt bewußt den Tatverdacht auf eine andere Person (z.B. Diebesgut wird vom Täter bei einem Dritten versteckt)[2].

In den meisten Fällen wird die Ablenkung der Strafverfolgungsbehörden durch gefälschte Spuren schon im Ermittlungsverfahren erfolgen, so daß ein richterlicher Augenschein in einer späteren Hauptverhandlung überhaupt nicht zustande kommt. Trotzdem kann die Vorführung eines fingierten Augenscheinsobjekts auch ein Augenscheinsergebnis verfälschen, insbesondere wenn der Angeklagte sich in der Hauptverhandlung überraschenderweise zu seiner Entlastung auf einen bisher noch nicht bekannten Beweisgegenstand beruft.

1) Grundlegend: Bentham, S. 263 f.; Glaser, Beiträge, S. 380; ebenso: Huelke, S. 4; Zbinden, S. 67; Fingas, S. 36; von Hentig, S. 82; Lange, S. 28.
2) Näher hierzu Zbinden, S. 67; Fingas, S. 36; Bentham, S. 263 f.; Huelke, S. 4.

b) Völlige Umgestaltung eines Augenscheinsobjekts nach der Tat

Ein fehlerhafter richterlicher Augenschein kann auch durch die völlige Umgestaltung eines Augenscheinsobjekts nach der Tat entstehen. Insbesondere bei Tatortbesichtigungen treten zwischen dem Tatzeitpunkt und der späteren richterlichen Augenscheinseinnahme häufig so starke Veränderungen ein, daß eine Beweisaufnahme zu falschen Ergebnissen führt. So kann z.B. durch einen Augenschein nicht mehr geklärt werden, wieweit die zur Tatzeit noch belaubten Bäume am Straßenrand die Sicht erschwerten, nachdem im Herbst die Blätter gefallen sind[1].

Für den Richter entsteht bei völlig umgestalteten Augenscheinsobjekten die Aufgabe, sich zunächst der Tatsache des total veränderten Beweisgegenstandes bewußt zu sein und danach zu prüfen, ob und inwieweit die damaligen Bedingungen im Zeitpunkt der Beweisaufnahme noch rekonstruierbar sind.

c) Wahrnehmung eines Augenscheinsobjekts unter veränderten Bedingungen

Auch wenn feststeht, daß das Augenscheinsobjekt selbst nahezu unverändert vorliegt, können fehlerhafte Beweisaufnahmen am richtigen Gegenstand dadurch entstehen, daß die Augenscheinseinnahme unter veränderten Bedingungen als die Wahrnehmungen von Aussagepersonen im Tatzeitpunkt stattfindet[2]. Es kann beispielsweise die Blendwirkung eines entgegenkommenden Kraftfahrzeugs nicht richtig beurteilt werden, wenn die Tatortbesichtigung tagsüber durchgeführt wird, der Unfall sich jedoch nachts bei Regen und Nebel ereignete: Die fehlende Hell-Dunkel-Adaption des Auges im Zeitpunkt der Beweisaufnahme kann hier zu falschen Beweisergebnissen führen[3].

1) Siehe hierzu eingehend: Döhring, S. 320 f.; Schneider, S. 161 f.
2) Robert, S. 51; Döhring, S. 321.
3) So zu Recht: Bender/Röder/Nack I, Rdn. 52 f.; Robert, S. 50 f.; Döhring, S. 321; Lossagk, S. 18 ff.

Ähnlich verhält es sich auch bei anderen vielfältigen optischen Wahrnehmungstäuschungen oder -beeinträchtigungen, die zwar im Tatzeitpunkt vorlagen, bei der späteren Augenscheinseinnahme unter günstigeren Bedingungen jedoch nicht auftreten[1]. Derartige Wahrnehmungsfehler können beseitigt werden, indem man versucht, entweder von den abweichenden Bedingungen abzusehen[2] oder die damaligen Beobachtungsverhältnisse zu rekonstruieren[3].

d) Besonderheiten bei reproduzierten Augenscheinsobjekten

Besondere Fehlerquellen können bei reproduzierten Augenscheinsobjekten entstehen, die anstelle des originären Augenscheinsobjekts (z.B. Tatort) die Wahrnehmung in Form eines Augenscheinssurrogats - insbesondere Tatortskizzen, Fotos, Filme, Karten, Pläne u.a. - ermöglichen.

Diese reproduzierten Augenscheinsobjekte haben für das Gericht zwar den Vorteil, daß sie umständliche und zeitraubende Tatortbesichtigungen ersparen, jedoch hängt ihre Zuverlässigkeit für die Beweisaufnahme davon ab, ob und inwieweit die wiedergegebenen Einzelheiten der Wirklichkeit des originären Augenscheinsgegenstandes entsprechen[4].

Die Herstellung von originalgetreuen Augenscheinssurrogaten erfordert auf Seiten der Ermittlungsbeamten umfangreiche kriminalistische Vorkenntnisse und Fertigkeiten[5]. Trotzdem können u.U. Unfallskizzen unvollständig, ungenau oder sonst fehlerhaft sein, weil sie z.B. die Winkel und maßstäblichen Verhältnisse nicht richtig wiedergeben, Spuren auf der Fahrbahn übersehen werden, nicht richtig eingezeichnet oder nicht rich-

1) Zahlreiche, mit Fotographien gut belegte Beispiele finden sich bei Lossagk, S. 22 ff.
2) Döhring, S. 321; ähnlich Robert, S. 51; Tschadek, S. 33.
3) Tschadek, S. 33; Döhring, S. 324; Robert, S. 51.
4) So zu Recht: Döhring, S. 325; Robert, S. 55 ff.; Tschadek, S. 33 f.; Schneider, S. 162; Lange, S. 28 f.
5) Eingehend hierzu: Wigger, S. 31 ff.; Huelke, S. 218 ff. für die Tatort-Fotographie sowie Huelke, S. 211 ff. für die Erstellung von Tatort-Skizzen.

tig gekennzeichnet werden[1].

Bei Lichtbildern können die unterschiedlichen Perspektiven des Fotographen und des Tatrichters zu optischen Täuschungen führen, weil durch den Blickwinkel des Fotographen die wirklichen Zustände verzerrt wiedergegeben sein können[2]. In manchen Fällen gelingt zwar die Rekonstruktion der wirklichen Tatortverhältnisse mit Hilfe von fotographischen Aufnahmen[3], jedoch setzt eine richtige Auswertung ein gutes räumliches Denkvermögen voraus. In der Regel ist aber eine gedankliche Rückübertragung eines zweidimensionalen Lichtbildes in die dritte - räumliche - Dimension kaum möglich[4], so daß in Zweifelsfällen nur eine Tatortbesichtigung über die wirklichen Ortsverhältnisse Aufschluß geben kann[5].

Reproduzierte Augenscheinsobjekte können dann weitgehend fehlerfrei verwendet werden, wenn sie lediglich der "Vorausinformation" des Gerichts und der Prozeßbeteiligten dienen, um die spätere förmliche Augenscheinseinnahme am Tatort in zeitsparender Form vorzubereiten[6].

Will das Gericht dennoch z.B. ein Lichtbild zum Gegenstand eines Augenscheinsbeweises machen, um im einzelnen fragliche Sichtverhältnisse zu klären, so muß festgestellt werden, ob die Aufnahme unter den gleichen Beleuchtungs- und Sichtbedingungen erfolgte, wie sie im Tatzeitpunkt herrschten[7].

1) Hierzu insbesondere: Wimmer in Schorn-Festschrift, S. 99 (103).
2) Siehe hierzu eingehend: Brüning in Arch.Krim. Bd. 110, 62 ff.; Bessemans in Arch.Krim. Bd. 114, 124 ff., jeweils mit fotographischen Beispielen aus der forensischen Praxis; ebenso Robert, S. 56 f.; Döhring, S. 326 f.; Tschadek, S. 33 f.; Graßberger, S. 336.
3) Hierzu näher Specht in Arch-Krim. Bd. 135, 128 ff.; Schöntag in Arch-Krim. Bd. 148, 1 ff., jeweils mit praktischen fotographischen Beispielen.
4) Robert S. 56.
5) Specht in Arch.Krim. Bd. 135, 128 (134); Tschadek, S. 33 f.; Schneider, S. 132.
6) So zu Recht: Krönig, S. 59.
7) Siehe hierzu die insoweit sehr gute Beweiswürdigung eines Lichtbildes durch das AG Freiburg in Strafverteidiger 1982, 582.

Für alle Augenscheinssurrogate gilt jedoch, daß die Perfektionierung der kriminaltechnischen Fachfotographie und Fachzeichnung die Augenscheinseinnahme am originären Beweisobjekt nie völlig ersetzen kann, denn die Wirklichkeit ist immer viel komplexer als ihre Reproduktion[1].

Als Fazit der vorstehenden Analyse über theoretisch mögliche Fehlerquellen bei Augenscheinseinnahmen läßt sich festhalten, daß fehlerhafte richterliche Wahrnehmungen sowohl beim Richter als Subjekt der Beweisaufnahme als auch beim Augenscheinsgegenstand ihre Ursache haben können und die jeweilige Eigenart der Fehlerursache sehr stark davon abhängig ist, auf welcher dieser beiden Ebenen der Fehler vorliegt. Über diese rein abstrakte Betrachtung denkbarer Fehlerquellen hinaus bleibt zu prüfen, ob und in welchem Umfang die soeben aufgeführten Fehlursachen beim richterlichen Augenschein sich in Fehlurteilen der Praxis nachweisen lassen.

3. Abschnitt: Empirisch nachweisbare Fehlerquellen im Zusammenhang mit richterlichen Augenscheinseinnahmen und ihre Ursachen

Grundlage für die nachfolgende empirische Untersuchung von Fehlurteilen im Zusammenhang mit richterlichen Augenscheinseinnahmen ist das umfangreiche Material von Peters[2]. Peters hat aufgrund eines Forschungsauftrages insgesamt 1170 Wiederaufnahmeverfahren bearbeitet, die ganz überwiegend aus dem Zeitraum zwischen 1951 bis 1964 stammen. Von diesen 1170 Wiederaufnahmeverfahren wurden 1115 Fälle[3], später zusätzlich noch 25 Fälle[4] von Peters näher analysiert.

1) So zu Recht: Robert, S. 55 ff.; siehe auch die plastischen Beispiele aus der eigenen Praxis von Peters in Fehlerquellen II, S. 192.
2) Peters, Fehlerquellen I und II.
3) Peters, Fehlerquellen I, S. 3 ff. und S. 36 ff.
4) Peters, Fehlerquellen II, S. 337 ff.

Nur 91 der 1115 Wiederaufnahmeverfahren - also etwa 8% - wurden zuungunsten des Angeklagten nach § 362 StPO durchgeführt[1]. Von den verbleibenden 1024 Wiederaufnahmeverfahren, die zugunsten des Angeklagten betrieben wurden, endeten 720 mit Freispruch, 97 Verfahren wurden eingestellt und lediglich 63 Verfahren waren erfolglos[2]. Hieraus ergibt sich, daß fast 80% aller Wiederaufnahmeverfahren zugunsten des Angeklagten erfolgreich durchgeführt werden konnten und nur gut 6% der Wiederaufnahmeverfahren völlig erfolglos waren[3].

A. Analyse der empirischen Untersuchungen in bezug auf fehlerhafte richterliche Augenscheinseinnahmen

Der folgenden Analyse des empirischen Materials von Peters liegen insgesamt 1140 Fälle zugrunde, die sich aus allen von ihm näher untersuchten Wiederaufnahmeverfahren ergeben.

In 32 Verfahren ist das Fehlurteil durch fehlerhafte richterliche Augenscheinseinnahmen entstanden, wobei jedoch in den meisten Fällen noch andere Fehler des Gerichts für das falsche Urteil mitursächlich waren. Außerdem sind in 5 der 32 Fälle die Fehlurteile darauf zurückzuführen, daß gleich zwei Fehler bei der richterlichen Augenscheinseinnahme gemacht wurden.

Der Umstand, daß in lediglich knapp 3% aller Wiederaufnahmeverfahren fehlerhafte und unterlassene Augenscheinseinnahmen eine Rolle spielen, ist damit zu erklären, daß Augenscheinseinnahmen in der täglichen gerichtlichen Praxis nur eine geringe Bedeutung haben.

Die weitere Analyse der 32 Wiederaufnahmeverfahren zeigt, daß in keinem einzigen Fall das Verfahren zuungunsten des Angeklagten durchgeführt wurde. Weiterhin war in keinem einzigen Fall das Wiederaufnahmeverfahren zugunsten des Angeklagten völlig erfolglos, vielmehr waren 29 Verfahren - also fast 91% - er-

1) Peters, Fehlerquellen I, S. 4.
2) Siehe hierzu die Aufstellung von Peters in Fehlerquellen I, S. 573 f.
3) Die verbleibenden 144 Fälle (= 14%) waren teilerfolgreich, siehe Peters, Fehlerquellen I, S. 574.

folgreich.

Dieses Ergebnis der Analyse macht deutlich, daß fehlerhafte richterliche Augenscheinseinnahmen sich fast ausschließlich zu Lasten des Angeklagten auswirken. Darüber hinaus trägt der Angeklagte bei einer geplanten fehlerfreien Augenscheinseinnahme durch das Wiederaufnahmegericht das Risiko, daß eine solche, ihn in der Regel also entlastende Beweisaufnahme wegen der infolge des Zeitablaufs am Augenscheinsobjekt eingetretenen Veränderungen nicht mehr möglich ist[1].

Die Einteilung der 32 Wiederaufnahmeverfahren in Deliktsgruppen ergibt folgendes Bild: In 10 Fällen handelt es sich um Verkehrsdelikte[2], in 7 Fällen um Sexualdelikte[3], in weiteren 7 Fällen um Raub und Einbruchsdiebstahl[4], in 5 Fällen um Tötungsdelikte[5] und in 3 Fällen um Brandstiftungsdelikte[6]. Hieraus darf jedoch nicht geschlossen werden, daß fehlerhafte richterliche Augenscheinseinnahmen nur in diesen bestimmten Deliktsgruppen auftreten. Über die statistische Häufigkeit fehlerhafter richterlicher Augenscheinseinnahmen in bezug auf die jeweilige Deliktsgruppe kann keine sichere Aussage getroffen werden, weil die zugrundeliegende Anzahl von Fehlurteilen im Zusammenhang mit richterlichen Augenscheinseinnahmen hierfür zu gering ist[7].

1) Siehe hierzu bereits näheres im 2. Teil 1.Abschnitt A.I.
2) Peters, Fehlerquellen I, Fälle Nr. 673 (S. 489); Nr. 953 (S. 489 f.); Nr. 974 (S. 490); Nr. 595 (S. 490); Nr. 995 (S. 493); Nr. 32 (S. 493); Nr. 212 (S. 490 f.); Nr. 446 (S. 494); Nr. 755 (S. 488 f.); Nr. 391 (S. 498).
3) Peters, Fehlerquellen I, Fälle Nr. 732 (S. 174 f.); Nr. 998 (S. 159 ff., insbes. S. 163); Nr. 1107 (S. 178 ff.); Nr. 753 (S. 226 f.); Nr. 1020 (S. 227); Nr. 1128 (S. 232 f.); sowie Peters, Fehlerquellen II, Fall Nr. 1148 (S. 344 ff.).
4) Peters, Fehlerquellen I, Fälle Nr. 265 (S. 338 f.); Nr. 772, 773 (s. 342); Nr. 105 (S. 304); Nr. 153 (S. 319); Nr. 672 (s. 319); Nr. 500 (S. 319); Nr. 940 (S. 335).
5) Peters, Fehlerquellen I, Fälle Nr. 999 (S. 93 ff., insbes. S. 96 ff.); Nr. 401 (S. 137 ff.); Nr. 419 (S. 83 f.); Nr. 1026 (S. 87 ff., insbes. S. 91 f.); sowie Peters, Fehlerquellen II, Nr. 1146 (S. 340 ff., insbes. S. 343 f.).
6) Peters, Fehlerquellen I, Fälle Nr. 542 (S. 291 f.); Nr. 122 (S. 260 ff., insbes. S. 263, 268); Nr. 171 (S. 266 ff.).
7) So würden z.B. die 3 Brandstiftungsdelikte schon 12% aller 25 Fehlurteile in Brandstiftungssachen ausmachen, die 10 Verkehrsdelikte dagegen nur gut 7% aller 135 Verkehrsdelikte. Diese Beispiele zeigen, daß die zu geringen Bezugsgrößen keine empirisch belegbaren Aussagen hierzu erlauben.

Die Analyse der 32 Wiederaufnahmeverfahren ergibt außerdem, daß in 3 Fällen unrichtige Geständnisse des Angeklagten und in 16 Fällen falsche Zeugenaussagen durch fehlerfreie Augenscheinseinnahmen im Grundverfahren widerlegt worden wären. Dieses Ergebnis belegt, daß in der gerichtlichen Praxis die Chance, ein qualitativ weniger zuverlässiges Beweismittel durch eigenen Augenschein zu kontrollieren, oftmals nicht wahrgenommen wird und hierdurch die Entstehung von Fehlurteilen begünstigt wird[1]. In allen 16 Fällen falscher Zeugenaussagen hätten die widersprüchlichen Angaben von Angeklagten und Zeugen leicht durch einen richterlichen Augenschein geklärt werden können und stets die Richtigkeit der Beschuldigtenaussage erwiesen.

Im folgenden soll anhand der theoretisch möglichen Fehlerquellen bei richterlichen Augenscheinseinnahmen[2] untersucht werden, in welchen Bereichen sich die 32 Fehlurteile im Zusammenhang mit richterlichen Augenscheinseinnahmen nachweisen lassen.

I. Fehlerquellen beim Richter als Subjekt des Augenscheins

In 30 der untersuchten 32 Wiederaufnahmeverfahren liegt die Ursache für das fehlerhafte Urteil bei dem für die Beweisaufnahme zuständigen Gericht. Von diesen 30 Fällen ist in 5 Fällen das Fehlurteil sowohl auf Fehler des Richters als auch auf Fehler des Augenscheinsobjekts zurückzuführen.

1. Überschätzung des eigenen sinnlichen Eindrucks

Das von Peters vorgelegte Material weist in keinem einzigen Fall darauf hin, daß die Überschätzung des eigenen sinnlichen Eindrucks Ursache für ein Fehlurteil gewesen ist.

1) Zur Kontrollfunktion des richterlichen Augenscheins siehe bereits nähers im 1. Teil 2. Abschnitt C.II.
2) Siehe oben im 3. Teil 2. Abschnitt B.I. und II.

Damit erscheint auf den ersten Blick die Aussage widerlegt, daß der wesentlichste Grund für fehlerhafte Augenscheinseinnahmen in der Überschätzung des eigenen sinnlichen Eindrucks liege[1].

Diese Ursache fehlerhafter richterlicher Augenscheinseinnahmen geht jedoch von der Voraussetzung aus, daß eine Augenscheinseinnahme überhaupt stattfindet und der Richter hierbei seine eigenen Wahrnehmungen falsch einschätzt. Tatsächlich sind aber nur in 11 der 32 Wiederaufnahmeverfahren Augenscheinseinnahmen im Grundverfahren überhaupt durchgeführt worden, in den verbleibenden 21 Fällen ist auf einen Augenschein von vornherein verzichtet worden.

Außerdem ist zu berücksichtigen, daß die Untersuchung von Peters schwerpunktmäßig kriminalistische Mängel behandelt und von ihrer Zielsetzung her erkenntnistheoretische Gesichtspunkte nicht in den Vordergrund stellt[2]. Wahrnehmungspsychologisch bedingte Fehler sind ebenfalls nicht näher untersucht worden. Die Bearbeitung von Akten aus Wiederaufnahmeverfahren eignet sich zudem auch nicht zur Erfassung derartiger Fehlerursachen beim richterlichen Augenschein, weil die wahrnehmungspsychologischen Gegebenheiten des Gerichts in Strafurteilen naturgemäß außer Betracht bleiben.

Somit kann von der fehlenden Erwähnung derartiger Fehlerursachen in den Wiederaufnahmeakten noch nicht auf deren Bedeutungslosigkeit in der Praxis geschlossen werden.

Im übrigen zeigen die beispielhaft aufgeführten Fälle einer Überschätzung des eigenen sinnlichen Eindrucks[3], daß diese Fehlerursache bei richterlichen Augenscheinseinnahmen auch in der Praxis nicht ohne Bedeutung ist.

2. Überschätzung der eigenen Sachkunde

In 4 der 32 Wiederaufnahmeverfahren führte die Überschätzung

1) Vergl. hierzu oben im 3. Teil 2. Abschnitt B.I.1.
2) Fezer, Möglichkeiten, S. 40 u. S. 49.
3) Siehe oben im 3. Teil 2. Abschnitt B.I.1. passim.

der eigenen Sachkunde durch das Gericht zum Fehlurteil[1]. Sämtlichen Fällen lag eine unrichtige Auswertung eines Fahrtschreiberdiagramms zugrunde.

Exemplarisch hierfür ist folgender

Fall Nr. 974 (Peters, Fehlerquellen I, S. 490):

> "Der Beschuldigte wurde durch Strafbefehl zu 70,-- DM verurteilt, weil er mit einem Sattelzug zu schnell fuhr, plötzlich bremsen mußte und so einen Unfall verursachte. Nach seinen eigenen Angaben war der Angeklagte 70 km/h gefahren. Diese Geschwindigkeit wurde auch aus dem Fahrtendiagramm entnommen.
> In Zivilprozeß wurde auf Grund einer Äußerung der Firma eine Stundengeschwindigkeit von 30-35 km/h als erwiesen angesehen. Im Wiederaufnahmeverfahren erfolgte Freispruch wegen erwiesener Unschuld."

Hier handelt es sich um einen typischen Fall, in dem die rechtzeitige Erhebung eines Sachverständigenbeweises anstelle eines Augenscheinsbeweises eine unrichtige Aussage des Beschuldigten widerlegt hätte.

Die Auswertung von Fahrtschreiberdiagrammen erfordert Fachwissen, über das ein Gericht i.d.R. nicht verfügt. Daher sollte in diesen Fällen im Zweifel stets ein Sachverständiger beauftragt werden[2].

3. Unterlassen einer richterlichen Augenscheinseinnahme

Der Schwerpunkt fehlerhafter richterlicher Augenscheinseinnahmen liegt eindeutig bei unterlassenen Beweisaufnahmen: In 26 der 32 Wiederaufnahmeverfahren und damit über 80% der Fälle resultierte das Fehlurteil - neben anderen Fehlerquellen - aus unterlassenen richterlichen Augenscheinseinnahmen. In allen Fällen handelte es sich um unterlassene Tatortbesichtigungen, wobei in 5 Fällen gleichzeitig fehlerhafte reproduzierte Augen-

1) Peters, Fehlerquellen I, Fälle Nr. 673 (S. 489); Nr. 593 (S. 489 f.); Nr. 974 (S. 490); Nr. 595 (S. 490).
2) So zu Recht: Kraft in DAR 1971, 124 (125); Müller, Verteidigung, S. 99.

scheinsobjekte vorlagen, die die wirklichen Tatortverhältnisse falsch oder ungenau wiedergaben.

Stellvertretend für alle Fehlurteile im Zusammenhang mit unterlassenen Tatortbesichtigungen sollen nachfolgend typische Fallkonstellationen herausgegriffen werden.

Fall Nr. 995 (Peters, Fehlerquellen I, S. 493):

> "Der Beschuldigte wurde durch Strafbefehl zu 40,-- DM verurteilt. Es wurde ihm zur Last gelegt, daß er eine Kurve nicht richtig genommen habe. Einspruch erhob der Beschuldigte nicht. Der Augenschein im Wiederaufnahmeverfahren ergab, daß die Spurenzeichnung durch die Polizei Mängel enthielt."

Es handelt sich um einen der 5 Fälle, in denen die Fehlentscheidung sowohl auf eine unterlassene Tatortbesichtigung als auch auf Mängel eines reproduzierten Augenscheinsobjekts (hier: polizeiliche Spurenzeichnung) zurückzuführen ist[1].

Dieser Sachverhalt zeigt, daß Augenscheinssurrogate, wie Lichtbilder, Skizzen, Zeichnungen etc., den Augenschein am originären Beweisobjekt nicht immer ersetzen können. Die Schwierigkeit für das Tatgericht besteht in diesen Fällen darin, aus Gründen der Prozeßökonomie ein Augenscheinssurrogat zu verwenden, ohne jedoch über den Beweisgehalt dieser reproduzierten Augenscheinsobjekte völlige Klarheit zu besitzen. So hätte das Gericht, um das polizeiliche Ermittlungsergebnis "Spurenzeichnung" kontrollieren zu können, den Tatort selbst in Augenschein nehmen müssen. Wird wie in Fall Nr. 995 eine derartige Ortsbesichtigung unterlassen, so schlägt das fehlerhafte Ermittlungsergebnis ungeprüft direkt auf eine dann falsche gerichtliche Entscheidung durch.

Somit sind unterlassene Tatortbesichtigungen immer auch ein Zeichen dafür, daß das Gericht seiner Kontrollaufgabe gegenüber dem polizeilichen Ermittlungsergebnis nicht in ausreichendem Maße nachkommt. Der hohe Anteil unterlassener Augenscheinsein-

1) Siehe auch die insoweit ähnlich gelagerten Fälle Nr. 32 (S. 493); Nr. 542 (S. 291 f.); Nr. 212 (S. 490 f.); Nr. 171 (S. 266 ff.) bei Peters, Fehlerquellen I.

nahmen bestätigt insofern nur die Auffassung von Peters, der in der ungenügenden richterlichen Kontrolle eine Hauptursache für Fehlurteile generell sieht[1].

Fall Nr. 212 (Peters, Fehlerquellen I, S. 490 f.):

> "Gegen den Angeklagten, gegen den zunächst eine Strafverfügung ergangen war, wurde durch Urteil eine Geldstrafe von 15,-- DM verhängt. Ihm wurde zur Last gelegt, Verkehrsschilder, die die Geschwindigkeit beschränken, nicht berücksichtigt zu haben. Der Angeklagte behauptete, daß die Verkehrsschilder nicht an der Stelle angebracht seien, um die es gehe. Demgegenüber bekundete ein Polizeibeamter, daß die Verkehrsschilder in den Akten richtig angegeben seien. Die Revision des Angeklagten wurde durch Beschluß als offensichtlich unbegründet verworfen.
> Der Verurteilte schrieb einen Brief an das Gericht, daß er recht- und machtlos der Polizei ausgeliefert sei. Er erstattete Anzeige gegen den Polizeibeamten wegen Meineides. In dem Ermittlungsverfahren gegen den Beamten wurde festgestellt, daß die Verkehrsschilder tatsächlich so angebracht waren, wie der Verurteilte es behauptet hatte. Die Verkehrsschilder waren verändert worden, so daß an der vom Verurteilten befahrenen Stelle keine Geschwindigkeitsbegrenzung mehr bestand. Die Staatsanwaltschaft erhob gegen den Beamten Anklage wegen Falscheides. Das Gericht lehnte jedoch die Eröffnung des Hauptverfahrens ab.
> Im Wiederaufnahmeverfahren wurde der Angeklagte wegen erwiesener Unschuld freigesprochen."

Dieser Sachverhalt stellt ein prägnantes Beispiel dafür dar, wie durch eine Ortsbesichtigung eine unrichtige Zeugenaussage hätte widerlegt werden können. In 14 der 26 Wiederaufnahmeverfahren im Zusammenhang mit unterlassenen Tatortbesichtigungen wäre durch einen richterlichen Augenschein im Grundverfahren das Ergebnis einer fehlerhaften Zeugenaussage zu korrigieren gewesen[2]. Vielfach hätte eine Tatortbesichtigung im Wege

1) Peters, Fehlerquellen II, S. 195 und oben im 3. Teil 2. Abschnitt A.
2) Siehe hierzu auch Peters, Fehlerquellen I, Fälle Nr. 105 (S. 304); Nr. 542 (S.291 f.); Nr. 672 (S. 319); Nr. 732 (S. 174 f.); Nr. 998 (S. 159 ff., insbes. S. 163); Nr. 999 (S. 93 ff., insbes. S. 96 ff.); Nr. 1107 (S. 178 ff.); Nr. 122 (S. 260 ff., insbes. S. 263, 268); Nr. 753 (S. 226 f.); Nr. 1020 (S. 227); Nr. 1128 (S. 232 f.); Nr. 940 (S. 335); sowie Peters, Fehlerquellen II, Nr. 1148 (S. 344 ff.).

einer mittelbaren Beweisführung zur Überprüfung der Glaubwürdigkeit von Zeugen eingesetzt werden müssen. In allen untersuchten 7 Sexualdelikten hätte eine Ortsbesichtigung die Glaubwürdigkeit der "Opfer" in Frage gestellt.

Nicht immer treten jedoch die widersprüchlichen Angaben von Angeklagten und Zeugen über bestehende Ortsverhältnisse so klar zutage wie in Fall Nr. 212. Oftmals liegt der Widerspruch quasi verdeckt darin, daß die Behauptung des Angeklagten, unschuldig zu sein, den Wahrnehmungen von Zeugen entgegensteht, die von einer bestimmten Stelle aus die angebliche Tat des Angeklagten beobachtet haben wollen[1]. Hier verfügt das Gericht über erheblich weniger Anhaltspunkte, die eine Klärung des wirklichen Sachverhalts durch eine Ortsbesichtigung nahelegen. Darüber hinaus hindern möglicherweise unergiebige Beweisergebnisse das Gericht daran, die Aussage von Zeugen durch umständliche und zeitraubende Ortsbesichtigungen zu überprüfen.

Die Untersuchung der 14 Wiederaufnahmeverfahren, in denen eine Tatortbesichtigung eine Zeugenaussage widerlegt hätte, zeigt jedoch, daß es bestimmte, immer wiederkehrende Situationen bei der Beweisaufnahme gibt, die das Gericht zu einer Tatortbesichtigung veranlassen müßten:

Zunächst bei widersprüchlichen Aussagen von Beschuldigten und Zeugen über bestehende Ortsverhältnisse. Außerdem ist eine Tatortbesichtigung zu erwägen, wenn Beobachtungen von Zeugen nach Lage des übrigen Sachverhalts unwahrscheinlich sind (z.B. angebliche genaue Wahrnehmungen von Einzelheiten bei schlechten Beleuchtungs- oder Witterungsbedingungen). Das gleiche gilt bei Beobachtungen von Zeugen, deren Aussage aus sonstigen Gründen unglaubwürdig erscheint (z.B. widersprüchliche und belastende Aussage eines Mitangeklagten; detaillierte Beschreibung von Ortsverhältnissen bei gleichzeitigen Erinnerungsverlusten des Zeugen hinsichtlich anderer Beweisfragen des Gerichts). Schließlich sollte ein Tatort in Augenschein genommen werden,

1) So z.B. in den Fällen Nr. 105 (S. 304); Nr. 542 (S. 291 f.); Nr. 1107 (S. 178 ff.) bei Peters, Fehlerquellen I.

wenn verschiedene Zeugen voneinander abweichende Beschreibungen desselben Ortes machen und die wirklichen Tatortverhältnisse für die konkrete Entscheidung ausschlaggebend sind.

In allen Fällen wird jedoch die Entscheidung des Gerichts über die Frage, ob ein Augenschein am Tatort einzunehmen ist, dadurch erschwert, daß die Notwendigkeit der Ortsbesichtigung nicht von vornherein feststeht, sondern sich vielfach erst durch die Augenscheinsbeweisaufnahme selbst ergibt. Wenn die Entscheidungserheblichkeit einer Tatortbesichtigung aber erst während der Beweisaufnahme sicher beurteilt werden kann, so kann vor Beginn einer Tatortbesichtigung auch noch nicht auf das mögliche Beweisergebnis geschlossen werden.

Ein gutes Beispiel hierfür bildet

Fall Nr. 265 (Peters, Fehlerquellen I, S. 338 f.):

> "Aus einer Wohnung waren 20,-- DM gestohlen worden. Der Verdacht fiel auf die Beschuldigte. Sie gab zu, die Wohnung mit einem Dietrich geöffnet und das Geld entwendet zu haben. Die Angeklagte wurde zu drei Monaten Gefängnis verurteilt.
>
> Nachträglich stellte sich heraus, daß der Sohn der Wohnungsinhaberin das Geld entwendet hatte. Die Haustür war überhaupt nicht mit einem Dietrich zu öffnen. Außerdem standen die Angaben über die Tatdurchführung im Gegensatz zu den getroffenen Feststellungen. Die Verurteilte erklärte, daß sie das Geständnis abgelegt habe, weil ihr der Beamte mit Verhaftung gedroht habe.
>
> Trotz dieses Sachverhalts erfolgte Freispruch nur mangels Beweises."

Hier fehlen dem Gericht im Grundverfahren jegliche Anhaltspunkte, um das falsche Geständnis der Angeklagten durch eine Tatortbesichtigung zu überprüfen. Der Umstand, daß in der täglichen Strafrechtspraxis ein - strafmildernd zu berücksichtigendes[1] - Geständnis oftmals die alleinige Grundlage für ein Urteil bildet[2], läßt aus der Sicht des Gerichts eine Tatortbesichtigung von vornherein als überflüssig erscheinen. In die-

1) Hierzu eingehend Busam, S. 37.
2) Vergl. hierzu bereits oben im 1. Teil 2. Abschnitt B.I.

sen Fällen ergibt sich der für das Gericht vorher nicht einschätzbare Beweisgehalt einer Tatortbesichtigung erst während der Beweisaufnahme.

II. Fehlerquellen beim Augenscheinsobjekt

In 7 der 32 untersuchten Wiederaufnahmeverfahren liegt die Ursache für das Fehlurteil beim Augenscheinsobjekt, davon betreffen 6 Verfahren besondere Fehlerquellen reproduzierter Augenscheinsobjekte[1] und ein Fall die völlige Umgestaltung eines Augenscheinsobjekts nach der Tat[2]. Von den 6 Verfahren, in denen fehlerhafte reproduzierte Augenscheinsobjekte eine Rolle spielen, ist das Fehlurteil in 5 Fällen auch auf unterlassene Tatortbesichtigungen zurückzuführen. Damit verbleiben von den 32 Wiederaufnahmeverfahren lediglich 2 Fälle, in denen das Fehlurteil allein aufgrund fehlerhafter Augenscheinsobjekte beruht[3].

Die Hauptursache für fehlerhafte Augenscheinseinnahmen liegt damit eindeutig beim Richter als Subjekt der Beweisaufnahme. Insbesondere die Benutzung von Augenscheinssurrogaten anstelle direkter Tatortbesichtigungen weist darauf hin, daß der Richter seiner Kontrolltätigkeit gegenüber polizeilichen Ermittlungsergebnissen vielfach nur ungenügend nachkommt.

Der Umstand, daß sonstige theoretische Fehlerursachen eines Augenscheinsobjekts[4] sich nicht in dem von Peters vorgelegten Material nachweisen lassen, hat keine selbständige Aussagekraft, weil hierfür nur 32 Wiederaufnahmeverfahren eine zu geringe Ausgangsgröße bilden. In der Praxis lassen sich, wie

1) Peters, Fehlerquellen I, Fälle Nr. 995 (S. 493); Nr.32 (S. 493); Nr. 212 (S. 490 f.); Nr. 542 (S. 291 f.); Nr. 171 (S. 266 ff.); Nr. 391 (S. 498).
2) Peters, Fehlerquellen I, Fall Nr. 1026 (S. 87 ff., insbes. S. 91 f.): falsche Tatortspuren, die von Schaulustigen nach der Tat hervorgerufen wurden.
3) Es handelt sich um die Fälle Nr. 391 (S. 498) und Nr. 1026 (S. 87 ff., insbes. S. 91 f.) bei Peters, Fehlerquellen I.
4) Vergl. oben im 2. Abschnitt B.II.1., 2.a), c).

die bereits dargestellten Beispiele für sonstige fehlerhafte Augenscheinsgegenstände zeigen, auch falsche oder verfälschte Beweisobjekte belegen, die aber in ihrer Häufigkeit keine wesentliche Ursache für Fehlurteile sind.

III. Zusammenfassende Bewertung der Analyse

Eine abschließende Bewertung der Analyse der 32 Wiederaufnahmeverfahren muß berücksichtigen, daß Peters ganz überwiegend erfolgreich durchgeführte Wiederaufnahmeverfahren bearbeitet hat. Die tatsächliche Quote der zu Unrecht Freigesprochenen liegt mit Sicherheit höher als die von Peters angegebenen 8%, weil das Gericht mit Hilfe der Beweismittel den Schuldnachweis erbringen muß und sich Lücken in der Beweisführung dabei in dubio pro reo auswirken.

Damit verschiebt sich gleichzeitig auch das Bild hinsichtlich der untersuchten 32 Wiederaufnahmeverfahren. So stellt insbesondere auch eine unterlassene Tatortbesichtigung, die den zu Unrecht Freigesprochenen begünstigt, nach § 362 StPO keinen zulässigen Wiederaufnahmegrund zuungunsten des Angeklagten dar[2].

Allgemeingültige Aussagen im Zusammenhang mit fehlerhaften Augenscheinseinnahmen lassen sich zudem aus den untersuchten Wiederaufnahmeverfahren auch deshalb nicht ableiten, weil hierfür die Anzahl von nur 32 Fällen zu gering ist.

Trotz dieser Einschränkungen ergeben sich aus dem analysierten Material bestimmte Tendenzen. Vor allem die auffällige Häufung von unterlassenen Tatortbesichtigungen bestätigt nicht nur die These, daß diese Art der Augenscheinseinnahme in der forensischen Praxis zu den unbeliebtesten Formen der Beweisaufnahme überhaupt zählt, sondern belegt überdies, daß die durch einen Verzicht auf eine Tatortbesichtigung verursachte unvollständige

1) Vergl. oben im 2. Abschnitt B.II.1., 2.a), c).
2) Siehe hierzu ausführlich oben im 2. Teil 5. Abschnitt A.

Sachaufklärung oftmals auch zu einem Fehlurteil führen kann. Es gibt jedoch insbesondere bei Zeugenaussagen nicht selten bestimmte, immer wiederkehrende Situationen während einer Beweisaufnahme, die eine Tatortbesichtigung durch das Gericht nahelegen.

B. **Normative Gründe für die Entstehung von fehlerhaften richterlichen Augenscheinseinnahmen**

Die vorstehenden Untersuchungen haben gezeigt, daß die Hauptursache für fehlerhafte richterliche Augenscheinseinnahmen in unterlassenen Tatortbesichtigungen liegt.

Dementsprechend ist zu fragen, ob der Verzicht auf Tatortbesichtigungen die Folge der gesetzlichen Rahmensituation des Augenscheinsbeweises ist und die Entwicklung in der Rechtsprechung ebenfalls zu unterlassenen Augenscheinseinnahmen beiträgt.

Das Reichsgericht hat in ständiger Rechtsprechung entschieden, daß das Tatgericht durch einen Beweisantrag nicht gezwungen werden könne, einen Augenschein außerhalb des Gerichtssaals am Tatort einzunehmen[1]. Begründet wurde diese Ansicht damit, daß der Zweck, "welchen ein Antrag auf Einnahme des Augenscheins verfolgt", "... sich sehr häufig, insbesondere wenn der Augenschein fern von der Gerichtsstelle eingenommen werden muß, durch einfachere und weniger kostspielige und doch gleichwertige Maßnahmen erreichen" lasse[2].

Folgerichtig hat das Reichsgericht zunächst auch die Auffassung vertreten, daß die Einnahme des richterlichen Augenscheins im freien Ermessen des Gerichts stehe[3]. Später schränkte das

1) RGSt 21, 225 (227); 31, 138 (139); 47, 100 (107).
2) RGSt 21, 225 (226 f.).
3) RGSt 14, 276 (277).

Reichsgericht die völlig freie Stellung des Tatgerichts gegenüber Augenscheinsbeweisanträgen ein, indem es anstelle des freien Ermessens die Ausübung des pflichtgemäßen Ermessens verlangte[1]. Insbesondere sei der Beweisantrag dann besonders sorgfältig zu prüfen, wenn er darauf abziele, die Zuverlässigkeit oder Glaubwürdigkeit des - vielleicht einzigen gehörten - Belastungszeugen zu erschüttern[2].

Durch das Vereinheitlichungsgesetz vom 12.9.1950[3] wurde dann - parallel zu den §§ 244 III, IV StPO - die Vorschrift des § 244 V StPO eingeführt, wonach die Erhebung eines Augenscheinsbeweises im pflichtgemäßen Ermessen des Gerichts steht.

In der Folgezeit hat der BGH den § 244 V StPO dahingehend ausgelegt, daß der Tatrichter die beantragte Augenscheinseinnahme dann ablehnen könne, wenn er sie für entbehrlich hält, weil die Beschaffenheit des Beweisgegenstandes aufgrund anderer Beweise zu seiner Überzeugung bereits feststehe. Der Tatrichter dürfe auch "den Antrag ablehnen, wenn er das, was durch den Augenschein bewiesen werden soll, schon als durch das sonstige Beweisergebnis widerlegt ansieht"[4].

Damit hat der BGH für den richterlichen Augenschein eine Ausnahme vom grundsätzlichen Verbot einer vorweggenommenen Beweiswürdigung (Beweisantizipation) gemacht[5]: Entscheidend für die Frage, ob der Tatrichter zur pflichtgemäßen Erforschung der Wahrheit auch noch den beantragten Augenschein einnehmen muß, sei die Bedeutung, die den Ergebnissen der bisherigen Beweisaufnahme im Verhältnis zu dem noch erreichbaren Augenscheinsergebnis zukomme[6]. Für bestimmte Situationen während der Beweisaufnahme hat die Rechtsprechung im Wege der Fallgruppenbildung die Notwendigkeit einer richterlichen Augenscheinseinnahme bejaht bzw. verneint und damit gleichzeitig die Fälle

1) Grundlegend RGSt 47, 100 (103, 108).
2) RGSt 47, 100 (108); RG in JW 1931, 1608.
3) BGBl. I, S. 455, 629.
4) BGHSt 8, 177 (180 f.).
5) Ausführlich hierzu siehe Alsberg/Nüse/Meyer, S. 743 ff.
6) BGH in NJW 1961, 280; OLG Schleswig bei Ernesti/Jürgensen in SchlHA 1979, 204 (205).

zulässiger Beweisantizipationen näher konkretisiert:

Haben mehrere Zeugen unabhängig voneinander über ihre Wahrnehmungen hinsichtlich des Beweisgegenstandes oder der Örtlichkeit ausgesagt, so müsse dem Beweisantrag auf Augenscheinseinnahme zur Widerlegung der Wahrnehmungen der Zeugen nicht unbedingt stattgegeben werden, sondern das Gericht könne sich mit den Zeugenaussagen begnügen[1].

Stehe dagegen als Beweismittel nur ein einziger Zeuge zur Verfügung, so dürfe das Gericht einen Augenscheinsbeweisantrag nicht unter Berufung auf seine Glaubwürdigkeit und die Zuverlässigkeit seiner Aussage ablehnen, wenn durch den Antrag gerade erwiesen werden soll, daß die Bekundungen des Zeugen unrichtig sind, insbesondere, daß sich der Vorfall wegen der örtlichen Verhältnisse nicht so abgespielt haben kann, wie es der Zeuge ausgesagt hat[2].

Das gleiche gelte, wenn mehrere Zeugen hierüber zwar übereinstimmend, aber nicht unabhängig voneinander, sondern als Mitglieder eines "im wesentlichen gleichartigen Erlebnis- und Interessenkreises" ausgesagt haben[3].

Haben diese Beobachtungen jedoch bei Zeugen stattgefunden, die nur ein "gleichartiger Pflichtenkreis" verbindet, wie dies insbesondere bei Polizeibeamten der Fall ist, so stelle die Ablehnung eines auf einen richterlichen Augenschein gerichteten Beweisantrag keine unzulässige Beweisantizipation dar und sei deshalb kein Verstoß gegen § 244 V StPO[4].

1) OLG Koblenz in VRS 45, 48 (49 f.); OLG Koblenz in VRS 49, 40 (41); OLG Stuttgart in VRS 3, 356 (358).
2) BGHSt 8, 177 (181); BGH bei Spiegel in DAR 1979, 189; BayObLG bei Rüth in DAR 1971, 206; OLG Bremen in DAR 1963, 170; OLG Köln in VRS 65, 450 (451); sowie die umfangreichen Rechtsprechungsnachweise bei Alsberg/Nüse/Meyer, S. 745 in Fn. 48.
3) BGH in NJW 1961, 280; OLG Koblenz in VRS 49, 40 (41); OLG Hamm in VRS 44, 114 (116); im Ergebnis ebenso jüngst BGH in NStZ 1984, 565.
4) OLG Zweibrücken in OLGSt § 17 OWiG Nr. 1, S. 1; OLG Celle in MDR 1965, 227; OLG Schleswig bei Ernesti/Jürgensen in SchlHA 1979, 205; Im Ergebnis ebenso der BGH in VRS 20, 202 (204), der die unterlassene Tatortbesichtigung durch das Tatgericht gebilligt hat, weil es keinen Anlaß hatte, "aus der Lebenserfahrung Zweifel an der Richtigkeit der Beobachtungen der Beamten herzuleiten."

Bei der Verwendung von reproduzierten Augenscheinsobjekten sei entscheidend, ob die Lichtbilder, Unfallskizzen usw. dem Tatgericht ein genügend sicheres Bild von den örtlichen Verhältnissen verschaffen. Ein Ermessensfehlgebrauch und damit eine Verletzung des § 244 V StPO liege nur dann vor, wenn es sich aufdrängte, daß eine Besichtigung der Örtlichkeit zu Ergebnissen führen würde, die über die Inaugenscheinnahme der Fotographien etc. hinausgehen[1]. In bestimmten Fällen, wie bei der Feststellung von Sichtbehinderungen in Verkehrsstrafsachen, sei jedoch eine Tatortbesichtigung u.U. auch dann erforderlich, wenn das Gericht bereits über eigene Ortskenntnisse sowie Unfallskizzen und -fotographien verfüge[2].

Entscheidend für die Praxis der Strafgerichte, eine Tatortbesichtigung zu unterlassen, ist somit die Vorschrift des § 244 V StPO und ihre Auslegung durch die Rechtsprechung.

Ausgehend von der Grundthese, daß das Gericht durch Beweisanträge nicht zur Einnahme eines Augenscheinsgezwungen werden könne[3], wird die Ausübung des pflichtgemäßen Ermessens in § 244 V StPO dahingehend konkretisiert, daß die Notwendigkeit einer Augenscheinseinnahme aus der Sicht des bisherigen Beweisergebnisses und im Hinblick auf das noch erreichbare Augenscheinsergebnis beurteilt werden müsse. Bei dieser Abwägung wird vom Tatgericht verlangt, im Wege einer Prognose über den Beweisgehalt eines Beweismittels zu entscheiden, daß es selbst überhaupt noch nicht kennt.

Die Untersuchung der 32 Wiederaufnahmeverfahren hat jedoch ergeben, daß eine sichere Prognose über den Beweisgehalt eines Tatortes in völliger Unkenntnis der Ortsverhältnisse meistens nicht möglich ist[4]. Aus diesem Grund ist auch eine Würdigung der bisherigen Beweisaufnahme im Hinblick auf das noch erreich-

1) BGH in NStZ 1981, 310; BGH in VRS 28, 420 (421); OLG Hamm in DAR 1957, 51.
2) OLG Hamm in DAR 1957, 51.
3) So auch die Literatur zu § 244 V StPO, siehe u.a.: Nierwetberg in Jura 1984, 630 (636); Alsberg/Nüse/Meyer, S. 739.
4) Siehe hierzu oben Fall Nr. 265.

bare Augenscheinsergebnis mit der Unsicherheit behaftet, den wirklichen Beweisgehalt einer Tatortbesichtigung nicht richtig einschätzen zu können. Dementsprechend fällt die Abwägung, ob zur vollständigen Sachverhaltsaufklärung noch eine Tatortbesichtigung vorzunehmen ist oder nicht, häufig zuungunsten einer - zudem noch umständlichen und zeitraubenden - richterlichen Augenscheinseinnahme aus.

Das Verbot einer antizipierten Beweiswürdigung beruht auf der Erwägung, daß das Gericht anderenfalls nicht alles tut, was zur Wahrheitserforschung erforderlich ist[1], weil ein neu in den Prozeß eingeführtes Beweismittel die richterliche Überzeugung wider Erwarten erschüttern und Fehler oder Lücken in der bisherigen Beweisführung aufdecken kann[2]. Für den Bereich der richterlichen Augenscheinseinnahme hat die Rechtsprechung dagegen genau umgekehrt Beweisantizipationen grundsätzlich für zulässig erklärt, schränkt jedoch das richterliche Ermessen in § 244 V StPO für bestimmte Fallgruppen wieder ein.

Hierin liegt aber eine wesentliche Ursache für mögliche Fehlurteile, da eine vollständige Erfassung aller derjenigen Fälle, in denen eine vorweggenommene Beweiswürdigung ermessensfehlerhaft ist, naturgemäß nicht durchführbar ist[3]. Zweifelhaft ist auch, ob die von der Rechtsprechung entwickelten Grenzfälle zulässiger Beweisantizipationen dem wirklichen Bedürfnis nach umfassender Sachverhaltsaufklärung entsprechen.

Dies zeigt z.B. ein bei Grohmann/Schulz[4] entnommener Fall aus der Praxis: "Wie schnell allzu großes Vertrauen auf die Aussagen der Polizeibeamten ein Fehlurteil verursachen kann, hat sich unlängst in einem Verfahren vor einem Hildesheimer Strafrichter gezeigt, in dem zwei Polizeibeamte übereinstimmend - entgegen der Einlassung des Angeklagten - beschwören

1) Schmidt in ZStW Bd. 61, 429 (453 f. in Fn. 39); Engels, S. 39.
2) Bergmann in MDR 1976, 888 (891); Walter, S. 294; Henkel, S. 342; Kreuzer, S. 36; Bennecke/Beling, S. 529; Werner, S. 130 f.; Alsberg/Nüse/Meyer, S. 412; Gutmann in JuS 1962, 369 (374).
3) Siehe hierzu eindringlich auch Köhler, S. 38.
4) Grohmann/Schulz in DAR 1980, 74 (75).

wollten, daß das Tatfahrzeug Rückscheinwerfer gehabt habe. Es war nur einem Zufall zu verdanken, daß unter den Zuhörern im Gerichtssaal eine Zeugin war, die durch ihre spontane Bemerkung, daß das Fahrzeug des Angeklagten keine Rückscheinwerfer gehabt habe, eine Augenscheinseinnahme des Fahrzeugs und den anschließenden Freispruch des Angeklagten bewirkte."

Nach der Rechtsprechung[1] wäre das Tatgericht nicht zur Augenscheinseinnahme am Kraftfahrzeug verpflichtet gewesen, weil die Polizeibeamten ihre übereinstimmenden Beobachtungen im Rahmen eines sog. gleichartigen Pflichtenkreises gemacht haben. Dieses Beispiel macht deutlich, daß die von der Judikatur entwickelten Fälle zulässiger Beweisantizipationen im konkret zu entscheidenden Sachverhalt zu einem Fehlurteil führen können.

Wie problematisch die von der Rechtsprechung entwickelte Kasuistik ist, zeigt sich auch an zwei Grenzfällen, die von Alsberg[2] geschildert werden[3]: Ein Angeklagter, dem versuchter Einbruchsdiebstahl mittels eines von ihm angeblich angelegten Schachtes zur Last gelegt wird, beantragt, durch Ortsbesichtigung festzustellen, daß er den Schacht unmöglich gegraben haben könne, weil dieser für seine Körpermaße zu eng sei. Deshalb müsse er als Täter ausscheiden. Belastet wird der Angeklagte lediglich durch einen Zeugen, demgegenüber er sich im Wirtshaus der Tat gerühmt haben soll.

Bestreitet nun der Angeklagte sowohl die Tat als auch das Wirtshausgespräch, so müßte nach der Rechtsprechung dem Augenscheinsbeweisantrag stattgegeben werden. Denn der Beweisantrag greift in diesem Falle die Zeugenaussage an, obwohl zwischen der Bekundung des Zeugen und dem Ziel des Beweisantrags nur ein mittelbarer Zusammenhang besteht. Gibt dagegen der Angeklagte seine Äußerungen zu, bezeichnet dieser aber als Prahlereien, so besteht zwischen der Zeugenaussage und dem Augenscheinsbeweis-

1) Vergl. wiederum: OLG Zweibrücken in OLGSt § 17 OWiG Nr. 1, S. 1; OLG Schleswig bei Ernesti/Jürgensen in SchlHA 1979, 205; OLG Celle in MDR 1965, 227; wohl auch BGH in VRS 20, 202 (204).
2) Alsberg in JW 1931, 1608 (1609); Alsberg/Nüse, S. 386; ebenso Goslar, S. 47 f.
3) Hier verkürzt wiedergegebener Sachverhalt.

antrag überhaupt kein Zusammenhang. Das Gericht könnte den Beweisantrag daher ablehnen, wenn es die Glaubwürdigkeit des Zeugen bejaht und dieser von der Ernstlichkeit der Angaben des Angeklagten im Wirtshaus überzeugt wäre.

Die von Grohmann/Schulz und Alsberg angeführten Beispiele bestätigen, daß sich exakte Grenzen für zulässige Beweisantizipationen auch im Bereich des Augenscheinsbeweises nicht finden lassen.

Dagegen ist im bereits dargestellten "Verkehrsschild-Fall" Nr. 212[1] das Fehlurteil dadurch entstanden, daß das Gericht die Angaben des Zeugen nicht durch eine Tatortbesichtigung überprüft und damit gleichzeitig einen Fall zulässiger Beweisantizipation angenommen hat, obwohl die Rechtsprechung die vorweggenommene Beweiswürdigung in einem derartig gelagerten Sachverhalt für unzulässig erklärt hat[2].

Dessen ungeachtet ist für die große Mehrzahl der Fehlurteile im Zusammenhang mit unterlassenen richterlichen Augenscheinseinnahmen ausschlaggebend, daß der Verzicht auf Tatortbesichtigungen durch § 244 V StPO und seine Auslegung durch die Rechtsprechung legitimiert wird. Der Tatrichter kann seine individuelle Entscheidung, die beantragte Ortsbesichtigung nicht vorzunehmen, zumindest im Grundsatz immer damit begründen, daß das Gegenteil der behaupteten Beweistatsache zu seiner Überzeugung bereits feststehe.

Die freiere Stellung des Gerichts gegenüber Beweisanträgen nach § 244 V StPO[3] hat in der Praxis dazu geführt, daß statt eines Beweisantrags nach § 244 V StPO empfohlen wird, durch den Verteidiger Zeugen Beobachtungen machen zu lassen, die dann wegen § 244 III StPO kaum abzulehnen sind[4]. Außerdem soll der Verteidiger zur Vorbereitung eines Augenscheinsbeweisantrags

---

1) Siehe oben im 3. Abschnitt A.I.3.
2) Vergl. hierzu RGSt 47, 100 (108); BGHSt 8, 177 (181); im Ergebnis ebenso die zutreffende Bewertung des Falles Nr. 212 durch Lange, S. 25.
3) So Wenner, S. 132; Schlüchter, Rdn. 555; Roggemann, S. 67; Schäfer, Praxis, S. 378.
4) Traulsen, S. 51; Alsberg/Nüse, S. 400.

vor Beginn der Hauptverhandlung selbst eine Tatortbesichtigung durchführen und zur besseren Begründung seines Beweisantrags Lichtbilder oder Zeichnungen vom Tatort anfertigen[1].

Prinzipiell sind diese Vorschläge zu begrüßen, weil hierdurch dem Gericht das mögliche Ergebnis einer Tatortbesichtigung zumindest in vermittelter Form bekannt wird und sich die Anhaltspunkte für eine richterliche Augenscheinseinnahme verstärken. Bedenklich ist jedoch, daß damit die Verantwortung für eine unterlassene Tatortbesichtigung auf die Verteidigung abgewälzt wird, obwohl das Gericht gemäß § 244 II StPO der Adressat für eine vollständige Sachverhaltsaufklärung ist. Zudem sind diese Empfehlungen nur Auswirkungen, die sich aus den weitgehenden Beweisantizipationen im Bereich der Augenscheinsbeweise ergeben. Das eigentliche Problem, auf welchem Weg nämlich das Gericht von sich aus oder durch einen förmlichen Beweisantrag zu häufigeren Tatortbesichtigungen veranlaßt werden kann, wird hierdurch nicht gelöst.

Peters[2] fordert zur Vermeidung von Fehlurteilen durch unterlassene Tatortbesichtigungen, daß in jedem Aktenstück der abschließende Polizeibericht eine Übersicht über durchgeführte Augenscheinseinnahmen geben soll und auch deren Nichtvornahme schriftlich niederzulegen ist. Dem ist entgegenzuhalten, daß diese rein verwaltungstechnische Maßnahme ungeeignet ist, ein aus prozeßökonomischer Sicht unbeliebtes Beweismittel in der Praxis vermehrt anzuwenden. Für das Beweisantragsrecht kommt es vielmehr darauf an, ob die Prozeßbeteiligten ohne umfangreiche eigene Aufklärungstätigkeit das Gericht zu einer Tatortbesichtigung zwingen können. Schließlich kann der polizeiliche Hinweis auf bereits durchgeführte Tatortbesichtigungen im Ermittlungsverfahren das Gericht auch von eigenen Augenscheinseinnahmen abhalten, indem es den Aussagen der Ermittlungsbekaten noch größeres Vertrauen schenkt, anstatt den Inhalt ihrer Beobachtungen durch eine Beweisaufnahme zu überprüfen.

1) Weihrauch, Rdn. 98; Rückel in Peters-Festgabe, S. 265 (280 f.); Jungfer in Strafverteidiger 1981, 100 (101); Peters, Fehlerquellen II, S. 266; Müller, Verteidigung, Rdn. 9; Dahs in NJW 1985, 1113 (1117).
2) Peters, Fehlerquellen II, S. 192.

Ein wirksamer Beitrag zur Vermeidung von Fehlurteilen im Zusammenhang mit unterlassenen Tatortbesichtigungen kann nur dadurch geleistet werden, daß man das grundsätzliche Verbot einer vorweggenommenen Beweiswürdigung auch beim Augenscheinsbeweis anerkennt. Voraussetzung hierfür ist jedoch eine nähere Untersuchung über das Verhältnis von richterlicher Aufklärungspflicht in § 244 II StPO und § 244 V StPO, auf das im 2. Abschnitt des 4. Teils einzugehen sein wird.

4. TEIL:

DIE GELTUNG DER GRUNDSÄTZE ÜBER DIE BEWEISAUFNAHME FÜR DEN RICHTERLICHEN AUGENSCHEIN

Die soeben abgeschlossene Untersuchung über Fehlerquellen bei richterlichen Augenscheinseinnahmen hat zu dem Ergebnis geführt, daß die zurückhaltende Verwendung von Augenscheinsobjekten in der forensischen Praxis zu Fehlurteilen führen kann. Die hierbei ebenfalls gewonnene Erkenntnis, wonach insbesondere unterlassene Tatortbesichtigungen ihren Grund in § 244 V StPO und seiner Auslegung durch die Rechtsprechung haben, läßt den Schluß zu, daß zwischen faktischer und normativer Vernachlässigung des Augenscheinsbeweises ein enger Zusammenhang besteht.

Gefahren für die Wahrheitserforschung entstehen indes nicht nur durch fehlerhafte Augenscheinseinnahmen, sondern auch durch eine falsche Anwendung des Unmittelbarkeitsprinzips und des Aufklärungsgrundsatzes auf die Beweisaufnahme durch richterlichen Augenschein. Während diese Feststellung für den in § 244 II StPO normierten Aufklärungsgrundsatz ohne weiteres verständlich ist, läßt sich dies auch für das Unmittelbarkeitsprinzip damit begründen, daß jede Reproduktion des originären Augenscheinsgegenstandes durch andere Beweismittel eine Veränderung oder Verfälschung des reproduzierten Beweismittels bewirkt und die Verwendung dieser Augenscheinssurrogate zu einer lückenhaften Sachverhaltserforschung führen kann. Es wird daher zu untersuchen sein, ob und inwieweit das Gericht ohne Beeinträchtigung der Wahrheitsfindung originäre Augenscheinsobjekte durch andere Beweismittel ersetzen darf.

Die rechtstatsächliche Analyse über Fehlerquellen beim richterlichen Augenschein hat deutlich gemacht, daß unterlassene Tatortbesichtigungen ihre wesentliche Ursache in den durch § 244 V StPO eröffneten Beweisantizipationsmöglichkeiten hat. Die durch diese Vorschrift geförderte Entlastung der Hauptverhandlung von störenden Augenscheinsterminen widerspricht somit dem Ziel umfassender gerichtlicher Sachaufklärung, wenn an die Stelle einer Kontrolle des bisherigen Beweisergebnisses eine vorweggenommene Beweiswürdigung tritt. Die Frage nach Geltung und Reichweite der richterlichen Aufklärungspflicht bei Augenscheinseinnahmen im 2. Abschnitt des 4. Teils der Arbeit konzentriert sich daher auf den möglichen Konflikt zwischen § 244 V StPO und § 244 II StPO.

1. Abschnitt: Richterlicher Augenschein und Unmittelbarkeitsprinzip

A. Allgemeine Funktion und Bedeutung des Unmittelbarkeitsprinzips

Nach heute einhelliger Auffassung ist beim Grundsatz der unmittelbaren Beweiserhebung eine formelle und eine materielle Komponente zu unterscheiden[1].

I. Die formelle Unmittelbarkeit der Beweisaufnahme

Durch das formelle Unmittelbarkeitsprinzip wird das erkennende Gericht als Beweiserhebungssubjekt festgelegt. Dies bedeutet, daß die Mitglieder des Gerichts die Beweismittel selbst wahrnehmen müssen und die Beweisaufnahme grundsätzlich nicht anderen Personen übertragen dürfen. Gesetzlich verankert ist diese formelle Seite des Unmittelbarkeitsgrundsatzes vor allem in § 261 StPO, wonach das Gericht seine Entscheidung ausschließlich "aus dem Inbegriff der Verhandlung" treffen soll[2].

Das Unmittelbarkeitsprinzip in seiner formellen Ausgestaltung dient in erster Linie der Wahrheitserforschung, denn hierdurch soll gewährleistet sein, daß das Gericht den gesamten Weg der

1) Vgl. statt vieler: Schlüchter, Rdn. 470; Roxin, § 44 A II; Küng-Hofer, S. 229.
2) Siehe hierzu: Geppert, S. 136 ff., insbes. S. 146; Löhr, S. 39 ff.; Schlüchter, Rdn. 470; Roxin, § 44 A II 1; grundlegend Pollack in GA Bd. 33, 232 (253); a.A. dagegen Heissler, S. 92 ff.

Wahrheitsfindung selber geht[1]. § 261 StPO verlangt außerdem, daß der Gesamtvorgang von Beweisaufnahme, Beratung und Urteil in der Hauptverhandlung stattfinden soll, so daß privates richterliches Tatwissen nicht zur Urteilsgrundlage gemacht werden darf[2]. Dementsprechend hat § 261 StPO für die formelle Seite des Unmittelbarkeitsgrundsatzes eine doppelte Bedeutung: Diese Vorschrift weist das Gericht an, die Beweisaufnahme selbst durchzuführen (Verbot der Delegation von Beweisaufnahmebefugnissen auf andere Personen als die des erkennenden Gerichts in seiner jeweiligen Besetzung) und gebietet weiterhin, die für das Urteil notwendigen Erkenntnisse nur aus dem Ablauf der Hauptverhandlung zu gewinnen[3].

II. Die materielle Unmittelbarkeit der Beweisaufnahme

Der Grundsatz der materiellen Unmittelbarkeit der Beweisaufnahme fordert vom Gericht, nur originäre Beweismittel zu benutzen und keine Beweissurrogate zu verwenden[4]. Das erkennende Gericht soll sich bei der Wahl unter mehreren Beweismitteln also für das bestmögliche Beweismittel entscheiden[5] und deshalb in der Regel auf Beweisreproduktionen verzichten. Begründet wird die Forderung nach materieller Unmittelbarkeit der Beweisaufnahme damit, daß jede Vermittlung des Inhalts einer Beweisquelle eine Schwächung und Trübung des originären Beweismittels bewirke und eine verschlechterte richterliche Tatsachenerkenntnis zur Folge habe[6]. Das Prinzip der materiellen Unmittelbarkeit der Beweisaufnahme wird demgemäß überwiegend aus der gerichtlichen Aufklärungspflicht nach § 244 II StPO hergeleitet, denn § 244 II StPO verlange den nach Lage des Falles bestmög

1) Löhr, S. 45; Geppert, S. 136.
2) Geppert, S. 150 ff.
3) Birkmeyer, S. 513; Geppert, S.145.
4) Roxin, § 44 A II 2; Geppert, S. 180 f.; Löhr, S. 46 ff.
5) Gerland, S. 173; Löhr, S. 46; Geppert, S. 184 f.
6) von Kries, S. 346; Beling, S. 33; Löhr, S. 47; Roggemann, S. 35 f.; Grünwald, C 54.

lichen Beweis[1]. Dies gelte jedoch nur dann, wenn dem Gericht sowohl das Original-Beweismittel als auch ein Beweissurrogat zur Verfügung steht: Ist das Originalbeweismittel nicht mehr vorhanden oder unerreichbar, so stelle die Verwendung von Beweismitteln "aus zweiter Hand" keine Verletzung des Prinzips materieller Unmittelbarkeit und keinen Verstoß gegen die richterliche Aufklärungspflicht aus § 244 II StPO dar[2].

Der Grundsatz materieller Unmittelbarkeit ist im Gesetz lediglich durch § 250 StPO näher geregelt. § 250 StPO enthält ein Gebot und ein diesem Gebot entsprechendes Verbot. Das Gebot in Satz 1 der Vorschrift besagt, daß die Person, auf deren Wahrnehmung der Beweis einer Tatsache beruht, in der Hauptverhandlung zu vernehmen ist. Das in Satz 2 ausgesprochene Verbot untersagt die Ersetzung der Vernehmung durch Verlesung eines über die frühere Vernehmung aufgenommenen Protokolls. Positivrechtlich geregelt ist also nur das Verbot, vom persönlichen Beweismittel zum sachlichen Beweismittel "Urkunde" überzugehen[3]. Da das Prinzip materieller Unmittelbarkeit auf die Pflicht des erkennenden Gerichts zu bestmöglicher Sachaufklärung gemäß § 244 II StPO zurückzuführen ist, muß jede Ausnahme von diesem Grundsatz an § 244 II StPO gemessen werden, wenn es sich nicht um einen Wechsel vom Personal- zum Urkundenbeweis handelt[4].

Problematisch ist, ob § 250 StPO auch dann Anwendung findet, wenn der Personalbeweis nicht durch den Urkundenbeweis, sondern durch den Augenscheinsbeweis ersetzt werden soll. Geht man davon aus, daß das Verbot der Urkundenverlesung in § 250 S. 2 StPO zugleich die Tragweite des § 250 S. 1 StPO umreißt[5], so verbietet § 250 StPO nicht eine Augenscheinseinnahme anstelle einer unmittelbaren Zeugenvernehmung, weil § 250 S. 2 StPO sei-

1) Kühne, Rdn. 543; Peters, Strafprozeß, S. 317; Henkel, S. 343; Geppert, S. 185; Löhr, S. 84; Sarstedt/Hamm, Rdn. 297.
2) Bennecke/Beling, S. 252 f.; Geppert, S. 185; von Hippel, S. 390; Schlüchter, Rdn. 472.
3) Krause, Urkundenbeweis, S. 142; Schlüchter, Rdn. 470.
4) So u.a. BGHSt 6, 209 (210); 17, 382 (384); Henkel, S. 343; Roxin, § 44 B IV; Schlüchter, Rdn. 472; Geppert, S. 249 f. für den Zeugen "vom Hörensagen".
5) So insbesondere BGHSt 6, 209 (210).

nem Wortlaut nach nur die Ersetzung des Personalbeweises durch den Urkundenbeweis verbietet. Richtiger Ansicht nach konkretisiert jedoch § 250 S. 2 StPO die Vorschrift des § 250 S. 1 StPO, ohne das in § 250 S. 1 StPO enthaltene Gebot abschließend zu begrenzen[1]. Nach Sinn und Zweck von § 250 S. 1 StPO sind daher auch Augenscheinseinnahmen unzulässig, die den Bericht eines Zeugen über seine Wahrnehmungen ersetzen sollen[2]. Das Gericht darf deshalb z.B. keine Tonbandaufnahmen[3], Filme[4] oder Tatortskizzen[5] in Augenschein nehmen, wenn hierdurch die subjektiven Wahrnehmungen eines Zeugen vom Tatgeschehen ersetzt werden sollen. Anders verhält es sich, wenn für die Sachverhaltsaufklärung nicht die subjektiven Eindrücke eines Zeugen vom Tatgeschehen, sondern das festgehaltene Bild von einem objektiven Zustand entscheidend ist. So kann z.B. ein Lichtbild vom Unfallort dem Gericht ein unmittelbares und umfassenderes Bild vermitteln, als wenn es allein auf die Zeugenaussage angewiesen wäre. In diesem Fall ist es aus Gründen der richterlichen Aufklärungspflicht nach § 244 II StPO geboten, anstelle der subjektiven Eindrücke eines Zeugen vom Unfallort die damaligen objektiven Zustände durch eine Augenscheinseinnahme am Lichtbild zu klären[6].

Es spricht auch nichts dagegen, das Urkundenverlesungsverbot des § 250 S. 2 StPO analog für solche Augenscheinsobjekte heranzuziehen, bei denen der mündlich-persönliche Bericht einer Aussageperson über deren subjektive Wahrnehmungen durch Vermittlung eines im Augenscheinsobjekt enthaltenen Gedankenin-

1) Krause, Urkundenbeweis, S. 160; Löhr, S. 125.
2) Heissler, S. 184; Geppert, S. 203; Löhr, S. 124 f.; Alsberg/Nüse/Meyer, S. 459; a.A.: KMR-Paulus, § 250 Rdnr. 7.
3) Hahn, Ton- und Bildträger, S. 72; Geppert, S. 201 ff.; Dahs/Dahs, Rdn. 226; Roggemann, S. 41; Heissler, S. 183 f.; KK-Mayr, § 250 Rdn. 3; Löhr, S. 125; Alsberg/Nüse/Meyer,S. 459; a.A. Feldmann in NJW 1958, 1166 (1168).
4) Krause, Urkundenbeweis, S. 160; Löhr, S.124 f.; a.A.: Alsberg/Nüse/Meyer, S. 459 f.
5) Koffka in JR 1966, 389 (390); Schlüchter, Rdn. 540; Alsberg/Nüse/Meyer, S. 225 u. S. 459.
6) Im Ergebnis ebenso Schlüchter, Rdn. 539; Alsberg/Nüse/Meyer, S. 459 f.; Koffka in JR 1966, 389 (390).

halts ersetzt werden kann[1]. Der Gesetzgeber der Reichsstrafprozeßordnung von 1877 kannte die heutigen technischen Möglichkeiten, mit denen eine Vermittlung von Gedankeninhalten auf nichtschriftlichem Wege erreicht werden kann, noch nicht, so daß bei der Formulierung von § 250 S. 2 StPO der Gesetzgeber nur den häufigsten Fall der schriftlichen Vermittlung von Gedankeninhalten regeln mußte[2]. Würde man der hier dargestellten Ansicht von der entsprechenden Anwendung des § 250 S. 2 StPO nicht folgen, so könnte das Urkundenverlesungsverbot des § 250 S. 2 StPO dadurch umgangen werden, daß man anstelle von schriftlichen Äußerungen einer Aussageperson z.B. Tonbandaufnahmen in Augenschein nimmt, auf denen die beweiserheblichen Wahrnehmungen der Aussageperson festgehalten sind[3]. Gerade dies widerspricht jedoch dem klaren und eindeutigen Gebot von § 250 S. 1 StPO, Wahrnehmungen von Aussagepersonen nur durch deren mündlich-persönlichen Bericht in die Hauptverhandlung einzuführen.

Somit enthält § 250 StPO für Wahrnehmungen von Aussagepersonen einen allgemeinen Vorrang des Personalbeweises vor dem Sachbeweis[4].

B. Geltung des Unmittelbarkeitsprinzips für die Beweisaufnahme durch richterlichen Augenschein

Für die Beweisaufnahme durch richterlichen Augenschein findet sich keine dem § 250 StPO vergleichbare Regelung, die das Gericht verpflichtet, Augenscheinsobjekte in ihrer originären Form in der Hauptverhandlung selbst sinnlich wahrzunehmen. Aus den §§ 86, 225, 249 I 2 StPO wird vielmehr überwiegend der

1) So zu Recht auch Löhr, S.125; Dahs/Dahs, Rdn. 226; KK-Mayr, § 250 Rdn. 3; im Ergebnis ebenso Heissler, S. 184; Geppert, S. 204 f.
2) So insbesondere Schmitt in JuS 1967, 19 (21); Geppert, S. 204; Krause, Urkundenbeweis, S. 160; Löhr, S. 126.
3) Krause, Urkundenbeweis, S. 125 u. S. 160 f.; Geppert, S. 204; Löhr, S. 126.
4) Geppert, S. 215.

Schluß gezogen, daß das Prinzip unmittelbarer Beweiserhebung im Rahmen der Augenscheinsbeweisaufnahme keine Anwendung finde[1]. Begründet wird die fehlende Einbeziehung von Augenscheinsobjekten in § 250 StPO damit, daß die mittelbare Beweiserhebung bei Sachbeweisen für die Wahrheitsfindung bei weitem nicht mit so gravierenden Gefahren verbunden sei wie die Beweisvermittlung im Rahmen der Personalbeweise; insbesondere spiele das Fehlen des "persönlichen Eindrucks" keine Rolle und zudem entfalle bei Sachbeweisen die bei der Vernehmung von Auskunftspersonen so bedeutungsvolle Möglichkeit von Vorhalten, Gegenüberstellungen und hilfreichen Zusatz- und Ergänzungsfragen[2]. Außerdem sprächen auch praktische Gründe, nämlich die Gefahr des Beweisverlusts und der Gedanke der Prozeßökonomie, dafür, anstelle eines unmittelbaren richterlichen Augenscheins in der Hauptverhandlung Beweissurrogate zu verwenden[3].

Noch weitergehend leitet Sarstedt[4] aus der fehlenden Vorschrift für eine unmittelbare Augenscheinseinnahme seine Ansicht ab, daß die StPO keinen allgemeinen Unmittelbarkeitsgrundsatz kenne, denn zur unmittelbaren sinnlichen Wahrnehmung von Beweisgegenständen zwinge das Gesetz den Richter nicht, obwohl es sich hierbei um die denkbar unmittelbarste Form der Beweisaufnahme handele.

Es ist zu untersuchen, ob und inwieweit für die Beweisaufnahme durch richterlichen Augenschein eine Ausnahme vom Unmittelbarkeitsprinzip gemacht werden darf.

1) Westhoff, S. 141; Schilling, S. 33; Gerland, S. 231; Simader, S. 213; Löhr, S. 42 f. u. S. 114; Geppert, S. 187 f.; Schlüchter, Rdn. 470; Heissler, S. 186 ff.; Maas, S. 59 f.; von Kries, S. 347; Alsberg/Nüse/Meyer, S. 224; Zipf, Strafprozeßrecht, S. 183; Roxin, § 28 A 2; a.A.: Roggemann, S. 36; Birkmeyer, S. 514; Goslar, S. 14 f.
2) Geppert, S. 180 u, S. 187 f.; Heissler, S. 91 f. u. S. 187 f.; Löhr, S. 42.
3) Löhr, S. 42 u. S. 50; von Hippel, S. 390.
4) LR-Sarstedt (22. Aufl.), § 86 Anm. 3.

I. Die gesetzliche Regelung in den §§ 86, 225, 249 I 2 StPO

Dabei ist zunächst zu fragen, in welchem Umfang das Gesetz in den §§ 86, 225, 249 I 2 StPO Ausnahmen vom Grundsatz formeller bzw. materieller Unmittelbarkeit bei richterlichen Augenscheinseinnahmen gestattet.

1. Ausnahme vom Prinzip formeller Unmittelbarkeit durch § 225 StPO

Nach § 225 StPO kann das Gericht zur Vorbereitung der Hauptverhandlung den richterlichen Augenschein durch einen beauftragten[1] oder einen ersuchten[2] Richter vornehmen lassen. Die Vorschrift des § 225 StPO findet auch dann Anwendung, wenn das Gericht die Hauptverhandlung unterbricht, eines der Mitglieder mit der Vornahme des richterlichen Augenscheins beauftragt und das hierbei nach § 86 StPO entstandene Augenscheinsprotokoll gemäß § 249 I 2 StPO in der später fortgesetzten Hauptverhandlung verlesen wird[3].

Damit durchbricht § 225 StPO das Prinzip formeller Unmittelbarkeit, denn die Augenscheinseinnahme durch einen beauftragten oder ersuchten Richter führt immer dazu, daß nicht das erkennende Gericht in seiner jeweiligen Besetzung das Augenscheinsobjekt selbst sinnlich wahrnimmt, sondern die Befugnis zur Augenscheinsbeweisaufnahme wird auf andere Richter delegiert. Ebenso wie bei der kommissarischen Vernehmung eines Zeugen oder Sachverständigen nach § 223 StPO bleibt die kommissarische Augenscheinseinnahme gemäß § 225 StPO jedoch eine ausschließlich dem Richter vorbehaltene Aufgabe.
Der Gesetzgeber der Reichsstrafprozeßordnung von 1877 hat § 225

1) Also ein Mitglied des erkennenden Gerichts, vgl. § 361 ZPO.
2) Hierbei handelt es sich um einen Richter eines anderen Gerichts, vgl. §§ 157 GVG, 362 ZPO.
3) RGSt 20, 149; LR-Gollwitzer (24. Aufl.), § 225 Rdn. 4.

StPO vor allem deshalb eingeführt, weil er die unmittelbare Tatortbesichtigung durch das erkennende Gericht wegen der damaligen Verkehrsverhältnisse als eine seltene Ausnahme ansah. Trotzdem geht aus den Motiven zu § 225 StPO deutlich hervor, daß der Gesetzgeber die unmittelbare Augenscheinseinnahme am Tatort gegenüber einer kommissarischen Augenscheinseinnahme bevorzugen wollte[1]. Heute hat eine kommissarische Augenscheinseinnahme nach § 225 StPO in erster Linie die Funktion, eine in der Hauptverhandlung nicht mehr vorhandene Beweissituation zu sichern, während prozeßökonomische Gesichtspunkte in den Hintergrund getreten sind[2]. Daraus folgt, daß auch für richterliche Augenscheinseinnahme der Grundsatz formeller Unmittelbarkeit gilt und § 225 StPO lediglich als Ausnahmevorschrift anzusehen ist.

Die prinzipielle Geltung des Grundsatzes formeller Unmittelbarkeit auch für richterliche Augenscheinseinnahmen ergibt sich insbesondere auch aus § 261 StPO, denn nach dieser Vorschrift gehört jede Form der Beweisaufnahme zum Inbegriff der Hauptverhandlung. § 225 StPO greift dagegen erst dann ein, wenn eine solche Beweisaufnahme wegen unüberwindlicher äußerer Schwierigkeiten (z.B. drohender Beweisverlust) in der späteren Hauptverhandlung nicht mehr durchzuführen ist. Damit sichert § 225 StPO die Verwirklichung der gerichtlichen Sachverhaltsaufklärung in der Hauptverhandlung, denn ohne die Möglichkeit einer Augenscheinseinnahme außerhalb der Hauptverhandlung bestünde die Gefahr, daß das erkennende Gericht wegen eines zwischenzeitlich eingetretenen Beweisverlustes in der späteren Hauptverhandlung auf eventuell entscheidungserhebliches Beweismaterial verzichten müßte.

Demgegenüber können prozeßökonomische Gründe für eine kommissarische Augenscheinseinnahme nach § 225 StPO nur noch in eingeschränktem Maße herangezogen werden, weil es mit Hilfe moderner Verkehrsmittel möglich ist, den jeweiligen Tatort in

1) Hahn, Motive, S. 181 und ausführlich oben im 2. Teil 1. Abschnitt A.II.
2) Schlüchter, Rdn. 433 (S. 435) und oben im 2. Teil 1. Abschnitt A.II., C.II.2.a).

kürzester Zeit aufzusuchen[1]. Das Strafgericht kann auch wie das Zivilgericht nach § 219 I ZPO den Termin zur Hauptverhandlung nicht im Gerichtsgebäude, sondern zur Einnahme eines Augenscheins am Tatort anberaumen[2], wenn es nach Aktenlage im vorbereitenden Verfahren eine Tatortbesichtigung für notwendig hält. Hierdurch wird, wenn als Terminsort in der Ladung von vornherein der Tatort bestimmt wird, das Verfahren auch nicht verzögert, weil dann keine Unterbrechung der Hauptverhandlung zum Aufsuchen des Tatortes notwendig ist. Stellt sich dagegen erst während der Hauptverhandlung die Notwendigkeit einer Tatortbesichtigung heraus, so kann das Gericht zwar über § 225 StPO auch während der unterbrochenen Hauptverhandlung einen kommissarischen Augenschein vornehmen lassen, jedoch führt eine in entsprechender Anwendung von § 219 I ZPO fortgesetzte Hauptverhandlung am Tatort nicht zu zeitlichen Verzögerungen im Verhandlungsablauf und hat überdies den Vorteil, daß alle Mitglieder eines Kollegialgerichts eine unmittelbare eigene Anschauung von den Tatortverhältnissen gewinnen.

Im übrigen gilt das Prinzip formeller Unmittelbarkeit auch deshalb für den richterlichen Augenschein, weil das Gericht sein privates oder dienstliches Wissen aus einer informatorischen Ortsbesichtigung nicht zur Urteilsgrundlage machen darf[3].

Das Gebot formeller Unmittelbarkeit für Augenscheinseinnahmen wirkt selbst dann noch fort, wenn das Gericht ein nach § 86 StPO erstelltes Augenscheinsprotokoll gemäß § 249 I 2 StPO in der späteren Hauptverhandlung verliest: Nach § 261 StPO darf das Gericht seine Kenntnisse über das Augenscheinsobjekt nur aus dem Inhalt des verlesenen Augenscheinsprotokolls entnehmen, so daß das Gericht seine Urteilsbegründung nicht auf Wahrnehmungen eines Richters stützen kann, die keinen Eingang in das Augenscheinsprotokoll gefunden haben[4]. Mit der aus § 261 StPO

1) Siehe hierzu bereits oben im 2. Teil 1. Abschnitt A.II.
2) RGSt 39, 348 (349); LR-Gollwitzer (24. Aufl.), § 213 Rdn. 2.
3) Vgl. hierzu bereits die Ausführungen im 2. Teil 1. Abschnitt C.II.2.b).
4) So bereits für den Strafrichter oben im 2. Teil 1. Abschnitt B.

herzuleitenden Forderung nach formeller Unmittelbarkeit der Beweisaufnahme läßt sich auch das bereits dargestellte Verbot begründen, den Tatort oder bewegliche Augenscheinsgegenstände während der Urteilsberatung zu besichtigen[1], weil hierdurch urteilsrelevante Wahrnehmungen möglich werden, die im Verlauf der vorausgegangenen Beweisaufnahme in der Hauptverhandlung ausgeblieben sind.

Schließlich entspricht es auch dem Prinzip formeller Unmittelbarkeit, daß bei einer förmlichen Augenscheinseinnahme in der Hauptverhandlung ein blinder Richter von der Beweisaufnahme regelmäßig ausgeschlossen ist, wenn es gerade auf die optischen Sinneseindrücke ankommt[2]. Daraus kann gleichzeitig der Schluß gezogen werden, daß bei einem Kollegialgericht jedes der Mitglieder das zu besichtigende Beweisobjekt selbst in Augenschein nehmen muß, um seine individuellen Wahrnehmungen machen zu können.

2. Ausnahme vom Prinzip materieller Unmittelbarkeit durch §§ 86, 249 I 2 StPO

Nach § 249 I 2 StPO ist es dem Gericht gestattet, die Ergebnisse einer richterlichen Augenscheinseinnahme außerhalb der Hauptverhandlung, die gemäß § 86 StPO im Augenscheinsprotokoll festgehalten worden sind, durch Urkundenverlesung in die Hauptverhandlung einzuführen. § 249 I 2 StPO kann daher als Ausnahmevorschrift zu § 250 S. 2 StPO angesehen werden[3], weil die Wahrnehmung des Richters außerhalb der Hauptverhandlung nicht durch dessen Vernehmung, sondern durch Urkundenverlesung zum Gegenstand der Beweisaufnahme gemacht wird.

Damit löst § 249 I 2 StPO eine Konfliktlage, die dadurch entsteht, daß sich der beweiserhebende Richter durch seine Augen-

1) Siehe hierzu ausführlich oben im 2. Teil 2. Abschnitt C.
2) So zu Recht BGHSt 5, 354 (355); BGH in Strafverteidiger 1987, 90 f.; Fezer, Strafprozeßrecht II, Fall 10, Rdn. 39; Roxin, § 44 B V 2.
3) Anders jedoch Krause, Urkundenbeweis, S. 147 f.

scheinseinnahme zum Zeugen macht[1]: Nach § 250 S. 1 StPO dürften seine Wahrnehmungen eigentlich nur durch persönliche Vernehmung in die Hauptverhandlung eingeführt werden, was nach § 22 Nr. 5 StPO automatisch zum Ausschluß des vernommenen Richters vom Richteramt führen würde. Dementsprechend hätte eine außerhalb der Hauptverhandlung durchgeführte Augenscheinseinnahme stets zur Folge, daß der beweiserhebende Richter quasi selbst den entscheidenden Grund für seinen späteren Ausschluß setzen würde. Dieses insbesondere für Strafrichter, Schöffengerichte und nach § 225 StPO beauftragte Mitglieder des erkennenden Gerichts völlig untragbare Ergebnis wird durch § 249 I 2 StPO vermieden, denn nach § 249 I 2 StPO ist es dem Richter in der Hauptverhandlung gestattet, die schriftlichen Aufzeichnungen über eine von ihm selbst nach § 86 StPO durchgeführte Augenscheinseinnahme zu verlesen.

Demzufolge durchbricht § 249 I 2 StPO das Prinzip materieller Unmittelbarkeit für richterliche Augenscheinseinnahmen, weil diese Vorschrift es dem Gericht erlaubt, anstelle einer unmittelbaren Augenscheinseinnahme am originären Beweisobjekt ein Beweissurrogat in Form des schriftlichen Augenscheinsprotokolls zu verwenden. Steht hingegen dem Gericht in der Hauptverhandlung das originäre Augenscheinsobjekt wegen zwischenzeitlich eingetretenen Beweisverlustes nicht mehr zur Verfügung, so liegt keine Verletzung des Grundsatzes materieller Unmittelbarkeit vor, denn das Gericht hat jetzt keine Wahl zwischen dem Originalbeweismittel und seiner schriftlichen Reproduktion mehr, sondern kann sich nur noch auf das Augenscheinsprotokoll stützen. Das nach § 249 I 2 StPO zu verlesende Augenscheinsprotokoll ist somit durch Verlust oder totale Veränderung des originären Augenscheinsobjekts zum bestmöglichen Beweis geworden, so daß es die richterliche Aufklärungspflicht gemäß § 244 II

1) Vgl. hierzu Glaser, Beiträge, S. 377 ff.; Birkmeyer, S. 417, die davon ausgehen, daß der Beweis durch Augenschein sich dem erkennenden Gericht gegenüber durch Verlesung des Protokolls formell in einen Urkundenbeweis, sachlich in einen Zeugenbeweis umgewandelt habe.

StPO gebietet, das Augenscheinsprotokoll zum Gegenstand der Beweisaufnahme zu machen.

Ist eine richterliche Augenscheinseinnahme nach § 86 StPO dagegen nur aus prozeßökonomischen Gründen außerhalb der Hauptverhandlung durchgeführt worden und steht dem Gericht in der Hauptverhandlung sowohl das Augenscheinsprotokoll als auch das originäre Augenscheinsobjekt zur Verfügung, so wird das Prinzip materieller Unmittelbarkeit der Beweisaufnahme dann durchbrochen, wenn das Gericht anstelle einer unmittelbaren Augenscheinseinnahme auf das Augenscheinsprotokoll zurückgreift. Hier wirkt die Forderung des § 244 II StPO nach dem im Einzelfall bestmöglichen Beweis unabhängig von der Verlesungsmöglichkeit des § 249 I 2 StPO fort. Daher kann es bei entsprechender Sachlage als Verletzung der gerichtlichen Aufklärungspflicht gerügt werden, wenn das erkennende Gericht sich mit reproduzierenden Augenscheinsprotokollen begnügt, statt den Augenschein original in der Hauptverhandlung einzunehmen[1]. So dürfte z.B. eine unmittelbare Augenscheinseinnahme in der Hauptverhandlung insbesondere dann geboten sein, wenn sich während der Beweisaufnahme neue Beweisfragen hinsichtlich des Augenscheinsobjekts ergeben, deren Beantwortung mit Hilfe des vorliegenden Augenscheinsprotokolls nicht möglich ist. Dagegen liegt i.d.R. kein Verstoß gegen § 244 II StPO vor, wenn das Gericht sich anstelle einer Wiederholung der Augenscheinseinnahme auf ein Augenscheinsprotokoll stützt, obwohl die Unvollständigkeit der dort aufgezeichneten Wahrnehmungen geltend gemacht wird, denn aus § 86 StPO ergibt sich für das Gericht die Vermutung, daß alle das Beweisthema betreffenden Wahrnehmungen vollständig durchgeführt und protokolliert worden sind[2].

Bei jeder Reproduktion eines Augenscheinsobjekts durch sachliche oder persönliche Beweismittel besteht für das Gericht

1) So zu Recht: Geppert, S. 188 f.; KMR-Paulus, § 225 Rdn. 13; KK-Treier, § 225 Rdnr. 6; LR-Golwitzer (24. Aufl.), § 225 Rdn. 11; Schlüchter, Rdn. 542.
2) Siehe hierzu ausführlich oben im 2. Teil 1. Abschnitt B. II. sowie im 2. Teil 5. Abschnitt B. a.E.

die Hauptschwierigkeit darin, festzustellen, ob das Beweissurrogat mit dem Originalbeweismittel übereinstimmt und die urteilsrelevanten Einzelheiten genauso zuverlässig wiedergibt wie das originäre Augenscheinsobjekt[1]. Demgegenüber befreit die Verlesung eines nach § 86 StPO erstellten Augenscheinsprotokolls das Gericht weitgehend davon, den Beweiswert des Protokolls zu überprüfen: Zum einen hat überhaupt eine richterliche Besichtigung am Originalobjekt stattgefunden, zum anderen verhindert die gleichzeitige Beschreibung der wahrgenommenen Eindrücke im Augenscheinsprotokoll spätere Erinnerungsverluste des Richters[2]. Hinzu kommt, daß der Angeklagte, sein Verteidiger und der Staatsanwalt in Ausübung ihrer Rechte aus § 168 d StPO bei Augenscheinseinnahmen außerhalb der Hauptverhandlung auf das Ergebnis der Beweisaufnahme Einfluß nehmen können[3], so daß das später verlesene Augenscheinsprotokoll nur Wahrnehmungen enthält, deren Richtigkeit und Vollständigkeit schon während der Augenscheinseinnahme durch die übrigen Prozeßbeteiligten kontrolliert worden ist[4]. Unabhängig von der aus § 86 StPO abzuleitenden Vermutung, daß alle Wahrnehmungen vollständig durchgeführt und protokolliert worden sind, bietet also die konkrete Art und Weise einer außerhalb der Hauptverhandlung vorgenommenen Augenscheinseinnahme im allgemeinen eine Gewähr dafür, daß das nach § 249 I 2 StPO zu verlesende Augenscheinsprotokoll alle urteilsrelevanten Einzelheiten auch tatsächlich richtig wiedergibt.

Trotz der hohen Zuverlässigkeit des Augenscheinsprotokolls muß sich jedoch das erkennende Gericht vergegenwärtigen, daß auch die beste schriftliche Aufzeichnung eines sinnlichen Eindrucks die unmittelbare Augenscheinseinnahme am originären Beweisobjekt

1) So zu Recht: Heissler, S. 91 f.; Geppert, S. 180.
2) Zur hohen Zuverlässigkeit des Augenscheinsprotokolls siehe bereits Glaser, Beiträge, S. 377 ff., insbes. S. 379.
3) Siehe hierzu ausführlich oben im 2. Teil 1. Abschnitt C.I.2.
4) Ähnlich auch Roxin, § 28 A 2, der zu Recht davon ausgeht, daß es das Anliegen des Gesetzgebers gewesen sei, die Durchbrechung des Unmittelbarkeitsgrundsatzes bei Augenscheinseinnahmen durch eine großzügige Ausgestaltung des Anwesenheitsrechts bei Augenscheinseinnahmen außerhalb der Hauptverhandlung auszugleichen.

nie völlig ersetzen kann, denn jede Vermittlung einer Wahrnehmung bringt immer eine Vereinfachung, Akzentverschiebung, Verfälschung oder sonstige Veränderung des wahren Sachverhalts mit sich[1]. Wesentlich ist außerdem die Erkenntnis, daß sich die Fehler, die der Richter bei der Protokollierung des richterlichen Augenscheins außerhalb der Hauptverhandlung macht, mit den Fehlern des Richters addieren, der dieses Protokoll in der Hauptverhandlung verwendet[2]. Sind z.B. beweiserhebliche Einzelheiten bei der Augenscheinseinnahme übersehen worden, so kann dieser Fehler durch das Augenscheinsprotokoll sehr leicht verdeckt werden[3], weil das erkennende Gericht gemäß § 86 StPO grundsätzlich davon ausgehen kann, daß die Wahrnehmungen vollständig durchgeführt und protokolliert worden sind.

Hieran wird deutlich, daß die Beweisvermittlung durch Augenscheinsprotokolle dem erkenenden Gericht u.U. den Zugang zum originären Augenscheinsgegenstand versperren kann, weil sich aus der Niederschrift selbst in der Regel keine Anhaltspunkte für unvollständige Wahrnehmungen ergeben. Dementsprechend bleibt die Forderung des § 244 II StPO nach dem im Einzelfall bestmöglichen Beweis bei vorliegenden Augenscheinsprotokollen oftmals unerfüllbar, da das erkennende Gericht im Normalfall keine Veranlassung hat, den Inhalt der Niederschrift in Zweifel zu ziehen und die Augenscheinseinnahme am originären Beweisobjekt zu wiederholen.

Die obigen Ausführungen haben gezeigt, daß selbst die Reproduktion eines Augenscheinsergebnisses durch Verlesung richterlicher Protokolle nach § 249 I 2 StPO mit Gefahren für die Wahrheitserforschung verbunden sein kann, wenn das erkennende Gericht seine Kenntnisse über das Augenscheinsobjekt allein aus der schriftlichen Beschreibung eines Richters bezieht.

Noch größere Beeinträchtigungen der gerichtlichen Sachaufklärung sind dann möglich, wenn man die Verlesungsmöglichkeit des

1) Siehe hierzu bereits oben im 2. Teil 1. Abschnitt B.II.
2) So zu Recht: Bender/Röder/Nack II, Rdn. 816.
3) Glaser, Beiträge, S. 379 f.

§ 249 I 2 StPO auch auf solche Augenscheinsprotokolle erstreckt, die nicht im selben Verfahren hergestellt worden sind[1]. Durch die Verwendung von Augenscheinsprotokollen aus anderen Verfahren - sei es aus anderen Strafverfahren gegen denselben Angeklagten oder gegen andere - wird nämlich der Beschuldigte nicht nur seinen Einwirkungsmöglichkeiten aus § 168 d StPO auf das Augenscheinsergebnis beraubt[2], sondern die fehlende Beteiligung der Verfahrensteilnehmer bei der Beweisaufnahme kann sich gleichzeitig auch negativ auf die Richtigkeit und Vollständigkeit der richterlichen Wahrnehmungen auswirken[3]. Außerdem verfolgt jede Augenscheinseinnahme außerhalb der Hauptverhandlung den Zweck, im Zusammenhang mit der übrigen Sachaufklärung ein konkretes, nur das jeweilige Verfahren betreffende Beweisthema zu klären, so daß selbst bei demselben Augenscheinsobjekt in verschiedenen Strafverfahren jeweils andere Wahrnehmungen bedeutsam werden können. Bei der Verlesung eines Augenscheinsprotokolls, das das Ergebnis einer Augenscheinseinnahme aus einem anderen Strafverfahren wiedergibt, besteht dementsprechend die Gefahr, daß die für das konkrete Verfahren entscheidungserheblichen Einzelheiten keinen Eingang in die Niederschrift gefunden haben. Daher ist aus Gründen der Wahrheitserforschungspflicht gemäß § 244 II StPO die Verlesungsvorschrift des § 249 I 2 StPO nicht auf Augenscheinsprotokolle aus anderen Verfahren anzuwenden.

Teilweise wird die Vorschrift des § 249 I 2 StPO auch auf Niederschriften über eine im Rahmen einer früheren Hauptverhandlung durchgeführten Augenscheinseinnahme angewendet und betont, diese dürften in einer späteren Hauptverhandlung zu Beweiszwecken verlesen werden[4]. Gegen diese Ansicht spricht, daß in der Hauptverhandlung nach § 273 I StPO nur die Tatsache der Augen-

1) So aber KK-Mayr, § 249 Rdn. 20; dagegen zu Recht: Krause, Urkundenbeweis, S. 149 f.; Alsberg/Nüse/Meyer, S. 257; Kleinknecht/Meyer, § 249 Rdn. 12.
2) Hierauf weist insbesondere Krause, Urkundenbeweis, S. 150, hin.
3) Siehe hierzu bereits oben im 3. Teil 2. Abschnitt B.I.1.d.
4) BayObLG bei Rüth in DAR 1979, 240 f.; KMR-Paulus, § 249 Rdn. 13; Alsberg/Nüse/Meyer, S. 257.

scheinseinnahme selbst, nicht aber deren Ergebnisse protokolliert werden[1], so daß derartige Protokolle für eine Verlesung zu Beweiszwecken völlig unergiebig sind[2]. Denkbar ist zwar, die nach § 273 III 1 StPO erstellten Augenscheinsprotokolle aus einer früheren Hauptverhandlung in einer späteren Hauptverhandlung zu verlesen, da der Tatrichter nach § 273 III 1 StPO zur vollständigen Beschreibung des Augenscheinsobjekts verpflichtet ist[3]. Dabei muß jedoch beachtet werden, daß im Gegensatz zu § 86 StPO das Gericht nach § 273 III 1 StPO nicht verpflichtet ist, negative Feststellungen zu protokollieren, so daß das Gericht bei der Verlesung eines nach § 273 III 1 StPO erstellten Augenscheinsprotokolls nicht ohne weiteres davon ausgehen kann, daß sich alle nach der besonderen Fallage zu erwartenden Wahrnehmungen auch tatsächlich an dem damals vorliegenden Augenscheinsobjekt nicht nachweisen ließen. Deshalb besteht für das Gericht bei Protokollen nach § 273 III 1 StPO im allgemeinen keine Vermutung dafür, daß alle das Beweisthema betreffenden Wahrnehmungen auch wirklich durchgeführt und protokolliert worden sind. Wegen des damit verbundenen geringeren Beweiswertes einer Niederschrift gemäß § 273 III 1 StPO gegenüber einem Augenscheinsprotokoll nach § 86 StPO sollte somit auf eine Verlesung derartiger Protokolle verzichtet werden, falls nicht ausnahmsweise der zwischenzeitliche Verlust des Augenscheinsobjekts die Verwendung eines nach § 273 III 1 StPO erstellten Protokolls notwendig macht.

Die Untersuchung über die vom Gesetz nach den §§ 86, 249 I 2 StPO vorgesehene Durchbrechung des Prinzips materieller Unmittelbarkeit im Zusammenhang mit richterlichen Augenscheinseinnahmen hat gezeigt, daß selbst die Verlesung von Augenscheinsprotokollen nach § 249 I 2 StPO mit gewissen Gefahren für die Wahrheitserforschung verbunden sein kann. Dabei sinkt der Beweiswert eines Augenscheinsprotokolls, wenn man das gesetzliche

1) Näheres hierzu im 2. Teil 2. Abschnitt B.
2) So schon für die Berufungshauptverhandlung oben im 2. Teil 3. Abschnitt.
3) Zur Protokollierung einer Augenscheinseinnahme nach § 273 III 1 StPO siehe ausführlich oben im 2. Teil 2. Abschnitt B.

System verläßt und Augenscheinsprotokolle aus anderen Verfahren oder Niederschriften über eine Augenscheinseinnahme in einer Hauptverhandlung ebenfalls nach § 249 I 2 StPO verliest. Aus den §§ 86, 249 I 2 StPO kann insbesondere nicht der Schluß gezogen werden, daß das Gesetz der Verlesung von reproduzierenden Augenscheinsprotokollen den Vorrang vor der unmittelbaren Augenscheinseinnahme in der Hauptverhandlung einräumt, vielmehr ergibt sich aus der Aufklärungsmaxime gemäß § 244 II StPO für das erkennende Gericht die Verpflichtung, in Zweifelsfällen trotz vorliegender Augenscheinsprotokolle eine Wiederholung der Augenscheinseinnahme zu beschließen.

3. Ergebnis

Als Ergebnis der vorstehenden Überlegungen läßt sich festhalten, daß die Einhaltung des Unmittelbarkeitsprinzips die Wahrheitsfindung selbst dort noch fördern kann, wo das Gesetz in den §§ 86, 249 I 2, 225 StPO Ausnahmen von diesem Grundsatz gestattet.

II. Gesetzlich nicht geregelte Ausnahmen vom Unmittelbarkeitsprinzip

Noch größere Gefahren für die Sachaufklärung bestehen jedoch bei einem Ersatz des originären Augenscheinsgegenstandes durch Beweismittel, an deren Zustandekommen kein Richter beteiligt ist, denn die Beweisqualität derartiger Beweisobjekte ist vor allem dadurch beeinträchtigt, daß im Gegensatz zu den §§ 86, 249 I 2, 225 StPO eine richterliche Augenscheinseinnahme am originären Beweisobjekt völlig fehlt. Dementsprechend ist zu untersuchen, ob und inwieweit für die Beweisaufnahme durch richterlichen Augenschein über die vom Gesetz in den §§ 86, 225, 249 I 2 StPO vorgesehenen Fälle hinaus Ausnahmen vom Unmittelbarkeitsgrundsatz gemacht werden dürfen.

1. Ersatz des richterlichen Augenscheins durch nichtrichterliche Urkunden

Nach § 249 I 2 StPO dürfen nur Protokolle über eine vom Richter durchgeführte Augenscheinseinnahme verlesen werden. Daher sind Niederschriften, die die Staatsanwaltschaft oder die Polizei anläßlich einer Besichtigung an einem Beweisgegenstand angefertigt haben, nicht nach § 249 I 2 StPO verlesbar, sondern ihre Wahrnehmungen können wegen § 250 StPO nur durch persönliche Vernehmung als Zeugen in die Hauptverhandlung eingeführt werden[1]. Auch die Schriftstücke eines Protokollführers, der im Auftrag des Gerichts Wahrnehmungen an einem Tatort gemacht und diese schriftlich niedergelegt hat, sind wegen §§ 249 I 2, 250 StPO nicht verlesbar[2].

Von diesem grundsätzlichen Verbot, den richterlichen Augenschein durch Schriftstücke über nichtrichterliche Besichtigungen zu ersetzen, macht der BGH[3] mit Zustimmung in der Literatur[4] eine Ausnahme, indem er den Urkundenbeweis durch Verlesung der Niederschrift einer nach § 100 a StPO hergestellten Tonbandaufnahme zuläßt. Der BGH verweist zur Begründung seiner Ansicht darauf, daß sich der StPO kein Gebot entnehmen lasse, die nach § 100 a StPO gewonnenen Tonaufzeichnungen ausschließlich durch Augenschein in die Hauptverhandlung einzuführen, so daß es dem an der Aufklärungspflicht des § 244 II StPO ausgerichteten Ermessen des Tatrichters überlassen sei, ob er die Tonaufzeichnungen im Original in Augenschein nehme oder sich mit der schriftlichen Reproduktion begnüge. Außerdem gehe die StPO nicht davon aus, daß stets das tatnächste Beweismittel zu verwenden sei, denn "ein Satz, daß dem Beweis zugängliche

1) Schneidewin in JR 1951, 481 (486); Dahs/Dahs, Rdn. 226; Gerland, S. 229; Peters, Strafprozeß, S. 319; Henkel, S. 223 f. in Fn. 2; Birkmeyer, S. 413 f.; Ullmann, S.341 f.; von Hippel, S. 429; Alsberg/Nüse/Meyer, S. 223, S. 256 u. S. 301 f.; Koffka in JR 1966, 389 (390).
2) RGSt 18, 186 (187); Birkmeyer, S. 413; Ullmann, S. 341 f.
3) BGHSt 27, 135 ff.
4) Gollwitzer in JR 1978, 119 f.; Fezer in JuS 1979, 186 (188); Schlüchter, Rdn. 351; Alsberg/Nüse/Meyer, S. 224 f., S. 420 u. S. 523; Geppert, S. 188 in Fn. 6.

Tatsachen nur in der Gestalt verwendet werden dürfen, in der sie sich ursprünglich in der Außenwelt manifestieren, und daß jede Transformierung von Beweismitteln unzulässig sei, ist der Rechtsordnung fremd"[1]. Schließlich liege auch kein Verstoß gegen § 250 StPO vor, weil eine Übertragung der gesprochenen Worte in Schriftzeichen keinen eigenständigen Erkenntnisvorgang einer Person enthalte, so daß es sich bei derartigen technischen Hilfstätigkeiten nicht um personengebundene Wahrnehmungen handele, die gemäß § 250 StPO allein durch mündlich-persönliche Vernehmung in die Hauptverhandlung eingeführt werden dürften[2]. Im übrigen sei das Tatgericht nach § 244 II StPO verpflichtet, die Zuverlässigkeit der Übertragung und damit den Beweiswert der Tonbandniederschrift festzustellen, da eine noch so sorgfältige Übertragung Fehler enthalten könne, die bei fehlender Einlassung des Angeklagten zur Sache möglicherweise unentdeckt bleiben könnten[3].

Für die Richtigkeit dieser Ansicht spricht vor allem, daß die Reproduktion von Tonbandaufnahmen durch nichtrichterliche Niederschriften in der Regel keine Gefahr für die Wahrheitserforschungspflicht nach § 244 II StPO darstellt. Die schriftliche Fixierung des auf einer Tonbandaufnahme festgehaltenen Gedankeninhalts transformiert nämlich die sprachliche Gedankenäußerung auf eine schriftliche Ebene, ohne daß sich der ursprüngliche Gedankeninhalt ändert. Das erkennende Gericht nimmt dementsprechend bei seiner Beweiserhebung denselben Gedankeninhalt lediglich in einer anderen Form entgegen. Dabei ist für die Reproduktion der Tonbandaufzeichnung durch nichtrichterliche Niederschriften entscheidend, daß beim übertragenden Beamten kein subjektiver Auswahlprozeß hinsichtlich seiner Wahrnehmungen und keine urteilsmäßige Verarbeitung des Gehörten stattfindet, die sich in dem von ihm angefertigten Schriftstück niederschlägt. Im Gegensatz hierzu wird der Inhalt eines Schriftstücks, das ein Beamter z.B. anläßlich einer Tatortbesichtigung herstellt, ganz wesentlich davon beeinflußt, welche Wahrnehmungen dem Verfasser wichtig erscheinen oder nicht. In

1) BGHSt 27, 135 (136).
2) BGHSt 27, 135 (137 f.).
3) BGHSt 27, 135 (139); ebenso Fezer in JuS 1979, 186 (188).

diesem Fall kann das erkennende Gericht nicht ohne weiteres davon ausgehen, daß alle urteilsrelevanten Wahrnehmungen vollständig durchgeführt und protokolliert worden sind.

Damit kann sich das aus den §§ 249 I 2, 250 StPO ergebende Verbot, Niederschriften über nichtrichterliche Besichtigungen zu verlesen, nur auf solche Fälle beziehen, in denen eine der richterlichen Augenscheinseinnahme vergleichbare Tätigkeit[1], nicht jedoch eine rein reproduzierende Handlung vorliegt[2]. Aus diesem Grund ist z.B. die Verlesung des von einem Beamten hergestellten Schriftstücks über die Besichtigung einer Fotografie oder einer Filmaufnahme nach den §§ 249 I 2, 250 StPO unzulässig, weil diese Niederschrift nicht das Ergebnis einer bloßen Transformation vom sprachlichen in den schriftlichen Bereich ist, sondern im wesentlichen optische Eindrücke wiedergibt, die sich einer erschöpfenden schriftlichen Darstellung entziehen. Schließlich ist auch eine nichtrichterliche Tonbandniederschrift nach den §§ 249 I 2, 250 StPO insoweit nicht verlesbar, als sie über die schriftliche Reproduktion des auf dem Tonband fixierten sprachlichen Gedankeninhalts hinaus eine eigenständige Beschreibung sonstiger akustischer Wahrnehmungen - also u.a. die Stimme des Sprechenden, Nebengeräusche usw. - enthält.

Zusammenfassend kann daher festgestellt werden, daß ein Augenscheinsobjekt nur dann durch nichtrichterliche Schriftstücke ersetzt werden darf, wenn es sich hierbei um die schriftliche Reproduktion eines im Augenscheinsgegenstand festgehaltenen sprachlichen Gedankeninhalts handelt. Die Frage, ob das erkennende Gericht trotz vorliegender Tonbandniederschriften auf die originäre Tonbandaufnahme zurückgreifen muß, ist allein nach § 244 II StPO zu beurteilen[3]. Abgesehen von derartigen reproduzierenden Urkunden ist die Verlesung von sonstigen nichtrichterlichen Schriftstücken nach den §§ 249 I 2, 250 StPO unzulässig, falls hierdurch die Vernehmung einer Person über deren Wahrnehmung an einem Augenscheinsobjekt ersetzt wird.

1) Zum Vorgang der richterlichen Augenscheinseinnahme siehe ausführlich oben im 1. Teil 2. Abschnitt C.II.
2) Im Ergebnis ebenso, jedoch ohne nähere Begründung: Gollwitzer in JR 1978, 119 (120 a.E.).
3) BGHSt 27, 135 (136); Geppert, S. 188 in Fn. 6.

2. Ersatz des richterlichen Augenscheins am originären Beweisobjekt durch Augenscheinssurrogate

Problematisch ist außerdem, ob und inwieweit die richterliche Augenscheinseinnahme am originären Beweisobjekt durch Augenscheinssurrogate ersetzt werden darf. Diese Frage ist für die Praxis insbesondere dann von Bedeutung, wenn es um die Verwendung von Lichtbildern, Tatortskizzen etc. anstelle einer unmittelbaren Tatortbesichtigung geht.

a) Tatort- und Unfallskizzen

Grundsätzlich sind Tatort- oder Unfallskizzen nicht als Augenscheinsobjekte in der Hauptverhandlung verwendbar, denn diese Skizzen geben nur die Wahrnehmungen ihres Herstellers wieder, dessen Vernehmung nach § 250 StPO durch die Besichtigung der Skizzen nicht ersetzt werden darf[1]. Ausnahmsweise können jedoch Tatort- oder Unfallskizzen, die vom Richter im Rahmen einer nach §§ 86, 225 StPO außerhalb der Hauptverhandlung durchgeführten Augenscheinseinnahme hergestellt wurden, in der Hauptverhandlung in Augenschein genommen werden, falls diese richterlichen Skizzen zum Bestandteil des Augenscheinsprotokolls gemacht wurden[2]. Eine Begründung für diese unterschiedliche Behandlung von Tatort- und Unfallskizzen fehlt zwar in Rechtsprechung und Literatur, jedoch ergibt sich die Zulässigkeit der Augenscheinseinnahme von richterlichen Skizzen und Zeichnungen in der Hauptverhandlung aus einer Analogie zu § 249 I 2 StPO: Die Vorschrift des § 249 I 2 StPO gestattet im Gegensatz zu § 250 S. 2 StPO, richterliche Wahrnehmungen durch Verlesung eines schriftlichen Augenscheinsprotokolls in die Hauptverhandlung einzuführen und beugt damit gleichzeitig einem sonst denkbaren Ausschluß des beweiserhebenden Richters von der Hauptverhandlung nach § 22 Nr. 5 StPO vor[3]. Der gleiche

1) Siehe hierzu oben A.II. sowie OLG Celle in DAR 1967, 249 (250).
2) Schmidt, LK II, § 86 Rdn. 20; Kleinknecht/Meyer, § 86 Rdn. 16; KMR-Paulus, § 86 Rdn. 4; siehe auch oben im 2. Teil 1. Abschnitt B.II.
3) Siehe hierzu bereits oben B.I.2.

Rechtsgedanke muß auch für die Fälle gelten, in denen der Richter seine Wahrnehmungen nicht nur nach § 86 StPO in einem Augenscheinsprotokoll schriftlich festhält, sondern zusätzlich auf zeichnerischem Wege ergänzt, denn ansonsten müßte das erkennende Gericht bei Unklarheiten in der schriftlichen Darstellung auf die beigefügte Skizze verzichten und den beweiserhebenden Richter als Zeugen zur näheren Erläuterung des Augenscheinsprotokolls vernehmen. Gerade diese Vernehmung und den darauffolgenden Ausschluß des beweiserhebenden Richters vom Richteramt gemäß § 22 Nr. 5 StPO will § 249 I 2 StPO aber verhindern, so daß die Bestimmung des § 249 I 2 StPO analog auf die Augenscheinseinnahme von richterlichen Tatort- und Unfallskizzen anzuwenden ist, wenn diese Bestandteil eines Augenscheinsprotokolls sind.

Aus den oben dargestellten Gründen kann das erkennende Gericht eine Tatortbesichtigung nie allein durch eine Augenscheinseinnahme an einer nichtrichterlichen Tatortskizze ersetzen. Dementsprechend kommt bei nichtrichterlichen Tatortskizzen nur eine Verwendung als bloßes Anschauungsmaterial zur Verdeutlichung der von den Zeugen geschilderten Vorgänge in Betracht[1]. Die demgegenüber in vielen älteren Entscheidungen zu findende Formulierung, eine Tatortskizze[2], eine vom Angeklagten überreichte Skizze[3] oder eine amtliche Unfallskizze[4] könne als Beweismittel angesehen und zum Gegenstand des richterlichen Augenscheins in der Hauptverhandlung gemacht werden, ist somit zumindest mißverständlich, denn das Gericht darf seine Kenntnisse über die Tatortverhältnisse nie allein auf vorliegende Tatortskizzen stützen. Tatort- oder Unfallskizzen können daher nur dann allein als Augenscheinsobjekte herangezogen werden, wenn nicht die Vermittlung des zeichnerisch festgehaltenen Gedankeninhalts, sondern der bloße Beweis ihrer Existenz in Frage

1) Mühlhaus in DAR 1965, 12 (13); Sarstedt/Hamm, Rdn. 294 (S. 232).
2) BGH in VRS 27, 119 (120) u. S. 192; ebenso in jüngerer Zeit BGH bei Spiegel in DAR 1977, 176; offengelassen von BGHSt 18, 51 (53); BGH in GA 1968, 305 (306).
3) OLG Hamm in VRS 4, 602 (603).
4) OLG Hamm in DAR 1956, 226 (227); KG in NJW 1953, 1118; OLG Hamm in VRS 18, 55 (56).

steht[1]).

Ist somit wegen § 250 StPO eine Verwendung von Tatort- und Unfallskizzen zur Vermittlung von Tatortverhältnissen nur dann zulässig, wenn sie als Hilfsmittel für eine Vernehmung des Angeklagten oder eines Zeugen herangezogen werden, so ändert sich die eingangs aufgeworfene Fragestellung nach dem Ersatz einer unmittelbaren Tatortbesichtigung durch Tatortskizzen: Es ergibt sich nunmehr das Problem, ob die unmittelbare Tatortbesichtigung dadurch ersetzt werden darf, daß Angeklagte oder Zeugen mit Hilfe ihnen vorgelegter Tatortskizzen die Einzelheiten am Tatort erläutern.

Im Prinzip ist anerkannt, daß die Vernehmung des Angeklagten oder der Unfallzeugen, selbst wenn sie anhand von Unfallskizzen im Gerichtssaal durchgeführt wird, meist kein auch nur annähernd so lebendiges Bild vom Tatgeschehen verschaffen kann, wie dies durch die Vernehmung dieser Personen am Tatort möglich ist[2]). Trotzdem gehen die Rechtsprechung[3]) und die Literatur[4]) davon aus, daß das erkennende Gericht auf eine unmittelbare Tatortbesichtigung verzichten könne, wenn die an der Gerichtsstelle vorhandene amtliche Tatortskizze eine hinreichend klare Vorstellung von den örtlichen Verhältnissen vermittelt oder wenn es auf die durch eine Tatortbesichtigung zu klärenden Einzelheiten nicht ankommt. Eine Verletzung der richter-

1) Kleinknecht/Meyer, § 86 Rdn. 12. Damit nicht zu verwechseln ist die Frage, ob Tatortskizzen selbst Augenscheinsobjekte sein können. Hierzu wurde bereits ausgeführt, daß Tatortskizzen eigene Beweismittelqualität zukommt, wenn der in ihnen fixierte Gedankeninhalt ohne Erläuterung durch andere Personen für den Richter aus sich heraus verständlich ist - siehe oben im 1.Teil 2. Abschnitt C.I. Hier geht es dagegen um die Frage, in welcher Form derartige Tatortskizzen zum Gegenstand der Hauptverhandlung gemacht werden dürfen, insbesondere um die Zulässigkeit nach § 250 StPO; ebenso zu Recht: KG in VRS 13, 265 (267); OLG Hamm in VRS 28, 380 (381); BayObLGSt 1965, 79 f., wo diese Fragen klar getrennt werden.

2) So insbesondere BGHSt 18, 46 (50); BGH in VRS 4, 122.

3) BGH in VRS 4, 122; BGH in VRS 5, 541 (543); BGH in VRS 28, 420 (421); BGH in VRS 36, 23 (24); OLG Düsseldorf in VRS 31, 456 (457).

4) Gössel, Strafverfahrensrecht, S. 258; KK-Pelchen, § 86 Rdn. 2; Alsberg/Nüse/Meyer, S. 225; Wenner, S. 153.

lichen Aufklärungspflicht gemäß § 244 II StPO liege nur dann vor, falls es sich aufdrängte, daß eine Besichtigung der Örtlichkeit selbst zu Ergebnissen führen würde, die über das hinausgingen, was aus derartigen Augenscheinssurrogaten zu entnehmen sei[1].

Daraus folgt, daß die richterliche Aufklärungspflicht nach § 244 II StPO zumindest immer dann eine unmittelbare Tatortbesichtigung gebietet, wenn sich das Gericht mit Hilfe von Tatortskizzen und Aussagepersonen keine hinreichende Klarheit über die Ortsverhältnisse verschaffen kann[2]. So kann z.B. zur Feststellung von Sichtbehinderungen in Verkehrsstrafsachen eine Tatortbesichtigung selbst dann notwendig werden, wenn das Gericht neben Tatortskizzen und -fotografien sowie der Einlassung des Angeklagten bereits über eigene Ortskenntnisse verfügt[3].

Die eigentliche Schwierigkeit bei der Verwendung von Tatort- und Unfallskizzen besteht für das erkennende Gericht darin, festzustellen, ob die vorhandene Zeichnung mit den wirklichen Tatortverhältnissen übereinstimmt. Das Gericht kann zwar bei Zweifeln über die Richtigkeit und Vollständigkeit der Skizze den Hersteller als Zeugen vernehmen, falls diese Zweifel durch Erörterung mit den Prozeßbeteiligten nicht zu beheben sind[4], jedoch wird der Hersteller der Skizze in den meisten Fällen seine eigenen Eintragungen nur bestätigen, weil er aus der Erinnerung heraus keine konkreteren Angaben machen kann. Damit werden etwaige fehlerhafte Darstellungen in der Tatort- oder Unfallskizze[5] eher verdeckt als aufgeklärt. Selbst wenn der Hersteller der Zeichnung aufgrund eigener angeblich guter Ortskenntnisse oder genauer Erinnerung detaillierte Aussagen zur Verdeutlichung oder Korrektur der Skizze macht, so könnten

1) BGH in Strafverteidiger 1981, 395 f. = NStZ 1981, 310; BGH bei Pfeiffer/Miebach in NStZ 1985, 206.
2) Ebenso: Sarstedt/Hamm, Rdn. 294 (S. 232); Rohling in DAR 1953, 207 (209).
3) Siehe hierzu: OLG Hamm in DAR 1957, 51; OLG Frankfurt in VRS 46, 461.
4) So das OLG Hamm in VRS 28, 380 (381).
5) Zu Fehlerquellen bei Tatort- und Unfallskizzen siehe ausführlich oben im 3. Teil 2. Abschnitt B.II.2.d) sowie Rohling in DAR 1953, 207 (208 f.).

diese Angaben der Einlassung des Angeklagten hierzu widersprechen. Ein Beweisantrag nach § 244 V StPO auf unmittelbare Augenscheinseinnahme am Tatort kann dann nicht abgelehnt werden, weil dieser sich gegen die Zuverlässigkeit der Zeugenaussage des Skizzen-Herstellers richtet[1]. Daher ist es sowohl aus Gründen umfassender Wahrheitserforschung gemäß § 244 II StPO als auch unter prozeßökonomischen Gesichtspunkten geboten, bei bestehenden Zweifeln hinsichtlich einer Tatort- oder Unfallskizze gleich einen richterlichen Augenschein am Tatort anzuordnen, wobei gegebenenfalls der Hersteller der Zeichnung als Zeuge hinzugezogen werden kann.

b) Lichtbilder

Die vorstehend aufgestellten Grundsätze für Tatort- und Unfallskizzen sind nicht ohne Einschränkungen auf Lichtbilder vom Tat- oder Unfallort übertragbar.

Fotografische Aufnahmen können unabhängig davon, ob es sich um richterliche Lichtbilder als Bestandteil eines Augenscheinsprotokolls oder um nichtrichterlicher Fotografien handelt, in richterlichen Augenschein genommen werden, weil hierdurch die subjektiven Wahrnehmungen eines Zeugen i.S.v. § 250 StPO nicht ersetzt werden, sondern lediglich der damalige objektive Zustand des Tat- oder Unfallortes vermittelt wird[2]. Die unterschiedliche Bewertung von Skizzen und Lichtbildern im Hinblick auf § 250 StPO läßt sich insbesondere dadurch erklären, daß in Skizzen nur die vom Hersteller subjektiv für wichtig befundenen Wahrnehmungen enthalten sind, während Lichtbilder bei ihrer späteren Betrachtung auch Wahrnehmungen ermöglichen, die der Hersteller der Fotografie am originären Augenscheinsobjekt nicht gemacht hat[3].

1) Vgl. BGHSt 8, 177 (181); OLG Köln in Strafverteidiger 1983, 451 (452) sowie oben im 3. Teil 3. Abschnitt B. Auch das OLG Frankfurt in VRS 46, 461, sieht den Beweisantrag auf Tatortbesichtigung gemäß § 244 V StPO als begründet an, wenn hierdurch die Unrichtigkeit einer Skizze bewiesen werden soll.
2) Siehe hierzu bereits oben A.II.
3) BayObLGSt 1965, 79 (80); Koffka in JR 1966, 389 (390); Odenthal, S. 77 f.; Schlüchter, Rdn. 539 f.; Robert, S. 56.

Will das erkennende Gericht anstelle einer unmittelbaren Tatortbesichtigung vorhandene Tatortfotographien als Beweismittel des richterlichen Augenscheins verwenden, so muß in der Regel der Hersteller des Lichtbildes als Zeuge zu der Frage vernommen werden, an welchem Ort und zu welcher Zeit das Bild aufgenommen wurde[1]. Erst durch die Vernehmung des Herstellers der Fotografie kann nämlich das Augenscheinsobjekt "Lichtbild" als unselbständiges Beweismittel darüber Beweis erbringen, wo und wann sich der Tat- oder Unfallort in dem abgebildeten Zustand befand[2]. Im Gegensatz zur Vernehmung des Herstellers einer Tatortskizze dient die Vernehmung des Herstellers eines Lichtbildes also nicht dazu, die abgebildeten Einzelheiten zu erläutern, sondern hat den Zweck, die "Identität" des Lichtbildes in bezug auf das Tatgeschehen festzustellen. Dagegen kann auf die Vernehmung des Herstellers eines Lichtbildes z.B. dann verzichtet werden, wenn der Herstellungsort feststeht und die Uhrzeit in dem vorliegenden Lichtbild selbst eingeblendet ist[3].

Das Hauptanwendungsgebiet von Lichtbildern ist jedoch nicht ihre Heranziehung als Objekte richterlichen Augenscheins, sondern sie werden in den meisten Fällen lediglich als Hilfsmittel zur Verdeutlichung einer Aussage des Angeklagten oder eines Zeugen eingesetzt[4]. Stehen die auf dem Lichtbild wiedergegebenen Einzelheiten im Widerspruch zu Zeugenaussagen über ihre Wahrnehmungen am Tatort, so kann das Gericht entweder den Hersteller des Lichtbildes darüber vernehmen lassen, unter wel-

---

1) RGSt 36, 55 (57); BayObLGSt 1965, 79 (80); Hahn, Ton- und Bildträger, S. 81; Schmidt, LK II, § 86 Rdn. 21; Gramse in AnwBl. 1980, 433 (441 f.); Alsberg/Nüse/Meyer, S. 230 m.w.N. in Fn. 12.
2) Zur Eigenart des Augenscheinsobjekts, nur unselbständig, d.h. in Verbindung mit anderen Beweismitteln Beweis erbringen zu können, siehe oben im 1. Teil 2. Abschnitt C.I.
3) Siehe hierzu den Fall des OLG Stuttgat in DAR 1977, 328, der Lichtbilder aus einer fotografischen und chronometrischen Überwachung einer Lichtzeichenanlage betrifft.
4) BGHSt 18, 51 (53); BGH in VRS 36, 189 (190); BGH in GA 1968, 305 (306); OLG Hamm in VRS 44, 117 f.; OLG Koblenz in VRS 44, 433 (434); OLG Frankfurt in Verk-Mitt. 1983, Nr. 84 (S. 70); Gramse in AnwBl. 1980, 433 (442); Alsberg/Nüse/Meyer, S. 230 f.

chen Umständen die Aufnahme am Tatort entstanden ist[1] oder den Tatort unmittelbar in Augenschein nehmen. Die richterliche Aufklärungspflicht gemäß § 244 II StPO gebietet zumindest immer dann eine unmittelbare Tatortbesichtigung, wenn der Tatrichter mit Hilfe der Zeugenaussagen nicht zu einer hinreichenden Feststellung über die Beschaffenheit des abgebildeten Ortes gelangen kann[2]. Hierbei hat das Gericht insbesondere zu berücksichtigen, daß auch Lichtbilder die wirklichen Tatortverhältnisse u.U. nur ungenau wiedergeben können[3]. So können sich vor allem der Angeklagte oder sein Verteidiger die allgemeine Tendenz in der forensischen Praxis, anstelle einer unmittelbaren Tatortbesichtigung auf Tatortfotografien zurückzugreifen, zunutze machen, indem sie entlastendes Bildmaterial in Form von "gestellten Lichtbildern" präsentieren. In derartigen Fällen kann erst eine unmittelbare Tatortbesichtigung zur Klärung der wirklichen Tatortverhältnisse führen.

Eine Überprüfung des Beweiswertes eines Lichtbildes durch unmittelbare Tatortbesichtigung ist aber dann ausgeschlossen, falls feststeht, daß sich die ursprünglichen Verhältnisse am Tatort total verändert haben und eine Rekonstruktion des früheren Zustandes unmöglich ist. In diesem Fall ist das Lichtbild als "mittelbares Augenscheinsobjekt" zum bestmöglichen Beweis geworden, weil der Tatort in seinem originären Zustand nicht mehr für eine Beweisaufnahme zur Verfügung steht[4]. Besteht dagegen die Möglichkeit, zwischenzeitlich eingetretene Veränderungen am Tatort dadurch auszugleichen, daß die ursprünglichen Tatortverhältnisse sich wieder rekonstruieren lassen, so ist das Gericht zur Rekonstruktion und Besichtigung des Tatortes verpflichtet[5].

1) OLG Hamm in VRS 44, 114 (115); OLG Koblenz in VRS 44, 433 (434).
2) So zu Recht: Gramse in AnwBl. 1980, 433 (442).
3) Zu Fehlerquellen bei Lichtbildern siehe oben im 3. Teil 2. Abschnitt B.II.2.d).
4) Ähnlich auch Robert, S. 55.
5) So zu Recht: BGH in Strafverteidiger 1987, 4 f.

Zusammenfassend kann daher festgestellt werden, daß die Verwendung von Augenscheinssurrogaten wie Tatort- und Unfallskizzen sowie Lichtbilder als Ersatz für eine unmittelbare Tatortbesichtigung mit nicht unerheblichen Gefahren für die Wahrheitserforschung verbunden sein kann[1]. Bevor das Gericht auf den Inhalt des im Augenscheinssurrogat wiedergegebenen Original-Beweismittels eingehen kann, muß zunächst die Beweiskraft des Surrogats - nämlich dessen Übereinstimmung mit dem originären Augenscheinsobjekt - ermittelt werden[2]. Gerade diese Frage kann jedoch überwiegend erst dann zweifelsfrei geklärt werden, wenn das Gericht den originären Augenscheinsgegenstand besichtigt. Kommt es für die konkrete Entscheidung im Einzelfall maßgeblich auf bestimmte Details am Tat- oder Unfallort an, so gebietet die richterliche Aufklärungspflicht gemäß § 244 II StPO somit in der Regel einen Verzicht auf Augenscheinssurrogate und eine unmittelbare Besichtigung des Tat- oder Unfallortes, falls die Richtigkeit und Vollständigkeit dieser Details im reproduzierenden Augenscheinssurrogat und damit die Identität des Surrogats mit dem Original-Beweismittel nicht zweifelsfrei feststeht. Demgegenüber müssen prozeßökonomische Gründe, die eine Verwendung von Augenscheinssurrogaten anstelle unmittelbarer Ortsbesichtigungen nahelegen, zurückstehen, weil Erwägungen der Prozeßwirtschaftlichkeit und Gesichtspunkte der Verfahrensbeschleunigung nur so lange die Auswahl eines Beweismittels mitbestimmen dürfen, wie die Wahrheitserforschung nicht darunter leidet[3].

3. Ersatz des richterlichen Augenscheins durch Zeugenaussagen

Nach Sinn und Zweck von § 250 StPO sind zwar Augenscheinsein-

1) Zu Auswirkungen fehlerhafter Augenscheinssurrogate auf Fehlurteile in der Praxis siehe oben im 3. Teil 3. Abschnitt A.I.3. (Fall Nr. 995).
2) Heissler, S. 91; Geppert, S. 180, bezeichnet dies als "feststellende Würdigung".
3) So zu Recht: Gollwitzer in JR 1978, 119 (120).

nahmen unzulässig, wenn hierdurch der Bericht eines Zeugen über dessen Wahrnehmungen ersetzt werden soll[1)], jedoch gilt das Reproduktionsverbot des § 250 StPO nicht für den umgekehrten Fall eines Ersatzes des richterlichen Augenscheins durch Zeugenaussagen. Daher stellt sich die Frage, inwieweit die das materielle Unmittelbarkeitsprinzip schützende Vorschrift des § 244 II StPO die Reproduktion von Augenscheinsobjekten durch Zeugenaussagen gestattet.

Es entspricht der alltäglichen Praxis der Strafgerichte, daß im Verlauf einer Zeugenvernehmung auch bestimmte Tatortverhältnisse vom Zeugen beschrieben werden, ohne daß das Gericht in allen Fällen gleich auch eine Tatortbesichtigung zur Kontrolle der Zeugenaussage und weiteren Beweisaufnahme durchführt. Dabei treten im Zusammenhang mit der Frage, ob durch die Zeugenaussage die wirklichen Tatortverhältnisse richtig wiedergegeben werden, genau diejenigen Mängel wieder auf, die bei jedem Zeugenbeweis anzutreffen sind: Wahrnehmungsfehler, Erinnerungsverluste sowie Wiedergabefehler[2)]. Außerdem muß das Gericht neben derartigen Irrtümern eines Zeugen auch dessen Glaubwürdigkeit beurteilen. Trotzdem ist das Gericht nicht stets zu einer unmittelbaren Tatortbesichtigung verpflichtet, sondern kann sich im Rahmen der freien Beweiswürdigung gemäß § 261 StPO prinzipiell mit der Zeugenaussage begnügen.

Die Untersuchung über Fehlerquellen bei richterlichen Augenscheinseinnahmen hat jedoch u.a. ergeben, daß es bestimmte, immer wiederkehrende Situationen während der Beweisaufnahme gibt, die für das Gericht eine unmittelbare Tatortbesichtigung auch dann nahelegen, wenn es bereits Zeugen über den Tatort befragt hat[3)]. Überträgt man die dort gewonnenen Erkenntnisse, die sich aus konkreten Fehlurteilen der Praxis ergaben, auf die hier interessierende Frage, in welchen Fällen trotz vorliegender

1) Siehe hierzu oben A.II.
2) Geppert, S. 180; Glaser, Beiträge, S. 378; zu Fehlerquellen bei Zeugenaussagen im Vergleich zum richterlichen Augenschein siehe oben im 3. Teil 2. Abschnitt B; zum Beweiswert von Zeugenaussagen jüngst auch Kühne in NStZ 1985, 252 ff.
3) Siehe hierzu oben im 3. Teil 3. Abschnitt A.I.3. (Fall Nr. 212) und nachfolgende Ausführungen.

Zeugenaussagen die Aufklärungspflicht gemäß § 244 II StPO eine unmittelbare Tatortbesichtigung gebietet, so ist das Gericht bei widersprüchlichen Aussagen von Angeklagten und Zeugen über bestehende Ortsverhältnisse zur Ortsbesichtigng verpflichtet, wenn es für die individuelle Entscheidung auf die tatsächliche Beschaffenheit des Tatortes maßgeblich ankommt. Die Pflicht zur umfassenden Wahrheitserforschung macht eine Tatortbesichtigung auch immer dann notwendig, falls Beobachtungen von Zeugen nach Lage des übrigen Sachverhalts unwahrscheinlich sind oder die Zeugenaussagen aus sonstigen Gründen unglaubwürdig erscheinen. Schließlich muß nach § 244 II StPO ein Tatort in Augenschein genommen werden, wenn verschiedene Zeugen voneinander abweichende oder sich widersprechende Beschreibungen desselben Ortes abgeben und die wirklichen Tatortverhältnisse für die konkrete Entscheidung ausschlaggebend sind.

Zu Recht hat daher das OLG Hamm[1] entschieden, daß zur Beurteilung von Beleuchtungsverhältnissen abgestellter Kraftfahrzeuge uneinheitliche und sich z.T. widersprechende Zeugenaussagen hierüber nicht ausreichend sind, sondern eine Augenscheinseinnahme am Unfallort notwendig ist. Demgegenüber können z.B. vier übereinstimmende Zeugenaussagen zur Feststellung von Sichtbehinderungen am Unfallort ausreichen, wenn diese Sichtbehinderungen vom Betroffenen zwar abgestritten werden, jedoch die Verhältnisse am Unfallort nachträglich nicht mehr rekonstruierbar sind[2].

In der Rechtsprechung wird dagegen vielfach die Ersetzung des richterlichen Augenscheins durch Zeugenaussagen generell für zulässig erklärt, weil es sich bei einem richterlichen Augenschein nicht um die Feststellung einer vergangenen Tatsache, sondern um die Feststellung eines Zustandes oder um einen jederzeit wiederholbaren Vorgang handele, der nicht an eine bestimmte Wahrnehmung einer Person gebunden sei und deshalb auch durch zuverlässige Zeugenaussagen zur Kenntnis des Gerichts

1) OLG Hamm in VRS 22, 56 (58); ähnlich OLG Hamm in VRS 13, 306 (308).
2) OLG Koblenz in VRS 45, 48 (49 f.).

gebracht werden könne[1]. Gegen diese Ansicht spricht jedoch, daß jede Beweisreproduktion eines Augenscheinsobjekts durch Zeugenaussagen die bekannten Schwächen des Zeugenbeweises berücksichtigen muß und die in § 244 II StPO normierte gerichtliche Aufklärungspflicht dazu führen kann, gerade diese Mängel durch eine unmittelbare Tatortbesichtigung oder sonstige Augenscheinseinnahme von vornherein auszuschließen. Es geht also nicht in erster Linie um die Frage, ob es sich bei einer richterlichen Augenscheinseinnahme um eine personengebundene Wahrnehmung handelt oder nicht, sondern darum, inwieweit die Vermittlung eines Augenscheinsobjekts durch Zeugenaussagen die urteilsrelevanten Einzelheiten genauso zuverlässig wiedergibt wie eine richterliche Augenscheinseinnahme. Die Beantwortung dieser Frage hängt im wesentlichen davon ab, ob sich das Augenscheinsobekt zum Zeitpunkt der Hauptverhandlung noch in seinem ursprünglichen Zustand befindet oder nicht. Lassen sich die ursprünglichen Verhältnisse am Tatort oder sonstigen Augenscheinsobjekt rekonstruieren, so hat das Gericht bei widersprüchlichen Aussagen über den Tatort in der Regel eine Augenscheinseinnahme durchzuführen[2]. Sind hingegen infolge zwischenzeitlich eingetretener Veränderungen am Augenscheinsobjekt die ursprünglichen Verhältnisse nicht mehr wiederherstellbar, verbleibt dem Gericht nur noch die Möglichkeit, die damaligen Wahrnehmungen eines Zeugen am unveränderten Beweisgegenstand durch Vernehmung in die Hauptverhandlung einzuführen, um zumindest auf diesem Wege Kenntnis von der Beschaffenheit des Beweisobjekts zu erhalten. Nur im letzteren Fall ist die Zeugenaussage zum bestmöglichen Beweis geworden, weil eine Wahrnehmung des Zeugen am unveränderten Augenscheinsgegenstand existiert, bevor der Beweisverlust eingetreten ist.

1) So z.a.: RGSt 47, 100 (106); OLG Hamm in VRS 34, 61; OLG Koblenz in VRS 45, 48 (49 f.); OLG Koblenz in VRS 45, 393 f.; im Ergebnis ebenso KG in NJW 1980, 952 f.: KK-Herdegen, § 244 Rdn. 112.
2) Vgl. wiederum: BGH in NStZ 1984, 565 sowie OLG Hamm in VRS 22, 56 (58); OLG Frankfurt in DAR 1977, 305.

Für die Reproduktion eines Augenscheinsobjekts durch Zeugenaussagen ist abschließend noch darauf hinzuweisen, daß das Gericht Zweifel hinsichtlich der Darstellung eines Zeugen über bestehende Tatortverhältnisse nicht unter Hinweis auf die Freiheit richterlicher Beweiswürdigung nach § 261 StPO beseitigen darf, indem es die Zuverlässigkeit der Wahrnehmung des Zeugen oder seine Glaubwürdigkeit bejaht. Die freie Beweiswürdigung gemäß § 261 StPO darf nämlich erst dann einsetzen, wenn der in § 244 II StPO normierte Auftrag zu umfassender Wahrheitserforschung vollständig erfüllt ist[1], so daß derartige Zweifel bei Zeugenaussagen nur durch eine unmittelbare Tatortbesichtigung ausgeräumt werden können, falls die wirklichen Tatortverhältnisse für die konkrete Entscheidung von ausschlaggebender Bedeutung sind.

4. Richterlicher Augenschein und reproduzierender Sachverständigenbeweis

Problematisch ist weiterhin, ob das erkennende Gericht neben einem Sachverständigengutachten, das die fachkundige Auswertung eines Augenscheinsgegenstandes zum Inhalt hat, auch noch das bereits begutachtete Beweisobjekt selbst in Augenschein nehmen muß. Hierbei geht es somit nicht um die Geltung des Prinzips materieller Unmittelbarkeit bei richterlichen Augenscheinseinnahmen, sondern um die Frage, inwieweit der aus § 261 StPO zu entnehmende Grundsatz formeller Unmittelbarkeit die Besichtigung eines Augenscheinsobjekts auch dann notwendig macht, wenn hierüber schon ein Sachverständigengutachten vorliegt. Nach ständiger Rechtsprechung des BGH[2] und ganz herrschender Ansicht in der Literatur[3] wird bei den sog. Anknüpfungstat-

1) So zu Recht: Heescher, S. 81; Walter, S. 295; Harreß, S. 66.
2) BGH in NJW 1951, 771; BGHSt 9, 292 (293); 13, 1 (2); 18, 107 (108); 20, 164 (165 f.); 22, 268 (271).
3) Russ in NJW 1962, 385 f.; Schmidt in JZ 1957, 229 f.; Roxin, § 27 D 2; Löhr, S. 115 f.; KMR-Paulus, Rdn. 37 vor § 72; KK-Pelchen, Rdn. 4 f. vor § 72; Schlüchter, Rdn. 527; teilweise abweichend hingegen Geppert, S. 251 ff.

sachen, die vom Gericht dem Sachverständigen mitgeteilt werden und auf denen das Sachverständigengutachten beruht[1], wie folgt differenziert: Handelt es sich um Befundtatsachen, d.h. solche Tatsachen, die der Gutachter gerade vermöge seiner eigenen Sachkunde ermittelt hat, so können diese durch gutachterliche Äußerungen des Sachverständigen in die Hauptverhandlung eingeführt und vom Gericht ohne weitere Beweisaufnahme als Urteilsgrundlage verwertet werden. Dagegen dürfen sog. Zusatztatsachen, also Tatsachen, die das Gericht mit den ihm zur Verfügung stehenden Mitteln auch selbst erforschen könnte, nicht allein im Wege eines Sachverständigengutachtens zum Gegenstand der Hauptverhandlung gemacht werden, sondern müssen durch zusätzliche Beweismittel in die Hauptverhandlung eingeführt werden.

Folgerichtig hat das OLG Düsseldorf die unterlassene Inaugenscheinnahme eines Fahrtschreiberdiagramms trotz eines vorliegenden Sachverständigengutachtens als Verstoß gegen § 261 StPO bewertet[2]. Auch das OLG Hamm hat unter ausdrücklicher Berufung auf das (formelle) Unmittelbarkeitsprinzip die unterlassene Augenscheinseinnahme einer Schriftprobe, die zur Überführung eines Angeklagten wegen Urkundenfälschung dienen sollte, als Verletzung des § 261 StPO angesehen, obwohl hierüber bereits ein Gutachten eines Schriftsachverständigen vorlag[3]. In beiden Entscheidungen wird darauf hingewiesen, daß es sich bei einem Fahrtschreiberdiagramm bzw. einer Schriftprobe nicht um Befundtatsachen handele, die allein durch die Anhörung eines Sachverständigen in die Hauptverhandlung eingeführt werden könne. Deshalb sei das Tatgericht verpflichtet, derartige Beweisobjekte zunächst durch Augenscheinseinnahme zum Gegenstand der Hauptverhandlung zu machen, um sich nach Anhörung eines Sachverständigen seine eigene Überzeugung hinsichtlich des Beweisinhaltes dieser Augenscheinsobjekte bilden zu können. Im übri-

1) Zum Begriff der Anknüpfungstatsache vgl. statt vieler: BGHSt 18, 107 (108); Schlüchter, Rdn. 527, Roxin, § 27 D; KK-Pelchen, Rdn. 3 vor § 72.
2) OLG Düsseldorf in VRS 39, 277 f.
3) OLG Hamm in Strafverteidiger 1984, 457; zustimmend LR-Gollwitzer (24. Aufl.), § 244 Rdn. 330.

gen sei die unmittelbare Augenscheinseinnahme solcher Beweisgegenstände der einzige Weg, damit das Gericht seiner Pflicht genügen könne, die tatsächlichen Grundlagen des Sachverständigengutachtens und die daraus gezogenen Schlußfolgerungen auf ihre Richtigkeit hin zu überprüfen und zu einer eigenverantwortlichen Entscheidung zu gelangen.

Damit verfolgt die richterliche Augenscheinseinnahme an Beweisobjekten, die ein Gericht einem Sachverständigen vorher zur Auswertung überlassen hat, in erster Linie das Ziel, die vom Sachverständigen gegebene Begründung für das Ergebnis seines Gutachtens gedanklich nachzuvollziehen, um bei Zweifeln konkrete Fragen zum eigenen Verständnis sowie zur Überprüfung der gutachterlichen Äußerungen stellen zu können[1]. Beauftragt das Gericht einen Sachverständigen mit der fachkundigen Auswertung eines Beweisgegenstands, das als Zusatztatsache einzuordnen ist, so liegt zunächst ein Verstoß gegen das Prinzip materieller Unmittelbarkeit vor, weil das Gericht sich nicht auf die ihm auch mögliche Auswertung eines Augenscheinsobjekts verläßt, sondern die mittelbare Erforschung durch Sachverständige genügen läßt. Bei näherer Betrachtung ergibt sich jedoch, daß keine wirkliche Verletzung dieses Grundsatzes gegeben ist, da die Vorschrift des § 244 II StPO bei komplizierten Augenscheinsgegenständen die Hinzuziehung eines Sachverständigen gebietet, um eine falsche Auswertung der Schriftprobe des Fahrtschreiberdiagramms usw. durch das Gericht zu vermeiden[2]. Die fehlende Sachkunde des Gerichts kann also bei Augenscheinsobjekten dazu führen, daß das Gericht im Interesse einer umfassenden Aufklärung gemäß § 244 II StPO die Auswertung derartiger Beweisgegenstände einem Sahverständigen überläßt - das "mittelbare Sachverständigengutachten" ist somit gegenüber dem originären Au-

1) Zur Pflicht des Gerichts, die Ausführungen des Sachverständigen eigenverantwortlich nachzuprüfen, siehe bereits oben im 1. Teil 2. Abschnitt B.III.
2) Zu theoretischen und in der Praxis nachweisbaren Fehlerquellen infolge Überschätzung der eigenen Sachkunde des Gerichts siehe oben im 3. Teil 2. Abschnitt B.I.2. sowie im 3. Teil 3. Abschnitt A.I.2.

genscheinsobjekt zum bestmöglichen Beweis geworden, obwohl der ursprüngliche Beweisgegenstand noch existiert. Zur Kontrolle dieses "mittelbaren Sachverständigenbeweises" wird das Gericht dann gemäß § 261 StPO unter Verwirklichung des Prinzips formeller Unmittelbarkeit verpflichtet, das originäre Beweisobjekt in Augenschein zu nehmen.

Dementsprechend wirkt die Forderung nach formeller Unmittelbarkeit bei Augenscheinseinnahmen selbst dann noch fort, wenn das Augenscheinsobjekt bereits über ein Sachverständigengutachten zum Gegenstand der Hauptverhandlung gemacht worden ist. Das Gericht darf sich somit seiner Pflicht zur unmittelbaren Augenscheinseinnahme nicht unter Hinweis auf ein vorliegendes Sachverständigengutachten entziehen, sondern muß trotz der überlegenen Sachkunde des Sachverständigen bei Beweisobjekten, deren Auswertung prinzipiell auch vom Richter durchgeführt werden könnte, eine Augenscheinseinnahme vornehmen.

5. Ersatz des richterlichen Augenscheins durch Augenscheinsgehilfen

Sehr problematisch und bis heute völlig ungeklärt ist die Frage, ob das erkennende Gericht berechtigt ist, anstelle einer eigenen unmittelbaren Augenscheinseinnahme eine nichtrichterliche Beweisperson - heute ganz überwiegend als Augenscheinsgehilfe bezeichnet - mit der Besichtigung des Beweisgegenstandes oder der Örtlichkeit zu beauftragen und die Wahrnehmung dieses Augenscheinsgehilfen durch Vernehmung in die Hauptverhandlung einzuführen.

a) Die Ansichten in Rechtsprechung und Literatur

Das Reichsgericht hat schon in einem Urteil aus dem Jahre 1881 die Auffassung vertreten, daß das Gericht als Ersatz für eine richterliche Ortsbesichtigung einen Zeugen mit der Besichtigung des Tatortes beauftragen und diesen anschließend in der Hauptverhandlung vernehmen könne[1]. In der Folgezeit hat sich die Rechtsprechung dieser Ansicht des Reichsgerichts ausnahmslos angeschlossen[2]. Zur Begründung für die rechtliche Zulässigkeit von Augenscheinsgehilfen wird darauf hingewiesen, daß es sich bei einer Augenscheinseinnahme nicht um eine personengebundene Wahrnehmung handele, so daß der Augenschein auch durch eine vom Gericht beauftragte nichtrichterliche Beweisperson vorgenommen werden könne[3]. Das BayObLG sieht demgegenüber die Verwendung von Augenscheinsgehilfen nur dann als zulässig an, "wenn auch auf diese Weise die erforderliche Aufklärung herbeigeführt wird"[4].

In der Literatur lassen sich die Stellungnahmen zur Heranziehung von Augenscheinsgehilfen im wesentlichen in drei Gruppen einteilen: Ein Teil des Schrifttums befürwortet generell den Ersatz des richterlichen Augenscheins durch Augenscheinsgehilfen[5], ein weiterer Teil will Augenscheinsgehilfen nur in bestimmten Fällen zulassen[6] und die dritte Gruppe lehnt die Heranziehung von Augenscheinsgehilfen völlig ab[7].

1) RG in Rechtsprechung Bd. 3, 544 (545).
2) RGSt 47, 100 (106); RG in JW 1931, 2813; OLG Hamm in VRS 34, 61; BayObLG bei Rüth in DAR 1967, 294; OLG Frankfurt in VRS 58, 368 (369 f.).
3) RGSt 47, 100 (106); OLG Hamm in VRS 34, 61.
4) BayObLG bei Rüth in DAR 1967, 294.
5) Ligges, S. 173; Hegler in AcP 104, 151 (157 f.); Alsberg in JW 1930, 714; Dähn in JZ 1978, 640 (641); Beling in ZStW Bd. 15, 471 (475); Stein, S. 66 u. S. 70; Simader, S. 214; Rieker S. 76; Geppert, S. 195 f.; Schlüchter, Rdn. 526 in Fn. 424 a; Kramer in Jura 1983, 113 (120 f.); Kube/Leineweber, S. 22 f.; Krause/Nehring, Rdn. 114; Roxin, § 27 A II 2 b; KK-Pelchen, § 86 Rdn.3; Alsbeg/Nüse/Meyer, S. 225f.
6) Lent in ZZP 60, 9 (34); Mezger, S. 143; Kessler, Sachverständigengutachten, S. 120 f.; Goldschmidt, S. 434 ff. in Fn. 2288; Jessnitzer, S. 30 f.; Robert, S. 22 f.; Schmidt, LK II, Rdn. 19 vor § 72 u. § 86 Rdn. 8; Henkel, S. 226; Gössel, Strafverfahrensrecht, S. 243; Rüping, Strafverfahren, S. 59; wohl auch Schmidhäuser in ZZP 72, 365 (401).
7) von Kries in ZStW Bd. 6, 88 (199 f.); Mannheim in JW 1928, 1308 (1309) und in Frank-Festgabe II, S. 315 (332 ff.); Engisch in ZStW Bd. 52, 661 (671 f.); Harreß, S. 66; John, S. 718 f. u. S. 722; Goslar, S. 36 f.; Anuschat, S. 29 f.; sehr kritisch auch Röther, S. 115 f.; Ziegler, S. 122 f. und Schulz in Strafverteidiger 1983, 341 (345).

Die Begründung derjenigen Autoren, die für eine uneingeschränkte Verwendung von Augenscheinsgehilfen eintreten, ist entweder knapp oder fehlt vollständig. Lediglich Alsberg[1] hat die Zulässigkeit der Heranziehung von Augenscheinsgehilfen aus § 225 StPO abgeleitet: Da das Gesetz dem Gericht gestatte, sich durch einen beauftragten oder ersuchten Richter bei der Augenscheinseinnahme vertreten zu lassen, müsse es dem Gericht auch möglich sein, die erforderlichen Feststellungen durch andere zuverlässige Personen, insbesondere Sachverständige oder "beliebige Dritte", treffen zu lassen. Das erkennende Gericht dürfe sogar einen Antrag eines der Prozeßbeteiligten auf richterliche Augenscheinseinnahme ablehnen, selbst wenn sich dieser Beweisantrag gegen die Richtigkeit oder Vollständigkeit der Wahrnehmungen des Augenscheinsgehilfen richte[2]. Die Vertreter dieser Ansicht kommen daher zu dem Ergebnis, daß es mit der in § 244 II StPO normierten gerichtlichen Aufklärungspflicht in der Regel zu vereinbaren sei, wenn z.B. ein Protokollführer oder ein Polizeibeamter mit der Besichtigung eines Unfallortes beauftragt wird und dieser das Resultat seiner Wahrnehmungen anschließend dem Gericht mitteilt[3].

Demgegenüber soll nach Auffassung derjenigen Autoren, die Augenscheinsgehilfen nur in eingeschränktem Umfang heranziehen wollen, ein Ersatz des richterlichen Augenscheins durch Augenscheinsgehilfen nur dann zulässig sein, wenn die unmittelbare richterliche Beweisaufnahme wegen mangelnder persönlicher Fähigkeiten des Richters (z.B. Kurzsichtigkeit oder Schwerhörigkeit) oder fehlender Kenntnisse des Gerichts untunlich, unangemessen oder unzumutbar ist[4]. Dies sei insbesondere der Fall, wenn zur Augenscheinseinnahme ein hohes Dach, eine Bergwand oder ein Schornstein bestiegen werden müsse oder wenn der Be-

1) Alsberg in JW 1930, 714 und in JW 1931, 1608 (1609 f.).
2) Alsberg/Nüse, S. 385 f.; Alsberg in JW 1930, 714 und in JW 1931, 1608 (1609); a.A.: Alsberg/Nüse/Meyer, S. 744 und OLG Frankfurt in VRS 58, 368 (370).
3) Kramer in Jura 1983, 113 (121); Roxin, § 27 A II 2 b; Kube/Leineweber, S. 22 f.; Krause/Nehring, Rdn. 114; Wetterich, S. 11 f.; ebenso OLG Hamm in VRS 34, 61.
4) Goldschmidt, S. 434 f. in Fn. 2288; Mezger, S. 143; Lent in ZZP 60, 9 (34).

weisgegenstand unter Wasser liege[1]. Schließlich könne auch aus Anstandsgründen auf Augenscheinsgehilfen zurückgegriffen werden, denn aus § 81 d StPO ergebe sich geradezu die Pflicht des Gerichts zur Hinzuziehung einer Frau oder eines Arztes, falls die körperliche Untersuchung einer Frau ihr Schamgefühl verletzen kann[2].

Keine Einigkeit besteht innerhalb der zwei soeben genannten Ansichten zu der Frage, welchem Beweismittel der Augenscheinsgehilfe zuzuordnen sei. Teilweise wird der Augenscheinsgehilfe als Sachverständiger behandelt[3], wohingegen andere Autoren unter Hinweis auf die fehlende Sachkunde des Augenscheinsgehilfen die Vorschriften über den Zeugenbeweis anwenden wollen[4]. Nach anderer Ansicht soll das Gericht den Beweisantrag auf Heranziehung von Augenscheinsgehilfen zunächst nach der allgemeinen Regel des § 244 V StPO wie jeden anderen Augenscheinsbeweisantrag behandeln[5], jedoch im übrigen zwischen der Beauftragung und der anschließenden Vernehmung des Augenscheinsgehilfen unterscheiden: Hinsichtlich der Auswahl und der Ablehnung von Augenscheinsgehilfen sollen die §§ 73 I, 74 StPO über den Sachverständigenbeweis gelten, während für die spätere Vernehmung und die Vereidigung die Vorschriften über den Zeugenbeweis an-

1) Henkel, S. 226; Robert, S. 22 f.; Kessler, Sachverständigengutachten, S. 120; Gössel, Strafverfahrensrecht, S. 243; Jessnitzer, S. 30; Rüping, Strafverfahren, S. 59; Schmidt, LK II, § 86 Rdn. 8.
2) Stratz, S. 146; Schmidt, LK II, Rdn. 18 vor § 72; Jessnitzer, S. 30; ähnlich auch Ziegler, S. 123, der § 81 d StPO als sachlich gerechtfertigte Ausnahme zum grundsätzlich unzulässigen Augenscheinsgehilfen ansieht.
3) Hegler in AcP 104, 151 (157 ff., insbes. S. 160); Schmidt, LK II, Rdn. 21 vor § 72 u. § 86 Rdn. 9; Sauer, S. 184; Schlüchter, Rdn. 526 in Fn. 424 a; Kessler, Sachverständigengutachten, S. 175.
4) Jessnitzer, S. 31 und in Strafverteidiger 1982, 177; Mezger, S. 3 in Fn. 4; Stratz, S. 144 f.; Stein, S. 70; Pieper in ZZP 84, 1 (11); Kramer in Jura 1983, 113 (120 f.); Henkel, S. 226; Peters, Strafprozeß, S. 344; Gössel, Strafverfahrensrecht, S. 244; Roxin, § 27 A II 2 b; Kube/Leineweber, S. 23; Krause/Nehring, Rdn. 114; a.A.: Exner, S. 51; wieder anders Goldschmidt, S. 434 ff. mit Fn. 2288 und Lent in ZZP 60, 9 (44), die den Augenscheinsgehilfen als "Augenscheinsmittler" und damit als Beweismittel sui generis ansehen.
5) Hanack in JZ 1970, 561 (563); Alsberg/Nüse/Meyer, S. 742; a.A. Schulz in Strafverteidiger 1983, 341 (345): Beweisantrag ist nach § 244 III StPO zu bescheiden.

wendbar sein sollen[1].

Die Kritik derjenigen Autoren, die dem Augenscheinsgehilfen generell ablehnend gegenüberstehen, entzündet sich in erster Linie daran, daß das Gesetz keine Vorschriften enthalte, die dem Richter die Möglichkeit gebe, beliebige nichtrichterliche Personen zu Ermittlungen zu verpflichten[2]. So existiere mit Ausnahme von § 81 d StPO weder eine Bestimmung, die dem Gericht eine Berechtigung zur Beauftragung von Augenscheinsgehilfen verleihe, noch sei festgelegt, unter welchen Voraussetzungen ein derartiger Auftrag angenommen werden müsse[3]. Insbesondere dürfe aus § 225 StPO, in der die kommissarische richterliche Augenscheinseinnahme geregelt ist, nicht der Schluß gezogen werden, daß eine Übertragung der Augenscheinseinnahme auf nichtrichterliche Personen zulässig sei[4]. Selbst Polizeibeamte könnten nicht vom Gericht gemäß § 161 S. 2 StPO zur Augenscheinseinnahme herangezogen werden, da diese nach § 161 S. 2 StPO nur dem Ersuchen oder dem Auftrag der Staatsanwaltschaft entsprechen müßten[5]. Im übrigen würde die Einführung einer Norm, die eine generelle Verpflichtung zur Annahme eines solchen Auftrags vorschreibe, "eine merkwürdige Erweiterung der Staatsbürgerpflichten"[6] zur Folge haben[7].

1) Schmidhäuser in ZZP 72, 365 (397 f.); Goldschmidt, S. 436 in Fn. 2288; Rüping, Strafverfahren, S. 59; Hanack in JZ 1970, 561 (563); KK-Pelchen, § 86 Rdn. 4; Alsberg/Nüse/Meyer, S. 227 f.; kritisch Schulz in Strafverteidiger 1983, 341 (345).
2) Engisch in ZStW Bd. 52, 661 (671); Mannheim in Frank-Festgabe II, S. 315 (333); John, S. 722.
3) Röther, S. 116; Schulz in Strafverteidiger 1983, 341 (345); Ziegler, S. 123; ähnlich auch Panhuysen, S. 30; Schuster, S. 50; von Kries in ZStW Bd. 6, 88 (199); KMR-Paulus, Rdn. 47 vor § 48, die eine Pflicht der beauftragten Beweisperson zur Übernahme eines derartigen Auftrags verneinen; ebenso teilweise die Befürworter ds Augenscheinsgehilfen, so u.a. Goldschmidt, S. 435 mit Fn. 2288; Lent in ZZP 60, 9 (39); a.A. unter Hinweis auf § 75 StPO: Alsberg/Nüse/Meyer, S. 227 f.
4) Mannheim in Frank-Festgabe II, S. 315 (333) gegen Alsberg in JW 1930, 714.
5) Schulz in Strafverteidiger 1983, 341 (345).
6) Engisch in ZStW Bd. 52, 661 (672).
7) So im Ergebnis jedoch auch Gössel, Strafverfahrensrecht, S. 244.

Ein weiteres Problem bestehe darin, daß das Gericht den Augenscheinsgehilfen bei dessen Wahrnehmung nicht kontrolliere, weil dieser regelmäßig in Abwesenheit des Gerichts seine Ermittlungen durchführe[1], so daß dem Augenscheinsgehilfen während seiner späteren Vernehmung ein möglicherweise ungerechtfertigtes Vertrauen entgegengebracht werde[2]. Dieses Vertrauen sei gefährlich, da die Prozeßbeteiligten - anders als beim richterlichen Augenschein - nicht an den Wahrnehmungen des Augenscheinsgehilfen zu beteiligen seien[3]. Aus diesen Gründen stelle die Verwendung von Augenscheinsgehilfen anstelle einer unmittelbaren richterlichen Augenscheinseinnahme eine Gefahr für die richterliche Aufklärungspflicht dar[4].

b) Stellungnahme

Zur Beantwortung der Frage, ob und inwieweit der richterliche Augenschein durch nichtrichterliche Augenscheinsgehilfen ersetzt werden darf, muß zunächst festgehalten werden, daß mit der Verwendung dieses apokryphen - vom Gesetz also nicht anerkannten - Beweismittels das Unmittelbarkeitsprinzip bei richterlichen Augenscheinseinnahmen in zweifacher Hinsicht durch-

1) Mannheim in Frank-Festgabe II, S. 315 (332); Schulz in Strafverteidiger 1983, 341 (348).
2) Mannheim in Frank-Festgabe II, S. 315 (334); Goslar, S. 36 f.
3) Anuschat, S. 39; Mannheim in Frank-Festgabe II, S. 315 (334).
4) Röther, S. 115; Harreß, S. 66; ähnlich bereits John, S. 719; a.A. Geppert, S. 196; Kramer in Jura 1983, 113 (121), die in den Grenzen der richterlichen Aufklärungspflicht gemäß § 244 II StPO für eine unbegrenzte Heranziehung von Augenscheinsgehilfen eintreten. Siehe auch die besonders instruktive Kritik, die schon von Mittermaier, S. 170, geäußert wurde: "Es ist daher immer eine tadelnswürdige Sitte, wenn Inquirenten durch Gerichtsunterbediente den Augenschein in den sogenannt minder bedeutenden Fällen vornehmen lassen, denn die Aussage eines solchen eines solchen abgeordneten Gerichtsdieners mag zwar als Zeugnis, das, weil es von einem Zeugen ausgeht, Wahrscheinlichkeit begründet, Wert haben, aber als richterlicher Augenschein kann der Akt nicht gelten, da ... in der Unparteilichkeit des Beamten, der die ganze Wichtigkeit seiner Beobachtung kennt, der weiß, worauf er zu sehen hat, und dessen Aussage durch den Gerichtsactuar beglaubigt wird, der Grund liegt, warum man dem Augenschein traut."

brochen wird: Die Beauftragung einer nichtrichterlichen Beweisperson mit der Wahrnehmung eines Augenscheinsobjekts bildet eine Ausnahme vom Grundsatz formeller Unmittelbarkeit der Beweisaufnahme, denn hier kommt es über § 225 StPO hinaus zu einer Delegation von Beweisaufnahmebefugnissen auf nichtrichterliche Personen. Außerdem widerspricht die spätere Vernehmung des Augenscheinsgehilfen in der Hauptverhandlung der Forderung nach materieller Unmittelbarkeit der Beweisaufnahme, weil an die Stelle einer richterlichen Augenscheinseinnahme am originären Beweisobjekt die Beweisvermittlung durch die Aussage der Person tritt, die im Auftrag des Gerichts den Beweisgegenstand wahrgenommen hat.

aa) Der Augenscheinsgehilfe aus der Sicht des formellen Unmittelbarkeitsprinzips

Nach § 225 StPO ist dem erkennenden Gericht die Übertragung der Augenscheinseinnahme auf einen beauftragten oder ersuchten Richter möglich, wobei diese Bestimmung auch bei kommissarischen Augenscheinseinnahmen während einer unterbrochenen Hauptverhandlung Anwendung findet[1]. Diese Vorschrift, die für Augenscheinseinnahmen eine Ausnahme vom Prinzip formeller Unmittelbarkeit macht[2], kann nur dann im Wege der Analogie für die Wahrnehmung von Augenscheinsgehilfen herangezogen werden, wenn man grundsätzlich neben dem richterlichen Augenschein zu Beweiszwecken auch noch einen - der richterlichen Augenscheinseinnahme gleichwertigen - "nichtrichterlichen Augenschein" anerkennt[3].

Gegen die Gleichsetzung einer nichtrichterlichen Wahrnehmung mit dem richterlichen Augenschein spricht jedoch, daß nichtrichterliche Besichtigungen sich unter völlig anderen Bedingungen vollziehen, als dies bei der Beweisaufnahme durch richter-

1) RGSt 20, 149; LR-Gollwitzer (24. Aufl.), § 225 Rdn. 4 und oben B.I.1.
2) Siehe hierzu näheres oben B.I.1.
3) So: von Schwarze, § 86 Anm. 3 (S. 218); Schmidt, LK II, § 86 Rdn. 9; a.A.: Schilling, S. 34.

lichen Augenschein der Fall ist. Während bei einer richterlichen Augenscheinseinnahme außerhalb der Hauptverhandlung die Verfahrensbeteiligten gemäß § 168 d StPO bzw. §§ 225, 224 I StPO über den Termin der Beweisaufnahme zu benachrichtigen sind, damit diese ihr Anwesenheitsrecht ausüben können, existiert für die Wahrnehmung von nichtrichterlichen Beweispersonen keine Bestimmung, die die Benachrichtigung der Verfahrensbeteiligten über den Termin der nichtrichterlichen Wahrnehmung gebietet[1]. Da die StPO bei der Wahrnehmung von Augenscheinsgehilfen den Verfahrensbeteiligten auch kein Anwesenheitsrecht gewährt, kann im Gegensatz zum richterlichen Augenschein die Wahrnehmung der nichtrichterlichen Beweisperson auch nicht wirksam kontrolliert werden[2]. Zudem ist für die Wahrnehmung von Augenscheinsgehilfen keine Anwesenheit eines Protokollführers vorgeschrieben, so daß es sich um eine individuelle Wahrnehmung einer Einzelperson handelt. Demgegenüber ist der außerhalb einer Hauptverhandlung durchgeführte richterliche Augenschein dadurch gekennzeichnet, daß der Richter nur gemeinschaftliche und übereinstimmende Wahrnehmungen des Richters und des Protokollführers verwenden darf[3]. Weiterhin ergibt sich für den richterlichen Augenschein außerhalb der Hauptverhandlung aus § 86 StPO die Verpflichtung zu umfassender Protokollierung, wobei auf widerlegte Beweishypothesen Rücksicht zu nehmen ist[4]. Dagegen ist der mit der Wahrnehmung beauftragte Augenscheinsgehilfe nicht verpflichtet, seine Eindrücke schriftlich festzuhalten. Selbst wenn der Augenscheinsgehilfe freiwillig auch den Auftrag übernähme, seine Wahrnehmungen schriftlich zu fixieren, so könnte diese nichtrichterliche Niederschrift in der späteren Hauptverhandlung nicht anstelle der Vernehmung des Augenscheinsgehilfen verlesen werden, weil ein derartiges Verfahren gegen § 250 StPO verstoßen würde[5]. Damit kann die spätere Wiedergabe einer

1) Siehe hierzu insbesondere OLG Frankfurt in VRS 58, 368 (369).
2) So zu Recht: Schulz in Strafverteidiger 1983, 341 (348).
3) Siehe hierzu bereits ausführlich oben im 2. Teil 1. Abschnitt B.I.2.
4) Siehe hierzu ausführlich oben im 2. Teil 1. Abschnitt B.II.
5) So zu Recht RGSt 18, 186 (187) für den mit einer Wahrnehmung beauftragten Protokollführer.

Wahrnehmung eines Augenscheinsgehilfen nur durch dessen mündliche Vernehmung in der Hauptverhandlung erfolgen, wohingegen die Ergebnisse des richterlichen Augenscheins gemäß § 249 I 2 StPO durch Verlesung des Augenscheinsprotokolls reproduziert werden.

Aus diesen Gründen kann die nichtrichterliche Wahrnehmung einer Person auch dann nicht mit richterlichen Wahrnehmungen zu Beweiszwecken verglichen werden, wenn diese im Auftrag eines Gerichts stattfindet. Demzufolge fehlt eine tragfähige Basis für eine Analogie zu § 225 StPO, so daß sich eine generelle Heranziehung von Augenscheinsgehilfen in entsprechender Anwendung des § 225 StPO verbietet.

Denkbar wäre jedoch, das formelle Unmittelbarkeitsprinzip über § 225 StPO hinaus noch weiter einzuschränken und praeter legem Augenscheinsgehilfen zuzulassen. Hiergegen ist aber zunächst einzuwenden, daß die StPO dem Gericht kein generelles Recht zur Delegation von Beweisaufnahmebefugnissen auf nichtrichterliche Personen verleiht. Adressat der richterlichen Aufklärungspflicht nach § 244 II StPO und der anschließenden Beweiswürdigung ist vielmehr stets das erkennende Gericht. Eine Ausnahme hiervon bildet lediglich die Beauftragung von Sachverständigen, falls dem Gericht die zur Auswertung eines Beweisobjekts notwendige Sachkunde fehlt. Selbst bei Sachverständigen wirkt indes - wie bereits ausgeführt[1] - das sich aus § 261 StPO abzuleitende Prinzip formeller Unmittelbarkeit der Beweisaufnahme fort mit der Folge, daß das Gericht trotz eines vorliegenden Sachverständigengutachtens auf die Augenscheinseinnahme des Beweisgegenstandes nicht verzichten darf. Daher muß für die Besichtigung eines Beweisobjekts durch Augenscheinsgehilfen erst recht der Grundsatz gelten, daß das erkennende Gericht den Beweisgegenstand zur Kontrolle der beauftragten Person in Augenschein nehmen muß, weil ansonsten der Erkenntnisvorgang der beauftragten Person nicht nachvollzogen werden könnte. Der Einsatz von Augenscheinsgehilfen ist aber gerade dadurch gekennzeichnet, daß das Gericht das originäre Beweisobjekt weder zur

1) Siehe hierzu eingehend oben B.II.4.

eigenen Besichtigung noch zur späteren Beweiskontrolle des augenscheinsgehilfen verwendet.

Aus der Sicht des formellen Unmittelbarkeitsprinzips ist somit eine generelle Delegation von Beweisaufnahmebefugnissen auf nichtrichterliche Personen abzulehnen, wenn keine Kontrolle der beauftragten Beweisperson durch das Gericht erfolgen kann, so daß eine uneingeschränkte Heranziehung von Augenscheinsgehilfen hiernach nicht zulässig ist.

bb) Der Augenscheinsgehilfe aus der Sicht des materiellen Unmittelbarkeitsprinzips

Der Grundsatz der formellen Unmittelbarkeit der Beweisaufnahme muß jedoch dann Ausnahmen gestatten, wenn die Pflicht zur umfassenden Wahrheitserforschung gemäß § 244 II StPO, aus der sich auch das Prinzip der materiellen Unmittelbakeit der Beweisaufnahme ableiten läßt[1], den Einsatz von Augenscheinsgehilfen gebietet.

Gegen die uneingeschränkte Verwendung von Augenscheinsgehilfen anstelle richterlicher Augenscheinseinnahmen lassen sich indes aus der Perspektive der gerichtlichen Aufklärungspflicht nach § 244 II StPO viele Einwände erheben. Die Beauftragung einer nichtrichterlichen Person mit der Wahrnehmung urteilsrelevanter Tatsachen führt entgegen dem OLG Frankfurt[2] nicht nur zu einer Beeinträchtigung der Benachrichtigungs- und Anwesenheitsrechte der Verfahrensbeteiligten aus §§ 168 d, 224 StPO, sondern die fehlende Anwesenheit der Prozeßbeteiligten bei der Wahrnehmung eins Augenscheinsgehilfen hat - ähnlich wie beim richterlichen Augenschein[3] - auch zur Folge, daß etwaige Wahrnehmungsfehler des Augenscheinsgehilfen nicht schon im Stadium der Besichtigung korrigiert werden können. So fehlt insbesondere dem Angeklagten die Möglichkeit, durch seine Teilnahme vor Ort den Au-

1) Siehe hierzu bereits oben A.II.
2) OLG Frankfurt in VRS 58, 368 (370).
3) Zu Fehlerquellen beim richterlichen Augenschein durch fehlende oder ungenügende Kontrolle der Prozeßbeteiligten siehe ausführlich im 3. Teil 2. Abschnitt B.I.1.d).

genscheinsgehilfen auf die ihn entlastenden Umstände hinzuweisen. Zwar ist es denkbar, daß das Gericht den Augenscheinsgehilfen schon im Rahmen der Auftragserteilung auf mögliche Wahrnehmungen aufmerksam macht, die den Angeklagten entlasten könnten, aber es ist nicht gewährleistet, daß der Augenscheinsgehilfe ohne Hinweise durch den Angeklagten auch die bestimmte Stelle des Tatortes findet, die der Angeklagte zu seiner Entlastung angegeben hat. Die Wahrnehmungsfehler des Augenscheinsgehilfen können auch nicht durch einen Protokollführer korrigiert werden, weil weder die Anwesenheit des Protokollführers während der Wahrnehmungen des Augenscheinsgehilfen vorgeschrieben ist, noch die Hinzuziehung einer weiteren nichtrichterlichen Person zur Kontrolle des Augenscheinsgehilfen angeordnet werden muß. Der Augenscheinsgehilfe ist im Gegensatz zum beweisaufnehmenden Richter außerdem nicht zur Fixierung seiner Wahrnehmungen in einer Niederschrift verpflichtet, so daß beim Augenscheinsgehilfen die für jeden Zeugenbeweis typischen Fehlerquellen wie Wahrnehmungsfehler, Erinnerungsverluste und Wiedergabefehler auftreten können.

Aus der Sicht des erkennenden Gerichts, das die Wahrnehmung des Augenscheinsgehilfen durch dessen Vernehmung in die Hauptverhandlung einführen will, scheidet ebenfalls eine nachträgliche Kontrolle aus, da das einzig mögliche Kontrollobjekt - nämlich der Augenscheinsgegenstand - nicht zur Verfügung steht[1]. Das Gericht kann sich auch nicht auf die in § 86 StPO enthaltene Vermutung stützen, wonach bei richterlichen Augenscheinseinnahmen außerhalb der Hauptverhandlung die damaligen Wahrnehmungen richtig und vollständig durchgeführt und protokolliert worden sind, weil diese Vermutung, die widerlegte Beweishypothesen einschließt, gerade für die Wahrnehmungen eines nichtrichterlichen Augenscheinsgehilfen nicht gilt. Es besteht zwar die Möglichkeit, den Augenscheinsgehilfen wegen fahrlässigen Falscheides nach § 163 StGB zu bestrafen, wenn dieser seinen Auftrag zu genauester Wahrnehmung nur unzureichend erfüllt[2],

1) So zu Recht auch: Schulz in Strafverteidiger 1983, 341 (348).
2) Zur Strafbarkeit des Augenscheinsgehilfen wegen ungenügender Vorbereitung seiner späteren Aussage siehe SK-Rudolphi, § 163 Rdn. 5; Sch-Sch-Lenckner, § 163 Rdn. 3; LK-Willms, § 163 Rdn. 7.

jedoch hat das Gericht durch die Androhung einer strafrechtlichen Sanktion noch keine Gewähr, daß der Auftrag tatsächlich umfassend durchgeführt wird. Für die Frage, ob das erkennende Gericht seiner Pflicht zu vollständiger Sachaufklärung gemäß § 244 II StPO nachkommt, wenn es anstelle einer richterlichen Augenscheinseinnahme nichtrichterliche Augenscheinsgehilfen mit der entsprechenden Wahrnehmung beauftragt, ist es aber von entscheidender Bedeutung, daß das Gericht auf die Richtigkeit und Vollständigkeit der nichtrichterlichen Beobachtungen genauso vertrauen können muß, als dies bei einer richterlichen Augenscheinseinnahme nach §§ 86, 225 StPO der Fall wäre. Auf die Gleichwertigkeit einer Wahrnehmung eines Augenscheinsgehilfen mit einer kommissarischen richterlichen Augenscheinseinnahme kann das Gericht indes schon deshalb nicht vertrauen, weil das Gericht seine Prognose, daß die Wahrnehmungen von einer "zuverlässigen Beweisperson" durchgeführt werden, infolge Unkenntnis von der wirklichen Beschaffenheit des Wahrnehmungsgegenstands weder verifizieren noch falsifizieren kann. Das Gericht verfügt lediglich über die Möglichkeit, die Wahrnehmungen des Augenscheinsgehilfen indirekt zu überprüfen, indem es die vom Augenscheinsgehilfen vermittelten urteilsrelevanten Einzelheiten in den Gesamtzusammenhang des bisher bekannten Sachverhalts einordnet und hieraus bestimmte Schlüsse zieht. Eine wirkliche Kontrolle des Augenscheinsgehilfen, die gleichzeitig der Forderung nach umfassender Wahrheitserforschung entsprechen würde, findet hierdurch aber nicht statt, da die Aussage des Augenscheinsgehilfen ohne richterliche Augenscheinseinnahme kaum zu widerlegen ist.

Somit stellt die uneingeschränkte Heranziehung von Augenscheinsgehilfen anstelle eines richterlichen Augenscheins eine Verletzung der richterlichen Aufklärungspflicht gemäß § 244 II StPO dar.

Auch prozeßökonomische Gründe, die auf den ersten Blick die Verwendung eines Augenscheinsgehilfen nahelegen, sind bei näherer Betrachtung nicht stichhaltig. Ergeben sich nämlich nach der Vernehmung des Augenscheinsgehilfen Widersprüche gegenüber der Darstellung des Angeklagten oder stimmen die Ergebnisse der nichtrichterlichen Wahrnehmungen nicht mit dem im übrigen feststehenden Sachverhalt überein, so gebietet die richterliche Wahrheitserforschungspflicht eine Augenscheinseinnahme am originären Beweisobjekt. Es entspricht daher nicht prozeßökonomischen Gesichtspunkten, wenn zunächst anstelle eines Richters eine nichtrichterliche Beweisperson mit der Wahrnehmung der urteilsrelevanten Einzelheiten beauftragt wird und diese Wahrnehmungen später in Zweifel gezogen werden können, so daß dennoch ein richterlicher Augenschein notwendig wird. Außerdem muß das Gericht auch von Anfang an damit rechnen, daß die Prozeßbeteiligten zur Widerlegung der späteren Aussage des Augenscheinsgehilfen nach § 244 V StPO einen Augenscheinsbeweisantrag stellen können[1)], der kaum abgelehnt werden kann, da er sich - ähnlich wie beim Zeugen - gegen eine Wahrnehmung richtet, die nicht unter den gleichen Bedingungen wie ein richterlicher Augenschein zustande kommt und deshalb häufiger fehlerhaft ist. Dementsprechend sollte das Gericht gleich einen richterlichen Augenschein einnehmen, um verfahrensverzögernde Augenscheinsbeweisanträge zur Widerlegung der späteren Aussage eines Augenscheinsgehilfen von vornherein auszuschließen. Im übrigen besteht bei einer Augenscheinseinnahme zur Kontrolle der Wahrnehmungen eines Augenscheinsgehilfen oftmals die Gefahr, daß sich das Augenscheinsobjekt zwischenzeitlich völlig verändert hat oder sogar ein totaler Beweisverlust eingetreten ist. In diesem Fall trägt das Gericht, das unter Verzicht auf eine Augenscheinseinnahme einen Augenscheinsgehilfen mit der Wahrnehmung beauftragt hat, die Verantwortung für die Unaufklärbarkeit der wirklichen Beschaffenheit des Augenscheinsgegenstandes, so daß eine Verletzung der richterlichen Aufklärungspflicht vorläge.

Zu Recht hat daher auch der Gesetzgeber der Reichsstrafprozeßordnung von 1877 die Aufnahme einer Vorschrift über den Augenscheinsgehilfen abgelehnt, obwohl es hierfür in der Partikular-

1) Die Möglichkeit eines Beweisantrages nach § 244 V StPO zur Widerlegung der Aussage eines Augenscheinsgehilfen betont ausdrücklich das OLG Frankfurt in VRS 58, 368 (370) sowie Schulz in Strafverteidiger 1983, 341 (348).

gesetzgebung des reformierten deutschen Strafprozesses zahlreiche Vorbilder gab[1]. In den Motiven zu § 86 StPO wird in diesem Zusammenhang folgendes ausgeführt: "Andererseits schien sich auch die Aufnahme einer Vorschrift, daß in minder wichtigen Fällen ein nichtrichterlicher Beamter mit der Vornahme einer Besichtigung beauftragt werden könne (vgl. sächsische StPO Art. 173, badische StPO, § 83), nicht zur Nachahme zu empfehlen. Da dem von einem nichtrichterlichen Beamten aufgenommenen Protokoll eine Beweiskraft für das Strafverfahren nicht beigelegt werden kann, so würde ein Auftrag der gedachten Art in Wahrheit nur dahin gehen können, sich durch eine Besichtigung von der Beschaffenheit einer Örtlichkeit oder eines anderen Gegenstandes Kenntnis zu verschaffen, um demnächst hierüber mündlich Zeugnis ablegen zu können. Ob eine derartige Beweiserhebung statthaft oder zweckmäßig sei, kann dahingestellt bleiben; sie würde aber, wenn sie vorkommt, nach den Grundsätzen vom Zeugnis, nicht nach denen vom Augenschein zu beurteilen sein"[2].

In der Folgezeit gab es gesetzgeberische Bestrebungen, eine Bestimmung einzuführen, nach der die Heranziehung von Augenscheinsgehilfen uneingeschränkt zulässig sein sollte. So sah der "Amtliche Entwurf eines Einführungsgesetzes zum Allgemeinen Deutschen Strafgesetzbuch und zum Strafvollzugsgesetz" aus dem Jahre 1929 in Art. 67 Ziffer 28 die Einführung eines § 69 a StPO vor, dessen hier interessierender Satz 2 lautete: "Ebenso kann, wenn den Gegenstand einer Vernehmung eine Auskunft bildet, die sich auf eine Sache oder eine Örtlichkeit bezieht, dem Zeugen die Pflicht auferlegt werden, sich durch eine Besichtigung der Sache oder der Örtlichkeit auf die Aussage vorzu-

1) So z.B. Art. 169 III der württembergischen StPO vom 17.4. 1868: "Die Einnehmung des Augenscheins kann, wenn sie an einem Orte außerhalb des Gerichtssitzes stattfinden soll, in minder wichtigen Fällen dem Gemeindevorsteher aufgetragen werden, der aber als Urkundspersonen zwei Gemeinderäte beizuziehen hat." Inhaltlich übereinstimmend auch § 83 II der badischen StPO und Art. 173 III der sächsischen StPO, die ebenfalls die Hinzuziehung von Urkundspersonen vorsahen.
2) Hahn, Motive, S. 122.

bereiten"[1]. Die Absicht des Gesetzgebers von 1929, die bisherige Praxis des Reichsgerichts durch eine neue Vorschrift zu bestätigen, ist weder zum damaligen noch zu irgendeinem späteren Zeitpunkt verwirklicht worden.

Eingeführt wurde hingegen im Jahre 1950 die Vorschrift des § 81 d StPO[2], wonach die körperliche Untersuchung einer Frau einem Arzt oder einer Frau übertragen werden muß, wenn dies das Schamgefühl der zu untersuchenden Frau verletzen kann. § 81 d StPO wird in der Literatur ausnahmslos als gesetzliche Ausprägung des Augenscheinsgehilfen angesehen, weil die mit der Untersuchung beauftragten Personen nicht aus Gründen einer besonderen medizinischen Sachkunde, sondern ausschließlich zur Schonung des Schamgefühls der zu untersuchenden Frau herangezogen werden[3].

Die Tatsache, daß der Gesetzgeber trotz der ihm bekannten jahrzehntelangen Diskussion um die rechtliche Zulässigkeit des Augenscheinsgehilfen mit § 81 d StPO lediglich für einen engen Ausnahmebereich die Pflicht des Gerichts zur Hinzuziehung von Augenscheinsgehilfen normiert hat, läßt darauf schließen, daß der Gesetzgeber die Verwendung von Augenscheinsgehilfen nicht uneingeschränkt zulassen wollte. Daher kann die Frage, ob und in welchem Umfang Augenscheinsgehilfen anstelle eines richterlichen Augenscheins eingesetzt werden dürfen, nur durch Auslegung des § 81 d StPO beantwortet werden.

§ 81 d StPO schreibt die Verwendung eines Augenscheinsgehilfen vor, wenn zur Sachaufklärung zwar die körperliche Untersuchung einer Frau notwendig ist, jedoch die unmittelbare Augenscheinseinnahme durch das Gericht zu einer Verletzung des Schamgefühls der untersuchten Frau führen würde. Die Vorschrift des § 81 d StPO hält somit an dem Grundsatz fest, daß der Richter als Sub-

1) Amtlicher Entwurf zum ADStGB und STVG 1929, 1. Teil, S.12 f.
2) Durch Art. 3 Nr. 35 VereinhG vom 12.9.1950 (BGBl. I, S. 455, 629).
3) Stratz, S. 146 f.; Ziegler, S. 123; Schmidhäuser in ZZP 72, 365 (395); Kramer in Jura 1983, 113 (121); KMR-Paulus, § 81 d Rdn. 1 (S. 254); Alsberg/Nüse/Meyer, S. 226; Schlüchter, Rdn. 526 in Fn. 424 a; Schmidt, LK II, Rdn. 18 vor § 72; KK-Pelchen, § 81 d Rdn. 3.

jekt der Beweisaufnahme in eigener Person den Augenschein einzunehmen hat, läßt aber zur Wahrung der Empfindungen der untersuchten Frau aus rechtlichen Gründen - die sich letztlich auch aus Art. 1 I GG ohne weiteres herleiten lassen - die Delegation von Beweisaufnahmebefugnissen auf nichtrichterliche Personen zu. Durch die Beauftragung eines Augenscheinsgehilfen im Falle des § 81 d StPO entstehen zwar ebenfalls die bereits beschriebenen Gefahren für die Wahrheitserforschung, jedoch müssen diese in Kauf genommen werden, da der völlige Verzicht auf die körperliche Untersuchung einer Frau die Sachaufklärung wesentlich stärker beeinträchtigen würde, als dies bei einer Beweisvermittlung durch Augenscheinsgehilfen der Fall ist.

Eine dem § 81 d StPO vergleichbare Sachlage ist dann gegeben, wenn das Gericht nicht aus rechtlichen, sondern aus tatsächlichen Gründen daran gehindert ist, eine Augenscheinseinnahme am originären Beweisobjekt selbst durchzuführen. Ist z.B. zur Augenscheinseinnahme die Besteigung eines hohen Daches, eines Schornsteins oder einer Bergwand notwendig und verfügt das Gericht infolge mangelnder persönlicher Fähigkeiten oder fehlender Kenntnisse nicht über die Möglichkeit, die Beweisaufnahme selbst vorzunehmen, so ist es zwecks umfassender Sachaufklärung gemäß § 244 II StPO geboten, die Besichtigung einer nichtrichterlichen Person zu übertragen und diese anschließend über deren Wahrnehmung zu vernehmen. Auch in derartig gelagerten Fällen widerspräche ein völliger Verzicht auf die Besichtigung des Beweisgegenstandes dem Grundsatz der vollständigen Sachverhaltserforschung, so daß demgegenüber die mit dem Einsatz eines Augenscheinsgehilfen verbundenen Gefahren für die Wahrheitserforschung vergleichsweise gering erscheinen.

Dementsprechend darf die Frage, ob und inwieweit Augenscheinsgehilfen anstelle einer richterlichen Augenscheinseinnahme zur Beweisvermittlung eingesetzt werden können, ausschließlich aus der Perspektive der richterlichen Aufklärungspflicht nach § 244 II StPO entschieden werden: Die Heranziehung von Augenscheinsgehilfen ist hiernach erst dann zulässig, wenn dem Richter die eigene Besichtigung des Beweisgegenstandes aus tatsächlichen oder rechtlichen Gründen unmöglich ist[1].

Werden unter diesen Voraussetzungen Augenscheinsgehilfen eingesetzt, so ergeben sich Einschränkungen hinsichtlich des formellen Unmittelbarkeitsprinzips, weil im Gegensatz zum Sachverständigen[2] beim Augenscheinsgehilfen keine Beweiskontrolle durch richterliche Augenscheinseinnahme stattfindet. Der Grund hierfür legt darin, daß die Unmöglichkeit einer richterlichen Augenscheinseinnahme naturgemäß auch die Überprüfung der Wahrnehmungen des Augenscheinsgehilfen durch richterlichen Augenschein ausschließt. Das Gericht kann jedoch den Augenscheinsgehilfen beauftragen, Lichtbilder von der jeweiligen Örtlichkeit oder dem betreffenden Beweisgegenstand anzufertigen, die in der späteren Hauptverhandlung vom Gericht zur Kontrolle der Wahrnehmungen des Augenscheinsgehilfen in Augenschein genommen werden können. Auch eine derartige Maßnahme verhindert aber nicht, daß der Augenscheinsgehilfe andere als die in der Fotografie festgehaltenen Einzelheiten des Wahrnehmungsobjekts übersehen hat, obwohl diese gerade für die konkrete Urteilsfindung entscheidungserheblich sind. Die Unmöglichkeit oder Unzulänglichkeit der späteren Beweiskontrolle darf nicht zu einer völligen Ablehnung des Augenscheinsgehilfen führen, da das Gericht ansonsten nur die Alternative hätte, von vornherein auf eine für die Wahrheitserforschung u.U. notwendige Beweisvermittlung zu verzichten.

1) Die Voraussetzungen, nach denen derartige tatsächliche Gründe vorliegen, lassen sich allein nach den individuellen Kenntnissen und Fähigkeiten der Gerichtsmitglieder beurteilen. Siehe hierzu auch den besonders anschaulichen Bericht in "Der Spiegel" Nr. 26 vom 25.6.1984, S. 186: "Karl Praun, 37, vom Amtsgericht Traunstein hat als höchster deutscher Richter amtiert. In 1744 Meter Höhe auf dem Hochgern in den Chiemgauer Alpen verurteilte er unter dem Gipfelkreuz einen Wilderer zu 7500 Mark Geldstrafe. Mehrere Male hatte das Gericht vergebens versucht, den Berg zu erklimmen, um festzustellen, ob der Hauptzeuge, ein Berufsjäger, vom Hochgern aus den angeklagten Wilderer beim Abtransport eines Gamsbocks auch tatsächlich habe sehen können. Wegen Nebels oder Schneesturms mußte Praun immer wieder die Justiztour auf den Gipfel unterbrechen. Als das Gericht jetzt endlich gute Sicht hatte, sprach Praun das Urteil unmittelbar nach dem Lokaltermin - wobei auf Talare verzichtet wurde. Die Beteiligten hatten an den Akten bereits genug zu tragen."

cc) Die Stellung des Augenscheinsgehilfen im Beweisrecht

Abschließend ist noch auf die beweisrechtliche Stellung des Augenscheinsgehilfen einzugehen.

Richtigerweise ist der Augenscheinsgehilfe als Zeuge zu behandeln, weil er zwar wie ein Sachverständiger mit der Auswertung eines Augenscheinsgegenstandes beauftragt wird, die Auswertung des Wahrnehmungsobjekts selbst hingegen nicht eine spezielle Sachkunde erfordert. Für die Anwendung der Vorschriften über den Zeugenbeweis auf den Augenscheinsgehilfen spricht weiterhin, daß nach § 81 d StPO keine Pflicht zur Übernahme des Auftrags besteht, während der Sachverständige nach Maßgabe des § 75 StPO hierzu verpflichtet ist. Der Gesetzgeber hat bei der Einführung des § 81 d StPO die Pflicht zur Annahme des Auftrags nicht im Wege einer Verweisung auf § 75 StPO geregelt, woraus zu schließen ist, daß der nach § 81 d StPO beauftragte Augenscheinsgehilfe nicht den rechtlichen Bindungen eines Sachverständigen unterliegen soll. Gleiches muß für die hier entwickelten, vom Gesetz jedoch nicht normierten Fälle gelten, in denen der Einsatz von Augenscheinsgehilfen wegen Unmöglichkeit einer richterlichen Augenscheinseinnahme notwendig ist.

Trotzdem ist nicht zu verkennen, daß es - insbesondere in bezug auf die Beauftragung des Augenscheinsgehilfen - einige Gemeinsamkeiten mit der Funktion eines Sachverständigen gibt, die es eher angezeigt erscheinen lassen, bei der Heranziehung von Augenscheinsgehilfen die §§ 73, 74 StPO anzuwenden. Dem steht jedoch entgegen, daß die Vorschriften über Auswahl, Ablehnung sowie die Folgen des Ausbleibens oder der Weigerung von Sachverständigen in gewisser Beziehung mit der Pflicht des Sachverständigen zur Erstattung des Gutachtens gemäß § 75 StPO korrespondieren. Da im Gegensatz zum Sachverständigen weder für Zeugen noch für Augenscheinsgehilfen de lege lata eine Pflicht zur Übernahme eins "Besichtigungsauftrages" besteht, ist es somit auch nicht sachgerecht, die §§ 73, 74 StPO auf Augenscheinsgehilfen anzuwenden.

Im übrigen widerspricht es auch dem Grundsatz vom numerus clausus der Beweismittel[1)], wenn der Beweisantrag auf Hinzuziehung eines Augenscheinsgehilfen zunächst wie ein Antrag auf Einnahme eines richterlichen Augenscheins gemäß § 244 V StPO behandelt wird, für die Heranziehung eine Augenscheinsgehilfen auf die Vorschriften über den Sachverständigenbeweis zurückgegriffen wird und bei der späteren Aussage des Augenscheinsgehilfen die Bestimmungen über den Zeugenbeweis angewendet werden. Das Prinzip vom geschlossenen Kreis der Beweismittel im Strafprozeß verbietet nämlich ein gezieltes Herausgreifen einzelner Strafverfahrensnormen, um in bestimmten Verfahrensstadien ein apokryphes Beweismittel den jeweiligen Prozeßvorschriften über andere Beweismittel anzugleichen. Hierdurch entsteht für den Augenscheinsgehilfen quasi eine "Metamorphose" der gesetzlichen Beweismittel, denn der Augenscheinsgehilfe wird in unterschiedlichen Verfahrensabschnitten immer anderen Bestimmungen unterworfen. Dieser Wechsel in der Beweismittelform wird der tatsächlichen Funktion des Augenscheinsgehilfen nicht gerecht.
Die Aufgabe des Augenscheinsgehilfen ist es, anstelle des Gerichts eine Wahrnehmung zu machen, die keine besondere Sachkunde erfordert. Weder ein Beweisantrag auf Heranziehung eines Augenscheinsgehilfen noch die Beauftragung oder die spätere Vernehmung dieser Beweisperson ändern etwas an dieser Funktion des Augenscheinsgehilfen.

Aus diesen Gründen muß der Augenscheinsgehilfe in jedem Verfahrensstadium wie ein Zeuge behandelt werden. Der Beweisantrag auf Heranziehung eines Augenscheinsgehilfen kann somit nur unter den Voraussetzungen des § 244 III StPO abgelehnt werden[2)]. Die Beauftragung des Augenscheinsgehilfen erfolgt wie bei § 81 d

1) Zum numerus clausus der Beweismittel siehe bereits oben im 1. Teil 1. Abschnitt.
2) So auch Schulz in Strafverteidiger 1983, 341 (345), der jedoch davon ausgeht, daß ein derartiger Beweisantrag bei vorangegangenem richterlichen Augenschein erst bei nachweisbarer Prozeßverschleppungsabsicht abgelehnt werden könne. Nach der hier vertretenen Ansicht ist aber ein Einsatz von Augenscheinsgehilfen nur bei Unmöglichkeit eines richterlichen Augenscheins zulässig, so daß eine solche Situation gar nicht eintreten kann.

StPO ohne eine Pflicht zur Annahme des gerichtlichen Auftrags und ohne die Bindungen der §§ 73, 74, 77 StPO. Die Vernehmung und Vereidigung des Augenscheinsgehilfen findet nach Maßgabe der §§ 48 ff. StPO statt. Soweit ein Augenscheinsgehilfe zur Durchführung des Auftrags bestimmte Leistungen erbringt, die mit der Wahrnehmung des betreffenden Beweisgegenstandes in Zusammenhang stehen (z.B. Bergsteiger muß zur Besichtigung einer Gletscherspalte eine steile Bergwand erklimmen), wird diesem unabhängig von den Gebührenvorschriften eine besondere Vergütung nach Vertragsrecht zu gewähren sein[1].

dd) Ergebnis und Vorschlag de lege ferenda

Die vorstehende Untersuchung hat gezeigt, daß eine unbeschränkte Heranziehung von Augenscheinsgehilfen gegen den Grundsatz formeller und materieller Unmittelbarkeit der Beweisaufnahme verstößt und dem in § 244 II StPO normierten Ziel einer umfassenden gerichtlichen Sachaufklärung widerspricht. Aus diesem Grund ist eine Verwendung von Augenscheinsgehilfen lediglich in eng begrenzten Ausnahmefällen und damit nur dann zulässig, wenn dem Richter eine eigene Besichtigung des Beweisgegenstandes aus rechtlichen oder tatsächlichen Gründen unmöglich ist.

Zur Änderung der bisherigen gerichtlichen Praxis, nach der schon der Einsatz eines Augenscheinsgehilfen zur Feststellung von Sichtverhältnissen an einer Straße[2] oder zur Durchführung eines Fahrversuchs[3] zulässig ist, sollte angestrebt werden, die hier gewonnenen Erkenntnisse de lege ferenda umzusetzen. Damit kann gleichzeitig die soeben beschriebene rechtliche Stellung des Augenscheinsgehilfen innerhalb des Beweismittelsystems der StPO klargestellt werden.

Es wird deshalb vorgeschlagen, hinter § 86 StPO folgenden § 86 a StPO einzuführen:

1) So zu Recht: Schmidhäuser in ZZP 72, 365 (401).
2) OLG Hamm in VRS 34, 61.
3) OLG Frankfurt in VRS 58, 368 (369).

"§ 86 a. (Heranziehung von Zeugen als Augenscheinsgehilfen)
Ist dem Gericht die richterliche Augenscheinseinnahme aus rechtlichen oder tatsächlichen Gründen unmöglich, so kann es einen Zeugen mit der Wahrnehmung des Beweisobjekts beauftragen und diesen über das Ergebnis seiner Wahrnehmungen vernehmen. Zur Annahme dieses Auftrags ist der Zeuge nicht verpflichtet. Die §§ 86, 168 d, 249 Abs. 1 Satz 2 finden hierbei keine Anwendung".

III. Zusammenfassung

Die nähere Untersuchung der Frage, ob und inwieweit das Prinzip unmittelbarer Beweiserhebung auch für richterliche Augenscheinseinnahmen gilt, hat gezeigt, daß auch bei Augenscheinsobjekten eine Beweisvermittlung durch andere Beweismittel vielfach mit Gefahren für die Wahrheitserforschung verbunden ist. Daher ist bei richterlichen Augenscheinseinnahmen grundsätzlich davon auszugehen, daß die gerichtliche Besichtigung des originären Beweisobjekts der Forderung nach umfassender Sachaufklärung eher entspricht, als dies bei einer Beweisreproduktion der Fall ist. Erkennt man die eigene richterliche Wahrnehmung eines urteilsmäßig noch nicht verarbeiteten Beweisobjekts als die Grundform der richterlichen Überzeugungsbildung an, so kann für diese unmittelbarste Form der Beweisaufnahme eine generelle Ausnahme vom Prinzip unmittelbarer Beweiserhebung nicht begründet werden. Dementsprechend rechtfertigen weder die §§ 86, 225, 249 I 2 StPO noch der Hinweis auf eine fehlende Parallelvorschrift zu § 250 StPO für richterliche Augenscheinseinnahmen die Annahme, daß es im Bereich des richterlichen Augenscheins kein Prinzip unmittelbarer Beweiserhebung gebe[1].

1) Im Ergebnis ebenso: Goslar, S. 14 f.; Roggemann, S. 36.

C. Das Problem der Ersetzungsbefugnis bei Augenscheinsobjekten

Auch aus der Sicht des Beweisantragsrechts spielt der Ersatz des originären Augenscheinsobjekts durch andere Beweismittel eine wichtige Rolle. Es handelt sich hierbei um das Problem der Ersetzungsbefugnis, d.h. um die Frage, ob das Gericht anstelle der nach § 244 V StPO beantragten richterlichen Augenscheinseinnahme ein anderes Beweismittel benutzen darf. Die faktische Vernachlässigung des Augenscheinsbeweises wird auch anhand dieser Problematik erkennbar, denn die Gerichte versuchen oftmals, einer beantragten unmittelbaren Tatortbesichtigung aus prozeßökonomischen Gründen auszuweichen, indem sie ersatzweise auf reproduzierende Augenscheinssurrogate oder Zeugenaussagen zurückgreifen.

I. Die Ansichten in Rechtsprechung und Literatur

Nach ständiger Rechtsprechung ist es dem Gericht gestattet, die beantragte Tatortbesichtigung durch andere Formen der Beweisaufnahme - insbesondere Besichtigung von Skizzen oder Fotografien sowie Vernehmung von Zeugen - zu ersetzen[1]. Die maßgebende Begründung hierfür wird in einer Entscheidung des Reichsgerichts aus dem Jahre 1913 gegeben, auf der die heutige Fassung des § 244 V StPO beruht[2]: Habe das Gericht nach eigenem pflichtgemäßen Ermessen die Frage nach der Durchführung eines richterlichen Augenscheins am Tatort verneint, so könne es auch nicht durch einen Beweisantrag gezwungen werden, trotzdem einen richterlichen Augenschein vorzunehmen. Hieraus ergebe sich weiter, daß dem Gericht auch das Urteil darüber zugestanden werden müsse, "ob der beantragte Augenschein nach dem Verhandlungsergebnis durch Benutzung anderer geeigneter Erkenntnisquellen bereits in ausreichendem Maße ersetzt ist"[3]. Diese

1) RGSt 47, 100 (107 f.); RG in JW 1923, 390; RG in DRiZ 1929, Nr. 1005; RG in HRR 1932, Nr. 689; OLG Stuttgart in VRS 3, 356 (358); OLG Hamm in VRS 34, 61; OLG Koblenz in VRS 45, 48 (50).
2) RGSt 47, 100 ff.
3) RGSt 47, 100 (107).

Überlegungen hätten zur Folge, daß das Gericht anstelle der beantragten Tatortbesichtigung auch "andere geeignete Beweise" erheben dürfe[1].

Die ganz überwiegende Literatur hat sich der Auffassung der Rechtsprechung ohne nähere Begründung angeschlossen[2]. Teilweise wird der Ersatz einer beantragten richterlichen Augenscheinseinnahme durch andere Formen der Beweisaufnahme nur mit der Einschränkung zugelassen, daß das neue Beweismittel gegenüber dem ausgetauschten Augenscheinsobjekt gleichwertig sein müsse. Dies sei in der Regel nur der Fall, wenn anstelle der beantragten Ortsbesichtigung die Augenscheinseinnahme eines Lichtbildes oder einer Fotografie beschlossen werde. Dagegen könne die beantragte Ortsbesichtigung nie durch Zeugenaussagen ersetzt werden, weil der Zeuge gegenüber dem Augenscheinsobjekt immer das unzuverlässigere Beweismittel sei[3].

Vereinzelt wird auch vorgeschlagen, den Beweisantrag auf richterliche Augenscheinseinnahme eines Tatortes zunächst zurückzustellen und zuerst andere Beweiserhebungen zu beschließen, mit denen das vom Antragsteller verfolgte Ziel ebenso erreicht werden kann. Falls die Verwendung dieses neuen Beweismittels zu dem vom Antragsteller gewünschten Ergebnis führen, dürfe der Antrag auf Ortsbesichtigung abgelehnt werden[4]. Demgegenüber müsse dem vorläufig zurückgestellten Antrag auf richterlicher Augenscheinseinnahme des Tatortes entsprochen werden, wenn die ersatzweise angeordnete Beweisaufnahme die unter Beweis gestellte Tatsachenbehauptung des Antragstellers nicht bestätigen könne[5].

1) RGSt 47, 100 (108).
2) Beling in ZStW Bd. 38, 612 (623 f.) und in JW 1925, 796; Lobe in LZ 1914, Sp. 977 (984); Rieker, S. 76; Harreß, S. 67; Goslar, S. 38; Hanack in JZ 1970, 561 (563); KMR-Paulus, § 244 Rdn. 480; KK-Herdegen, § 244 Rdn. 70 u. Rdn. 112; LR-Gollwitzer (24. Aufl.), § 244 Rdn. 157 u. Rdn. 327; Gössel, Strafverfahrensrecht, S. 258; Schäfer, Praxis, S. 379; Alsberg/Nüse/Meyer, S. 420 u. S. 742; Kurtze, S. 83; Weigelt in DAR 1964, 314 (319).
3) Lobe in LZ 1914, Sp. 977 (984); Goslar, S. 38; Harreß, S. 67; Gutmann in JuS 1962, 369 (377); Kreuzer, S. 61 f.
4) Schulz in Strafverteidiger 1983, 341 (344), Goslar, S. 37.
5) Kurtze, S. 83; Goslar, S. 37.

Nach einer neuerdings von Schulz[1] vertretenen Ansicht ist das Gericht - abgesehen von dem soeben beschriebenen Verfahren - nicht berechtigt, das im Beweisantrag gemäß § 244 V StPO benannte Augenscheinsobjekt gegen ein anderes Beweismittel auszutauschen. Die Ablehnung eines Augenscheinsbeweisantrages nach pflichtgemäßem Ermessen aufgrund der durch die bisherige Beweisaufnahme gewonnenen Überzeugung schließe das Recht ein, eine Prognose anzustellen, derzufolge ein neues Beweismittel eine schon eingetretene Überzeugung nicht erschüttern könne. In diesem Fall würden bekannte und bewertete Beweismittel mit einem unbekannten Beweismittel verglichen, wobei als Vergleichsmaßstab die Eigeneinschätzung des Gerichts diene, wie weit die eigene Überzeugung noch erschütterungsfähig sei. Beim Austausch eines beantragten Augenscheinsgegenstandes durch andere Beweismittel werde hingegen dem Gericht die Möglichkeit eröffnet, zwischen mehreren Beweismitteln auszuwählen, von denen keines in die bisherige Beweisaufnahme einbezogen war. Da das Gericht sich hierbei noch keine Überzeugung hinsichtlich der behaupteten Tatsache gebildet habe, werde dem Gericht also gestattet zu prognostizieren, welches der nur abstrakt benannten Beweismittel im konketen Fall eine Überzeugung herbeiführen werde. Damit gehe die Ersetzungsbefugnis bei Augenscheinsobjekten weit über die übliche Ablehnung eines Augenscheinsbeweisantrages hinaus, denn "die Prognose aufgrund einer vorhandenen Überzeugung über das Beweisthema wird durch die Prognose über die Eignung eines Beweismittels zur Erzeugung einer Überzeugung ersetzt"[2]. Aus diesem Grund sei es nicht gestattet, für Augenscheinsbeweisanträge nach § 244 V StPO das Verbot der Beweisantizipation so stark zu lockern, daß eine Ablehnung eines Beweisantrages trotz fehlender Überzeugung vom bisherigen Beweisergebnis möglich ist[3].

Der BGH hat zur speziellen Frage des Austauschs eines beantragten Augenscheinsobjekts gegen ein anderes Beweismittel noch

1) Schulz in Strafverteidiger 1983, 341 (344).
2) Schulz in Strafverteidiger 1983, 341 (343 f.).
3) Schulz in Strafverteidiger 1983, 341 (344).

nicht Stellung bezogen, hat jedoch den konkreten Fall eines Ersatzes einer beantragten Zeugenvernehmung durch richterlichen Augenschein zum Anlaß genommen, um allgemeingültige Kriterien für den Austausch von Beweismitteln zu entwickeln. Nach Ansicht des BGH[1] darf das Gericht das beantragte Beweismittel gegen ein besseres, "jedenfalls kein weniger sicheres" Beweismittel austauschen, wenn es nach pflichtgemäßem Ermessen zu der Auffassung gelange, daß es sich um gleich sichere Erkenntnisquellen handele. Die Benutzung einer anderen, gleich sicheren Erkenntnisquelle sei vor allem dann geboten, "wenn dadurch eine erhebliche Verzögerung des Verfahrens vermieden werden kann". Dementsprechend könnten gleichwertige Beweismittel untereinander ausgetauscht werden, wobei über die Frage der Gleichartigkeit nach den jeweiligen Umständen des Einzelfalles entschieden werden müsse. Zweifel über die Gleichwertigkeit müßten allerdings zugunsten des angebotenen Beweismittels ausschlagen.

Diese Entscheidung des BGH hat in der Literatur sowohl zustimmende[2] als auch ablehnende Stellungnahmen[3] ausgelöst. Hanack[4] und Herdegen[5] sehen im Austausch von Beweismitteln eine unzulässige Form der Beweisantizipation, denn das Verbot der Beweisantizipation, das den entscheidenden sachlichen Schutz für die prozessualen Einwirkungs- und Aufklärungsbefugnisse der Beweisantragsberechtigten darstelle, könne für den Antragsteller u.U. sogar das Recht begründen, trotz eventueller Gleichwertigkeit mit anderen Beweismitteln gerade einen Anspruch auf das von ihm benannte Beweismittel zu haben. Dagegen sei ein Beweismittelaustausch zulässig, wenn das Gesetz Ausnahmen vom grundsätzlichen Verbot der Beweisantizipation gestatte. So könne insbesondere die in § 244 V StPO eingeräumte Befugnis, einen

1) BGHSt 22, 347 (349).
2) KMR-Paulus, § 244 Rdn. 421 f.; Kleinknecht/Meyer, § 244 Rdn. 47; LR-Gollwitzer (24. Aufl.), § 244 Rdn. 157 ff.; Schlüchter, Rdn. 545 in Fn. 509 d.
3) Roxin, § 43 C II 1 d cc; KK-Herdegen, § 244 Rdn. 70; Hanack in JZ 1970, 561 (562 ff.); kritisch auch Peters in JR 1970, 105 (106).
4) Hanack in JZ 1970, 561 (562).
5) KK-Herdegen, § 244 Rdn. 70.

Beweisantrag auf unmittelbare richterliche Augenscheinseinnahme nach pflichtgemäßem Ermessen abzulehnen, dazu führen, daß auch der Beweisantrag auf "mittelbaren Augenschein" (z.B. Auskunft einer Polizeibehörde über eine bestimmte Straßenverbindung) durch eine andere Form mittelbarer Augenscheinseinnahme (z.B. Besichtigung einer amtlichen Straßenkarte) zu ersetzen[1).

Der BGH hält in einem neueren Urteil[2) entgegen der Kritik im Schrifttum an seiner bisherigen Ansicht fest. Das Recht des Antragstellers, nicht nur das Beweisthema, sondern auch das zu benutzende Beweismittel in seinem Beweisantrag zu bestimmen, erfahre zwar formell eine Einbuße, wenn das Gericht anstelle des beantragten Beweismittels ein anderes Beweismittel auswähle. Dieser Beweiserhebungsanspruch des Antragstellers werde aber in materieller Hinsicht erfüllt, wenn das Gericht ein anders, zweifelsfrei gleichwertiges Beweismittel verwende. Der Antragsteller könne auch Zweifel an der Gleichwertigkeit des vom Gericht gewählten Beweismittels geltend machen, denn Zweifel an dieser Gleichwertigkeit müßten zugunsten des angebotenen Beweismittels ausschlagen. Zudem liege im Austausch von Beweismitteln kein Fall von unzulässiger Beweisantizipation vor, weil das Gesetz in § 244 III 2 StPO Ausnahmen vom grundsätzlichen Verbot einer vorweggenommenen Beweiswürdigung kenne, indem es die Ablehnung eines Beweisantrags bei völliger Ungeeignetheit des Beweismittels zulasse. Die vom Gericht zu treffende Entscheidung über die Gleichwertigkeit von Beweismitteln verlange kein prinzipiell größeres Urteilsvermögen, als es benötigt werde, um die Frage der völligen Ungeeignetheit eines Beweismittels zu beantworten[3).

Schulz[4) widerspricht in seiner Kritik an dieser Entscheidung

1) Hanack in JZ 1970, 561 (563); KK-Herdegen, § 244 Rdn. 70; im Ergebnis ebenso Peters in JR 1970, 105 (106); Weigelt in DAR 1964, 314 (319).
2) BGH in NJW 1983, 126 (127).
3) BGH in NJW 1983, 126 (127).
4) Schulz in Strafverteidiger 1983, 341 (346).

der These, daß formeller und materieller Beweiserhebungsanspruch auseinanderfallen können. Der im Beweisantragsrecht enthaltene Beweiserhebungsanspruch habe den Zweck, gerade solche Beweiserhebungen zu erzwingen, die das Gericht von Amts wegen nicht für geboten hält. Daher müsse dem Beweisantrag auch dann stattgegeben werden, wenn das Gericht selbst das Beweismittel für ungeeignet hält. Andererseits gebe das Beweisantragsrecht dem Antragsteller keinen Anspruch auf überflüssige Beweiserhebungen, so daß das Gericht einen Beweisantrag ablehnen könne, falls das beantragte Beweismittel zweifelsfrei ungeeignet ist. Innerhalb dieser Grenzen entfalte sich der Beweiserhebungsanspruch der Parteien. Daher stimme das formelle Beweisantragsrecht mit dem materiellen Beweiserhebungsanspruch überein. Folgerichtig verletze jede Auswahlbefugnis, soweit sie über den in § 244 III 2 StPO aufgeführten Ablehnungsgrund des völlig ungeeigneten Beweismittels hinausgehe, sowohl das formelle Beweisantragsrecht als auch den darin enthaltenen materiellen Beweiserhebungsanspruch des Antragstellers.

II. Stellungnahme

Die Darstellung der unterschiedlichen Auffassungen zur Frage der rechtlichen Zuläsigkeit des Austauschs von Beweismitteln hat gezeigt, daß der vom Reichsgericht befürwortete Austausch eines Augenscheinsobjekts gegen ein anderes Beweismittel durch die Rechtsprechung des BGH auf alle Beweismittel ausgedehnt worden ist, wobei zugleich die Voraussetzungen eines derartigen Beweismittelaustauschs näher konkretisiert worden sind. Dementsprechend ist zu untersuchen, ob ein Austausch von Augenscheinsgegenständen entweder in dem vom Reichsgericht behaupteten Umfang oder in den vom BGH entwickelten Grenzen anerkannt werden kann.

Das Reichsgericht[1] geht von der These aus, daß der richter-

1) RGSt 47, 100 (107).

liche Augenschein durch andere Formen der Beweisaufnahme ersetzt werden könne. Die nähere Analyse mittelbarer Beweisvorgänge beim richterlichen Augenschein hat jedoch ergeben, daß dieser Ansicht nur in sehr eingeschränktem Maße zugestimmt werden kann. Streng genommen kann eine richterliche Augenscheinseinnahme nie durch andere Formen der Beweisaufnahme ersetzt werden, da dasselbe Beweisobjekt bei unterschiedlichen Wahrnehmungspersonen verschiedene Wahrnehmungen hervorruft[1] und ein noch so zuverlässiger Zeuge demzufolge immer andere Wahrnehmungen als der Tatrichter macht[2]. Wird anstelle einer Tatortbesichtigung ein Augenscheinssurrogat verwendet, so liegt erst recht kein vollständiger Ersatz vor, weil die urteilsrelevanten Einzelheiten des Originalobjekts selbst mit Fotografien oder Filmen nie total reproduzierbar sind. Die Frage, ob die beantragte Tatortbesichtigung bereits durch andere Beweismittel ersetzt ist, kann dementsprechend nur durch einen Vergleich des Original-Beweismittels mit dem vom Gericht gewählten Beweismittel beantwortet werden.

Gerade diese Frage läßt das Reichsgericht[3] unbeantwortet, indem es dem Tatgericht gestattet, anstelle der beantragten Tatortbesichtigung auf andere Beweismittel auszuweichen. Damit beruht der Austausch eines beantragten Augenscheinsobjekts gegen "andere geeignete Beweise" auf einer Beweiswertprognose, deren Richtigkeit weder verifiziert noch falsifiziert wird. Da die Richtigkeit oder Unrichtigkeit der vom Gericht getroffenen Beweiswertprognose nicht überprüft wird, ergibt sich auch die Gefahr eines Fehlurteils, wenn das vom Gericht gewählte Beweismittel nicht zu den Ergebnissen führt, die aufgrund der beantragten Tatortbesichtigung möglich gewesen wären. Der Antragsteller hat zwar die Möglichkeit, nochmals eine Tatortbesichtigung zu beantragen, um die Aussagen des vom Gericht gewählten Zeugen[4] oder die Richtigkeit einer Skizze[5] zu widerlegen,

1) Siehe hierzu bereits oben im 2. Teil 1. Abschnitt b.I.1.
2) So zu Recht auch Mannheim in JW 1928, 1308 (1309).
3) RGSt 47, 100 (108).
4) Siehe wiederum: BGHSt 8, 177 (181); OLG Köln in Strafverteidiger 1983, 451 (452) sowie oben im 3. Teil 3. Abschnitt B.
5) OLG Frankfurt in VRS 46, 461.

jedoch setzt dies voraus, daß inzwischen keine totale Veränderung des Tatortes (z.B. durch zwischenzeitlich durchgeführte Baumaßnahmen) eingetreten ist. In diesem Fall ist dem Antragsteller die Möglichkeit des Gegenbeweises gegen das vom Gericht gewählte Beweismittel versperrt, obwohl mit dem ursprünglichen Beweisantrag die vom Antragsteller aufgestellte Tatsachenbehauptung noch hätte bewiesen werden können.

Der Austausch einer beantragten Tatortbesichtigung gegen andere Formen der Beweisaufnahme hat somit zur Folge, daß der Antragsteller das Risiko des Verlustes einer Gegenbeweismöglichkeit trägt. Daher darf ein Augenscheinsobjekt nicht durch ein anderes Beweismittel ersetzt werden, wenn der Antragsteller im Zusammenhang mit seinem Augenscheinsbeweisantrag darauf hinweist, daß ein Beweisverlust droht. Auch ohne diesen Hinweis des Antragstellers wird jedoch das Gericht einem Beweisantrag auf Tatortbesichtigung entsprechen müssen, wenn hinreichende Anhaltspunkte gegeben sind, die auf einen drohenden Beweisverlust schließen lassen. Würde das Gericht trotz vorliegender Anhaltspunkte für einen drohenden Beweisverlust einem Antrag auf Tatortbesichtigung nicht nachkommen, so könnte der Angeklagte, der in dieser Tatortbesichtigung seine einzige Entlastungsmöglichkeit sieht, weder im Berufungsverfahren noch in einem etwaigen Wiederaufnahmeverfahren eine Korrektur einer u.U. falschen Verurteilung herbeiführen, falls der schon absehbare Beweisverlust tatsächlich eintritt. Dies erscheint im Interesse einer umfassenden Wahrheitserforschung unerträglich, so daß das Gericht gerade in den - bei Augenscheinsobjekten besonders häufigen - Fällen des drohenden Beweisverlustes einem Beweisantrag auf Tatortbesichtigung stattgeben muß.

Denkbar ist jedoch, daß ein Austausch von Augenscheinsobjekten gegen andere Beweismittel zulässig ist, wenn ein Beweismittelverlust hinsichtlich des im Beweisantrag benannten Augenscheinsgegenstandes nicht zu befürchten ist. So liegt ein Ersatz einer beantragten Tatortbesichtigung durch andere Formen der Beweisaufnahme insbesondere aus prozeßökonomischen Gründen nahe, weil hierbei eventuelle Verfahrensverzögerungen durch

Aufsuchen des Tatortes vermieden werden. In diesem Zusammenhang ist darauf hinzuweisen, daß das Reichsgericht seine Ansicht von der Ersetzbarkeit des Augenscheinsobjekts durch andere Beweismittel gerade für die Fälle entwickelt hat, in denen der Antragsteller eine richterliche Augenscheinseinnahme "außerhalb der Gerichtsstelle"[1] beantragt hat.

Prozeßökonomische Gründe können aber zumindest dann nicht geltend gemacht werden, wenn der vom Gericht ersatzweise herangezogene Zeuge oder das Augenscheinssurrogat die vom Antragsteller aufgestellte Tatsachenbehauptung nicht zu bestätigen vermag: Hier kann der Antragsteller zur Widerlegung einer Zeugenaussage[2] oder einer Skizze[3] eine Tatortbesichtigung beantragen, ohne daß das Gericht den nochmaligen Augenscheinsbeweisantrag ablehnen könnte, weil dieser nunmehr den Beweiswert der vom Gericht verwendeten Ersatz-Beweismittel in Frage stellt und damit gleichzeitig die Beweiswertprognose des Gerichts zu entkräften sucht. In diesem Fall wäre das Gericht gezwungen, dieselbe Tatsachenbehauptung - nämlich die behauptete Beschaffenheit eines Tatortes - durch doppelte Beweisaufnahme zu untersuchen, denn das Gericht kann sich gegenüber dem wiederholten Antrag auf Tatortbesichtigung diesmal nicht auf die Glaubwürdigkeit des Zeugen oder die Richtigkeit der Skizze berufen[4]. Damit entfallen jedoch die prozeßökonomischen Gründe, die das Gericht ursprünglich veranlaßt haben, anstelle der beantragten Tatortbesichtigung andere Beweismittel zu benutzen, da eine Wiederholung der Beweisaufnahme durch Verwendung des vom Antragsteller benannten Beweismittels von Anfang an zu vermeiden gewesen wäre.

Dem könnte entgegengehalten werden, daß das vom Gericht gewählte Beweismittel genausogut die Tatsachenbehauptung des An-

1) RGSt 47, 100 (107).
2) Insoweit bereits auch das RG in JW 1930, 714, und seitdem ständig RG in JW 1930, 933 u. 3417; RG in JW 1931, 1040 u. 1608; RG in JW 1932, 954 u. 3626.
3) Siehe wiederum: OLG Frankfurt in VRS 46, 461.
4) Treffend auch Schulz in Strafverteidiger 1983, 341 (347): Aus der Ersetzbarkeit ex ante folge nichts für eine Verhinderung alternativer Beweismittel ex post.

tragstellers bestätigen könne und deshalb prozeßökonomische Gründe zunächst die Benutzung anderer Beweismittel nahelegen. Es ist aber sehr zweifelhaft, ob das Gericht bei einem Ersatz des beantragten Beweismittels gegen ein anderes Beweismittel überhaupt sicher beurteilen kann, daß das vom Gericht gewählte Beweismittel die Tatsachenbehauptung des Antragstellers in gleichem Umfang wie das vom Antragsteller benannte Beweismittel bestätigen wird. In der Regel ist vielmehr davon auszugehen, daß das Gericht ohne Kenntnis des beantragten und des ersatzweise herangezogenen Beweismittels den tatsächlichen Beweiswert dieser Beweismittel nie richtig einschätzen kann[1]. Dies wird besonders deutlich, wenn man nicht den prognostizierten, sondern den tatsächlichen Beweiswert einer beantragten Tatortbesichtigung mit einem vom Gericht gewählten Beweismittel vergleicht: Selbst wenn der Zeuge die Tatsachenbehauptungen des Antragstellers in vollem Umfang bestätigt, könnte das Gericht im Rahmen der späteren Beweiswürdigung nach § 261 StPO an seinem bisherigen Beweisergebnis festhalten, indem es die Richtigkeit der Wahrnehmungen des Zeugen oder dessen Glaubwürdigkeit verneint. Hat das Gericht dagegen keine Bedenken gegen die Richtigkeit der Zeugenaussage, so ist das Gericht trotzdem nach hier vertretener Auffassung[2] im Rahmen seiner Aufklärungspflicht gemäß § 244 II StPO zur Tatortbesichtigung verpflichtet, falls der vom Gericht gewählte Zeuge eine von den übrigen Zeugenaussagen abweichende Beschreibung desselben Ortes macht und die wirklichen Tatortverhältnisse für die konkete Entscheidung ausschlaggebend sind. Demgegenüber beseitigt eine richterliche Augenscheinseinnahme am Tatort alle derartigen Zweifel von Anfang an, weil das Gericht sich durch eigene Wahrnehmung von der Richtigkeit oder Unrichtigkeit der Tatsachenbehauptung überzeugen kann. Diese Überlegungen zeigen, daß der Beweiswert einer vom Antragsteller beantragten Tatortbesichtigung regelmäßig selbst dann höher einzustufen ist, wenn die ersatzweise angeordnete Beweisaufnahme die Tatsachenbehauptung des Antragstellers bestätigt.

1) So zu Recht auch Goldschmidt, S. 437.
2) Siehe hierzu bereits oben B.II.3.

Daher kann einem Austausch von Augenscheinsobjekten gegen andere Beweismittel aus den vom Reichsgericht genannten Gründen nicht zugestimmt werden.

Auch die vom BGH[1] geforderte Gleichwertigkeit der Beweismittel kann zumindest für den hier allein zu behandelnden Bereich der Augenscheinsobjekte an der Unzulässigkeit des Beweismittelaustausches nichts ändern, da jedes vom Gericht ersatzweise verwendete Beweismittel gegenüber der beantragten Tatortbesichtigung immer auch das schlechtere Beweismittel darstellt. So ist vor allem für den Zeugenbeweis auch in der Rechtsprechung anerkannt, daß der gerichtliche Augenschein den Beweiswert von Zeugenaussagen bei weitem übertrifft[2]. Das Gericht kann bei Augenscheinssurrogaten ebenfalls nicht davon ausgehen, daß die Skizze, die Fotografie oder der Film die urteilsrelevanten Einzelheiten genauso wiedergibt, wie dies der Antragsteller mit seinem Antrag auf Tatortbesichtigung behauptet hatte. Nur wenn der Antragsteller selbst in Kenntnis der Augenscheinssurrogate, die das Gericht ersatzweise heranzuziehen beabsichtigt, auf ausdrückliches Befragen des Gerichts diesem Austausch zustimmt, darf die ursprünglich beantragte Tatortbesichtigung gegen das jeweilige Augenscheinsobjekt ausgetauscht werden.

Da das vom Gericht gewählte Beweismittel im Prinzip somit gegenüber der beantragten Tatortbesichtigung stets ungleichwertig ist, ergibt sich für den Antragsteller auch nicht die Notwendigkeit, Zweifel an dem vom Gericht gewählten Beweismittel zu äußern[3], zumal schon der Beweisantrag auf richterlichen Augenschein am Tatort implizit die Feststellung enthält, daß das vom Antragsteller verfolgte Beweisziel durch Verwendung anderer Beweismittel nicht erreicht werden kann. Diese auf den ersten Blick sehr weitgehende These bestätigt sich, wenn man die für

1) BGHSt 22, 347 (349); BGH in NJW 1983, 126 (127).
2) BGH in NJW 1961, 280; OLG Bremen in DAR 1963, 170.
3) So aber ausdrücklich der BGH in NJW 1983, 126 (127).

Augenscheinsobjekte unterschiedlichen Regelungen des Beweisantragsrechts näher betrachtet: Während ein Augenscheinsbeweisantrag auf unmittelbare Tatortbesichtigung gemäß § 244 V StPO grundsätzlich unter Hinweis auf eine bereits vorhandene gegenteilige Überzeugung des Gerichts abgelehnt werden kann[1], ist die Ablehnung eines Zeugenbeweisantrags nur in den engeren Grenzen des § 244 III 2 StPO möglich und die Besichtigung von präsenten Augenscheinsobjekten kann lediglich unter den in § 245 II 2, 3 StPO genannten Voraussetzungen abgelehnt werden[2]. Will der Antragsteller eine bestimmte Tatsache mit einem konkreten Beweismittel unter Beweis stellen, so wird er zunächst also die Verwendung von Zeugenaussagen oder von herbeigeschafften Fotografien erwägen, um die Ablehnung eines Antrags auf Tatortbesichtigung zu vermeiden[3]. Demzufolge wird ein Antragsteller wegen der geringen Erfolgsaussicht seines Beweisantrages auf Tatortbesichtigung diesen Beweisantrag erst dann stellen, wenn ihm bekannt ist, daß entsprechende Zeugenaussagen oder Augenscheinssurrogate die jeweiligen Einzelheiten des Tatortes entweder unrichtig oder unvollständig wiedergeben würden (z.B. bei bestimmten Sichtbedingungen am Tatort). Selbst wenn die vom Gericht herangezogenen Zeugen oder Augenscheinssurrogate die Angaben des Antragstellers vollinhaltlich bestätigen, trägt der Antragsteller das Risiko, daß das Gericht im Rahmen seiner späteren Beweiswürdigung nach § 261 StPO die Aussagekraft dieser mittelbaren Beweismittel in Zweifel zieht oder vollkommen verneint, wohingegen die unmittelbare Tatortbesichtigung regelmäßig keinen Raum für noch bestehende Zweifel läßt. Aus diesen Gründen enthält die Benennung des unmittelbaren Beweismittels "Tatort" implizit schon Zweifel an allen Formen

1) Siehe hierzu bereits ausführlich oben im 3. Teil 3. Abschnitt B.
2) Siehe zu Augenscheinsobjekten als präsente Beweismittel i.S.d. § 245 StPO: KK-Herdegen, § 245 Rdn. 12; Alsberg/Nüse/Meyer, S. 819.
3) Zur weitverbreiteten Praxis von Strafverteidigern, wegen der geringen Erfolgsaussicht eines Beweisantrages gemäß § 244 V StPO Zeugen mit der Wahrnehmung der Örtlichkeit zu beauftragen oder Augenscheinssurrogate zu verwenden, siehe bereits oben im 3. Teil 3. Abschnitt B.

mittelbarer Beweiserhebung, so daß nicht ersichtlich ist, warum der Antragsteller gesondert Zweifel an dem vom Gericht in Betracht gezogenen mittelbaren Beweismittel äußern sollte, wenn er in seinem Beweisantrag bereits das unmittelbare und damit bestmögliche[1] Beweismittel genannt hat.

Somit kann ein Austausch eines Augenscheinsobjektes gegen andere Beweismittel weder in den vom Reichsgericht genannten Umfang noch in den vom BGH entwickelten Grenzen anerkannt werden. Es ist vielmehr von einem grundsätzlichen Verbot des Beweismittelaustausches bei Augenscheinsgegenständen auszugehen, so daß zu fragen ist, ob und inwieweit Ausnahmen von diesem Grundsatz möglich sind.

In diesem Zusammenhang ist eine Entscheidung des Reichsgerichts von Interesse, die in der Diskussion um Grund und Grenzen eines Beweismittelaustausches bisher völlig unbeachtet blieb. Das Reichsgericht hat nämlich die Ansicht vertreten, daß die richterliche Aufklärungspflicht nach § 244 II StPO selbst dann noch die Verwendung erreichbarer oder geeigneter anderer Beweismittel gebieten könne, wenn ein Beweisantrag wegen Unerreichbarkeit oder völliger Ungeeignetheit des angebotenen Beweismittels abgelehnt werden dürfe[2].

Überträgt man diese - in erster Linie das Verhältnis zwischen Beweisantragsrecht und richterliche Aufklärungspflicht betreffende - Erkenntnis auf das hier zu erörternde Problem der Ausnahmen vom grundsätzlichen Austauschverbot bei Augenscheinsobjekten, so ist ein Beweismittelaustausch zulässig, falls die beantragte Tatortbesichtigung entweder als unerreichbares oder als völlig ungeeignetes Beweismittel angesehen werden kann. Dementsprechend kann z.B. die mit einem Beweisantrag begehrte richterliche Besichtigung einer Bergwand oder eines hohen Daches als unerreichbares Beweismittel abgelehnt werden und stattdessen ein Augenscheinsgehilfe mit der Besichtigung der jewei-

1) Zum materiellen Unmittelbarkeitsgrundsatz als Prinzip des bestmöglichen Beweises siehe oben A.II.
2) RGSt 74, 147 (152).

ligen Örtlichkeit beauftragt werden[1]. Eine beantragte Tatortbesichtigung kann auch durch Zeugenaussagen oder Augenscheinssurrogate in Form von Filmen oder Fotografien ersetzt werden, wenn der Tatort inzwischen total verändert ist und die damaligen Verhältnisse sich nicht mehr rekonstruieren lassen, weil der eingetretene Beweisverlust den Tatort zu einem völlig ungeeigneten Beweismittel macht und die Zeugenaussage bzw. das Augenscheinssurrogat hierdurch zum bestmöglichen Beweis geworden ist[2]. Ein Tatort ist jedoch nicht schon dann ein völlig ungeeignetes Beweismittel i.S.d. § 244 III 2 StPO, wenn die Tatzeit in der Nacht liegt und die damaligen Licht-, Sicht- oder Witterungsbedingungen nicht vollständig rekonstruierbar sind. Dagegen ist die beantragte Tatortbesichtigung für die Sachaufklärung völlig ungeeignet, falls zur Tatzeit extreme Wetter- und Sichtverhältnisse geherrscht haben, die gegenüber denen bei einer späteren Ortsbesichtigung so verschieden sind, daß diese sichere Erkenntnisse hinsichtlich der zu klärenden Tatsachen nicht mehr erlaubt[3].

Ist somit ein Austausch eines Augenscheinsobjektes gegen ein anderes Beweismittel zulässig, wenn im Beweisantrag ein unerreichbares oder völlig ungeeignetes Beweismittel genannt wird, so kann ein Beweisantrag auf richterliche Augenscheinseinnahme darüber hinaus nicht unter Hinweis auf die fehlende Sachkunde des Gerichts abgelehnt und stattdessen ein Sachverständiger mit der Besichtigung des Beweisgegenstandes beauftragt werden: Die Auswertung von Fahrtschreiberdiagrammen, Schriftproben und ähnlich komplizierteren Augenscheinsgegenständen kann zwar zur besseren Sachaufklärung zunächst einem Sachverständigen über-

1) Zur Notwendigkeit der Heranziehung von Augenscheinsgehilfen bei Unmöglichkeit eines richterlichen Augenscheins aus tatsächlichen Gründen siehe oben B.II.5.b)bb).
2) Zur Verwendung von Fotografien und Zeugenausagen bei Beweisverlust des originären Augenscheinsobjekts siehe oben B.II. 2.b), 3. Siehe zur Frage, unter welchen Voraussetzungen ein Augenscheinsobjekt ein völlig ungeeignetes Beweismittel ist: OLG Celle in DAR 1953, 117; Weigelt in DAR 1964, 314 (318); Alsberg/Nüse/Meyer, S. 609.
3) So zu Recht: OLG Frankfurt in DAR 1977, 305; ähnlich OLG Hamm in VRS 22, 56 (58).

tragen werden, jedoch darf das Gericht das Ergebnis des Sachverständigengutachtens nicht ohne eigene Augenscheinseinnahme in die Hauptverhandlung einführen[1], so daß eine Beweismittelergänzung, nicht aber ein Beweismittelaustausch vorzunehmen ist. In diesem Fall muß das Gericht den Augenscheinsbeweisantrag vorläufig zurückstellen und vor der Erstattung des Sachverständigengutachtens positiv bescheiden.

Als Fazit der vorstehenden Untersuchung läßt sich festhalten, daß vom grundsätzlichen Verbot eines Beweismittelaustausches bei Augenscheinsobjekten Ausnahmen nur dann gemacht werden dürfen, wenn im Beweisantrag ein unerreichbares oder völlig ungeeignetes Beweismittel genannt wird. Kann aber schon die gerichtliche Prognose, daß ein anderes Beweismittel mit dem beantragten Augenscheinsobjekt von seiner Beweisqualität her gleichwertig ist, Gefahren für die Wahrheitserforschung begründen und die Beweisantragsrechte der Prozeßbeteiligten einschränken, so trifft dies in noch viel stärkerem Maße auf die durch § 244 V StPO ermöglichten weitreichenden Beweisantizipationen zu, denn durch die Ablehnung eines Augenscheinsbeweisantrages aufgrund einer vorweggenommenen Beweiswürdigung wird auf ein für die Sachaufklärung u.U. notwendiges Beweismittel völlig verzichtet. Dieser Problemkreis soll daher Gegenstand der nachfolgenden Untersuchung sein.

1) Siehe hierzu bereits ausführlich oben B.II.4.

2. Abschnitt: Richterlicher Augenschein und gerichtliche Aufklärungspflicht gemäß § 244 II StPO

Das Problem der Geltung der gerichtlichen Aufklärungspflicht gemäß § 244 II StPO bei Augenscheinseinnahmen ist im bisherigen Verlauf dieser Arbeit schon mehrfach von Bedeutung gewesen. So konnte im 3. Teil festgestellt werden, daß die durch unterlassene Tatortbesichtigungen verursachte unvollständige Sachaufklärung ihren wesentlichen Grund in § 244 V StPO und seiner Auslegung durch die Rechtsprechung hat[1]. Mit dem Ersatz des originären Augenscheinsobjekts durch andere Beweismittel sind ebenfalls Gefahren für die Wahrheitserforschung verbunden: Steht das Tatgericht vor der Alternative, entweder eine Tatortbesichtigung durchzuführen oder hierauf aus prozeßökonomischen Gründen zu verzichten, so stellt der Ersatz durch andere Beweismittel im Hinblick auf § 244 II StPO oftmals keine befriedigende Kompromißlösung dar.

Aus diesen Erkenntnissen heraus ergibt sich die Forderung nach häufigeren Tatortbesichtigungen. Damit rückt gleichzeitig die Frage nach der Reichweite der gerichtlichen Aufklärungspflicht gemäß § 244 II StPO bei Augenscheinseinnahmen in den Mittelpunkt der nachfolgenden Untersuchung. Daher ist zunächst zu fragen, in welchem Umfang das Tatgericht allgemein zu Beweisaufnahmen verpflichtet ist. Weiterhin wird zu prüfen sein, ob die Grenzen der richterlichen Aufklärungspflicht gemäß § 244 II StPO mit denen für das Beweisantragsrecht in § 244 III-V StPO übereinstimmen oder nicht, denn hieraus lassen sich wichtige Schlußfolgerungen zur Beantwortung der Frage ableiten, inwieweit das Gericht im Rahmen der richterlichen Aufklärungspflicht zu richterlichen Augenscheinseinnahmen verpflichtet ist. Schließlich ist zu untersuchen, ob die mit § 244 V StPO verbundenen Beweisantizipationsmöglichkeiten, die insbesondere für die meisten Fehlurteile im Zusammenhang mit richterlichen Augenscheinseinnahmen ursächlich sind, durch eine andere Aus-

---

1) Siehe hierzu ausführlich oben im 3. Teil 3. Abschnitt B.

legung oder de lege ferenda durch eine Streichung dieser Vorschrift vermieden werden können.

A. Reichweite der gerichtlichen Aufklärungspflicht

Die Frage nach der Reichweite der gerichtlichen Aufklärungspflicht gemäß § 244 II StPO ist am einfachsten zu klären, indem Situationen während einer Beweisaufnahme beschrieben werden, bei denen eine Verletzung des Gebots zu umfassender Wahrheitserforschung denkbar ist.

Ein Verstoß gegen die Pflicht zu vollständiger und wahrheitsgemäßer Aufklärung des Sachverhalts ist in zweifacher Beziehung möglich:

I. Erfolglosigkeit der bisherigen Beweisaufnahme

Eine Verletzung des § 244 II StPO liegt zunächst dann vor, wenn das Gericht zu dem Ergebnis gelangt, daß der von ihm zu beurteilende Lebenssachverhalt mit Hilfe der von ihm verwendeten Beweismittel ganz oder zum Teil ungeklärt geblieben ist, und wenn es sich mit diesem Ergebnis begnügt, obwohl die Benutzung weiterer ihm bekannter Beweismittel bessere Aufklärung verspricht[1]. Ergibt die Beweisaufnahme daher den Beweis weder für die Schuld noch für die Unschuld des Angeklagten, so gebietet es die richterliche Aufklärungspflicht, daß das Gericht von Amts wegen sonst noch ersichtliche Beweismittel, die eine Aufklärung erwarten lassen, herbeischafft und verwendet[2].

Für Tatsachen, die zur Entlastung des Angeklagten führen könnten, gilt das Prinzip der vollständigen Hinzuziehung weiterer Beweismittel jedoch nur in eingeschränktem Umfang, denn es genügt in den meisten Fällen, daß die Behauptung des Angeklagten

1) BGHSt 13, 206; RGSt 47, 417 (424); OLG Zweibrücken in CRS 35, 439 (440); Tenckhoff, S. 159; Heescher, S. 78; Gössel, Strafverfahrensrecht, S. 247; LR-Gollwitzer (24. Aufl.), § 244 Rdn. 62.

2) RG in Rechtsprechung Bd. 10, 420 (421); RGSt 41, 269 (272); OLG Zweibrücken in CRS 35, 439 (440); LR-Gollwitzer (24. Aufl.), § 244 Rdn. 63 m.w.N.

unwiderlegbar erscheint[1] und deshalb der Grundsatz in dubio pro reo dem Angeklagten zugute kommt[2]. Sind dem Gericht hingegen Umstände bekannt, aus denen sich Beweiserhebungsmöglichkeiten zur Überprüfung der Tatsachenbehauptung des Angeklagten ergeben können, muß es nach § 244 II StPO diese Beweismittel vollständig ausschöpfen und darf nicht nach dem Grundsatz "im Zweifel für den Angeklagten" entscheiden[3].

II. Fehlerhafte Überzeugungsbildung aufgrund ungenutzter Beweismittel

Das Gericht kommt aber auch dann nicht seiner Verpflichtung zur vollständigen Aufklärung des Sachverhalts nach, wenn es sich bei der Überzeugungsbildung nur auf einige Tatsachen stützt, obwohl das Gericht weitere ihm bekannte Beweismittel ungenutzt gelassen hat, durch deren Verwendung möglicherweise eine Änderung oder Revidierung der richterlichen Überzeugung eingetreten wäre[4]. Es ist nämlich ein allgemeingültiger Erfahrungssatz, daß die menschliche Überzeugung nicht notwendig definitiv und unabänderlich ist, solange sich ihr neue Erkenntnisquellen eröffnen[5].

An die Pflicht des Tatgerichts, von seiner bisher gewonnenen Überzeugung zugunsten neuer Beweismittel abzuweichen, wurden in der revisionsgerichtlichen Rechtsprechung immer höhere Anforderungen gestellt. Zunächst hatte das Reichsgericht den Standpunkt vertreten, daß § 244 II StPO nicht verletzt sei, wenn das Tatgericht sich der Wahrheitsermittlungspflicht bewußt war und von weiterer Beweiserhebung "ein Ergebnis nicht erwartete"[6], selbst wenn sie "außerordentlich nahe lag"[7].

1) BGHSt 13, 206; RGSt 47, 417 (424); Tenckhoff, S. 159 f.
2) Siehe hierzu eingehend Tenckhoff, S. 128 f. u. S. 159 f.
3) So zu Recht: BGH in NJW 1978, 113 (114); BGHSt 13, 326 (328); RGSt 47, 417 (424); Roxin, § 43 A 3.
4) Heescher, S. 78; Tenckhoff, S. 160; Gössel, Strafverfahrensrecht, S. 247; LR-Gollwitzer (24. Aufl.), § 244 Rdn. 62; Wessels in JuS 1969, 1 (7).
5) Gutmann in JuS 1962, 369 (374); Wessels in JuS 1969, 1 (7); Tenckhoff, S. 160.
6) RGSt 6, 135 (136).
7) RGSt 13, 158 (159).

Später sah das Reichsgericht einen Verstoß gegen § 244 II StPO schon dann als gegeben an, wenn das "Sachverhältnis nicht in allen ... wesentlichen Beziehungen zur Genüge aufgeklärt" war[1].

Nach ständiger Rechtsprechung des BGH[2] und der ganz überwiegenden Lehre[3] reicht die richterliche Aufklärungspflicht so weit, wie die Umstände, die dem Gericht bekannt sind oder aus den Akten und dem Verfahrensablauf bekannt sein müssen, zum Gebrauch eines oder eines weiteren Beweismittels drängen oder den Gebrauch zumindest nahelegen. Es besteht jedoch bis heute noch keine Einigkeit in der Frage, unter welchen Voraussetzungen dem Tatgericht sich die Benutzung eines weiteren Beweismittels aufdrängen muß: Hier reicht die Skala vom evidenten, sich aufdrängenden Beweismittel[4] über die "erkennbar naheliegende und erfolgversprechende Beweismöglichkeit"[5] bis hin zur Beweiserhebungspflicht, "wenn auch nur die entfernte Möglichkeit einer Änderung" des bisherigen Beweisergebnisses in Betracht kommt[6].

Richtiger Ansicht nach läßt sich eine exakte Formel, mit der der Inhalt der richterlichen Aufklärungspflicht abstrakt beschrieben wäre, nicht finden, denn die Vielgestaltigkeit der vom Richter zu beurteilenden Lebenssachverhalte und die unterschiedlichen Prozeßsituationen erlauben keine feststehende und allgemeingültige Definition der gerichtlichen Pflicht zur Erforschung der Wahrheit[7]. Außerdem ist die von der Rechtspre-

1) RGSt 47, 417 (425).
2) BGHSt 1, 94 (97 f.); 3, 169 (175); 23, 176 (188); 30, 131 (140); BGH in NJW 1978, 113 (114); BGH in Strafverteidiger 1981, 164 (165); ebenso auch das BVerfG in NJW 1983, 1043 (1045).
3) Herdegen in NStZ 1984, 97; Schmidt-Hieber in JuS 1985, 291 (292); Maul in Peters-Festschrift, S. 47 (50); Köhler, S. 26; Heescher, S. 78 f.; Tenckhoff, S. 160; Wessels in JuS 1969, 1 (4); Alsberg/Nüse/Meyer, S. 20 m.w.N. in Fn. 10; kritisch dagegen Engels, S. 7 f.; Walter, S. 294 f.; Traulsen, S. 231.
4) Gutmann in JuS 1962, 369 (377 f.).
5) Wessels in JuS 1969, 1 (7); Gössel, Strafverfahrensrecht, S. 247; ähnlich auch BGH in NJW 1978, 113 (114).
6) BGHSt 23, 176 (188); 30, 131 (143); BGH in Strafverteidiger 1981, 164 (165); zustimmend: Maul in Peters-Festschrift, S. 47 (50); Alsberg/Nüse/Meyer, S. 20 f.; ablehnend: Herdegen in NStZ 1984, 97 (98); siehe zum ganzen auch KK-Herdegen, § 244 Rdn. 23.
7) So zu Recht: Engels, S. 8; Tenckhoff, S. 160; Maul in Peters-Festschrift, S. 47 (52).

chung und Literatur verwendete Doppelformel vom "sich aufdrängenden oder zumindest naheliegenden" Beweismittel in sich widersprüchlich, weil der Begriff des "zumindest naheliegenden" Beweismittels gegenüber dem "sich aufdrängenden" Beweismittel einen weitergehenden Pflichtenmaßstab beschreibt. Der Inhalt der gerichtlichen Aufklärungspflicht nach § 244 II StPO kann demgemäß nur dahingehend umschrieben werden, daß das Gericht von Amts wegen noch weitere Beweise zu erheben hat, wenn ihm "noch Umstände oder Möglichkeiten bekannt sind, die bei verständiger Würdigung der Sachlage begründeten Zweifel an der Richtigkeit der (aufgrund der vollzogenen Beweisaufnahme erlangten) Überzeugung wecken müssen"[1].

In den beiden o.g. Fallgruppen einer bisher erfolglosen Beweisaufnahme und einer fehlerhaften Überzeugungsbildung aufgrund ungenutzter Beweismittel ist das Gericht nach § 244 II StPO verpflichtet, auch ohne Antrag und selbst gegen den Willen des Angeklagten entlastende sowie ohne Antrag und selbst gegen den Willen der Staatsanwaltschaft belastende Beweismöglichkeiten auszuschöpfen[2]. Damit ist die gerichtliche Pflicht zur vollständigen Erforschung des Sachverhalts völlig unabhängig von etwaigen Beweisanträgen der Prozeßbeteiligten[3].

B. Verhältnis von richterlicher Aufklärungspflicht und Beweisantragsrecht

Trotz der soeben festgestellten Unabhängigkeit der richterlichen Aufklärungspflicht von eventuellen Beweisanträgen der Prozeßbeteiligten ist zu fragen, ob die Grenzen des Beweisantragsrechts und die der richterlichen Aufklärungspflicht identisch sind. Dabei geht es um das Problem, ob die aus § 244 II StPO

1) BGH in NJW 1951, 283; Herdegen in NStZ 1984, 97 (98).
2) RG in HRR 1940 Nr. 840; Schmidt-Hieber in JuS 1985, 291 (292); Herdegen in NStZ 1984, 97; Henkel, S. 339; Dahs/Dahs, Rdn. 247; Gössel, Strafverfahrensrecht, S. 246; Alsberg/Nüse/Meyer, S. 21; LR-Gollwitzer (24. Aufl.), § 244 Rdn. 48.
3) BGH in NJW 1966, 1524; BGH in NJW 1967, 299; Harreß, S. 17; Köhler, S. 26; Henkel, S. 339; KK-Herdegen, § 244 Rdn. 22; Alsberg/Nüse/Meyer, S. 21; LR-Gollwitzer (24. Aufl.), § 244 Rdn. 48 u. Rdn. 93; Stützel, S. 9.

resultierende Beweiserhebungspflicht inhaltlich und dem Umfang nach mit der Pflicht des Gerichts übereinstimmt, Beweiserhebungen aufgrund von Beweisanträgen der Prozeßbeteiligten nach § 244 III-V StPO durchzuführen.

Auf den ersten Blick erscheint diese Frage für den Bereich des richterlichen Augenscheins bereits vom Gesetzgeber beantwortet worden zu sein, denn nach § 244 V StPO steht die Ablehnung von Augenscheinsbeweisanträgen im (aufklärungs-)pflichtgemäßen Ermessen des Gerichts. § 244 V StPO wiederholt daher die schon in § 244 II StPO ausgesprochene Pflicht des Gerichts zur umfassenden Wahrheitserforschung und macht die Ermessensausübung von der richterlichen Pflicht zur vollständigen Sachverhaltsaufklärung abhängig, so daß die Grenzen des § 244 V StPO mit denen des § 244 II StPO identisch sind[1]. Folgerichtig hat der BGH in einem neueren Urteil[2] eine Verletzung des § 244 V StPO erst dann angenommen, "wenn es sich aufdrängte", daß eine Besichtigung der Örtlichkeit selbst zu Ergebnissen führen würde, die über die bloße Auswertung von Modellen, Skizzen oder Fotografien hinausgingen. Der BGH verwendet somit für die Ablehnung eines Beweisantrags nach § 244 V StPO den gleichen Maßstab des "sich aufdrängenden" Beweismittels, den er bereits im Rahmen der Aufklärungspflicht gemäß § 244 II StPO allgemein für sämtliche Beweismittel entwickelt hat. Dies bedeutet, daß das Gericht zumindest für den Bereich der Augenscheinsbeweise im Rahmen der richterlichen Aufklärungspflicht nach § 244 II StPO auch die Beweisantizipationen vornehmen darf, die bei einem - hypothetischen - Augenscheinsbeweisantrag nach § 244 V StPO dessen Ablehnung rechtfertigen[3].

Es hat sich jedoch gezeigt, daß die mit § 244 V StPO verbundenen Beweisantizipationsmöglichkeiten die wesentliche Ursache

1) BGH in NStZ 1984, 565; Schmidt-Hieber in JuS 1985, 458 (461); Maul in Peters-Festschrift, S. 47 (59); Grünwald, C 71; Odenthal, S. 95; LR-Gollwitzer (24. Aufl.), § 244 Rdn. 50 u. Rdn. 327; Herdegen in NStZ 1984, 97 (98); Schäfer, Praxis, S. 379; Weigelt in DAR 1964, 314 (318 f.); Alsberg/Nüse/Meyer, S. 740; Fezer, Strafprozeßrecht II, Fall 12 Rdn. 155.
2) BGH in NStZ 1981, 310.
3) Siehe zum Umfang der Beweisantizipationen bei § 244 V StPO oben im 3. Teil 3. Abschnitt B.

für Fehlurteile im Zusammenhang mit richterlichen Augenscheinseinnahmen darstellt. Diese bereits eingehend begründete Erkenntnis für das Beweisantragsrecht[1] läßt sich somit zwanglos auch auf Fehlurteile übertragen, in denen ein Prozeßbeteiligter keinen Beweisantrag nach § 244 V StPO gestellt hat: Fehlurteile durch unterlassene Tatortbesichtigungen[2] entstehen auch dadurch, daß das Gericht im Rahmen seiner Aufklärungspflicht gemäß § 244 II StPO im gleichen Umfang wie bei der Ablehnung eines Antrags nach § 244 V StPO Beweisantizipationen vornehmen darf.

Aus diesen Gründen muß zur Vermeidung künftiger Fehlurteile sowohl im Beweisantragsrecht als auch innerhalb der richterlichen Aufklärungspflicht ein grundsätzliches Verbot einer Beweisantizipation bei richterlichen Augenscheinseinnahmen gelten. Dieses Ziel ist nur erreichbar, wenn die Vorschrift des § 244 V StPO gestrichen wird, so daß für Augenscheinsbeweisanträge ebenfalls die allgemeine Bestimmung des § 244 III StPO eingreift. Es ist jedoch gleichzeitig erforderlich, daß die in § 244 III StPO beschriebenen Grenzen für die Ablehnung von Beweisanträgen mit denen für die richterliche Aufklärungspflicht identisch sind, denn anderenfalls könnte das Gericht ohne einen förmlichen Beweisantrag auf Augenscheinseinnahme im Rahmen des § 244 II StPO weiterhin an den Beweisantizipationsmöglichkeiten im bisherigen Umfang festhalten.

Damit erweist sich das nachfolgend zu untersuchende Verhältnis zwischen Beweisantragsrecht und § 244 II StPO als notwendige Vorfrage für die daran anschließende Neukonzeption des Beweisantragsrechts im Bereich des richterlichen Augenscheins.

---

1) Siehe ausführlich oben im 3. Teil 3. Abschnitt B.
2) Unterlassene Tatortbesichtigungen sind die Hauptursache für Fehlurteile im Zusammenhang mit richterlichen Augenscheinseinnahmen, siehe oben im 3. Teil 3. Abschnitt A.I.3. u. A. III.

I. Die Auffassungen in Rechtsprechung und Literatur

1. Unterschied zwischen Sachaufklärungspflicht und Beweisantragsrecht

Eine in neuerer Zeit zunehmend stärker vertretene und vor allem durch Meyer[1] ausführlich begründete Ansicht sieht einen generellen Unterschied zwischen Beweisantragsrecht und der Pflicht des Gerichts zur umfassenden Wahrheitserforschung nach § 244 II StPO[2].

Zur Begründung dieser Auffassung wird darauf hingewiesen, daß durch das Beweisantragsrecht die nach § 244 II StPO bestehende Beweiserhebungspflicht erweitert werde, denn durch einen Beweisantrag könne das Gericht gezwungen werden, über die Sachaufklärungspflicht hinaus Beweise zu erheben[3]. So gebiete z.B. die Aufklärungspflicht nicht die Vernehmung eines Zeugen zum Beweis des Gegenteils einer Tatsache, wenn hierüber bereits ein Dutzend zuverlässiger Zeugen übereinstimmende Aussagen gemacht haben. Dagegen müsse einem derartigen Beweisantrag nach § 244 III 2 StPO stattgegeben werden, wenn dem Antragsteller nicht nachzuweisen sei, daß dieser Beweisantrag der Prozeßverschleppung diene[4]. Das Beweisantragsrecht habe somit eine über die richterliche Aufklärungspflicht hinausgehende Garantiefunktion[5] und ermögliche Korrekturen, die mit dem Aufklä-

1) Alsberg/Nüse/Meyer, S. 29 ff.
2) Liemersdorf in Strafverteidiger 1987, 175 (176); Julius in NStZ 1986, 61 (63); Quedenfeld in Peters-Festschrift, S. 215 (228 f.); Schmidt-Hieber in JuS 1985, 291 (292 u. 293 f.); Nierwetberg in Jura 1984, 630 (631); Herdegen in NStZ 1984, 97 (99); LR-Gollwitzer (24. Aufl.), § 244 Rdn. 59; Schulz in Strafverteidiger 1983, 341 (346).
3) BGHSt 21, 118 (124); Schulz in Strafverteidiger 1983, 341 (347); Sarstedt in DAR 1964, 307 (308); Schmidt-Hieber in JuS 1985, 291 (294); Herdegen in NStZ 1984, 97 (99); Nierwetberg in Jura 1984, 630 (631); Quedenfeld in Peters-Festschrift, S. 215 (228 f.); Alsberg/Nüse/Meyer, S. 31 m.w.N. in Fn. 88.
4) Herdegen in NStZ 1984, 97 (99); Schmidt-Hieber in JuS 1985, 291 (293); Alsberg/Nüse/Meyer, S. 30 f.
5) Schmidt-Hieber in JuS 1985, 291 (292 u. 294).

rungsgebot allein nicht erreichbar seien[1].

Umgekehrt reiche die Aufklärungspflicht des Gerichts in bestimmten Fällen weiter als dessen Recht zur Ablehnung von Beweisanträgen[2]. Das Gericht bleibe insbesondere auch dann gemäß § 244 II StPO zur Erhebung erreichbarer und geeigneter Beweise verpflichtet, wenn es einen auf dasselbe Beweisthema zielenden Beweisantrag wegen des dort benannten unerreichbaren oder völlig ungeeigneten Beweismittels nach § 244 III 2 StPO ablehnen dürfe[3]. Gleiches gelte für den Ablehnungsgrund des § 244 IV 2 StPO: So könne das Gericht trotz zulässiger Ablehnung eines Beweisantrages auf Einholung eines weiteren Sachverständigengutachtens nach § 244 IV 2 StPO ausnahmsweise im Rahmen seiner Sachaufklärungspflicht zur Beauftragung eines zusätzlichen Sachverständigen gezwungen sein[4].

Nach dieser Auffassung sind die Grenzen der Sachaufklärungspflicht nicht mit denen des Beweisantragsrechts identisch.

2. Kongruenz zwischen Aufklärungspflicht und Beweisantragsrecht

Demgegenüber vertritt eine starke Mindermeinung in der älteren[5] und neueren[6] Literatur die Ansicht, daß die Grenzen der richter-

1) Herdegen in NStZ 1984, 97 (99).
2) BGH bei Spiegel in DAR 1980, 207; BGH in NJW 1978, 113 (114), BGH in GA 1954, 374; OLG Celle in MDR 1964, 944; Quedenfeld in Peters-Festschrift, S. 215 (228); KMR-Paulus, § 244 Rdn. 234; Alsberg/Nüse/Meyer, S. 32; LR-Gollwitzer (24. Aufl.), § 244 Rdn. 59.
3) Grundlegend: RGSt 74, 147 (152); ebenso BGH in NJW 1978, 113 (114); BGH bei Spiegel in DAR 1980, 207; BGH in GA 1954, 374; OLG Celle in MDR 1964, 944; Alsberg/Nüse/Meyer, S. 32.
4) BGHSt 10, 116 (118 f.); 23, 176 (187 f.); OLG Oldenburg in VRS 46, 198 (200); Quedenfeld in Peters-Festschrift, S. 215 (228); KMR-Paulus, § 244 Rdn. 234; Alsberg/Nüse/Meyer, S. 32 f.; a.A.: Herdegen in NStZ 1984, 97 (98).
5) Beling in ZStW Bd. 38, 612 (620 f.) und in JW 1925, 2782 (2784); Mayer in GerS Bd. 104, 302 (330); Mattern, S. 10 f.; Ditzen, S. 25; Bennecke/Beling, S. 528; zu Dohna in Kohlrausch-Festschrift, S. 319 (334 f.).
6) Maul in Peters-Festschrift, S. 47 (50); Gössel, Strafverfahrensrecht, S. 248; Köhler, S. 27; Kreuzer, S. 29; Wessels in JuS 1969, 1 (4 f.); Grünwald, C 71; Engels, S. 13 u. S. 79 f. und in GA 1981, 21 (22); Wenner, S. 157 ff. u. S. 193; Fezer, Strafprozeßrecht II, Fall 12 Rdn. 180 ff., insbesondere Rdn. 186.

terlichen Aufklärungspflicht mit denen des Beweisantragsrechts übereinstimmen.

Danach konkretisieren die Ablehnungsgründe des § 244 III, IV StPO für den verfahrensrechtlich bedeutsamen Teil des Beweisantrags die dem Tatrichter schon aufgrund des § 244 II StPO obliegende Aufklärungspflicht[1]. Dies ergebe sich insbesondere aus der historischen Entwicklung des Beweisantragsrechts, denn das Reichsgericht habe die heutigen Ablehnungsgründe des § 244 III, IV StPO aus der Aufklärungspflicht hergeleitet[2]. Dementsprechend sei der Tatrichter im Rahmen seiner Aufklärungspflicht in demselben Maße wie bei einem - hypothetischen - Beweisantrag an das Ablehnungssystem des § 244 III, IV StPO gebunden, so daß die Nichterhebung von Beweisen nicht die gerichtliche Aufklärungspflicht verletze, wenn sie mit Erwägungen begründet werde, die gegenüber einem Beweisantrag einen Ablehnungsgrund i.S.d. § 244 III, IV StPO bilden würden[3].

Außerdem beschreibe § 244 III, IV StPO den Kreis der mit dem Verbot der Beweisantizipation zu vereinbarenden Ablehnungsgründe erschöpfend[4] und im Bereich des § 244 II StPO seien Beweisantizipationen im gleichen Umfang wie im Beweisantragsrecht verboten[5]. Folgerichtig liege in der fehlerhaften Ablehnung eines Beweisantrags aus einem nicht nach § 244 III, IV StPO zu entnehmenden Grund gleichzeitig immer auch eine Verletzung der richterlichen Aufklärungspflicht[6].

1) Bovensiepen, S. 64; Engels, S. 13 u. S. 79 ff. und in GA 1981, 21 (22); Mattern, S. 10, Grünwald, C 71; Wenner, S. 157 u. S. 172; Kruezer, S. 29 ff.; Gössel, Strafverfahrensrecht, S. 248; Köhler, S. 27; Wessels in JuS 1969, 1(3).
2) Mattern, S. 10; Wenner, S. 157; Wessels in JuS 1969, 1 (3); Engels, S. 21 ff. und in GA 1981, 21 (22); Kreuzer, S. 29 f.; Fezer, Strafprozeßrecht II, Fall 12 Rdn. 180 u. 186.
3) Engels, S. 13 u. S. 80 und in GA 1981, 21 (22); ähnlich auch Wessels in JuS 1969, 1 (4); Wenner, S. 193.
4) Engels, S. 16 f. u. S. 52 ff. und in GA 1981, 21 (24); Grünwald, C 71; Gössel, Strafverfahrensrecht, S. 248.
5) Engels, S. 16 f. u. S. 52 ff. und in GA 1981, 21 (24), Köhler, S. 26 ff.; Kreuzer, S. 32 f.; Grünwald, C 71; Wessels in JuS 1969, 1 (4); Gutmann in JuS 1962, 369 (374); Fezer, Strafprozeßrecht II, Fall 12 Rdn. 185; grundlegend hierzu schon Mattern, S. 11.
6) Wessels in JuS 1969, 1 (4); Wenner, S. 193.

Neuerdings hat Wenner[1] die hier dargestellte Ansicht näher begründet. Die in § 244 II StPO normierte richterliche Aufklärungspflicht werde durch Beweisanträge nicht erweitert, denn in einem Beweisantrag, der z.B. die Vernehmung eines Zeugen zur Widerlegung des bisherigen Beweisergebnisses zum Inhalt habe, liege - möglicherweise nur konkludent - die Mitteilung, daß das neue Beweismittel zu einer Veränderung der vorläufigen Meinungsbildung des Gerichts führen könne[2]. Wenn dem Gericht hingegen aus den Akten oder während des Verfahrens ohne einen Beweisantrag ein konkretes Beweismittel bekannt werde, das die bisherige Überzeugungsbildung des Gerichts erschüttern könne, so müsse das Gericht ebenfalls nach § 244 II StPO eine Beweiserhebung vornehmen[3]. Durch Beweisanträge erweitere sich also der Kenntnisstand des Gerichts und zeige ihm Beweiserhebungsmöglichkeiten auf, die, wären sie dem Gericht schon bekannt, gemäß § 244 II StPO Beweiserhebungen auslösen würden. Die Tatsache, daß in der Praxis die Amtsermittlungstätigkeit gegenüber derjenigen aufgrund von Beweisanträgen nachstehe, habe ihre Ursache darin, daß der Richter keine weiteren Aufklärungsmöglichkeiten kenne[4].

Umgekehrt gehe die Aufklärungspflicht auch nicht über § 244 III 2 StPO oder § 244 IV 2 StPO hinaus[5]: Wenn es neben einem völlig ungeeigneten oder unerreichbaren Beweismittel i.S.d. § 244 III 2 StPO ein weiteres geeignetes und erreichbares Beweismittel gebe, so gebiete § 244 II StPO die Heranziehung dieses Beweismittels, weil die Ablehnung eines Beweisantrags nach § 244 III 2 StPO beim völlig ungeeigneten oder unerreichbaren Beweismittel zwar gerechtfertigt ist, nicht jedoch beim daneben bestehenden geeigneten und erreichbaren Beweismittel[6]. Auch die vom BGH[7] behauptete Aufklärungspflicht über § 244 IV 2 StPO hinaus sei in Wirklichkeit nur eine scheinbare Aus-

1) Wenner, S. 158 ff.
2) Wenner, S. 160.
3) Wenner, S. 161 f.
4) Wenner, S. 162; ebenso schon Wessels in JuS 1969, 1 (4).
5) Wenner, S. 164 ff.; ebenso Wessels in JuS 1969, 1 (4 f.).
6) Wenner, S. 169; ähnlich auch Wessels in JuS 1969, 1 (5).
7) BGHSt 10, 116 (118 f.); 23, 176 (187 f.).

nahme, denn bei einer richtigen Behandlung des Beweisantrags nach § 244 IV 2 StPO müsse dem Beweisantrag stattgegeben werden, weil das Gericht wegen der verbleibenden Zweifel, ob das Gegenteil der unter Beweis gestellten Tatsache bereits bewiesen sei, noch nicht davon ausgehen dürfe, daß das Gegenteil nach § 244 IV 2 StPO bereits bewiesen ist[1].

Nach dieser Auffassung besteht die Aufgabe des Beweisantrags in einer "Aktualisierung der Aufklärungspflicht", da er dem Tatrichter die "erforderliche Kenntnis von den beweiserheblichen Einzelumständen und den dazu gehörigen Beweismitteln"[2] verschafft und somit auf "eine bestimmte Ausrichtung des Instruktionsermessens"[3] abzielt.

II. Eigene Ansicht

Zur Klärung der Frage, in welchem Verhältnis die richterliche Aufklärungspflicht nach § 244 II StPO zum Beweisantragsrecht steht, ist es notwendig, auf die Aufgabe der gerichtlichen Wahrheitserforschung und die Funktion des Beweisantrags näher einzugehen.

§ 244 II StPO verpflichtet das Gericht "zur Erforschung der Wahrheit". Damit ist in dieser Vorschrift ein bestimmtes Ziel - nämlich die Feststellung der Wahrheit - angesprochen und gleichzeitig das Gericht als Adressat dieser Aufklärungstätigkeit genannt. Es ist nach § 244 II StPO also die Pflicht des Tatrichters, die objektive Wirklichkeit eines menschlichen Verhaltens i.S.d. "ersten Tatsachenebene" mit Hilfe von Beweismitteln zu erforschen, um hierdurch zu "tatsächlichen Feststellungen" i.S.d. "dritten Tatsachenebene" zu gelangen[4].

In der Praxis verfügt das Tatgericht jedoch nur über einen Teil derjenigen Beweismittel, mit denen das Ziel einer umfassenden

1) Wenner, S. 166 f.; insoweit auch Herdegen in NStZ 1984, 97 (98).
2) Wessels in JuS 1969, 1 (4).
3) Köhler, S. 27.
4) Vgl. hierzu bereits oben im 1. Teil 2. Abschnitt A.I.1.-3.

Wahrheitserforschung zu erreichen ist. Dies wird besonders deutlich, wenn man sich vergegenwärtigt, daß das Tatgericht aus den Akten in der Regel nur diejenigen Beweismittel kennt, die die Staatsanwaltschaft dem Gericht mitgeteilt hat. Auf diese Beweismittel stützt sich nämlich das "wesentliche Ergebnis der Ermittlungen" gemäß § 200 II 1 StPO, die der Staatsanwaltschaft nach § 170 I StPO genügenden Anlaß zur Erhebung der öffentlichen Klage geboten haben. Überwiegend sind diese Beweismittel auch ausschlaggebend dafür, daß das Gericht einen hinreichenden Tatverdacht gemäß § 203 StPO bejaht, falls das Gericht nicht ausnahmsweise nach § 202 StPO ergänzende Beweiserhebungen anordnet. Bevor das Gericht nach den §§ 223 ff. StPO vor Beginn der Hauptverhandlung oder nach den §§ 244 ff. StPO während der Hauptverhandlung eigene Beweisaufnahmen durchführt, sind dem Gericht somit nur bestimmte Beweismittel bekannt[1].

Die dem Gericht aus den Akten bekannten Tatsachen und Beweismittel stellen notwendigerweise nur einen Teilausschnitt aus dem Gesamtkomplex aller Einzelheiten des tatsächlichen Geschehens dar. So können sowohl vorher bekannte Beweismittel als auch bisher völlig unbekannte Beweismittel zu neuen Tatsachen hinführen. Ein vorher bekanntes Beweismittel kann z.B. dann zu abweichenden Tatsachenfeststellungen führen, wenn der Angeklagte sein bisheriges Schweigen durchbricht und den Anklagevorwurf durch eine substantiierte Aussage zu entkräften versucht oder wenn der zeugnisverweigerungsberechtigte Zeuge in der Hauptverhandlung erstmalig aussagt. Zu bisher völlig unbekannten Beweismitteln kann das Gericht nur durch den Verfahrensablauf während der Hauptverhandlung gelangen[2]. Dies kann

1) Keine Ausnahme hiervon bildet § 162 StPO i.V.m. §§ 168 ff. StPO, die die richterliche Beweisaufnahme im Ermittlngsverfahren regeln, denn Art und Umfang derartiger Beweisaufnahmen werden in der Regel (Ausnahme: § 165 StPO) allein durch die Staatsanwaltschaft bestimmt; vgl. oben im 2. Teil 1. Abschnitt C.I.1.

2) Auch informatorische Ortsbesichtigungen vor Beginn einer Hauptverhandlung - vgl. hierzu näheres im 2. Teil 1. Abschnitt C.II.2.b) - wird das Gericht erst dann vornehmen, wenn aus den Akten bereits Anhaltspunkte hierfür ersichtlich sind, so daß wirklich neue Beweismittel auch in diesem Fall nicht vorliegen.

entweder durch die Verwendung bisher bekannter Beweismittel (ein Zeuge weist im Verlauf seiner Vernehmung z.B. auf bestimmte urteilsrelevanten Einzelheiten eines Tatortes hin) oder durch das Beweisangebot eines Prozeßbeteiligten geschehen.

Genau an dieser Stelle wird die Frage, ob die Grenzen der richterlichen Aufklärungspflicht mit denen des Beweisantragsrechts übereinstimmen, relevant, denn es ergibt sich das Problem, ob die Pflicht des Gerichts zur Erhebung bisher unbekannter Beweise genau so weit reicht wie das Recht der Prozeßbeteiligten, mit einem Beweisantrag das Gericht zur Verwendung eines vorher unbekannten Beweismittels zu zwingen. Anders ausgedrückt: Es geht um die Frage, ob die durch das Gericht bewirkte Aufdekkung weiterer Erkenntnisquellen durch Verwendung bereits bekannter Beweismittel in demselben Maße zu Beweiserhebungen führen muß, wie dies bei einem Beweisantrag der Fall wäre.

Die wichtigste Funktion des Beweisantrags besteht darin, dem Gericht Beweiserhebungsmöglichkeiten aufzuzeigen, von denen das Gericht noch keine Kenntnis hatte. Wessels[1] weist in diesem Zusammenhang zu Recht darauf hin, daß Beweisanträgen der größte Informationseffekt zukommt, da sie schon von ihren Voraussetzungen her die Behauptung bestimmter entscheidungserheblicher Tatsachen enthalten und konkrete Beweismittel bezeichnen müssen. Beweisanträge dienen somit demselben Ziel wie die Pflicht des Gerichts zur umfassenden Sachaufklärung, denn in beiden Fällen geht es um die möglichst vollständige Wahrheitserforschung. Daher verkürzt sich der Umfang der Beweisaufnahme zwangsläufig, wenn die Prozeßbeteiligten von ihrem Mitwirkungsrecht bei der Beweisaufnahme keinen Gebrauch machen und es unterlassen, weitere Beweismittel zu benennen[2]. Umgekehrt erhöht sich der Kenntnisstand des Gerichts, wenn die Prozeßbeteiligten durch Beweisanträge auf zusätzliche Beweiserhebungsmöglichkeiten aufmerksam machen.

Dem könnte entgegengehalten werden, daß das so beschriebene Ziel eines Beweisantrags auch durch Beweisanregungen und Be-

1) Wessels in JuS 1969, 1 (4).
2) So zu Recht auch: Wessels in JuS 1969, 1 (4).

weisermittlungsanträge erreichbar sei und deshalb die Funktion des Beweisantrags über die bloße Vermittlung von Beweiserhebungsmöglichkeiten hinausreiche[1]. Im Unterschied zu Beweisanregungen und Beweisermittlungsanträgen muß der Antragsteller beim Beweisantrag jedoch eine konkrete Tatsachenbehauptung aufstellen und gleichzeitig ein bestimmtes Beweismittel benennen, mit der die behauptete Tatsache bewiesen werden soll[2]. Mit einem Beweisantrag wird dem Gericht also sowohl hinsichtlich einer entscheidungserheblichen Tatsache als auch in bezug auf ein konkretes Beweismittel die Information verschafft, daß eine weitere gerichtliche Sachaufklärung notwendig ist. Ohne die Bezeichnung einer bestimmten Beweistatsache oder ohne die Nennung eines konkreten Beweismittels verfügt das Gericht nur über einen sehr unsicheren Kenntnisstand, denn entweder ist die Erheblichkeit der Beweistatsache unklar oder der Beweis der Tatsachenbehauptung wegen des dem Gericht nicht bekannten Beweismittels ungewiß.

Dies bedeutet, daß nur durch einen Beweisantrag dem Gericht auch diejenige Information verschafft wird, die es benötigt, um die bisherige Beweisaufnahme zu erweitern. Entsprechendes gilt auch im Rahmen der richterlichen Aufklärungspflicht, denn die Ausschöpfung bereits bekannter Beweismittel kann nur dann zu weiteren Beweiserhebungen hinführen, wenn dem Gericht sowohl eine aufzuklärende Tatsache als auch ein dazu gehöriges Beweismittel bekannt ist.

Werden dem Gericht durch Verwendung bisher bekannter Beweismittel oder durch Beweisanträge weitere Beweiserhebungsmöglichkeiten bekannt, so muß es, um rechtlich relevante von rechtlich unerheblichen Tatsachenfeststellungen trennen zu können[3], die

1) In dieser Richtung argumentiert Schmidt-Hieber in JuS 1985, 291 (292 ff.).
2) Zum Unterschied zwischen Beweisantrag einerseits und Beweisanregungen sowie Beweisermittlungsanträgen andererseits siehe statt vieler: Wenner, S. 172 ff.; Bergmann in MDR 1976, 888 ff.; Schlüchter, Rdn. 545.
3) Hierin besteht die wesentliche Aufgabe des Tatrichters im Rahmen der Tatsachenfeststellung; vgl. hierzu bereits oben im 1. Teil 2. Abschnitt A.I.1.

zu beweisende Tatsache auf dessen Erheblichkeit und das Beweismittel auf dessen Eignung überprüfen. Diese Prüfung führt das Gericht sowohl im Bereich seiner Aufklärungspflicht als auch nach einem Beweisantrag durch[1], denn in beiden Fällen ist das Gericht nicht zur Erhebung aussichtsloser Beweise verpflichtet. § 244 III 2 StPO spricht diesen Gedanken lediglich für das Beweisantragsrecht aus, indem es dem Gericht die Ablehnung von Beweisanträgen wegen Offenkundigkeit der Beweiserhebung, bedeutungsloser oder schon erwiesener Tatsache oder wegen eines völlig ungeeigneten oder unerreichbaren Beweismittels gestattet, jedoch sind keine Fälle denkbar, nach denen dies im Rahmen der richterlichen Aufklärungspflicht nicht gelten könnte[2].

Hieran wird deutlich, daß die Grenzen der richterlichen Aufklärungspflicht mit denen des Beweisantragsrechts inhaltsgleich und daher identisch sind. Der wesentliche Unterschied zwischen einem Beweisantrag und der Aufklärungsmaxime besteht danach darin, daß ein Beweisantrag stets das implizite Verlangen enthält, "das Gericht möge ein vorläufiges Erheblichkeitsurteil über die hypothetische Beweistatsache und ein präsumtives Eignungsurteil über das Beweismittel treffen und deshalb die Beweisaufnahme anordnen"[3], während das Gericht im Rahmen des § 244 II StPO die gleiche Prüfung im gleichen Umfang auch ohne ausdrückliches Verlangen eines Prozeßbeteiligten von Amts wegen vornehmen muß.

An dieser Betrachtungsweise ändert sich auch nichts durch die vom BGH verwendete Formulierung, das Beweisantragsrecht sei "gerade dazu bestimmt, das Gericht zu nötigen, über das von ihm zur Aufklärung des Sachverhalts für erforderlich Gehaltene hinauszugehen"[4]. Hieraus kann nicht, wie von der Literatur teilweise behauptet[5], abgeleitet werden, daß das Beweisantragsrecht seinem Umfang nach über die gerichtliche Sachauf-

1) So zu Recht auch Köhler, S. 27.
2) Ebenso bereits Kreuzer, S. 29 f.; zu Dohna in Kohlrausch-Festschrift, S. 319 (334).
3) So treffend Köhler, S. 27.
4) BGHSt 21, 118 (124).
5) Siehe hierzu die oben unter B.I.1. angegebenen Literaturhinweise.

klärungspflicht hinausreiche. Richtig verstanden hat dieser Rechtssatz des BGH nämlich nur die Bedeutung, daß sich durch einen Beweisantrag der tatsächliche Umfang der Beweisaufnahme über das vom Gericht ursprünglich für notwendig Gehaltene hinaus erweitern kann. Die Erweiterung der Beweisaufnahme durch Beweisanträge hat jedoch nicht zwangsläufig eine Erweiterung der richterlichen Aufklärungspflicht zur Folge, denn die Prozeßbeteiligten geben durch Beweisanträge dem Gericht nur Tatsachen und Beweismittel bekannt, die, wären sie dem Gericht auch ohne Hilfe der Prozeßbeteiligten bekannt geworden, schon nach § 244 II StPO zu weiteren Beweiserhebungen führen müssen. Daher ist die von Herdegen[1] getroffene Feststellung, das Beweisantragsrecht ermögliche Korrekturen, die mit dem Aufklärungsgebot allein nicht zu erreichen sei, zwar richtig, jedoch ändert dies nichts daran, daß es ein über § 244 II StPO hinausreichendes Beweisantragsrecht nicht geben kann. Die Pflicht, einem Beweisantrag eines Prozeßbeteiligten nachzukommen, mit dem bisher unbekannter Beweisstoff in die Beweisaufnahme eingeführt werden soll, kann nämlich ausschließlich mit der gerichtlichen Pflicht zur Wahrheitserforschung begründet werden. Einem über § 244 II StPO hinausgehendes Beweisantragsrecht stünde demgemäß keine hiermit korrespondierende Pflicht des Gerichts gegenüber, die es veranlassen könnte, die im Beweisantrag genannten Tatsachen und Beweismittel auch tatsächlich zur Grundlage der weiteren Beweisaufnahme zu machen. Die Existenzberechtigung des Beweisantragsrechts leitet sich somit nicht aus einer über § 244 II StPO hinausreichenden Garantiefunktion ab[2], sondern ergibt sich daraus, daß das übergeordnete Ziel der Wahrheitsfindung bei Fehlen eines Beweisantragsrechts vielfach nicht zu erreichen wäre.

Umgekehrt geht der Umfang der richterlichen Aufklärungspflicht auch nicht über die in § 244 III, IV StPO normierten Ablehnungsgründe des Beweisantragsrechts hinaus. Wie Wenner[3] zutreffend

1) Herdegen in NStZ 1984, 97 (99).
2) So aber Schmidt-Hieber in JuS 1985, 291 (292 u. 294).
3) Wenner, S. 164 ff.

nachgewiesen hat, beruht die vom BGH[1] behauptete weitergehende Aufklärungspflicht des Gerichts entweder auf einer Fehlinterpretation des Wechselverhältnisses zwischen Beweisantragsrecht und § 244 II StPO oder - im Bereich des § 244 IV 2 StPO - auf einer falschen Handhabung des Beweisantragsrechts. In diesem Zusammenhang ist nochmals auf eine Entscheidung des Reichsgerichts einzugehen, die bereits bei der Frage nach der Ersetzungsbefugnis bei Augenscheinsobjekten erwähnt wurde[2]: Nach Ansicht des Reichsgerichts gebietet die richterliche Aufklärungspflicht nach § 244 II StPO selbst dann noch die Verwendung erreichbarer oder geeigneter Beweismittel, wenn ein auf dieselbe Beweistatsache zielender Beweisantrag wegen Unerreichbarkeit oder völliger Ungeeignetheit des darin angebotenen Beweismittels abgelehnt werden dürfe[3]. Auf den ersten Blick scheint damit das Reichsgericht eine über das Beweisantragsrecht hinausgehende richterliche Aufklärungspflicht zu bejahen, weil hiernach das Gericht gemäß § 244 II StPO auch dann noch weitere Beweismittel hinzuziehen soll, wenn ein Beweisantrag wegen Unerreichbarkeit oder völliger Ungeeignetheit des angebotenen Beweismittels ablehnbar ist. In Wirklichkeit ändert die ersatzweise Heranziehung geeigneter und erreichbarer Beweismittel jedoch nichts am ursprünglichen Beweisziel des Antragstellers, denn nach wie vor handelt es sich um dieselbe Tatsachenbehauptung des Antragstellers. Daher wird der Umfang der richterlichen Aufklärungspflicht auch nicht über den gestellten Beweisantrag hinaus erweitert, sondern der Beweis derselben Tatsachenbehauptung nur auf andere Beweismittel gestützt. Das Recht zu einem Austausch eines beantragten völlig ungeeigneten oder unerreichbaren Beweismittels gegen geeignete und erreichbare andere Beweismittel[4] resultiert aus der richterlichen Auf-

1) BGH in GA 1954, 374 (375); BGH in NJW 1978, 113 (114) für unerreichbare Beweismittel; BGHSt 10, 116 (118 f.); 23, 176 (187 f.) für § 244 IV 2 StPO; sowie allgemein BGH bei Spiegel in DAR 1980, 207.
2) Siehe oben im 4. Teil 1. Abschnitt C.II. a.E.
3) RGSt 74, 147 (152).
4) Nur in diesem Umfang ist nach hier vertretener Ansicht - siehe oben im 4. Teil 1. Abschnitt C.II. a.E. - eine Ausnahme vom grundsätzlichen Beweismittelaustauschverbot überhaupt zulässig.

klärungspflicht, denn anderenfalls würde das Gericht möglicherweise entscheidungserhebliche Tatsachen außer acht lassen, obwohl zum Nachweis dieser Tatsachen geeignete und erreichbare Beweismittel zur Verfügung stehen.

Aus diesen Gründen sind die Grenzen der richterlichen Pflicht zur Wahrheitserforschung gemäß § 244 II StPO mit denen des Beweisantragsrechts identisch. Ist eine Beweistatsache für die Entscheidung der Schuld- und Straffrage erheblich und auch beweisbedürftig, da sie weder bereits erwiesen noch offenkundig ist und auch nicht als wahr unterstellt werden kann, so ist das Gericht, falls ein taugliches und erreichbares Beweismittel zum Nachweis dieser Tatsache zur Verfügung steht, nach § 244 II StPO zur Beweiserhebung verpflichtet, wenn die Beweisaufnahme nicht wegen eines Beweisverbotes unzulässig ist[1].

Mit der hier gefundenen Lösung einer inhaltlichen Übereinstimmung von Beweisantragsrecht und richterlicher Aufklärungspflicht ist jedoch noch keine Aussage darüber getroffen, welchen gemeinsamen Entstehungsgrund die in § 244 III 2 StPO aufgeführten Ablehnungsgründe haben. Hier hat Engels[2] in eingehenden Untersuchungen nachweisen können, daß die vom Reichsgericht entwickelten Ablehnungsgründe, die heute in § 244 III 2 StPO normiert sind[3], ihren gemeinsamen Ursprung im Verbot der Beweisantizipation haben. Engels kommt zu dem Ergebnis, daß jeder der in § 244 III 2 StPO genannten Ablehnungsgründe nicht mit dem Verbot einer vorweggenommenen Beweiswürdigung kollidiere und die abschließende Aufzählung der Ablehnungsgründe in § 244 III 2 StPO den Zweck habe, die Beachtung des Beweisantizipationsverbotes zu sichern[4]. Dieses Verbot der Beweisantizipation gelte aber nur für den Zeugen- und Urkundenbeweis, denn in § 244 IV StPO und in § 244 V StPO sehe das Gesetz Ausnahmen

1) So auch Kreuzer, S. 30.
2) Engels, S. 40 ff. u. S. 54ff. und in GA 1981, 21 (26ff.); ebenso bereits Gutmann in JuS 1962, 369 (375 ff.); Wessels in JuS 1969, 1 f.
3) Eingeführt durch das Vereinheitlichungsgesetz vom 12.9.1950 (BGBl I, S. 455, 629).
4) Engels, S. 40 und in GA 1981, 21 (26).

von diesem Grundsatz für den Sachverständigen- und den Augenscheinsbeweis vor[1]. Da die Grenzen des Beweisantragsrechts mit denen der richterlichen Aufklärungspflicht identisch seien, müsse das Gericht im Rahmen des § 244 II StPO das Beweisantizipationsverbot im gleichen Umfang wie im Beweisantragsrecht beachten[2].

Damit hat Engels einen entscheidenden Beitrag sowohl für das Verständnis der richterlichen Aufklärungspflicht als auch für die Existenz und den Umfang der Beweisantragsrechte in § 244 III 2 StPO geleistet: Neben der bereits beschriebenen Aufgabe eines Beweisantrags, dem Gericht bisher unbekannte Beweistatsachen und hierzu gehörige Beweismittel mitzuteilen, besteht die Funktion des Beweisantrags außerdem in einer Absicherung des Verbots der vorweggenommenen Beweiswürdigung. Somit kann ein Prozeßbeteiligter durch einen Beweisantrag das Gericht selbst dann noch zur Aufklärung einer Beweistatsache durch ein bestimmtes Beweismittel zwingen, wenn das Gericht unter Mißachtung der in § 244 III 2 StPO genannten Grenzen zu früh die weitere Beweisaufnahme abbricht und sich voreilig auf ein schon vorhandenes Beweisergebnis stützt. Das Verbot der Beweisantizipation ist also ein weiterer Beweis dafür, daß es Parteirechte, eine bestimmte Beweisaufnahme zu verlangen, geben muß[3]. Umgekehrt bietet die Anerkennung des Beweisantizipationsverbots im Rahmen der richterlichen Aufklärungspflicht nach § 244 II StPO den entscheidenden sachlichen Schutz für die Erforschung der materiellen Wahrheit, falls die Prozeßbeteiligten von ihren Beweisantragsrechten keinen oder nur ungenügenden Gebrauch machen.

Aus den hier gewonnenen Erkenntnissen ergeben sich wichtige Folgerungen für eine Neukonzeption des Beweisantragsrechts beim richterlichen Augenschein: Da die Grenzen der richterlichen Aufklärungspflicht mit denen des Beweisantragsrechts überein-

1) Engels in GA 1981, 21 (33); Gutmann in JuS 1962, 369 (376 f.).
2) Engels, S. 65 ff. u. S. 79 ff. und in GA 1981, 21 (31 ff.); im Ergebnis ebenso Grünwald, C 70 f.
3) Gutmann in JuS 1962, 369 (375).

stimmen und gleichzeitig Beweisantizipationen über die in § 244 III 2 StPO genannten Ablehnungsgründe hinaus unzulässig sind, sind auch vorweggenommene Beweiswürdigungen im Rahmen des § 244 II StPO verboten, soweit sie über § 244 III 2 StPO hinausgehen. Eine mögliche Streichung des § 244 V StPO hätte somit zur Folge, daß sowohl im Beweisantragsrecht als auch im Bereich der Aufklärungspflicht Beweisantizipationen jenseits von § 244 III 2 StPO unzulässig wären.

C. Reformüberlegungen zur Neukonzeption des Beweisantragsrechts für den richterlichen Augenschein

Damit ist der Weg frei zur Untersuchung der Frage, ob angesichts der mit § 244 V StPO verbundenen weitgehenden Beweisantizipationsmöglichkeiten an dieser Vorschrift noch länger festgehalten werden kann. Als wesentliches Ergebnis des 3. Teils der Arbeit wurde nämlich festgestellt, daß die mit § 244 V StPO einhergehenden Beweisantizipationen die Hauptursache für Fehlurteile im Zusammenhang mit richterlichen Augenscheinseinnahmen darstellt. Gleichzeitig konnte nachgewiesen werden, daß sich außerhalb von § 244 III 2 StPO exakte Grenzen für die Einschränkung des Beweisantizipationsumfangs bei richterlichen Augenscheinseinnahmen nicht finden lassen[1].

Dementsprechend ist zunächst zu prüfen, aus welchen Gründen das Reichsgericht die Ablehnung von Augenscheinsbeweisanträgen in das pflichtgemäße Ermessen des Tatrichters gestellt und somit für richterliche Augenscheinseinnahmen eine generelle Ausnahme vom Beweisantizipationsverbot entwickelt hat. Dies ist insbesondere deshalb von Bedeutung, weil die heutige Regelung in § 244 V StPO - genauso wie das gesamte Beweisantragsrecht - keine schöpferische Eigenleistung des Gesetzgebers ist, sondern lediglich als gesetzliche Umsetzung der vom Reichsgericht ent-

1) Siehe hierzu bereits ausführlich oben im 3. Teil 3. Abschnitt B.

wickelten Grundsätze für das Beweisantragsrecht anzusehen ist[1]. Die maßgebende Begründung des Reichsgerichts für die heutige Vorschrift des § 244 V StPO wird anschließend kritisch zu würdigen sein. Weiterhin ist zu untersuchen, ob das Ziel eines grundsätzlichen Beweisantizipationsverbotes für Augenscheinsbeweisanträge schon durch eine von der bisherigen Betrachtungsweise abweichenden Auslegung des § 244 V StPO erreichbar ist. Erst danach wird abschließend die Frage zu erörtern sein, welche Auswirkungen eine ersatzlose Streichung des § 244 V StPO für die künftige forensische Praxis haben könnte.

I. Gründe für den heute geltenden Beweisantizipationsumfang bei Augenscheinsbeweisanträgen nach § 244 V StPO

1. Die Begründung durch das Reichsgericht

Die entscheidende Begründung für das Recht des Tatrichters, einen Augenscheinsbeweisantrag nach pflichtgemäßem Ermessen abzulehnen, findet sich in einer Entscheidung des Reichsgerichts aus dem Jahre 1913[2].

In diesem Urteil entwickelt das Reichsgericht die Zulässigkeit der Beweisantizipation bei Augenscheinsbeweisanträgen aus einer vergleichenden Gegenüberstellung des Augenscheinsbeweises mit dem Zeugenbeweis: Der Zeuge habe in der Regel über Vorgänge zu berichten, die abgeschlossen in der Vergangenheit liegen. Er gebe aber nicht die Vorgänge selbst wieder, sondern nur die Wahrnehmungen, die er über sie gemacht habe[3]. Hierbei komme

---

1) So u.a.: BGHSt 8, 177 (179 f.); Schmidt-Hieber in JuS 1985, 291 (292); Engels, S. 23 ff.; Wessels in JuS 1969, 1 f.; Schmidt, LK II, § 244 Rdn. 1; Alsberg/Nüse/Meyer, S. 4 ff. u. S. 9.
2) RGSt 47, 100 (104 ff.). Die Entwicklung der Rechtsprechung des Reichsgerichts zur Frage der Ablehnbarkeit von Augenscheinsbeweisanträgen bis zum Jahr 1933 behandelt ausführlich Goslar, S. 40 ff.. Siehe hierzu auch bereits oben im 3. Teil 3. Abschnitt B.
3) RGSt 47, 100 (104 f.).

es ganz wesentlich auf das Auffassungsvermögen, das Urteil und die Gedächtnisstärke des Zeugen an, sowie auf seine Fähigkeit, streng sachlich zu berichten, auf seine persönliche Zuverlässigkeit und Glaubwürdigkeit und dergleichen. Das Ergebnis dieser Wahrnehmungen und ihre Wiedergabe seien also regelmäßig persönlicher Art. Ein Zeuge könne daher in der Regel nicht durch einen anderen Zeugen oder ein anderes Beweismittel ersetzt werden, sondern sei vielmehr unersetzbar. Aus dieser Natur des Zeugenbeweises folge der allgemeine Prozeßgrundsatz, daß das Tatgericht bei einem Zeugenbeweisantrag den Wert des angebotenen Beweismittels nicht von vornherein sicher beurteilen könne, sondern erst zu einem abschließenden Urteil hierüber gelangen könne, wenn es den Zeugen gehört habe. Gerade aus dieser speziellen Eigenart des Zeugenbeweises ergebe sich der Grundsatz des Verbots der Beweisantizipation[1].

Diese Rechtsregeln könnten jedoch nicht auf einen Beweisantrag übertragen werden, der die Einnahme eines richterlichen Augenscheins außerhalb der Gerichtsstelle zum Inhalt habe, weil die Gesichtspunkte, die wegen der besonderen Natur des Zeugenbeweises das Beweisantizipationsverbot begründeten, für Augenscheinsbeweisanträge nicht zuträfen[2]. Bei der Augenscheinseinnahme gelte nämlich gerade das Gegenteil wie beim Zeugenbeweis. Es handele sich bei der Beweisaufnahme durch richterlichen Augenschein nicht um eine Beweiserhebung über ein in der Vergangenheit liegendes Ereignis, sondern um die Feststellung eines gegenwärtigen Zustandes oder - wie beim Experiment - um den Nachweis einer jederzeit wiederholbaren Erscheinung. Daher liege keine Gebundenheit an die Wahrnehmung bestimmter Personen vor, auch nicht an die der Mitglieder des Gerichts. Somit sei der Augenscheinsbeweis - anders als der Zeugenbeweis - durch andere Beweismittel ersetzbar[3]. Es könne zudem unmöglich mit Gesetz vereinbar sein, daß das Gericht durch bloße Parteian-

1) RGSt 47, 100 (105). Schon früher hat das Reichsgericht das Beweisantizipationsverbot für den Zeugenbeweis anerkannt, so u.a. RGSt 1, 189 (190); 5, 312; 21, 225 (227).
2) RGSt 47, 100 (105 f.).
3) RGSt 47, 100 (106).

träge zur Vornahme von Augenscheinseinnahmen außerhalb der Gerichtsstelle gezwungen werden dürfe, wenn das Gericht die im Beweisantrag bezeichneten Beweisfragen nach seiner pflichtmäßigen Überzeugung verneine. Aus diesem Grund entspreche es dem Sinne und dem Willen des Gesetzes, wenn die Entscheidung darüber, ob einem Beweisantrag auf Augenscheinseinnahme außerhalb der Gerichtsstelle stattzugeben sei oder nicht, in das pflichtgemäße Ermessen des Tatrichters gestellt werde. Dementsprechend sei das Tatgericht auch befugt, den Beweisantrag, gestützt auf das bereits gewonnene Verhandlungsergebnis und die darauf gegründete Überzeugung von der Wahrheit oder Unwahrheit der unter Beweis gestellten Tatsachenbehauptung, abzulehnen[1]. Die Ausübung des pflichtgemäßen Ermessens bei der Behandlung von Augenscheinsbeweisanträgen bedeute aber gleichzeitig, daß das Gericht einem derartigen Beweisantrag nachkommen oder andere geeignete Beweise erheben müsse, wenn es die Richtigkeit oder Unrichtigkeit der aufgestellten Tatsachenbehauptung nach dem bisherigen Verhandlungsergebnis noch nicht sicher beurteilen könne. So werde ein Augenscheinsbeweisantrag namentlich dann besonders sorgfältig zu prüfen sein, falls er darauf abziele, die Zuverlässigkeit und Glaubwürdigkeit eines Belastungszeugen zu erschüttern[2].

Mit dieser Entscheidung hat das Reichsgericht eine ausführliche Begründung für seine Ansicht gegeben, nach der ein generelles Verbot der Beweisantizipation für Augenscheinsbeweisanträge nicht existiert. In früheren Urteilen hatte das Reichsgericht die Ablehnung von Augenscheinsbeweisanträgen noch in das freie Ermessen des Tatrichtes gestellt[3] und betont, daß das Tatgericht selbst eine zwecks Widerlegung von Zeugenaussagen beantragte Augenscheinseinnahme ablehnen könne, wenn es

1) RGSt 47, 100 (107); ebenso später u.a. RG in JW 1925, 796 (797); RG in JW 1927, 2044.
2) RGSt 47, 100 (108).
3) Grundlegend: RG in Rechtsprechung Bd. 3, 544 (545); ebenso: RGSt 14, 276 (277); 21, 225; RG in JW 1889, 59; RG in JW 1895, 122; zu Recht ablehnend: Oppler in JW 1913, 673 (674 f.).

dem Zeugen Glauben schenken wolle[1]. Erst wesentlich später hat das Reichsgericht unter ausdrücklicher Aufrechterhaltung einer grundsätzlichen Beweisantizipation bei Augenscheinsbeweisanträgen eine Ausnahme für den Fall anerkannt, daß mit einem Beweisantrag die Glaubwürdigkeit oder Zuverlässigkeit einer Zeugenaussage erschüttert werden soll[2]. An diese Rechtsprechung des Reichsgerichts knüpft der BGH[3] bei der Auslegung des § 244 V StPO nahtlos an, indem er im Grundsatz für Augenscheinsbeweisanträge vorweggenommene Beweiswürdigungen zuläßt[4], jedoch in bestimmten Fällen auch bei Augenscheinsbeweisanträgen am Beweisantizipationsverbot festhält[5].

2. Die Stellungnahme in der älteren Literatur zur Begründung des Reichsgerichts

Die vom Reichsgericht im Jahre 1913 abgegebene Begründung für die Zulässigkeit von Beweisantizipationen bei Augenscheinsbeweisanträgen[6] stieß in der älteren Literatur fast ausnahmslos auf heftigen Widerspruch[7].

Der Argumentation des Reichsgerichts wurde entgegengehalten, daß es paradox sei, wenn aus dem Wertverhältnis des Zeugen- und des Augenscheinsbeweises der Schluß gezogen werde, daß die Prozeßbeteiligten zwar den unzuverlässigeren Zeugenbeweis, nicht

1) RGSt 14, 276 (279); 21, 225 (227); RG in JW 1889, 59.
2) RG in JW 1930, 714 u. 933 u. 3417; RG in JW 1931, 1040 u. 1608; RG in JW 1932, 954 u. 3626. Siehe zum ganzen auch die instruktive Darstellung bei Goslar, S. 40 ff.
3) So ausdrüclich BGHSt 8, 177 (179 f.).
4) BGHSt 8, 177 (180 f.); ebenso z.B. BayObLG bei Rüth in DAR 1981, 249.
5) Siehe hierzu bereits ausführlich im 3. Teil 3. Abschnitt B.
6) RGSt 47, 100 (104 ff.).
7) Lobe in LZ 1914, Sp. 977 (984); Gerland in GerS Bd. 69, 194 (269); Meindl, S. 31 ff.; Goldschmidt, S. 437; Beling in ZStW Bd. 38, 612 (623 f.) und in JW 1925, 796; Goslar, S. 38 ff. u. S. 48; Alsberg in JW 1930, 714 f.; Löwenstein in JW 1929, 3016 f.; Mannheim in JW 1928, 1308 f.; Kurtze, S. 83 f.; Simader, S. 215; Schlosky in JW 1930, 2505 (2507); Völcker, S. 32 f.; Harreß, S. 66 f.; a.A.: Schneidewin in Reichsgericht-Festschrift, S. 270 (330); Stützel, S. 80 f. u. S. 104 f.

jedoch den besseren Augenscheinsbeweis verlangen könnten[1]. Daher dürfe das Gericht den sicheren und zuverlässigeren Augenscheinsbeweis nicht deshalb ablehnen, weil durch den unsicheren und unzuverlässigeren Zeugenbeweis bereits das Gegenteil bewiesen sei[2]. Aus diesem Grund sei die Ableitung des Verbots der Beweisantizipation aus der Natur des Zeugenbeweises verfehlt[3], denn das Verbot einer vorweggenommenen Beweiswürdigung müsse prinzipiell für alle Beweisarten gelten[4]. Zudem sei die These des Reichsgerichts, das Tatgericht könne den Beweiswert einer beantragten Augenscheinseinnahme auch ohne Beweiserhebung beurteilen, unrichtig[5]. Richtig sei dagegen, daß ein Verstoß gegen das Verbot der Beweisantizipation beim Augenscheinsbeweis in gleichem Umfang wie beim Zeugenbeweis mit Gefahren für die Wahrheitserforschung verbunden sei[6].

Dementsprechend müsse das grundsätzliche Verbot einer vorweggenommenen Beweiswürdigung beim Augenscheinsbeweisantrag in gleichem Maße wie beim Zeugenbeweisantrag Gültigkeit haben[7]. Ein Beweisantrag auf Einnahme eines richterlichen Augenscheins außerhalb der Gerichtsstelle dürfe somit nur aus denselben Gründen abgelehnt werden, die das Reichsgericht schon für die Ablehnung von Zeugenbeweisanträgen entwickelt habe[8]. Es müsse nämlich das Ziel sein, das Beweisantizipationsverbot bei Augenscheinsbeweisanträgen nicht nur auf den vom Reichsgericht bereits anerkannten Fall der Widerlegung einer Zeugenaussage zu beschränken, sondern darüber hinaus das Beweisantizipations-

1) Lobe in LZ 1914, Sp. 977 (984); Alsberg in JW 1930, 714; Simader, S. 215; Goslar, S. 39; Völcker, S. 33.
2) Lobe in LZ 1914, Sp. 977 (984); Harreß, S. 67; Völcker, S. 33.
3) Alsberg in JW 1930, 714, Goslar, S. 39; Simader, S. 215
4) Gerland in GerS Bd. 69, 194 (269); Alsberg in JW 1930, 714; Meindl, S. 34; Goslar, S. 39; ähnlich auch Beling in ZStW Bd. 38, 612 (623).
5) Goldschmidt, S. 437; Goslar, S. 39.
6) Beling in JW 1925, 796; ähnlich Löwenstein in JW 1929, 3016 (3017).
7) Meindl, S. 34; Völcker, S. 32; Goslar, S. 39 f. u. S. 46 f.
8) Schlosky in JW 1930, 2505 (2507); Mannheim in JW 1928, 1308 (1309); Kurtze, S. 84; Meindl, S. 34; ebenso bereits Oppler in JW 1913, 673 (674) vor Veröffentlichung der Entscheidung RGSt 47, 100 ff.

verbot auf alle Fälle einer Widerlegung des bisherigen Beweisergebnisses auszudehnen[1].

Schließlich begegnet die Literatur auch dem möglichen Einwand, daß die Anerkennung des Beweisantizipationsverbots bei Augenscheinsbeweisanträgen zu Zeitverlusten und damit einhergehenden Verfahrensverzögerungen führen könne: Es wird darauf hingewiesen, daß auch die Anträge auf Zeugenvernehmung[2] oder die Herbeischaffung von Beweisgegenständen[3] zu Verzögerungen im Verfahrensablauf führen. Das Tatgericht habe zudem die Möglichkeit, die Augenscheinseinnahme nach § 225 StPO durch einen beauftragten oder ersuchten Richter durchführen zu lassen[4]. Im übrigen müßten prozeßökonomische Gesichtspunkte gegenüber der gerichtlichen Pflicht zur Wahrheitserforschung zurückstehen[5], da ansonsten das Gericht die mit einer Augenscheinseinnahme außerhalb der Gerichtsstelle verbundenen Schwierigkeiten zum Anlaß nehmen könnte, das Verteidigungsrecht des Angeklagten in ungesetzlicher Weise einzuschränken[6].

3. Eigene Ansicht

Die heutige gesetzliche Regelung in § 244 V StPO, nach der die Ablehnung von Augenscheinsbeweisanträgen im pflichtgemäßen Ermessen des Gerichts steht, ist das Ergebnis der Judikatur des Reichsgerichts, wobei jedoch die nähere Begründung hierfür nur in einer einzigen Entscheidung entwickelt wurde. Eine Untersuchung über die Problematik des Beweisantizipationsumfangs bei Augenscheinsbeweisanträgen muß sich daher zunächst mit der oben dargestellten Argumentation des Reichsgerichts auseinandersetzen, um danach die derzeitige Vorschrift des § 244 V StPO im Beweisantragssystem analysieren zu können.

1) Goslar, S. 46 f. u. S. 48.
2) Mannheim in JW 1928, 1308 (1309).
3) Meindl, S. 34.
4) Oppler in JW 1913, 673 (674); Goldschmidt, S. 437; Goslar, S. 35.
5) Kurtze, S. 83; Goslar, S. 13; a.A.: Stützel, S. 80 u. S. 105; Schneidewin in Reichsgericht-Festschrift, S. 270 (330), jedoch ohne eigene Begründung.
6) Harreß, S. 67.

a) Kritische Würdigung der Argumentation des Reichsgerichts

Die Begründung des Reichsgerichts für die Zulässigkeit von vorweggenommenen Beweiswürdigungen bei richterlichen Augenscheinseinnahmen baut in entscheidendem Maße auf seiner schon früher entwickelten Ansicht auf, wonach Beweisantizipationen bei Zeugenbeweisanträgen grundsätzlich nicht gestattet sind[1]. Aus der unterschiedlichen Natur von Zeugenaussagen und Augenscheinseinnahmen gelangt das Reichsgericht dann zu dem Schluß, daß im Gegensatz zu Zeugenbeweisanträgen bei Augenscheinsbeweisanträgen Beweisantizipationen prinzipiell zulässig sind.

Diese Argumentation des Reichsgerichts ist abzulehnen, weil sie auf der unzutreffenden Annahme beruht, daß sich das Verbot der Beweisantizipation aus der jeweiligen Eigenart eines Beweismittels ergebe. Richtigerweise geht das Beweisantizipationsverbot jedoch auf die Erfahrungstatsache zurück, daß der Gebrauch eines zur Verfügung stehenden und nicht offensichtlich untauglichen Beweismittels das Bild des zu beurteilenden Sachverhalts selbst dann wider Erwarten verändern kann, wenn das Gericht glaubt, die Feststellung einer Tatsache unbedenklich auf das bisherige Ergebnis der Beweisaufnahme stützen zu können[2]. Das Verbot einer antizipierten Beweiswürdigung hat somit seine Grundlage in der gerichtlichen Pflicht zur Wahrheitserforschung gemäß § 244 II StPO[3] und beruht auf der Erwägung, daß eine Beweistatsachenprognose auf der Basis des bisher gewonnenen Beweisaufnahmeergebnisses unmöglich ist. Dies hat zur Folge, daß dem erhobenen Beweis vor dem angebotenen, noch nicht erhobenen Gegenbeweis kein Vorrang eingeräumt werden darf[4].

1) Vgl. hierzu u.a.: RGSt 1, 189 (190); 5, 312; 21, 225 (227).
2) Allgemein anerkannt, siehe u.a. BGHSt 23, 176 (188); Walter, S. 294; Henkel, S. 342; Bergmann in MDR 1976, 888 (891); Wenner, S. 130 f.; Kreuzer, S. 36; Gutmann in JuS 1962, 369 (374); Alsberg/Nüse/Meyer, S. 412 und oben 3. Teil 3. Abschnitt B.
3) Wenner, S. 130 ff.; Alsberg/Nüse/Meyer, S. 412; LR-Gollwitzer (24. Aufl.), § 244 Rdn. 183.
4) Alsberg/Nüse/Meyer, S. 411.

Da das Beweisantizipationsverbot Bestandteil der richterlichen Aufklärungspflicht nach § 244 II StPO ist, ist es verfehlt, wenn das Reichsgericht das Beweisantizipationsverbot aus der spezifischen Eigenart eines bestimmten Beweismittels ableitet. Es kann daher auch der schon von Goslar[1] vertretenen Ansicht zugestimmt werden, daß die vom Reichsgericht befürwortete Ableitung des Beweisantizipationsverbots aus der Natur des Zeugenbeweises sich als Hemmnis für die Ausdehnung dieses Grundsatzes auf alle anderen Beweismittel erwiesen habe. Aus der Perspektive einer umfassenden Wahrheitserforschung kann die Möglichkeit oder Unmöglichkeit einer Beweistatsachenprognose prinzipiell nicht von der Wahl eines bestimmten Beweismittels abhängen. Das Gericht steht nämlich hierbei stets vor der Situation, daß es das im Beweisantrag benannte Beweismittel nicht positiv kennt und deshalb auch keine sichere Prognose über die Beweisbarkeit der konkreten Tatsachenbehauptung treffen kann. Es macht somit keinen Unterschied, ob das Gericht den Inhalt einer Zeugenaussage oder die wahrnehmbaren Einzelheiten eines Augenscheinsobjekts nicht kennt, denn in keinem der beiden Fälle kann das Gericht aufgrund des bisherigen Beweisergebnisses eine sichere Voraussage über den Beweisinhalt und Beweiswert eines bislang unbekannten Beweismittels abgeben. Des weiteren ist es aus der Sicht der Aufklärungsmaxime nicht einsehbar, warum ausgerechnt für den vom Zeugenbeweis überlegenen Augenscheinsbeweis eine Ausnahme vom grundsätzlichen Beweisantizipationsverbot gemacht wird. Die Anerkennung von Beweisantizipationen bei richterlichen Augenscheinseinnahmen hat nämlich zur Folge, daß für das beste aller denkbaren Beweismittel das schlechteste Beweisantragsrecht geschaffen wird. Weil die Grenzen des Beweisantragsrechts mit denen der richterlichen Aufklärungspflicht übereinstimmen[2], bedeutet die grundsätzliche Zulässigkeit von Beweisantizipationen bei Augenscheinsbeweisanträgen gleichzeitig, daß auch an die richterliche Aufklärungspflicht die geringsten Anforderungen gestellt werden, obwohl das bestmögliche Beweismittel zur Verfügung steht. Auf diese Widersprüche geht das Reichsgericht nirgends ein, sondern

1) Goslar, S. 16.
2) Siehe hierzu bereits ausführlich oben B.II.

stellt lediglich fest, daß "die Anordnung einer richterlichen Augenscheinseinnahme außerhalb der Gerichtsstelle in das pflichtgemäße, d.h. von der Pflicht zur Wahrheitsermittlung geleitete Ermessen des Tatrichters gestellt ist"[1]. Das Tatgericht müsse "vermöge seiner Pflicht zur Wahrheitsermittlung ... den Augenschein in einer gesetzlich zulässigen Form" einnehmen, wenn es "die Wahrheit oder Unwahrheit der Parteibehauptung nach dem Verhandlungsergebnis noch nicht sicher feststellen kann"[2].

Hierbei übersieht das Reichsgericht jedoch, daß der Tatrichter die Wahrheit oder Unwahrheit einer Tatsachenbehauptung auch bei einem Augenscheinsbeweisantrag nicht ohne eigene Beweisaufnahme beurteilen kann. Jeder Beweisantrag zielt darauf ab, dem Gericht bisher unbekannte Beweistatsachen und hierzu gehörige Beweismittel mitzuteilen, wobei eine zusätzliche Funktion des Beweisantrags darin besteht, das Beweisantizipationsverbot abzusichern[3]. Das Gericht hat somit seiner Aufklärungspflicht erst dann genügt, wenn es die im Beweisantrag genannte erhebliche Beweistatsache unter Verwendung des benannten geeigneten und erreichbaren Beweismittels aufklärt. Entscheidend ist also nicht, auf welches konkrete Beweismittel der Antragsteller seine Tatsachenbehauptung stützt, sondern die Frage, ob bei unterstellter Richtigkeit dieser Tatsachenbehauptung das Gericht zu einem abweichenden Beweisaufnahmeergebnis gelangen wird. Das Verbot der Beweisantizipation ist also primär darauf ausgerichtet, die Vorwegnahme der Beweiswürdigung hinsichtlich einer Beweistatsache zu verhindern, so daß es mit § 244 II StPO unvereinbar ist, wenn ein Beweisantrag, der an sich eine erhebliche Tatsachenbehauptung enthält, allein mit dem Hinweis auf ein bestimmtes Beweismittel abgelehnt wird. Auch aus diesen Gründen ist es daher verfehlt, die Grenzen zulässiger oder unzulässiger Beweisantizipationen ausschließlich im Hinblick auf ein bestimmtes Beweismittel festzulegen.

Unabhängig von diesen Bedenken ist außerdem zweifelhaft, ob die vom Reichsgericht abgegebene Begründung für die Zulässig-

1) RGSt 47, 100 (103).
2) RGSt 47, 100 (108).
3) Siehe hierzu bereits oben B.II. a.E.

keit weitreichender Beweisantizipationen bei Augenscheinsbeweisanträgen richtig ist. Das Reichsgericht geht zunächst von der These aus, daß es sich bei der Beweisaufnahme durch richterlichen Augenschein nicht um eine Beweiserhebung über ein in der Vergangenheit liegendes Ereignis, sondern um die Feststellung eines gegenwärtigen Zustandes oder um den Nachweis einer jederzeit wiederholbaren Erscheinung handele[1]. Diese Formulierung enthält zwar den Versuch einer Beschreibung des Beweisvorgangs bei einer richterlichen Augenscheinseinnahme, ist jedoch kein tragfähiges Argument für die Anerkennung von Beweisantizipationen bei Augenscheinsbeweisanträgen. Insbesondere bleibt offen, warum wegen der Feststellungsmöglichkeit eines gegenwärtigen Zustandes oder der Wiederholbarkeit einer Erscheinung das Gericht davon befreit sein soll, derartige Beweiserhebungen auch tatsächlich durchzuführen. Jede Form der Beweisaufnahme verfolgt letztlich das Ziel, einen in der Vergangenheit liegenden Sachverhalt aufzuklären[2]. Dementsprechend besteht zwischen einer Zeugenaussage, mit der dem Gericht in der Vergangenheit liegende Wahrnehmungen vermittelt werden[3], und einer richterlichen Augenscheinseinnahme, die die Feststellung eines gegenwärtigen Zustandes bezweckt, im Prinzip kein Unterschied, denn in beiden Fällen geht es um die Rekonstruktion eines zeitlich zurückliegenden Tatgeschehens. Es ist auch nicht ersichtlich, inwiefern aus der jederzeitigen Nachprüfbarkeit einer objektiven Gegebenheit in der Außenwelt der Schluß gezogen werden darf, daß der Tatrichter nach § 244 II StPO pflichtgemäß handele, wenn er die Nachprüfung selbst unterlasse. Richtiger Ansicht nach ist der richterlichen Aufklärungspflicht nicht schon dadurch genügt, daß objektiv noch weitere Aufklärungsmöglichkeiten bestehen. § 244 II StPO verlangt vielmehr, daß das Gericht alle ihm bekannten oder durch Beweisanträge bekannt gewordenen Beweismittel auch wirklich verwendet, bevor es nach § 261 StPO das Beweisergebnis würdigt.

Des weiteren vertritt das Reichsgericht die Auffassung, daß im Gegensatz zum Zeugenbeweis beim Augenscheinsbeweis keine

1) RGSt 47, 100 (106).
2) Siehe hierzu bereits oben im 1. Teil 2. Abschnitt A.I.
3) Siehe hierzu schon oben im 1. Teil 2. Abschnitt B.II.

Wahrnehmung vorliege, die an eine bestimmte Person gebunden sei, weil die richterliche Augenscheinseinnahme auf die Feststellung eines gegenwärtigen Zustandes gerichtet sei oder einen jederzeit wiederholbaren Vorgang zum Inhalt habe[1]. Diese These widerspricht der ansonsten allgemein anerkannten Erkenntnis, wonach dasselbe Augenscheinsobjekt bei verschiedenen Personen immer unterschiedliche Wahrnehmungen hervorruft[2]. Neben diesem psychologisch begründbaren Erfahrungssatz steht diese Ansicht auch nicht mit dem Gesetz in Einklang: Nach § 86 StPO ist die Augenscheinseinnahme außerhalb der Hauptverhandlung ausschließlich dem Richter vorbehalten und zur Vorbereitung der Hauptverhandlung darf die Augenscheinseinnahme nach § 225 StPO auch nur einem beauftragten oder ersuchten Richter übertragen werden. Das Gesetz geht somit im Gegensatz zur Auffassung des Reichsgerichts davon aus, daß die unmittelbare Wahrnehmung zum Zweck der Beweisaufnahme in und außerhalb der Hauptverhandlung nur durch einen Richter erfolgen darf. Der Begriff der Augenscheinseinnahme ist daher untrennbar mit dem Richter als Subjekt der Beweisaufnahme verknüpft, so daß eine Ersetzbarkeit des richterlichen Augenscheins durch andere Formen der Beweisaufnahme in dem vom Reichsgericht behaupteten Umfang nicht gegeben ist[3]. Damit erweist sich die vom Reichsgericht vertretene Ansicht von der Austauschbarkeit des richterlichen Augenscheins als falsch, so daß auch hieraus nichts für die Zulässigkeit von Beweisantizipationen bei richterlichen Augenscheinseinnahmen zu gewinnen ist.

Insgesamt ist daher festzustellen, daß das Reichsgericht für sein nach Aufklärungsgesichtspunkten zweifelhaftes Ergebnis keine einleuchtende Begründung geliefert hat. Es ist aber denkbar, daß die vom Reichsgericht entwickelte Lösung prozeßökonomischen Bedürfnissen am ehesten entspricht. Der Gedanke, den Ablauf der Hauptverhandlung möglichst ungestört von lästigen Augenscheinsterminen außerhalb der Gerichtsstelle gestalten zu wollen, klingt in der Entscheidung des Reichsgerichts nur

1) RGSt 47, 100 (106).
2) Siehe hierzu bereits ausführlich oben im 2. Teil 1. Abschnitt B.I.1. m.w.N.
3) Siehe hierzu bereits oben im 4. Teil 1. Abschnitt C.II.

am Rande an, indem ausgeführt wird, daß eine richterliche Augenscheinseinnahme außerhalb der Gerichtsstelle auf bloßen Parteiantrag hin unmöglich im Sinne des Gesetzes liegen könne[1]. In einem älteren Urteil des Reichsgerichts aus dem Jahre 1890 tritt das Bestreben nach prozeßökonomischer Verfahrengestaltung wesentlich deutlicher zutage: "Der Zweck aber, welchen ein Antrag auf Augenscheinseinnahme verfolgt, läßt sich sehr häufig, insbesondere, wenn der Augenschein fern von der Gerichtsstelle eingenommen werden muß, durch einfachere und weniger kostspielige und doch gleichwertige Maßnahmen erreichen. In solchen Fällen ist der Richter befugt wie verpflichtet, die zweckmäßigere Maßnahme vorzuziehen, und daran auch durch Parteianträge nicht behindert"[2].

Es ist jedoch sehr fraglich, ob aus prozeßökonomischen Gründen bei Beweisanträgen auf Tatortbesichtigung eine Ausnahme vom grundsätzlichen Beweisantizipationsverbot gemacht werden darf. Schon in der älteren Literatur wurde - wie bereits dargestellt[3] - zu Recht darauf hingewiesen, daß auch die Ladung von Zeugen oder die Herbeischaffung von Beweisgegenständen zu Verzögerungen im Verfahrensablauf führt. So kann z.B. auch die Ladung eines weit entfernt wohnenden Zeugen längere Unterbrechungen der Hauptverhandlung nach § 229 StPO auslösen. Gleiches gilt auch für den Beweisantrag auf Hinzuziehung eines Sachverständigen, der schon deshalb zu Verfahrensunterbrechungen zwingt, weil der Sachverständige in der Regel sein später zu erstattendes Gutachten erst noch vorbereiten muß. Eine Unterbrechung der Hauptverhandlung ist sogar bei präsenten Augenscheinsobjekten möglich, wenn z.B. der Verteidiger zur besseren Auswertung einer Schriftprobe oder eines Fahrtschreiberdiagramms mit einem Beweisantrag die Begutachtung durch einen Sachverständigen verlangt und das Gericht diesem Antrag mangels eigener Sachkunde nachkommt[4]. Aus diesen Gründen ist nicht einzusehen,

1) RGSt 47, 100 (107).
2) RGSt 21, 225 (226 f.).
3) Siehe hierzu bereits oben C.I.2.
4) Zu theoretischen und praktischen Fehlerquellen bei Überschätzung der gerichtlichen Sachkunde siehe oben im 3. Teil 2. Abschnitt B.I.2. und 3. Abschnitt A.I.2.

warum zwar für den Zeugen- und Sachverständigenbeweis, nicht aber für den Augenscheinsbeweis außerhalb der Gerichtsstelle eine Unterbrechung der Hauptverhandlung möglich sein soll. In den meisten Fällen wird das Aufsuchen eines Tatortes sogar weniger Zeit als die Ladung einer Beweisperson beanspruchen. Bei weit entfernt gelegenen Tatorten kann das Gericht auch nach § 225 StPO verfahren und die Augenscheinseinnahme noch während der Hauptverhandlung einem ersuchten Richter eines anderen Gerichts übertragen[1].

Als Erklärung für die dem Augenscheinsbeweis wenig zugeneigte Haltung des Reichsgerichts muß man sich vergegenwärtigen, daß die hier näher behandelte Entscheidung des Reichsgerichts[2] aus dem Jahre 1913 stammt, zu einer Zeit also, als wesentlich schlechtere Verkehrsverhältnisse bestanden. Das Reichsgericht nahm insbesondere Bezug auf die Motive[3] und ging ebenso wie der Gesetzgeber der Reichsstrafprozeßordnung von 1877 davon aus, daß ein in der Hauptverhandlung stattfindender richterlicher Augenschein außerhalb der Gerichtsstelle nur selten durchführbar sei[4]. Somit wird deutlich, daß das Reichsgericht bei seiner Entscheidung noch die Verkehrsbedingungen des Jahres 1877 zugrundelegte und hierauf aufbauend auch die positive Bescheidung eines Augenscheinsbeweisantrages als Ausnahme ansah. Außerdem gab es in der damaligen StPO mit den §§ 86, 225 StPO nur Bestimmungen, die die Durchführung des richterlichen Augenscheins vor Beginn der Hauptverhandlung regelten, jedoch nicht eine einzige Vorschrift, die eine unmittelbare richterliche Augenscheinseinnahme in der Hauptverhandlung vorsah[5]. Es liegt deshalb der Gedanke nahe, daß das Reichsgericht aus den damaligen gesetzlichen Regelungen in der StPO und den hierzu gehörigen Erläuterungen in den Motiven den Schluß gezogen hat, daß die Ablehnung von Augenscheinsbeweisanträgen in wesentlich größerem Umfang als die Ablehnung anderer Beweisanträge zulässig

1) Vgl. RGSt 20, 149; LR-Gollwitzer (24. Aufl.), § 225 Rdn. 4.
2) RGSt 47, 100 ff.
3) RGSt 47, 100 (103 f.).
4) Hahn, Motive, S. 181 und ausführlich oben im 2. Teil 1. Abschnitt A.II.
5) So ausdrücklich RGSt 47, 100 (103).

sein müsse. Dabei hat das Reichsgericht aber übersehen, daß der Gesetzgeber in § 225 StPO dem Tatrichter ein Instrument zur Verfügung gestellt hat, mit dem gerade die Ergebnisse einer richterlichen Augenscheinseinnahme vor der Hauptverhandlung für die spätere Hauptverhandlung gesichert werden sollen[1]. Dies rechtfertigt nicht die Annahme, daß ein richterlicher Augenschein, der vor Beginn der Hauptverhandlung versäumt wurde, in der Hauptverhandlung aus Anlaß eines Beweisantrags nicht nachgeholt werden müsse. Aus § 225 StPO hätte das Reichsgericht eher umgekehrt den Schluß ziehen müssen, daß ein neu zu entwickelndes Beweisantragsrecht für den richterlichen Augenschein in der Hauptverhandlung nicht hinter den Möglichkeiten zurückstehen dürfe, die das Gesetz zur Sicherung des Beweisergebnisses eines richterlichen Augenscheins außerhalb der Hauptverhandlung bietet.

Selbst wenn man aber trotz dieser Einwände angesichts der damaligen Verkehrsverhältnisse prozeßökonomische Gesichtspunkte für ausschlaggebend hält, so können diese Gründe für die heutige Zeit zumindest nicht stark ins Gewicht fallen[2]. Die heutigen modernen Verkehrsbedingungen sind mit denen vor dem 1. Weltkrieg so unvergleichbar, daß es meistens sogar schwerfällt, sich auch nur gedanklich in die früheren Unannehmlichkeiten hineinzuversetzen, die eine Reise mit sich brachte. Heute existiert in der Bundesrepublik Deutschland sowohl ein dichtes Verkehrsnetz für moderne und schnelle Verkehrsmittel als auch ein hoher Grad der Motorisierung, so daß auch weit entfernte Ortsbesichtigungen in kurzer Zeit möglich sind. Zudem gestattet die heutige Fassung des § 229 I StPO eine Unterbrechung der Hauptverhandlung bis zu zehn Tagen, während nach der damaligen Vorschrift des § 229 I StPO eine unterbrochene Hauptverhandlung spätestens am vierten Tag fortgesetzt werden mußte. Aus diesen Gründen dürfen die weitreichenden Beweisantizipationen bei Augenscheinsbeweisanträgen zumindest aus heutiger Sicht nicht mit angeblichen Bedürfnissen der Prozeßökonomie gerecht-

1) Siehe hierzu bereits oben im 1. Abschnitt B.I.1. und B.III.
2) So bereits auch oben im 2. Teil 1. Abschnitt A.II. und im 4. Teil 1. Abschnitt B.I.1.

fertigt werden.

Im Ergebnis ist somit festzustellen, daß die vom Reichsgericht befürwortete Zulässigkeit von Beweisantizipationen bei Augenscheinsbeweisanträgen in ihrer dogmatischen Begründung unhaltbar ist, weil sie weder dem Grundsatz einer umfassenden Wahrheitserforschung entspricht, noch aus angeblichen prozeßökonomischen Gesichtspunkten hergeleitet werden kann.

b) Kritik an der derzeitigen Regelung des § 244 V StPO

Mit der im Jahre 1950 eingeführten Vorschrift des § 244 V StPO[1] hat der Gesetzgeber die vom Reichsgericht entwickelte Zulässigkeit von Beweisantizipationen bei Augenscheinsbeweisanträgen in die StPO übernommen. § 244 V StPO enthält somit ein Ergebnis der reichsgerichtlichen Judikatur, dessen Begründung - wie soeben dargestellt - einer kritischen Überprüfung nicht standgehalten hat. Unabhängig von dieser Erkenntnis ist nunmehr zu fragen, welche Stellung der heutige § 244 V StPO im Beweisantragssystem des § 244 III StPO und des § 245 StPO einnimmt.

Es ist heute fast allgemein anerkannt, daß auch die Ablehnungsgründe des § 244 III StPO in eng begrenztem Umfang dem Gericht Beweisantizipationen bei einem Zeugen- oder Urkundenbeweisantrag ermöglichen[2]. § 244 III StPO gestattet dem Gericht jedoch nur solche Beweisantizipationen, bei denen dem Gericht eine sichere Vorwegbeurteilung eines künftigen Beweisergebnisses möglich ist. In § 244 III 2 StPO sind demnach nur solche Ablehnungsgründe erfaßt, die ausnahmsweise nicht mit dem Beweisantizipationsverbot kollidieren, weil auch ohne Beweiserhebung bereits feststeht, daß dem Antragsteller entweder der Nachweis seiner Tatsachenbehauptung nicht gelingen wird (nämlich beim völlig ungeeigneten oder unerreichbaren Beweismittel) oder zu

1) Durch Art. 3 Nr. 112 des Vereinheitlichungsgesetzes vom 12.9.1950 (BGBl. I, S. 455, 629).
2) LR-Gollwitzer (24. Aufl.), § 244 Rdn. 183; Alsberg/Nüse/Meyer, S. 419; Engels, S. 42 für den Ablehnungsgrund des völlig ungeeigneten Beweismittels, a.A. jedoch Engels, S. 47.

seinen Gunsten die Richtigkeit der Tatsachenbehauptung unterstellt werden kann (Erwiesenheit der Beweistatsache und Wahrunterstellung). Das Gericht darf nach § 244 III 2 StPO ohne Verstoß gegen das Beweisantizipationsverbot auch überflüssige Beweiserhebungen ablehnen (Offenkundigkeit, Bedeutungslosigkeit und Erwiesenheit der Beweistatsache), sowie Beweisanträge, die nachweisbar eine Verfahrensverzögerung bezwecken (Ablehnungsgrund bei nachweisbarer Prozeßverschleppungsabsicht). Schließlich kann ein Beweisantrag nach § 244 III 1 StPO wegen eines bestehenden Beweisverbotes als unzulässig abgelehnt werden. Der entscheidende Schutz für das Beweisantizipationsverbot beim Zeugen- und Urkundenbeweisantrag besteht nun darin, daß die Ablehnungsgründe in § 244 III StPO abschließend aufgezählt sind. Dementsprechend darf das Gericht über § 244 III StPO hinaus keine Beweisanträge ablehnen, weil es auf der Grundlage des bisherigen Beweisergebnisses bereits zu der Überzeugung gelangt ist, daß die unter Beweis gestellte Tatschenbehauptung nicht zutrifft oder sogar das Gegenteil der Tatsachenbehauptung richtig ist[1].

§ 244 V StPO durchbricht den numerus clausus der Ablehnungsgründe des § 244 III StPO und gestattet dem Gericht vorweggenommene Beweiswürdigungen bei richterlichen Augenscheinseinnahmen außerhalb der Gerichtsstelle. Nach der Auslegung des § 244 V StPO durch die Rechtsprechung darf der Tatrichter den Augenscheinsbeweisantrag selbst dann ablehnen, wenn er das, was durch den Augenschein bewiesen werden soll, schon als durch das sonstige Beweisergebnis widerlegt ansieht[2]. Dies bedeutet, daß dem Angeklagten der Nachweis einer ihn entlastenden Tatsache nur deshalb verweigert werden kann, weil dieser Nachweis mit einem richterlichen Augenschein außerhalb der Gerichtsstelle verbunden ist. Um einer drohenden Ablehnung seines Augenscheinsbeweisantrags vorzubeugen, ist der Angeklagte daher dar-

1) Alsberg/Nüse/Meyer, S. 414 f.; LR-Gollwitzer (24. Aufl.), § 244 Rdn. 184 f. jeweils m.w.N.
2) BGHSt 8, 177 (181); BayObLG bei Rüth in DAR 1981, 249; Alsberg/Nüse/Meyer, S. 419.

auf angewiesen, andere Beweismittel zum Beweis seiner Tatsachenbehauptung zu verwenden. Er kann z.B. Personen seines Vertrauens mit der Wahrnehmung der Örtlichkeit beauftragen und in der späteren Hauptverhandlung einen nach § 244 III StPO kaum abzulehnenden Zeugenbeweisantrag stellen, falls das Gericht seinem zuvor gestellten Augenscheinsbeweisantrag tatsächlich nicht nachkommt. Zusätzlich verfügt der Angeklagte über die Möglichkeit, den Tatort zu fotografieren, das Lichtbild zur Hauptverhandlung mitzubringen[1)] und mit einem Beweisantrag nach § 245 II 1 StPO das Gericht zur Erstreckung der Beweisaufnahme auf das präsente Augenscheinsobjekt[2)] zu zwingen. Im letzteren Fall kann das Gericht den Antrag auf Augenscheinseinnahme nur unter den Voraussetzungen des § 245 II 2, 3 StPO ablehnen, weil für präsente Augenscheinsobjekte die Vorschrift des § 244 V StPO nicht gilt[3)].

§ 244 V StPO fördert somit zwar die Entlastung der Hauptverhandlung von störenden Augenscheinsterminen außerhalb der Gerichtsstelle, kann jedoch nicht verhindern, daß der Antragsteller seine Tatsachenbehauptung mit einem anderen Beweismittel unter Beweis stellt. Der Angeklagte wird durch § 244 V StPO quasi gezwungen, sich selbst Beweismittel zu seiner Entlastung zu schaffen. Es liegt auf der Hand, daß damit eine nicht zu unterschätzende Mißbrauchsgefahr verbunden ist: Insbesondere die Vorlage "gestellter Tatortaufnahmen" in der Absicht, das Gericht über die wirklichen Tatortverhältnisse zu täuschen, kann zu einem Fehlurteil führen, wenn das Gericht nicht ausnahmsweise durch eine Tatortbesichtigung die im Lichtbild wiedergegebenen Einzelheiten nachprüft.

1) Dies ist für die Herbeischaffung eines Augenscheinsobjekts ausreichend, siehe u.a. LR-Gollwitzer (24. Aufl.), § 245 Rdn. 53; Alsberg/Nüse/Meyer, S. 819; KK-Herdegen, § 245 Rdn. 12.
2) Zu Augenscheinsobjekten als herbeigeschaffte sächliche Beweismittel siehe Alsberg/Nüse/Meyer, S. 788; KMR-Paulus, § 245 Rdn. 7 u. Rdn. 28; KK-Herdegen, § 245 Rdn. 12; LR-Gollwitzer (24. Aufl.), § 245 Rdn. 23.
3) Vgl.: Peters, Strafprozeß, S. 316; KK-Herdegen, § 245 Rdn. 14; Rieß in NJW 1978, 2265 (2270); Alsberg/Nüse/Meyer, S. 825; LR-Gollwitzer (24. Aufl.), § 245 Rdn. 78.

Im Vergleich mit § 245 StPO führt die Regelung des § 244 V StPO demnach zu einer sachlich nicht zu rechtfertigenden Privilegierung des mittelbaren Augenscheinsbeweises, denn nach § 245 StPO sind die für die Sachverhaltsaufklärung gefährlicheren Augenscheinssurrogate kaum von der Beweisaufnahme auszuschließen, während die unmittelbare und alle Zweifelsfragen beseitigende Tatortbesichtigung nur selten zum Bestandteil der gesamten Beweisaufnahme gemacht werden muß. Die Gegenüberstellung von § 244 V StPO mit § 244 III StPO zeigt, daß das Tatgericht de lege lata zwar den unsicheren Zeugenbeweis erheben muß, jedoch bei der Ablehnung eines dem Zeugenbeweis überlegenen Augenscheinsbeweisantrags wesentlich freier gestellt ist. Hierbei hängt es allein von dem Einfallsreichtum des Angeklagten ab, ob er die mit einer Ablehnung seines Augenscheinsbeweisantrags einhergehende Beweisantizipation zu seinen Lasten noch dadurch korrigieren kann, daß er andere, ihn entlastende Beweismittel in einem weiteren Beweisantrag benennt, der diesmal nach § 244 III StPO oder gemäß § 245 II 2, 3 StPO kaum abzulehnen ist. Selbst in diesem Fall ist die Benennung anderer Beweismittel kein gleichwertiger Ersatz für eine unmittelbare Tatortbesichtigung, denn der Angeklagte muß befürchten, daß das Gericht trotzdem an seinem bisherigen Beweisergebnis festhält, indem es entweder die Richtigkeit der Wahrnehmungen des vom Angeklagten beauftragten Zeugen bzw. dessen Glaubwürdigkeit verneint[1] oder die Richtigkeit der auf einem Lichtbild wiedergegebenen Tatortverhältnisse in Zweifel zieht. Bei einer derartigen Sachlage ist zwar zur Klärung der wirklichen Tatortverhältnisse nach § 244 II StPO eine unmittelbare Tatortbesichtigung geboten[2], jedoch ist unsicher, ob das Gericht auch tatsächlich eine Augenscheinseinnahme außerhalb der Gerichtsstelle durchführt, wenn es bereits in Ausübung seines pflichtgemäßen Ermessens einen darauf gerichteten Beweisantrag schon einmal abgelehnt hat. Hieran wird gleichzeitig deutlich, daß nicht eine rechtzeitige Tatortbesichtigung nach einem Augenscheinsbeweis-

1) Vgl. hierzu bereits oben im 1. Abschnitt C.II.
2) Siehe hierzu ausführlich oben im 1. Abschnitt B.II.2.b), 3.

antrag prozeßunökonomisch ist, sondern vielmehr eine Verfahrensweise, die den Antragsteller zunächst zur Verwendung anderer Beweismittel zwingt und das Gericht zur doppelten Beweisaufnahme veranlaßt, wenn es später doch eine Tatortbesichtigung zur Kontrolle der vom Angeklagten eingeführten Beweismittel vornimmt. Dagegen kann auch nicht eingewendet werden, daß die ersatzweise Heranziehung anderer Beweismittel durch den Angeklagten für das Gericht nicht vorhersehbar ist, denn das Gericht kann nicht ohne weiteres davon ausgehen, daß der Angeklagte auf alternative Beweiserhebungsmöglichkeiten zum Nachweis seiner Tatsachenbehauptung verzichtet, wenn dem Angeklagten durch förmlichen Ablehnungsbeschluß gemäß § 244 VI StPO mitgeteilt wurde, daß das Gericht auf der Grundlage des bisherigen Beweisaufnahme vom Gegenteil der unter Beweis gestellten Tatsachenbehauptung überzeugt sei.

Fraglich ist außerdem, ob die von der Rechtsprechung zu § 244 V StPO entwickelte Ansicht, daß in bestimmten Fällen auch bei einem Augenscheinsbeweisantrag das Beweisantizipationsverbot wieder gelten soll, richtig ist. Nach heutiger Rechtsprechung[1], der sich auch die ganz herrschende Literatur angeschlossen hat[2], soll nämlich eine Ablehnung des Augenscheinsbeweisantrags nach § 244 V StPO nur dann ermessensfehlerhaft sein, wenn der Antragsteller mit seinem Antrag die Widerlegung einer belastenden Zeugenaussage oder die Widerlegung von Zeugenaussagen eines im wesentlichen gleichartigen Erlebnis- oder Interessenkreises anstrebt. Mit dieser Auslegung des § 244 V StPO ist der Antragsteller darauf angewiesen, zunächst ein bestimmtes Beweisergebnis abzuwarten und später zur Widerlegung dieses Beweisergebnisses eine Tatortbesichtigung zu beantragen. Diese Auslegung des § 244 V StPO führt jedoch am eigentlichen Sinn und Zweck eines Augenscheinsbeweisantrags vorbei, denn damit wäre der Anwendungsbereich von § 244 V StPO allein auf eine Beweiskontrolle beschränkt. Das wirkliche Ziel eines Beweisantrags auf Tatortbesichtigung besteht vielmehr in erster Linie darin, das Gericht

1) Siehe hierzu schon ausführlich oben im 3. Teil 3. Abschnitt B.
2) LR-Gollwitzer (24. Aufl.), § 244 Rdn. 330 ff.; KMR-Paulus, § 244 Rdn. 481 f.; Alsberg/Nüse/Meyer, S. 745 ff.; KK-Herdegen, § 244 Rdn. 113; Kleinknecht/Meyer, § 244 Rdn. 78.

zu einer Kontrolle der Tatortarbeit der Ermittlungsbeamten zu veranlassen[1]. Durch einen Beweisantrag auf richterliche Augenscheinseinnahme eines Tatortes wird dem Gericht also implizit mitgeteilt, daß die Tatortarbeit der Ermittlungsbeamten in irgendeiner Weise fehlerhaft sei und eine korrekte Besichtigung des Tatortes durch das Gericht zu einer Veränderung der bisherigen richterlichen Sachverhaltsfeststellung führen würde. Der Umstand, daß eine durchzuführende Tatortbesichtigung gleichzeitig auch im Hinblick auf vorangegangene Zeugenaussagen beweiskontrollierend wirkt, ist letztlich nur eine mittelbare Folge. Diese ergibt sich daraus, daß dem Angeklagten die ihn belastenden Zeugenaussagen in der Hauptverhandlung von vornherein erspart geblieben wären, wenn die Ermittlungsbeamten schon im Vorverfahren durch eine fehlerfreie Tatortarbeit die Angaben der Zeugen überprüft hätten.

Damit beruht die von der Rechtsprechung und ganz überwiegenden Literatur befürwortete Auslegung des § 244 V StPO auf einem falschen Verständnis vom Sinn und Zweck eines Augenscheinsbeweisantrags auf Tatortbesichtigung. Die hier entwickelte Ansicht befindet sich dagegen im Einklang mit wesentlichen Erkenntnissen, die sich aus der Untersuchung über Fehlerquellen bei richterlichen Augenscheinseinnahmen ergaben: Fehlurteile im Zusammenhang mit unterlassenen Tatortbesichtigungen sind auf die von der Rechtsprechung vertretene Auslegung des § 244 V StPO zurückzuführen, obwohl sich bei näherer Betrachtung exakte Grenzen für die Zulässigkeit von Beweisantizipationen bei Augenscheinsbeweisanträgen nicht finden lassen[2]. Unterlassene Tatortbesichtigungen ihrerseits sind nur ein spezieller Ausdruck für eine allgemeine Ursache von Fehlurteilen, die in einer ungenügenden richterlichen Kontrolle der Ermittlungstätigkeit der Polizeibeamten besteht[3]. Als Konsequenz dieser Er-

---

1) So zu Recht auch Zbinden, S. 117.
2) Siehe hierzu eingehend oben im 3. Teil 3. Abschnitt B.
3) Siehe oben im 3. Teil 3. Abschnitt A.I.3. hinter Fall Nr. 995.

kenntnisse ist deshalb im Interesse einer verbesserten Sachaufklärung und zur Vermeidung von Fehlurteilen eine verstärkte Kontrolle des Ermittlungsergebnisses durch vermehrte Tatortbesichtigungen zu fordern, denn eine bessere Kontrolle der Ermittlungstätigkeit als durch Herstellung des örtlichen Kontakts zur Tat ist kaum denkbar. Daher ist auch der schon von Mannheim[1] vertretenen Auffassung zuzustimmen, der mit Bezug auf § 244 II StPO folgende Formulierung geprägt hat: "Je besser ein Strafrichter seine Aufgabe erfaßt hat, desto eher wird er geneigt sein, einem Antrag auf Augenscheinseinnahme stattzugeben."

Aus diesen Gründen kann zumindest an der heute herrschenden Auslegung des § 244 V StPO nicht länger festgehalten werden. Es besteht insbesondere kein Bedürfnis, aus angeblichen prozeßökonomischen Gesichtspunkten heraus den Beweisantizipationsumfang bei Augenscheinsbeweisanträgen über § 244 III StPO hinaus auszudehnen, denn richtiger Ansicht nach dürfen Erwägungen der Verfahrensbeschleunigung die Auswahl eines konkreten Beweismittels nur solange mitbestimmen, wie die Wahrheitserforschung nicht darunter leidet[2].

Bevor jedoch eine ersatzlose Streichung des § 244 V StPO in Frage kommt, ist vorrangig zu prüfen, ob nicht schon mit einer von der bisherigen Betrachtungsweise abweichenden Auslegung des § 244 V StPO das Ziel einer grundsätzlichen Anerkennung des Beweisantizipationsverbots auch für Augenscheinsbeweisanträge erreichbar ist.

II. Alternative Auslegungsmöglichkeiten zu § 244 V StPO

Im Gegensatz zur älteren Literatur, in der der vom Reichsgericht begründete weite Beweisantizipationsumfang bei Augen-

1) Mannheim in JW 1928, 1308.
2) Vgl. Gollwitzer in JR 1978, 119 (120).

scheinsbeweisanträgen auf heftigen Widerspruch stieß[1], gibt es heute nur wenige Stimmen im Schrifttum, die sich mit § 244 V StPO kritisch auseinandersetzen. Teilweise wird bedauert, daß "in der Praxis der Augenscheinsbeweis zu sehr beiseite geschoben wird"[2] und die Forderung nach häufigeren Augenscheinseinnahmen in Form von Tatortbesichtigungen erhoben[3]. Außerdem wird geltend gemacht, daß es mit Gründen der Prozeßökonomie nicht erklärt werden könne, weshalb § 244 V StPO "der Beweisantizipation Tür und Tor" öffne[4] oder "zur Beweisantizipation geradezu einlädt"[5].

Wesentlich konkreter als diese relativ allgemein gehaltene Kritik sind hingegen zwei Lösungsansätze in der Literatur, die den mit § 244 V StPO verbundenen Beweisantizipationsumfang durch eine restriktive Interpretation dieser Vorschrift einengen wollen.

1. Darstellung und Bewertung des Lösungsvorschlags von Kreuzer

Nach Auffassung von Kreuzer[6] übt der Tatrichter sein in § 244 V StPO normiertes Ermessen nur dann pflichtgemäß aus, wenn er die allgemeinen beweisrechtlichen Grundsätze beachte, die für den Zeugen- und Sachverständigenbeweis zur näheren Ausgestaltung der Ablehnungsgründe in § 244 III, IV StPO geführt haben. Es liege ein revisibler Ermessensfehler vor, falls das Gericht hiergegen verstoße. Daraus ergebe sich, daß das Verbot der Beweisantizipation prinzipiell auch für den Augenscheinsbeweis zu gelten habe.

Diese Ansicht ist abzulehnen, weil sie der systematischen

1) Siehe hierzu unter C.I.2.
2) Peters, Strafprozeß, S. 314; ebenso Schäfer, Praxis, S. 378 f., der dies aber zusätzlich mit "zeitlichen und technischen Gründen" erklärt.
3) Peters, Fehlerquellen II, S. 192.
4) Gutmann in JuS 1962, 369 (377).
5) Müller, Rechtsstaat, S. 146.
6) Kreuzer, S. 60.

Stellung des § 244 V StPO im normativen Zusammenhang mit dem übrigen Beweisantragsrecht widerspricht. Die Regelung des § 244 V StPO hat nämlich die Funktion, den numerus clausus der Ablehnungsgründe des § 244 III StPO und des § 244 IV StPO zu durchbrechen und im Unterschied zu diesen Vorschriften bei Augenscheinsbeweisanträgen Beweisantizipationen grundsätzlich zuzulassen. § 244 V StPO befreit das Gericht also von dem Zwang, bei der Ablehnung eines Augenscheinsbeweisantrags an die Grenzen des § 244 III, IV StPO gebunden zu sein. Im übrigen wäre die Vorschrift des § 244 V StPO völlig überflüssig, wenn das Gericht auch im Rahmen des § 244 V StPO auf die in § 244 III, IV StPO enthaltenen Ablehnungsgründe zurückgreifen müßte.

Die Fehlinterpretation des § 244 V StPO durch Kreuzer ist wohl dadurch zu erklären, daß sie - insoweit zutreffend - das Tatgericht im Bereich der richterlichen Aufklärungspflicht nach § 244 II StPO an die Ablehnungsgründe des § 244 III, IV StPO gebunden sieht[1]. Kreuzer legt dem Attribut "pflichtgemäß" in § 244 V StPO schon eine durch § 244 III, IV StPO konkretisierte Wahrheitserforschungspflicht zugrunde, wobei sie jedoch übersieht, daß durch § 244 V StPO die Ablehnungsgründe des § 244 III, IV StPO erweitert werden sollen. Bei richtiger Betrachtung des Beweisantragssystems dehnt bereits § 244 IV StPO den Beweisantizipationsumfang über § 244 III StPO hinaus aus. § 244 V StPO erstreckt schließlich den Bereich zulässiger Beweisantizipationen nochmals bis an die Grenze der richterlichen Aufklärungspflicht nach § 244 II StPO[2]. Die wirkliche Bedeutung des § 244 V StPO liegt somit darin, daß das Gericht bei Augenscheinsbeweisanträgen und im Rahmen des § 244 II StPO gerade nicht an die in § 244 III, IV StPO normierten Ablehnungsgründe gebunden ist.

Aus diesen Gründen beruht die Argumentation von Kreuzer auf einem Zirkelschluß, aus dem sich nichts für eine restriktive Auslegung des § 244 V StPO gewinnen läßt.

1) Kreuzer, S. 29 ff.
2) Grünwald, C 71; Engels in GA 1981, 21 (33); Alsberg/Nüse/Meyer, S. 420.

2. Darstellung und Bewertung des Lösungsvorschlags von Schmidt-Hieber

Einem neuesten, von Schmidt-Hieber[1] entwickelten Lösungsvorschlag zufolge dürfen Beweisanträge auf Augenscheinseinnahmen, die zur Widerlegung von Zeugenaussagen dienen sollen, nur abgelehnt werden, wenn ein in § 244 III StPO genannter Ablehnungsgrund vorliege. Schmidt-Hieber begründet seine Ansicht damit, daß der Augenschein ein objektives und unmittelbares Beweismittel sei und nicht einsehbar sei, warum er leichter als der Zeugenbeweis abgelehnt werden könne. Habe z.B. ein Angeklagter zur Widerlegung einer Zeugenaussage die Vernehmung eines weiteren Zeugen beantragt, so müsse das Gericht diesem Antrag stattgeben, da beim Zeugenbeweis das Erwiesensein des Gegenteils keine Ablehnung rechtfertige. Es wäre ungereimt, wenn das bessere Beweismittel des Augenscheins mit eben dieser Begründung abgelehnt werden könnte.

In der Argumentation von Schmidt-Hieber finden sich einige zustimmungswürdige Überlegungen wieder, die bereits bei der kritischen Auseinandersetzung mit der Entscheidung des Reichsgerichts und der Regelung des § 244 V StPO eine Rolle gespielt haben. Im Ergebnis ist jedoch unklar, warum das Tatgericht nur bei der Widerlegung einer Zeugenaussage an die Ablehnungsgründe des § 244 III StPO gebunden sein soll. Es kann nämlich keinen Unterschied machen, ob es sich um eine mündliche Zeugenaussage oder um den Inhalt einer Zeugenaussage in Form einer nach §§ 249 I 1, 251 ff. StPO verlesbaren Urkunde handelt. Gleiches gilt, wenn der Antragsteller die Richtigkeit oder Vollständigkeit einer Unfallskizze oder einer Tatortfotografie widerlegen will, denn nach Auffassung von Schmidt-Hieber würde in diesen Fällen wieder § 244 V StPO eingreifen, obwohl die dem Gericht vorliegenden Augenscheinssurrogate genauso wie eine Zeugenaussage zu einer möglicherweise falschen Sachverhaltsfeststellung führen können. Daher ist eine Beschränkung der Ablehnungsgründe des § 244 III StPO hinsichtlich eines Augenscheinsbeweisantrags

1) Schmidt-Hieber in JuS 1985, 458 (461).

zur Widerlegung einer Zeugenaussage nicht zuzustimmen, zumal auch Schmidt-Hieber übersieht, daß sich der Sinn und Zweck eines Augenscheinsbeweisantrags nicht in der Widerlegung eines bestimmten Beweisergebnisses erschöpft.

Unabhängig hiervon ist zudem zweifelhaft, ob nach dem System des Beweisantragsrechts in § 244 III ff. StPO das Gericht für den speziellen Fall der Widerlegung einer Zeugenaussage durch einen Augenscheinsbeweisantrag an die Ablehnungsgründe des § 244 III StPO gebunden ist. Der Wortlaut von § 244 V StPO stellt die Ablehnung eines Augenscheinsbeweisantrags vielmehr uneingeschränkt - d.h. also auch für die Widerlegung einer Zeugenaussage - in das pflichtgemäße Ermessen des Tatgerichts.

Somit kann auch die von Schmidt-Hieber vertretene Ansicht letztlich nicht überzeugen.

3. Eigene Auslegung des § 244 V StPO

Weder die von Kreuzer noch die von Schmidt-Hieber vorgeschlagene Interpretation des § 244 V StPO kann somit zu einer Einschränkung des Beweisantizipationsumfangs bei Augenscheinsbeweisanträgen führen, so daß zu prüfen bleibt, ob dieses Ziel durch eine andere Auslegung dieser Vorschrift erreichbar ist.

Nach dem Wortlaut des § 244 V StPO darf das Gericht nach seinem pflichtgemäßen Ermessen einen Augenscheinsbeweisantrag mit der Begründung ablehnen, daß die Augenscheinseinnahme zur Erforschung der Wahrheit nicht erforderlich sei. Vergleicht man den Wortlaut von § 244 V StPO mit dem von § 244 II StPO, so wird deutlich, daß in beiden Bestimmungen dasselbe Ziel - nämlich die richterliche Wahrheitsfindung - normiert ist. In § 244 II StPO wird dieses Ziel positiv formuliert, denn nach dieser Vorschrift muß das Gericht zur Erforschung der Wahrheit die Beweisaufnahme auf alle Tatsachen und Beweismittel erstrecken, die für die Entscheidung von Bedeutung sind. § 244 V StPO und § 244 II StPO widersprechen sich somit nicht, weil das Gericht gemäß § 244 II StPO nur die zur Sachaufklärung notwendigen Beweismittel benutzen muß und damit auch nach § 244 II StPO auf die nicht zur Wahrheitserforschung beitragenden Augenscheinseinnahmen i.S.d. § 244 V StPO verzichten darf. Daher scheint der Tatrichter sein Ermessen nach § 244 V StPO nur dann pflichtgemäß auszuüben, wenn er nicht auf eine objektiv zur Wahrheitsforschung notwendige Augenscheinseinnahme verzichtet.

Mit dieser Auslegung von § 244 V StPO wäre jedoch ein Tatrichter überfordert, denn damit würde von ihm verlangt, ohne Kenntnis des Augenscheinsobjekts dessen objektive Relevanz für die Sachverhaltserforschung feststellen zu müssen. Richtigerweise legitimiert daher § 244 V StPO das Gericht, auch ohne Kenntnis des konkreten Augenscheinsgegenstandes aufgrund des bisherigen Beweisergebnisses die Augenscheinseinnahme ablehnen zu dürfen.

Die auf dem bisherigen Beweisergebnis basierende Prognose, daß eine Augenscheinseinnahme zur Wahrheitserforschung nicht erforderlich sei, kann auf unterschiedlichen Einschätzungen des Gerichts im Hinblick auf das noch zu erwartende Beweisresultat beruhen. Das Gericht kann die Notwendigkeit eines richterlichen Augenscheins verneinen, weil die zu beweisende Tatsache mit dem Gegenstand der Urteilsfindung in keinem Zusammenhang steht. Mit dieser Begründung kann das Gericht jedoch schon gemäß § 244 III 2 StPO den Augenscheinsbeweisantrag wegen seiner Bedeutungslosigkeit für die konkrete Entscheidung ablehnen, so daß ein Rückgriff auf § 244 V StPO nicht geboten ist. Die Ablehnung eines Augenscheinsbeweisantrags kann indes auch dann erfolgen, wenn das Gericht davon ausgeht, daß selbst bei Richtigkeit der vom Antragsteller behaupteten Tatsachen das bisherige Beweisergebnis sich nicht ändern würde. In diesem Fall ist für § 244 V StPO ebenfalls kein Raum, weil das Gericht die zu beweisende Tatsache gemäß § 244 III 2 StPO als wahr unterstellen könnte.

Einen gegenüber § 244 III 2 StPO eigenständigen Anwendungsbereich erhält § 244 V StPO somit erst, wenn dem Gericht die Prognose gestattet wird, daß die beantragte Augenscheinseinnahme das bisherige Beweisergebnis nicht erschüttern werde. Damit sind aber gerade die Beweisantizipationen verbunden, die über § 244 III 2 StPO weit hinausgehen und zu den mehrfach beschriebenen Gefahren für die Wahrheitserforschung führen können. Die entscheidende Diskrepanz zwischen der in § 244 II StPO normierten gerichtlichen Aufklärungspflicht und § 244 V StPO wird dementsprechend erst erkennbar, wenn man neben dem Wortlaut von § 244 V StPO auch seine systematische Stellung hinter § 244 III 2 StPO berücksichtigt: § 244 V StPO macht in wesentlich weiterem Umfang als § 244 III 2 StPO vorweggenommene Beweiswürdigungen möglich, womit die Gefahr einer unvollständigen Sachaufklärung begründet wird, denn § 244 V StPO legitimiert das Gericht, auf der Grundlage des bisherigen Beweisergebnisses den Antrag auf Augenscheinseinnahme zurückzuweisen, obwohl das vorliegende Beweisangebot eine gegenüber den bisher vom Gericht verwendeten Beweismitteln überlegene Beweismethode darstellt und demzufolge eine verbesserte Erkenntnisfindung verspricht.

Aus diesen Gründen kann keine Neuinterpretation des § 244 V StPO zu einer Einschränkung des Beweisantizipationsumfangs bei Augenscheinsbeweisanträgen führen, weil sie entweder mit dem Wortlaut oder mit der systematischen Stellung dieser Vorschrift im Beweisantragssystem in Widerspruch steht.

III. **Vorschlag eines neuen Beweisantragsrechts für den richterlichen Augenschein de lege ferenda und seine Auswirkungen auf das Beweisantragsrecht**

Dementsprechend ergibt sich im Interesse einer verbesserten Wahrheitserforschung die Forderung, die Vorschrift des § 244 V StPO de lege ferenda ersatzlos zu streichen.

Diesem Vorschlag könnte entgegengehalten werden, daß die dann allein nach § 244 III StPO mögliche Ablehnung eines Augenscheinsbeweisantrages zu Verzögerungen im Verfahrensablauf führen könnte, die in der Abwägung mit dem noch erreichbaren Beweisergebnis von größerem Nachteil sind. Dieser auf den ersten Blick plausible Einwand hält jedoch einer näheren Prüfung nicht stand, denn jede Herbeischaffung eines nichtpräsenten Beweismittels ist mit mehr oder weniger langen Verfahrensunterbrechungen verbunden. So kann insbesondere eine Tatortbesichtigung, die noch bestehende Zweifelsfragen eindeutig klärt, unter prozeßökonomischen Gesichtspunkten sogar wesentlich sinnvoller sein als ein Zeugenbeweisantrag, in dessen Folge der Zeuge zwar das Gegenteil von dem aussagt, was vor ihm andere Zeugen behauptet haben, bei dem die wirklichen Tatortverhältnisse jedoch wegen der divergierenden Zeugenaussagen nach wie vor unklar bleiben. Außerdem werden beantragte Tatortbesichtigungen sich nur selten als überflüssig erweisen: Ist die Tatortarbeit der Polizei nämlich fehlerfrei, so sind Anträge auf gerichtliche Ortsbesichtigungen in der Regel nicht zu erwarten, da der Angeklagte die ihn angeblich entlastende Augenscheinseinnahme nur beantragen wird, wenn aus seinen Ortskenntnissen heraus die in den Akten mitgeteilten Tatortverhältnisse nicht den tatsächlichen Gegebenheiten entsprechen und eine Augenscheinseinnahme deshalb die Beweisaufnahme zu seinen Gunsten verändern kann. Im Vergleich zum Antrag auf Vernehmung eines Sachverständigen fallen Verfahrensverzögerungen durch Tatortbesichtigungen erheblich weniger ins Gewicht, denn die Vorbereitung eines Sachverständigengutachtens ist meistens zeitaufwendiger als die Besichtigung eines Tatortes, der durch moderne Verkehrsmittel schnell erreichbar ist.

Somit ergeben sich auch aus prozeßökonomischen Aspekten heraus keine durchgreifenden Bedenken gegen die Forderung, § 244 V StPO de lege ferenda ersatzlos zu streichen.

Dies hätte zur Folge, daß das Tatgericht künftig seine Gründe für eine Ablehnung eines Beweisantrags auf Augenscheinseinnahme eines nichtpräsenten Beweisobjekts nur aus der für alle Beweisanträge geltenden Bestimmung des § 244 III StPO entnehmen darf. Schon nach der bisherigen Gesetzeslage ist anerkannt, daß das Gericht seine Ablehnung eines Augenscheinsbeweisantrags auf die in § 244 III StPO normierten Gründe stützen kann[1]. Ein Augenscheinsbeweisantrag kann danach abgelehnt werden, wenn das Gericht aufgrund eines allgemeinen Erfahrungssatzes die

1) Gössel, Strafverfahrensrecht, S. 258; LR-Gollwitzer (24. Aufl.), § 244 Rdn. 329; Alsberg/Nüse/Meyer, S. 741.

Beweistatsache oder ihr Gegenteil als offenkundig ansieht[1], wenn die Beweistatsache für die Entscheidung ohne wesentliche Bedeutung[2] oder schon aufgrund der bisherigen Beweisaufnahme erwiesen ist[3] oder wenn die Beweistatsache als wahr unterstellt werden kann[4]. Die Ablehnung eines Beweisantrags auf richterlichen Augenschein ist insbesondere auch dann möglich, wenn das Wahrnehmungsobjekt als Beweismittel völlig ungeeignet ist[5] oder wenn es unerreichbar ist[6]. Ein Tatort ist z.B. ein völlig ungeeignetes Beweismittel, wenn durch die Besichtigung eines Hauses festgestellt werden soll, welche Zimmer zur Tatzeit beleuchtet waren[7]. Auch ein Lichtbild kann nach § 244 III 2 StPO oder nach § 245 II 3 StPO als völlig ungeeignetes Beweismittel abgelehnt werden, wenn es als alleiniges Beweismittel zum Nachweis einer Geschwindigkeitsüberschreitung dienen soll[8]. Unerreichbar ist ein Augenscheinsobjekt, falls die Wahrnehmung eines Beweisgegenstandes oder eines Ortes weder durch das Gericht noch durch einen Augenscheinsgehilfen erfolgen kann[9]. Schließlich kann ein Augenscheinsbeweisantrag auf Tatortbesichtigung in sehr engen Grenzen[10] auch bei nach-

1) Vgl. BGH in DAR 1956, 78 (79): allgemeiner Erfahrungssatz über Sichtverhältnisse; LR-Gollwitzer (24. Aufl.), § 244 Rdn. 329; Alsberg/Nüse/Meyer, S. 741.
2) OLG Hamm in VRS 41, 136; Weigelt in DAR 1964, 314 (318); Alsberg/Nüse/Meyer, S. 741; ebenso schon vor Einführung des § 244 III 2 StPO: Goslar, S. 30.
3) Alsberg/Nüse/Meyer, S. 741; Weigelt in DAR 1964, 314 (319).
4) OLG Koblenz in VRS 53, 440 f.; LR-Gollwitzer (24. Aufl.), § 244 Rdn. 329; Alsberg/Nüse/Meyer, S. 741; ebenso früher OLG Dresden in JW 1930, 2595.
5) BGH bei Martin in DAR 1962, 74; OLG Schleswig bei Ernesti/Jürgensen in SchlHA 1984, 104; OLG Hamm in JMBlNRW 1978, 277; Weigelt in DAR 1964, 314 (318); Alsberg/Nüse/Meyer, S. 609 u. S. 741; LR-Gollwitzer (24. Aufl.), § 244 Rdn. 288 u. Rdn. 329.
6) Alsberg/Nüse/Meyer, S. 634; LR-Gollwitzer (24. Aufl.), § 244 Rdn. 261 u. Rdn. 329.
7) RG in JW 1925, 796; Rieker, S. 58; Simader, S. 131; Alsberg/Nüse/Meyer, S. 609; LR-Gollwitzer (24. Aufl.), § 244 Rdn. 288 in Fn. 869.
8) OLG Frankfurt in VRS 64, 287 (288); LR-Gollwitzer (24. Aufl.), § 244 Rdn. 288 in Fn. 869.
9) Alsberg/Nüse/Meyer, S. 634; LR-Gollwitzer (24. Aufl.), § 244 Rdn. 261.
10) Siehe hierzu u.a.: LR-Gollwitzer (24. Aufl.), § 244 Rdn. 211 ff.; Alsberg/Nüse/Meyer, S. 642 ff.

weisbarer Prozeßverschleppungsabsicht abgelehnt werden.

Über die hier beschriebenen Ablehnungsgründe des § 244 III 2 StPO hinaus darf das Tatgericht künftig keine für den Angeklagten nachteiligen Beweisantizipationen bei Augenscheinsbeweisanträgen vornehmen, wenn § 244 V StPO de lege ferenda gestrichen wird. Da die Grenzen der richterlichen Aufklärungspflicht gemäß § 244 II StPO mit denen des Beweisantragsrechts identisch sind[1], bedeutet dies gleichzeitig, daß auch im Bereich der Aufklärungsmaxime Beweisantizipationen in bezug auf Augenscheinseinnahmen jenseits von § 244 III StPO unzulässig sind. Eine ersatzlose Streichung des § 244 V StPO hätte außerdem zur Folge, daß die bisherige Privilegierung mittelbarer Augenscheinsobjekte - z.B. Tatortfotografien - durch § 245 II 3 StPO zwar nicht völlig beseitigt, jedoch wesentlich eingeschränkt würde. Der Angeklagte wäre auch nicht länger gezwungen, sich andere Beweismittel selbst zu schaffen, deren Beweiswert das Gericht nicht zuverlässig beurteilen kann.

Der hier entwickelte Lösungsvorschlag zur Neukonzeption des Beweisantragsrechts hinsichtlich richterlicher Augenscheinseinnahmen in der Hauptverhandlung hat auch Auswirkungen auf das Beweisantragsrecht des Beschuldigten in den Verfahrensabschnitten vor Beginn der Hauptverhandlung: Das Gericht kann den Angeschuldigten gemäß § 201 I StPO schon im Zwischenverfahren auffordern, ob er noch vor der Entscheidung über die Eröffnung des Hauptverfahrens eine richterliche Augenscheinseinnahme außerhalb der Gerichtsstelle beantragen wolle. Stellt der Angeschuldigte einen Antrag auf Ortsbsichtigung, so kann das Gericht zwar unter Würdigung der übrigen Ermittlungsergebnisse diesen Antrag ablehnen, weil es im Rahmen des § 201 I StPO nicht an die Ablehnungsgründe des § 244 III StPO gebunden ist[2]. Das Gericht kann sich aber durch einen derartigen

---

1) Siehe hierzu ausführlich oben B.II.
2) Streitig, wie hier, Quedenfeld in Peters-Festschrift, S. 216 (221); KK-Treier, § 201 Rdn. 19; Alsberg/Nüse/Meyer, S. 344; wohl auch Fezer in Schröder-Gedächtnisschrift, S. 407 (408); a.A.: KMR-Paulus, § 201 Rdn. 19; LR-Rieß (24. Aufl.), § 201 Rdn. 30.

Beweisantrag auf eine prozeßökonomische Gestaltung des Hauptverfahrens einstellen, wenn es die Wiederholung dieses Beweisantrags in der Hauptverhandlung vermeiden will. Dem Gericht ist es insbesondere freigestellt, schon zur Vorbereitung der Hauptverhandlung einen richterlichen Augenschein einzunehmen, wobei es nach § 225 StPO auch über die Möglichkeit einer kommissarischen Augenscheinseinnahme verfügt[1]. Will es dagegen den Augenschein in der Hauptverhandlung in Anwesenheit der Laienrichter durchführen, so kann es analog § 219 I ZPO den Termin zur Hauptverhandlung gleich am Tat- oder Unfallort anberaumen[2] und dort mit Zeugen und Sachverständigen den Tathergang rekonstruieren. Unter dem Gesichtspunkt einer prozeßökonomischen Verfahrensweise haben beide Maßnahmen den Vorteil, daß nachträgliche Augenscheinseinnahmen zur Kontrolle anderer Beweismittel von vornherein wegfallen, weil das Gericht die wirklichen Tatortverhältnisse bereits kennt, bevor es Zeugen und Sachverständige vernimmt. Das Gericht kann hierdurch gleichzeitig spätere Unterbrechungen der Hauptverhandlung verhindern, die zwangsläufig dadurch entstehen, daß der Angeklagte seinen nunmehr nur noch nach § 244 III StPO ablehnbaren Augenscheinsbeweisantrag auf Tatortbesichtigung in der Hauptverhandlung wiederholt.

Für die Herbeischaffung von beweglichen Augenscheinsgegenständen folgt aus der ersatzlosen Streichung des § 244 V StPO, daß der Antrag auf Herbeischaffung derartiger Beweisobjekte gemäß § 219 I StPO nicht mehr analog § 244 V StPO nach pflichtgemäßem Ermessen vom Gericht abgelehnt werden kann[3], sondern die Ablehnung ausschließlich aus den in § 244 III StPO normierten Gründen erfolgen kann[4]. Bei positiver Bescheidung eines solchen Antrags nach § 219 I StPO kann das Gericht die gemäß § 214 IV StPO herbeigeschafften Beweisobjekte von der Augenscheins-

1) Siehe hierzu bereits oben im 2. Teil 1. Abschnitt C.II.2.a) und im 4. Teil 1. Abschnitt b.I.1.
2) Vgl. RGSt 39, 348 (349); LR-Gollwitzer (24. Aufl.), § 213 Rdn. 2.
3) Vgl. hierzu oben im 2. Teil 1. Abschnitt C.II.2.a).
4) Siehe hierzu statt vieler: Alsberg/Nüse/Meyer, S. 356 m.w.N. in Fn. 26 und oben im 2. Teil 1. Abschnitt C.II.2.a).

einnahme nur ausschließen, wenn eine Beweiserhebung gemäß § 245 I 1 StPO unzulässig wäre.

Insgesamt ergibt sich aus der Streichung des § 244 V StPO nicht nur eine Gleichstellung des Augenscheinsbeweisantrags mit dem Zeugen- und Urkundenbeweisantrag. Damit wird nämlich auch der mit § 244 V StPO verbundene und mit Aufklärungsgrundsätzen nicht zu vereinbarende Widerspruch beseitigt, wonach für das bestmögliche Beweismittel das schlechteste Beweisantragsrecht gelten soll. Im Interesse einer verbesserten Sachaufklärung und zur Vermeidung von Fehlurteilen wäre es deshalb zu wünschen, daß der Gesetzgeber sich de lege ferenda baldmöglichst zu einer ersatzlosen Streichung des § 244 V StPO entschließt.

ZUSAMMENFASSUNG DER WESENTLICHEN ERGEBNISSE

Ausgehend von der Feststellung, daß der Augenscheinsbeweis in normativer und faktischer Hinsicht bisher vernachlässigt worden ist, hatte sich die Untersuchung zum Ziel gesetzt, die eigenständige Rolle und Bedeutung des richterlichen Augenscheins für die gerichtliche Sachverhaltsaufklärung im Strafprozeß zu analysieren. Die wesentlichen Ergebnisse dieser Arbeit lassen sich wie folgt zusammenfassen:

Entgegen der heute herrschenden Ansicht läßt sich der spezifische gerichtliche Erkenntnisweg bei einer Augenscheinseinnahme positiv beschreiben. Im Unterschied zu allen anderen Beweismitteln verfügt der Richter mit einem Augenscheinsobjekt über einen Beweisgegenstand, der keine bereits urteilsmäßig verarbeiteten Wahrnehmungen enthält und der mittels Augenscheinseinnahme einer erstmaligen beweismäßigen Auswertung durch das Gericht zugänglich ist.

Die in den §§ 86, 225, 249 I 2 StPO normierte Verlagerung der Beweisaufnahme durch richterlichen Augenschein vor die Hauptverhandlung ist bei drohendem Beweisverlust stets berechtigt, während eine vorweggenommene Augenscheinseinnahme aus prozeßökonomischen Bedürfnissen vom Tatgericht eine nähere Prüfung darüber verlangt, ob diese Verfahrensweise im konkreten Fall tatsächlich vorteilhaft ist. Die in § 86 StPO vorgeschriebene eingehende Protokollierung einer Augenscheinseinnahme hat den Zweck, spätere Einwände hinsichtlich angeblicher unvollständiger richterlicher Wahrnehmungen auszuschließen. Die Beweisantragssituation des Beschuldigten im Hinblick auf Augenscheinseinnahmen vor Beginn der Hauptverhandlung ist im Vergleich zu anderen Beweismitteln weder günstiger noch schlechter. Drohenden Beweisverlusten kann der Beschuldigte am wirkungsvollsten im Ermittlungsverfahren durch einen Beweisantrag gemäß § 163 a II StPO oder § 166 I StPO vorbeugen. Im Gegensatz zur lückenhaften Ausgestaltung des richterlichen Augenscheins in den übrigen Vorschriften der StPO sind die Beteiligungsrechte der Prozeßteilnehmer bei einer Augenscheinseinnahme vor der Hauptverhandlung sehr detailliert normiert worden und berücksichtigen in sachgerechtem Umfang deren Interessen während der antizipierten Beweisaufnahme.

Die unvollkommene Regelung des Augenscheinsbeweises in den Vorschriften über die Hauptverhandlung konnte durch Auslegung bestehender Bestimmungen oder durch Anwendung allgemeiner Verfahrensgrundsätze ausgeglichen werden. So wirkt sich das Prinzip einer mündlichen Hauptverhandlung für die Beweisaufnahme durch richterlichen Augenschein dahingehend aus, daß das Gericht mit den Prozeßbeteiligten in einen mündlichen Gedankenaustausch über die richterlichen Wahrnehmungen eintreten muß. Ein Inhaltsprotokoll über eine Augenscheinseinnahme in der Hauptverhandlung ist nach § 273 III 1 StPO nur zu erstellen, wenn die richterliche Wahrnehmung aus der Sicht des Gerichts für das spätere Urteil entscheidungserheblich sein wird. Während der Urteilsberatung darf das Gericht weder den bereits in Augenschein genommenen Tatort wieder aufsuchen noch Augenscheinsgegenstände zur erneuten Besichtigung verwenden.

Im Berufungsverfahren vor dem Landgericht kann wegen dort üblichen ausgedehnteren Beweisaufnahmen zwar die Möglichkeit einer Tatortbesichtigung verstärkt genutzt werden, jedoch wächst infolge des zunehmenden zeitlichen Abstands von der Tat auch die Gefahr des Verlustes von Tatortspuren. Bei völlig vernichtetem Beweisobjekt kann das Berufungsgericht über § 325 I StPO die Ergebnisse einer erstinstanzlichen Augenscheinseinnahme in der Regel nur dann für seine Beweisaufnahme verwenden, wenn ihm ein nach § 86 StPO erstelltes Augenscheinsprotokoll zur Verfügung steht. Der häufige Nachteil eines Berufungsverfahrens, mit verschlechterten Beweismitteln ein besseres Urteil fällen zu müssen, kann gemildert werden, wenn von den Berufungsgerichten stärker als bislang die Tatortbesichtigung als Beitrag zur Verbesserung der Beweisgrundlagen eines Berufungsurteils angesehen wird.

In sehr engen Grenzen ist auch ein revisionsgerichtlicher Augenschein zulässig. Ein revisionsgerichtlicher Augenschein ist neben den in § 267 I 3 StPO genannten Voraussetzungen nur unter folgenden Bedingungen möglich: Der Augenschein muß der Klärung eines unbestimmten Rechtsbegriffs dienen, die materiellrechtliche Strafbarkeit darf sich ausschließlich aus der optischen Wahrnehmung der Abbildung ergeben und der dem Tatrichter und dem Revisionsgericht vorliegende "vorgefundene Sachbestand" i.S.d. § 86 StPO müssen sachlich völlig identisch sein (Verbot der revisionsrichterlichen Augenscheinseinnahme einer optisch wahrnehmbaren Reproduktion, wenn das Tatgericht das originäre Augenscheinsobjekt besichtigt hat).

Die Wiederaufnahme eines Strafverfahrens ist nach den §§ 359 Nr. 1, 362 Nr. 1 StPO nicht zulässig, wenn es sich hierbei um Augenscheinsobjekte handelt, die nach herrschender strafrechtlicher Auffassung als Beweiszeichen zu den Urkunden i.S.d. § 267 I StGB gerechnet werden. Nach § 359 Nr. 5 StPO kann eine Wiederaufnahme zugunsten des Angeklagten aufgrund neuen geeigneten Augenscheinsmaterials erfolgen, wenn das Antragsvorbringen ergibt, daß das bisherige Beweisergebnis durch eine Augenscheinseinnahme, die zuvor noch zulässigerweise nach § 244 V StPO vom Gericht abgelehnt worden war, so erschüttert werden wird, daß eine dem Verurteilten günstige Entscheidung in einer neuen Hauptverhandlung hinreichend wahrscheinlich ist.

Die Untersuchung über Fehlerquellen bei richterlichen Augenscheinseinnahmen hat ergeben, daß in theoretischer Hinsicht sowohl auf der Ebene des wahrnehmenden Richters als auch beim Augenscheinsobjekt selbst jeweils spezifische Fehlermöglichkeiten denkbar sind. Bezogen auf diese Fehlerkategorien besteht der wesentliche Grund für fehlerhafte Augenscheinseinnahmen in der Praxis darin, daß das Gericht eine für die Sachaufklärung notwendige Tatortbesichtigung unterläßt. Die durch § 244 V StPO möglichen weitreichenden Beweisantizipationen bilden die entscheidende normative Ursache für die Praxis der Strafgerichte, eine Tatortbesichtigung zu unterlassen.

Die Untersuchung der Frage, ob und inwieweit das Prinzip unmittelbarer Beweiserhebung auch für richterliche Augenscheinseinnahmen gilt, hat gezeigt, daß auch bei Augenscheinsobjekten eine Beweisvermittlung durch andere Beweismittel vielfach mit Gefahren für die Wahrheitserforschung verbunden ist. In begrenztem Umfang trifft dies schon für die nach § 249 I 2 StPO durchgeführte Verlesung eines gemäß § 86 StPO erstellten Augenscheinsprotokolls zu. Noch stärkere Gefahren drohen der Sachaufklärung jedoch dann, wenn man das gesetzliche System verläßt und über die §§ 86, 225, 249 I 2 StPO hinaus mittelbare Beweiserhebungen in der Weise zuläßt, daß richterliche Wahrnehmungen am originären Augenscheinsobjekt völlig entfallen. Nach hier vertretener Ansicht ist deshalb insbesondere auch der Einsatz von Augenscheinsgehilfen nur dann zulässig, wenn dem Gericht eine eigene Augenscheinseinnahme aus tatsächlichen oder rechtlichen Gründen unmöglich ist.

Der Austausch des in einem Beweisantrag bezeichneten Augenscheinsobjekts gegen ein anderes Beweismittel kann ebenfalls die Wahrheitserforschung beeinträchtigen, so daß der Ersetzungsbefugnis in dem von der h.M. vertretenen Umfang nicht zugestimmt werden kann. Vom grundsätzlichen Verbot eines Beweismittelaustausches bei Augenscheinsgegenständen dürfen Ausnahmen vielmehr nur dann gemacht werden, wenn im Beweisantrag ein unerreichbares oder völlig ungeeignetes Beweismittel genannt wird.

Die schon im 3. Teil gewonnene Erkenntnis, daß für die meisten auf fehlerhafte Augenscheinseinnahmen zurückführbaren Fehlurteile unterlassene Tatortbesichtigungen ursächlich sind und diese wiederum durch § 244 V StPO und seine Auslegung verursacht werden, bildete den Ausgangspunkt für die Frage nach der Reichweite der richterlichen Aufklärungspflicht bei Augenscheinseinnahmen. Der in § 244 V StPO normierte Beweisantizipationsumfang widerspricht dem Ziel einer umfassenden Sachaufklärung. Auch eine andere Auslegung dieser Vorschrift führt nicht zu einer Einschränkung von vorweggenommenen Beweiswürdigungen bei Augenscheinseinnahmen, woraus sich die Forderung nach einer ersatzlosen Streichung des § 244 V StPO de lege ferenda ergibt. Dieser Reformvorschlag hat zur Folge, daß sowohl im Beweisantragsrecht als auch im Rahmen der gerichtlichen Aufklärungspflicht gemäß § 244 II StPO Beweisantizipationen nur in dem nach § 244 III 2 StPO vorgeschriebenen Umfang zulässig sind, denn die Grenzen der richterlichen Aufklärungspflicht sind mit denen des Beweisantragsrechts identisch.

L I T E R A T U R V E R Z E I C H N I S

Alsberg, Max

Anmerkung zum Urteil des RG vom 26.9.1929 (JW 1930, 714), in JW 1930, 714 f.

Anmerkung zum Urteil des RG vom 16.3.1931 (JW 1931, 1608), in JW 1931, 1608 ff.

Alsberg, Max / Nüse, Karl-Heinz

Der Beweisantrag im Strafprozeß, 4. Auflage, Köln/Berlin/Bonn/München 1969

Alsberg, Max / Nüse, Karl-Heinz / Meyer, Karlheinz

Der Beweisantrag im Strafprozeß, 5. Auflage, Köln/Berlin/Bonn/München 1983

Altavilla, Enrico

Forensische Psychologie, Band II: Die Psychologie der Strafprozeßbeteiligten, hrsg. von Gotthold Bohne und Walter Sax, Graz/Wien/Köln 1955

Amelunxen, Clemens

Die Berufung in Strafsachen, Lübeck 1982

Amtlicher Entwurf eines Einführungsgesetzes zum Allgemeinen Deut schen Strafgesetzbuch und zum Strafvollzugsgesetz, veröffentlicht auf Anordnung des Reichsjustizministeriums, Erster Teil: Entwurf, Berlin 1929 (zitiert: Amtlicher Entwurf zum ADStGB und StVG 1929, 1. Teil)

Anuschat, Erich

Die Augenscheinseinnahme im deutschen Reichsstrafprozesse, Diss. Rostock 1909

Arbab-Zadeh, Amir
Des Richters eigene Sachkunde und das Gutachterproblem im Strafprozeß, in NJW 1970, 1214 ff.

Arbeitskreis Strafprozeßreform
Die Verteidigung, Gesetzentwurf mit Begründung, vorgelegt von Günter Bemmann u.a., Karlsruhe 1979

Beling, Ernst
Anmerkung zum Urteil des RG vom 23.12.1924 (JW 1925, 796), in JW 1925, 796

Anmerkung zum Urteil des RG vom 7.8.1925 (JW 1925, 2782), in JW 1925, 2782 ff.

Deutsches Reichsstrafprozeßrecht mit Einschluß des Strafgerichtsverfassungsrechts, Berlin und Leipzig 1928

Die Vornahme von Untersuchungen am lebenden menschlichen Körper als Prozeßmaßregel, in ZStW Bd. 15 (1895), S. 471 ff.

Rechtsprechung des Reichsmilitärgerichts vom 6. Oktober 1902 bis 19. April 1912 (Entscheidungen des Reichsmilitärgerichts Bd. 4 bis 16) auf dem Gebiete des Strafprozeßrechts, in ZStW Bd. 38 (1917), S. 612 ff.

Bender, Rolf / Röder, Susanne / Nack, Armin
Tatsachenfeststellung vor Gericht,
Band I: Glaubwürdigkeits- und Beweislehre,
Band II: Vernehmungslehre,
München 1981

Bennecke, Hans / Beling, Ernst
Lehrbuch des Deutschen Reichs-Strafprozeßrechts, Breslau 1900

Bentham, Jeremias
Theorie des gerichtlichen Beweises, Berlin 1838

Benz, Heribert
Reform der Rechtsmittel in Strafsachen, in ZRP 1977, 58 ff.

Benz, Ulrike
Zur Rolle der Laienrichter im Strafprozeß, in: Forschungsreihe Kriminalwissenschaften, Band 6, Lübeck 1982

Bergmann, K.-O.
Die Beweisanregung im Strafverfahren, in MDR 1976, 888 ff.

Berkemann, Jörg
Die richterliche Entscheidung in psychologischer Sicht, in JZ 1971, 537 ff.

Bessemans, A.
Optische Täuschung beim Betrachten von Photographien, in Archiv für Kriminologie Bd. 114 (1944), S. 124 ff.

Beulke, Werner
Der Strafverteidiger im Strafverfahren - Funktionen und Rechtsstellung, Frankfurt a.M. 1980

Birkmeyer, Karl
Deutsches Strafprozeßrecht, Berlin 1898

Böttges, Walter
Die Laienbeteiligung an der Strafrechtspflege - Ihre Geschichte und heutige Bedeutung, Diss. Bonn 1979

Bonarens, Helga
Anfertigung von Lichtbildern für Zwecke des Strafverfahrens und Persönlichkeitsschutz, in Festschrift für Hanns Dünnebier zum 75. Geburtstag am 12. Juni 1982, Berlin/New York 1982, S. 215 ff.

Bottke, Wilfried

Anmerkung zum Urteil des OLG Hamburg vom 27.5.1981 (JR 1982, 76), in JR 1982, 77 f.

Bovensiepen, Michael

Der Freibeweis im Strafprozeß, Diss. Bonn 1978

Bröll, Helmut

Das rechtliche Gehör im Strafprozeß unter besonderer Berücksichtigung der verfassungsrechtlichen Einflüsse, Diss. München 1964

Brüning, A.

Die Photographie lügt, in Archiv für Kriminologie Bd. 110 (1942), S. 62 ff.

Bundesrechtsanwaltskammer

Die Verteidigung, Stellungnahme (Arbeitspapier) zum Gesetzentwurf des Arbeitskreises Strafprozeßreform, vorgelegt vom Strafrechtsausschuß der Bundesrechtsanwaltskammer, in: Schriftenreihe der Bundesrechtsanwaltskammer, Band 5, München 1984

Busam, Gerhard

Das Geständnis im Strafverfahren, in: Forschungsreihe Kriminalwissenschaften, Band 7, Lübeck 1983

Dähn, Gerd

Die Leichenöffnung: Augenscheins- oder Sachverständigenbeweis?, in JZ 1978, 640 ff.

Dagtoglou, Prodromos

Kollegialorgane und Kollegialakte der Verwaltung, Stuttgart 1980

Dahs, Hans

Vertretung des Angeklagten durch seinen Verteidiger bei Erklärungen gemäß § 257 StPO, in NJW 1962, 2238 ff.

Dahs, Hans
Rechtliches Gehör im Strafverfahren, Diss. Bonn 1963
(zitiert: Dahs, Rechtliches Gehör)

Handbuch des Strafverteidigers, 5. Auflage, Köln 1983
(zitiert: Dahs, Handbuch)

Zur Verteidigung im Ermittlungsverfahren, in NJW 1985, 1113 ff.

Dahs, Hans / Dahs, Hans
Die Revision im Strafprozeß, 3. Auflage, München 1984

Dalcke, A. / Fuhrmann, Ernst / Schäfer, Karl
Strafrecht und Strafverfahren, 37. Auflage, Berlin 1961

Deml, Peter
Zur Reform der Wiederaufnahme des Strafverfahrens, Ebelsbach am Main 1979

Dippel, Karlhans
Zur Reform des Rechts der Wiederaufnahme des Verfahrens im Strafprozeß, in GA 1972, S. 97 ff.

Das geltende deutsche Wiederaufnahmerecht und seine Erneuerung, in: Die Wiederaufnahme des Strafverfahrens im deutschen und ausländischen Recht, hrsg. von Hans-Heinrich Jescheck und Jürgen Meyer, Bonn 1974, S. 13 ff.
(zitiert: Dippel in Jescheck/Meyer)

Ditzen, Wilhelm
Dreierlei Beweis im Strafverfahren, Leipzig 1926

Döhring, Erich
Die Erforschung des Sachverhalts im Prozeß, Beweiserhebung und Beweiswürdigung, Berlin 1964

zu Dohna, Alexander Graf
Das Strafprozeßrecht, 2. Auflage, Berlin 1925

zu Dohna, Alexander Graf

Das Problem der vorweggenommenen Beweiswürdigung im Strafverfahren, in: Festschrift für Eduard Kohlrausch zum 70. Geburtstag, Berlin 1944

Engels, Dieter

Die Aufklärungspflicht nach § 244 Abs. 2 StPO, Diss. Bonn 1979

Beweisantizipationsverbot und Beweiserhebungsumfang im Strafprozeß, in GA 1981, S. 21 ff.

Engisch, Karl

Die Verletzung der Erkundigungspflicht - Ein Beitrag zur Eidesreform, in ZStW Bd. 52 (1932), S. 661 ff.

Logische Studien zur Gesetzesanwendung, 3. Auflage, Heidelberg 1963

Erbs, Georg

Handkommentar zur Strafprozeßordnung, Frankfurt a.M. und Bonn 1950

Exner, Franz

Strafverfahrensrecht, Berlin und Heidelberg 1947

Feldmann, o.V.

Das Tonband als Beweismittel im Strafprozeß, in NJW 1958, 1166 ff.

Fezer, Gerhard

Die Funktion der mündlichen Verhandlung im Zivilprozeß und im Strafprozeß, Band 20 der Juristischen Studien, Diss. Tübingen 1970

Die erweiterte Revision - Legitimierung der Rechtswirklichkeit? - Inhaltsanalyse eines Jahrgangs unveröffentlichter Entscheidungen des Bundesgerichtshofs in Strafsachen, in: Reform der Justizreform, Band 3, Tübingen 1974 (zitiert: Fezer, Erweiterte Revision)

Fezer, Gerhard
Möglichkeiten einer Reform der Revision in Strafsachen, in: Tübinger rechtswissenschaftliche Abhandlungen, Band 37, Tübingen 1975
(zitiert: Fezer, Möglichkeiten)

Grundfälle zum Verlesungs- und Verwertungsverbot im Strafprozeß (seit JuS 1977, 234 ff. in Fortsetzungen erschienen), in JuS 1978, 325 ff.; JuS 1979, 186 ff.

Richterliche Kontrolle der Ermittlungstätigkeit der Staatsanwaltschaft vor Anklageerhebung?, in: Gedächtnisschrift für Horst Schröder, hrsg. von Walter Stree, Theodor Lenckner, Peter Cramer, Albin Eser, München 1978, S. 407 ff.

Juristischer Studienkurs, Strafprozeßrecht II, Schwerpunkte: Hauptverfahren, Rechtsmittel, München 1986
(zitiert: Fezer, Strafprozeßrecht II)

Fingas, Jürgen
Die Fehlentscheidungen des Richters im deutschen Strafverfahren - Untersuchungen über ihre Ursachen und Möglichkeiten zu ihrer Verminderung und Wiedergutmachung, Diss. Saarbrücken 1971

Foth, Eberhard
Polizeibeamte als Zeugen, in DRiZ 1971, 341

Anmerkung zum Beschluß des OLG Bremen vom 25.7.1980 (JR 1982, 252), in JR 1982, 253 ff.

Frank, Reiner
Revisible und irrevisible Strafverfahrensnormen, Diss. Göttingen 1972

Friedrichs, Karl
Der menschliche Körper als Beweismittel, in ZZP Bd. 19 (1894), S. 390 ff.

Geerds, Friedrich
Kriminalistik, Lübeck 1980

Geisler, Werner
Stellung und Funktion der Staatsanwaltschaft im heutigen deutschen Strafverfahren, in ZStW Bd. 93 (1981), S. 1109 ff.

Geppert, Klaus
Der Grundsatz der Unmittelbarkeit im deutschen Strafverfahren, Berlin/New York 1979

Gerland, Heinrich
Dogmatische Beiträge zur Auslegung der Militärstrafgerichtsordnung im Anschluß an die Entscheidungen des Reichsmilitärgerichtes, in GerS Bd. 69 (1906), S. 194 ff.
Der deutsche Strafprozeß, Mannheim/Berlin/Leipzig 1927

Glaser, Julius
Beiträge zur Lehre vom Beweis im Strafprozeß, Leipzig 1883 (Neudruck Aalen 1978)
(zitiert: Glaser, Beiträge)
Handbuch des Strafprozesses, 1. Band, Leipzig 1883
(zitiert: Glaser, Handbuch)

Gössel, Karl Heinz
Strafverfahrensrecht, Stuttgart/Berlin/Köln/Mainz 1977
(zitiert: Gössel, Strafverfahrensrecht)
Überlegungen zur Beschleunigung des Strafverfahrens, in GA 1979, S. 241 ff.
Die Nachprüfung von Tatsachenfeststellungen in der Revisionsinstanz in Strafsachen, in: Schlosser u.a., Tatsachenfeststellung in der Revisionsinstanz, Arbeiten zur Rechtsvergleichung, Band 112, Frankfurt am Main 1982
(zitiert: Gössel, Tatsachenfeststellungen)

Gössel, Karl Heinz
Über die Folgen der Aufhebung von Berufungsurteilen in der Revisionsinstanz, in JR 1982, 270 ff.

Goldschmidt, James
Der Prozeß als Rechtslage - Eine Kritik des prozessualen Denkens, Berlin 1925

Gollwitzer, Walter
Anmerkung zum Urteil des BGH vom 3.3.1977 (BGHSt 27, 135), in JR 1978, 119 f.

Goslar, Erich
Das Recht des Angeklagten auf Augenscheinsbeweisaufnahme im deutschen Strafprozeßrecht, Diss. Dresden 1933

Gottwald, Peter
Die Revisionsinstnaz als Tatsacheninstanz, in: Schriften zum Prozeßrecht, Band 38, Berlin 1975

Gramse, Falko
Zulässigkeit und Grenzen der Verwendung von Ton- und Bildaufnahmen als Beweismittel im Strafverfahren (Privatklageverfahren), in AnwBl. 1980, 433 ff.

Graßberger, Roland
Psychologie des Strafverfahrens, 2. Auflage, Wien/New York 1968

Grohmann, Peter / Schulz, Willi
Polizeibeamte als Zeugen vor Gericht, in DAR 1980, 74 ff.

Groß, Hans / Geerds, Friedrich
Handbuch der Kriminalistik,
Band I, 10. Auflage, Berlin 1977
Band II, 10. Auflage, Berlin 1978

Große, Ekkehard
Der psychologische Sachverständige im Strafverfahren, ungedr. Diss. Hamburg 1959

Grünwald, Gerald
Empfiehlt es sich, besondere strafprozessuale Vorschriften für Großverfahren einzuführen?, in Gutachten C zum 50. Deutschen Juristentag, München 1974

Grundsätze des anwaltlichen Standesrechts
Richtlinien gemäß § 177 Abs. 2 Nr. 2 BRAO - RichtlRA -, festgestellt von der Bundesrechtsanwaltskammer am 21. Juni 1973, Stand: 1. Februar 1985, hrsg. von der Bundesrechtsanwaltskammer, Bonn 1985

Gundlach, Rainer
Die Vernehmung des Beschuldigten im Ermittlungsverfahren, in: Europäische Hochschulschriften, Band 375, Frankfurt a.M./Bern/New York/Nancy 1984

Gutmann, Alexander
Die Aufklärungspflicht des Gerichts und der Beweiserhebungsanspruch der "Parteien" im Strafprozeß, in JuS 1962, 369 ff.

Haddenhorst, Wilhelm
Die Einwirkung der Verfahrensrüge auf die tatsächlichen Feststellungen im Strafverfahren - Eine Untersuchung anhand der höchstrichterlichen Rechtsprechung eines Jahres, Karlsruhe 1971

Hahn, Carl
Die gesammten Materialien zur Strafprozeßordnung und Einführungsgesetz zu derselben vom 1. Februar 1877, 1. Abteilung, 2. Auflage, hrsg. von Eduard Stegemann, Berlin 1885 (Neudruck Aalen 1983)
(zitiert: Hahn, Motive)

Hahn, Wolfgang
Ton- und Bildträger als Beweismittel im Strafprozeß, Diss. München 1964
(zitiert: Hahn, Ton- und Bildträger)

Hamm, Rainer
Entwicklungstendenzen der Strafverteidigung, in: Festschrift für Werner Sarstedt zum 70. Geburtstag, hrsg. von Rainer Hamm, Berlin/New York 1981, S. 49 ff.

Hanack, Ernst-Walter
Zur Austauschbarkeit von Beweismitteln im Strafprozeß, in JZ 1970, 561 ff.

Die Verteidigung vor dem Revisionsgericht, in Festschrift für Hanns Dünnebier zum 75. Geburtstag am 12. Juni 1982, Berlin/New York 1982, S. 301 ff.

Harreß, Günther
Die Ablehnbarkeit von Beweisanträgen in der Hauptverhandlung, Diss. Halle-Wittenberg 1930

Hauser, Robert
Probleme und Tendenzen im Strafprozeß, in SJZ Band 88 (1972), S. 113 ff.

Heescher, Heinz-Dieter
Untersuchungen zum Merkmal der freien Überzeugung in § 286 ZPO und § 261 StPO - Versuch einer Neubestimmung -, Diss. Münster 1974

Hegler, August
Die Unterscheidung des Sachverständigen vom Zeugen im Prozeß, in AcP Band 104 (1909), S. 151 ff.

Heimeshoff, Erich
Die Stellung von Staatsanwaltschaft und Polizei bei der Verbrechensbekämpfung, in DRiZ 1972, 164 ff.

Heinicke, Günther
Der Beschuldigte und sein Verteidiger in der Bundesrepublik Deutschland, München 1984

Heissler, Udo
Die Unmittelbarkeit der Beweisaufnahme im Strafprozeß unter besonderer Berücksichtigung des Zeugnisses vom Hörensagen, Diss. Tübingen 1973

Helgerth, Roland
Der "Verdächtige" als schweigeberechtigte Auskunftsperson und selbständiger Prozeßbeteiligter neben dem Beschuldigten und dem Zeugen, Diss. Erlangen/Nürnberg 1976

Hellwig, Albert
Zur Psychologie der richterlichen Urteilsfindung, in GerS Bd. 82 (1914), S. 403 ff.

Psychologie und Vernehmungstechnik bei Tatbestandsermittlungen, 4. Auflage, Stuttgart 1951

Hendrix, Peter / Reiss, Günter
Die Protokollführung in der Hauptverhandlung der Strafgerichte, 6. Auflage, Bielefeld 1980

Henkel, Heinrich
Die Zulässigkeit und die Verwertbarkeit von Tonbandaufnahmen bei der Wahrheitserforschung im Strafverfahren, in JZ 1957, 148 ff.

Strafverfahrensrecht, 2. Auflage, Stuttgart/Berlin/Köln/Mainz 1968

von Hentig, Hans
Wiederaufnahmerecht, Heidelberg 1930

Herdegen, Gerhard
Bemerkungen zum Beweisantragsrecht - 1. Teil, in NStZ 1984, 97 ff.

von Hippel, Robert
Der deutsche Strafprozeß, Marburg 1941

Hirschberg, Max
Das Fehlurteil im Strafprozeß, Zur Pathologie der Rechtsprechung, Stuttgart 1960

von Holtzendorff, Freiherr
Handbuch des deutschen Strafprozeßrechts, Band I, Berlin 1879

Hruschka, Joachim
Die Konstitution des Rechtsfalles - Studien zum Verhältnis von Tatsachenfeststellung und Rechtsanwendung, in: Schriften zur Rechtstheorie, Heft 4, Berlin 1965

Hübner, Claudia
Allgemeine Verfahrensgrundsätze, Fürsorgepflicht oder fair trial, Ein Beitrag zur Darstellung nichtpositivierter Belehrungspflichten im Strafprozeß, in: Juristische Studien, Band 70, Tübingen 1983

Huelke, Hans-Heinrich
Spurenkunde - Sicherung und Verwertung von Tatortspuren, 4. Auflage, Heidelberg/Hamburg 1977

von Jagemann, Ludwig
Die Lehre vom gerichtlichen Augenscheine, in Zeitschrift für deutsches Strafverfahren, Band 1 (1841) (Nachdruck 1971), S. 330 ff.

Jessnitzer, Kurt

Der gerichtliche Sachverständige, 8. Auflage, Köln/Berlin/Bonn/München 1980

Strafverteidiger und Sachverständiger, in Strafverteidiger 1982, 177 ff.

John, Richard Ed.

Strafprozeßordnung für das Deutsche Reich nebst Einführungsgesetz, Band I, Erlangen 1884

Julius, Karl-Peter

Zum Verhältnis von Aufklärungspflicht und Beweisantragsrecht im Strafprozeß, in NStZ 1986, 61 ff.

Jungfer, Gerhard

Eigene Ermittlungstätigkeit des Strafverteidigers - Strafprozessuale und standesrechtliche Möglichkeiten und Grenzen, in Strafverteidiger 1981, 100 ff.

Käßer, Wolfgang

Wahrheitserforschung im Strafprozeß, in: Münchener Universitätsschriften/Juristische Fakultät - Abhandlungen zur rechtswissenschaftlichen Grundlagenforschung, Band 14, Berlin 1974

Karlsruher Kommentar zur Strafprozeßordnung

und zum Gerichtsverfassungsgesetz, hrsg. von Gerd Pfeiffer, München 1982
(zitiert: KK-Bearbeiter)

Kessler, August

Die Vorbereitung der öffentlichen Klage im Strafverfahren, in: Würzburger Abhandlungen zum deutschen und ausländischen Prozeßrecht, Heft 17, Leipzig 1928

Kessler, Michael
Die tatsächliche Grundlage des Sachverständigengutachtens - zugleich eine vergleichende Betrachtung der verschiedenen Verfahrensordnungen, Diss. Freiburg i.Br. 1974 (zitiert: Kessler, Sachverständigengutachten)

Kitka, Joseph
Beitrag zur Lehre über die Erhebung des Tatbestandes der Verbrechen, Wien 1831

Kiwit, Walter
Fehlurteile im Strafrecht; Entstehung, Gesetzmäßigkeiten und Möglichkeiten zur Vermeidung untersucht an Wiederaufnahmeverfahren im Oberlandesgerichtsbezirk Hamm aus der Zeit von 1950 bis 1958, Diss. Münster 1965

Kleinknecht, Theodor
Das Fehlurteil im Strafprozeß, in GA 1961, S. 45 ff.

Kleinknecht, Theodor / Meyer, Karlheinz
Strafprozeßordnung, Gerichtsverfassungsgesetz, Nebengesetze und ergänzende Bestimmungen, Kurzkommentar, 37. Auflage, München 1985

Kleinschrod, Gallus Alloys
Ueber den Beweis durch Augenschein, und Kunstverständige, in: Archiv des Criminalrechts, Band 5 (1804), 3. Stück (1803), S. 1 ff.

Koch, Hans-Jörg
Tatort und Augenschein in Verkehrsstrafsachen, in DAR 1961, 275 f.

Köhler, Michael
Inquisitionsprinzip und autonome Beweisvorführung (§ 245 StPO), Heidelberg/Hamburg 1979

Koffka, E.

Anmerkung zum Urteil des BayObLG vom 7.7.1965 (BayObLGSt 1965, 79), in JR 1966, 389 f.

Kohler, Josef

Die Person des Zeugen als Augenscheinsobjekt, in GA Band 60 (1913), S. 212 ff.

Kraft, Helmut

Fahrtschreiber als Beweismittel im Verkehrsgeschehen, in DAR 1971, 124 ff.

Kramer, Bernhard

Die Vernehmung von Verfahrensbeteiligten im Strafprozeß als Zeugen, in Jura 1983, 113 ff.

Grundbegriffe des Strafverfahrensrechts - Ermittlung und Verfahren, Stuttgart/Berlin/Köln/Mainz 1984

Krause, Dietmar

Die Revision im Strafverfahren - Grundzüge für Ausbildung und Praxis, Köln/Berlin/Bonn/München 1983
(zitiert: Krause, Revision)

Krause, Friedrich-Wilhelm

Zum Urkundenbeweis im Strafprozeß, in: Kieler rechtswissenschaftliche Abhandlungen, Nr. 8, Hamburg 1966
(zitiert: Krause, Urkundenbeweis)

Grenzen richterlicher Beweiswürdigung im Strafprozeß, in: Einheit und Vielfalt des Strafrechts, Festschrift für Karl Peters zum 70. Geburtstag, hrsg. von Jürgen Baumann und Klaus Tiedemann, Tübingen 1974, S. 323 ff.

Dreierlei Beweis im Strafverfahren, in Jura 1982, 225 ff.

Krause, Dietmar / Nehring, Günther

Strafverfahrensrecht in der Polizeipraxis, Köln/Berlin/Bonn/München 1978

Kreuzer, Elisabeth
Die Bestimmung des Umfangs der Beweisaufnahme im deutschen, französischen und italienischen Strafprozeß, Diss. Freiburg im Breisgau 1964

von Kries, August
Das Prinzip der Unmittelbarkeit im Beweisverfahren der deutschen Prozeßordnungen, in ZStW Band 6 (1886), S. 88 ff.

Lehrbuch des Deutschen Strafprozeßrechts, Freiburg 1892

Krönig, Ernst
Die Kunst der Beweiserhebung, 3. Auflage, Hamburg 1959

Kroschel, Theodor / Meyer-Goßner, Lutz
Die Urteile in Strafsachen, 24. Auflage, München 1983

Kube, Edwin / Leineweber, Heinz
Polizeibeamte als Zeugen und Sachverständige, 2. Auflage, Köln/Berlin/Bonn/München 1980

Kuchinke, Kurt
Grenzen der Nachprüfbarkeit tatrichterlicher Würdigung und Feststellungen in der Revisionsinstanz, Ein Beitrag zum Problem von Tat- und Rechtsfrage, in: Schriften zum deutschen und europäischen Zivil-, Handels- und Prozeßrecht, Band 25, Bielefeld 1964

Kuckuck, Bernd
Zur Zulässigkeit von Vorhalten aus Schriftstücken in der Hauptverhandlung des Strafverfahrens, in: Strafrechtliche Abhandlungen, Neue Folge, Band 31, Berlin 1977

Kühne, Hans-Heiner
Strafprozeßlehre, Eine Einführung, 2. Auflage, Kehl am Rhein/ Straßburg 1982

Kühne, Hans-Heiner

Der Beweiswert von Zeugenaussagen, in NStZ 1985, 252 ff.

Küng-Hofer, Rolf

Die Beschleunigung des Strafverfahrens unter Wahrung der Rechtsstaatlichkeit, in: Europäische Hochschulschriften, Band 400, Bern/Frankfurt a.M./Nancy/New York 1984

Kurtze, Max

Die Ablehnung von Beweisanträgen im deutschen Strafprozeß - Mit besonderer Berücksichtigung der Rechtsprechung des Reichsgerichts, Diss. Jena 1926

Lamertz, Walter

Revisibilität der Strafzumessung in der höchstrichterlichen Rechtsprechung, Diss. Göttingen 1960

Lang, Wilhelm

Ton- und Bildträger - Materielle und prozessuale Grundfragen in persönlichkeitsrechtlicher Sicht, in: Schriften zum deutschen und europäischen Zivil-, Handels- und Prozeßrecht, Band 8, Bielefeld 1960

Lange, Regina

Fehlerquellen im Ermittlungsverfahren - Eine Auswertung von 1110 Wiederaufnahmeverfahren, in: Kriminalistik - Wissenschaft und Praxis, Band 8, Heidelberg 1980

Larenz, Karl

Methodenlehre der Rechtswissenschaft, 5. Auflage, Berlin/Heidelberg/New York/Tokyo 1983

Leipziger Kommentar

zum Strafgesetzbuch, Großkommentar, hrsg. von Hans-Heinrich Jescheck, Wolfgang Ruß, Günther Willms, 10. Auflage, 11. Lieferung (§§ 142-165), Berlin/New York 1979
(zitiert: LK-Bearbeiter)

Leistner, Kurt
Der Anwalt im Strafprozeß, in DRiZ 1960, 243 f.

Lent, Friedrich
Zur Abgrenzung des Sachverständigen vom Zeugen im Zivilprozeß, in ZZP Band 60 (1936/37), S. 9 ff.

Lichti, Gustav
Leerlauf in der Strafrechtspflege, in DRiZ 1952, 150 ff.

Liemersdorf, Thilo
Beweisantragsrecht und Sachverhaltsaufklärung, in Strafverteidiger 1987, 175 ff.

Liermann, Stephan
Die Tonbandaufnahme als Beweismittel im Strafprozeß, Diss. Bonn 1963

Ligges, Wolfgang
Die Stellung des Sachverständigen im deutschen Strafprozeß, Diss. Münster 1963

Lobe, o.V.
Die Ablehnung von Beweisanträgen im Strafprozeß, in LZ 1914, Sp. 977 ff.

Löhr, Holle Eva
Der Grundsatz der Unmittelbarkeit im deutschen Strafprozeßrecht, in: Strafrechtliche Abhandlungen, Neue Folge, Band 8, Berlin 1972

Löwe / Rosenberg
Die Strafprozeßordnung und das Gerichtsverfassungsgesetz mit Nebengesetzen, Großkommentar,
Band 1: Einl. §§ 1 bis 212 b, 22. Auflage, Berlin/New York 1971 (zitiert: LR-Bearbeiter, 22. Aufl.)

Löwe / Rosenberg (Fortsetzung)
Band 1-6
- 23. Auflage, Berlin/New York 1976-1980 (zitiert: LR-Bearbeiter)
- 24. Auflage, Berlin/New York 1984 ff. (seit 1984 in Lieferungen erscheinend) (zitiert: LR-Bearbeiter, 24. Aufl.)

Löwenstein, Siegfried
Anmerkung zum Urteil des RG vom 2.5.1929 (JW 1929, 3016), in JW 1929, 3016 f.

Lossagk, Helmut
Sinnestäuschung und Verkehrsunfall, Berlin 1937

Lüttger, Hans
Der "genügende Anlaß" zur Erhebung der öffentlichen Klage, in GA 1957, 193 ff.

Maas, Sally
Der Grundsatz der Unmittelbarkeit in der Reichsstrafprozeßordnung, in: Strafrechtliche Abhandlungen, Heft 77, Breslau 1907

Maiwald, Manfred
Zur gerichtlichen Fürsorgepflicht im Strafprozeß und ihren Grenzen, in Festschrift für Richard Lange zum 70. Geburtstag, Berlin/New York 1976, S. 745 ff.

Mannheim, Hermann
Beiträge zur Lehre von der Revision wegen materiellrechtlicher Verstösse im Strafverfahren, Berlin 1925

Anmerkung zum Urteil des RG vom 20.12.1927 (JW 1928, 1308), in JW 1928, 1308 f.

Mannheim, Hermann
Fahrlässiger Falscheid, in Festgabe für Reinhard von Frank, Band II, Neudruck der Ausgabe Tübingen 1930, Aalen 1969, S. 315 ff.

Marquardt, Klaus
Strafprozeß, in: Handbuch der Rechtspraxis, Band 8, 3. Auflage, München 1977

Mattern, Friedrich
Die "Wahrunterstellung" im Strafprozeß, Diss. Heidelberg 1933

Maul, Heinrich
Die gerichtliche Aufklärungspflicht in der Sicht der Rechtsprechung des Bundesgerichtshofs, in: Wahrheit und Gerechtigkeit im Strafverfahren, Festgabe für Karl Peters aus Anlaß seines 80. Geburtstages, hrsg. von Klaus Wasserburg und Wilhelm Haddenhorst, Heidelberg 1984, S. 47 ff.

Mayer, Artur
Augenscheinseinnahme und Durchsuchung im geltenden Strafprozeßrechte unter Berücksichtigung des Entwurfes, in: Strafrechtliche Abhandlungen, Heft 128, Breslau 1911

Mayer, Hellmuth
Die konstruktiven Grundlagen des Wiederaufnahmeverfahrens und seine Reform, in GerS Band 99 (1930), S. 299 ff.

Zum Aufbau des Strafprozesses, in GerS Band 104 (1934), S. 302 ff.

Der Sachverständige im Strafprozeß, in Festschrift für Edmund Mezger zum 70. Geburtstag, München und Berlin 1954, S. 455 ff.

Meindl, Wilhelm
Die Augenscheinseinnahme im Strafverfahren, Diss. Erlangen 1935

Meyer, o.V.

Die Vorlesung von Schriftstücken in der Berufungsinstanz nach § 366 der StPO, in GA Band 31 (1883), S. 326 ff.

Meyer, Jürgen

Aktuelle Probleme der Wiederaufnahme des Strafverfahrens, in ZStW Band 84 (1972), S. 909 ff.

Meyer-Goßner, Lutz

Die Zulässigkeit richterlicher Beweiserhebungen im Strafprozeß nach Zulassung der Anklage, in NJW 1970, 415 f.

Empfiehlt es sich, das Rechtsmittel in Strafsachen grundlegend, insbesondere durch Einführung eines Einheitsrechtsmittels, zu ändern?, in JZ 1978, 329 ff.

Das Strafverfahrensänderungsgesetz 1987, in NJW 1987, 1161 ff.

Mezger, Edmund

Der psychiatrische Sachverständige im Prozeß, Beilageheft zu AcP Band 117, Tübingen 1918

Mittermaier, C.J.A.

Die Lehre vom Beweise im deutschen Strafprozesse nach der Fortbildung durch Gerichtsgebrauch und deutsche Gesetzbücher in Vergleichung mit den Ansichten des englischen und französischen Strafverfahrens, Darmstadt 1834

Mörsch, Richard

Zur Rechtsstellung des Beschuldigten und seines Verteidigers im Vorverfahren unter Berücksichtigung der Aufgaben des gesamten Strafverfahrens, Diss. Mainz 1968

Mühlhaus, Hermann

Unfallskizzen und Lichtbilder, in DAR 1965, 12 ff.

Müller, Egon
Der Grundsatz der Waffengleichheit im Strafverfahren, in NJW 1976, 1063 ff.

Müller, Elmar
Verteidigung in Verkehrsstrafsachen, in: Praxis der Strafverteidigung, Band 1, 3. Auflage, Heidelberg 1986 (zitiert: Müller, Verteidigung)

Müller, Ingo
Rechtsstaat und Strafverfahren, Frankfurt a.M. 1980 (zitiert: Müller, Rechtsstaat)

Müller, Hermann / Sax, Walter / Paulus, Rainer
KMR, Kommentar zur Strafprozeßordnung, 7. Auflage, Stand 1981 (zitiert: KMR-Bearbeiter)

Nelles, Ursula
Der Einfluß der Verteidigung auf Beweiserhebungen im Ermittlungsverfahren, in Strafverteidiger 1986, 74 ff.

Neumann, Rudolf
System der strafprozessualen Wiederaufnahme, Berlin-Grunewald 1932

Nierwetberg, Rüdiger
Die Unterscheidung von Tatfrage und Rechtsfrage, in JZ 1983, 237 ff.

Der Beweisantrag im Strafverfahren, in Jura 1984, 630 ff.

Nöldeke, Werner
Polizeibeamte als Zeugen vor Gericht, in NJW 1979, 1644 f.

Odenthal, Hans-Jörg
Die Gegenüberstellung im Strafverfahren, Diss. Köln 1984

Oppler, o.V.

Zur Ablehnung auf Augenscheinseinnahme gerichteter Beweisanträge im Strafprozeß, in JW 1913, 673 ff.

Ortlieb, Dieter

Der Anspruch auf rechtliches Gehör und seine Bedeutung im Strafverfahren, Diss., Freiburg 1964

Otto, Harro

Möglichkeiten und Grenzen der Revision in Strafsachen, in NJW 1978, 1 ff.

Panhuysen, Ursula

Die Untersuchung des Zeugen auf seine Glaubwürdigkeit - Ein Beitrag zur Stellung des Zeugen und Sachverständigen im Strafprozeß, in: Neue Kölner rechtswissenschaftliche Abhandlungen, Heft 28, Berlin 1964

Peters, Karl

Anmerkung zum Urteil des BGH vom 12.3.1969 (BGHSt 22, 347), in JR 1970, 105 ff.

Fehlerquellen im Strafprozeß, Eine Untersuchung der Wiederaufnahmeverfahren in der Bundesrepublik Deutschland,
1. Band: Einführung und Dokumentation, Karlsruhe 1970
2. Band: Systematische Untersuchungen und Folgerungen, Karlsruhe 1972
3. Band: Wiederaufnahmerecht, Karlsruhe 1974
(zitiert: Peters, Fehlerquellen I, II bzw. III)

Anmerkung zum Beschluß des BGH vom 7.6.1979 (BGHSt 29, 18), in JR 1980, 169 f.

Änderung des Rechts der Verfassungsbeschwerde?, in JR 1980, 265 ff.

Strafprozeß, 4. Auflage, Heidelberg/Karlsruhe 1985
(zitiert: Peters, Strafprozeß)

Petry, Horst
Beweisverbote im Strafprozeß, Darmstadt 1971

Pfeiffer, Gerd / von Bubnoff, Eckhart
Zur Neuordnung des Rechtsmittelsystems in Strafsachen nach dem Referentenentwurf eines Ersten Justizreformgesetzes, in DRiZ 1972, S. 42 ff.

Pieper, Helmut
Richter und Sachverständiger im Zivilprozeßrecht, in ZZP Band 84 (1971), S. 1 ff.

Plewig, Hans-Joachim
Funktion und Rolle des Sachverständigen aus der Sicht des Strafrichters, Diss. Hamburg 1981

Plötz, Winfried
Die gerichtliche Fürsorgepflicht im Strafverfahren, in: Forschungsreihe Kriminalwissenschaften, Band 3, Lübeck 1980

Pohle, Rudolf
Revision und neues Strafrecht, in: Leipziger rechtswissenschaftliche Studien, Heft 56, Leipzig 1930

Pollack, o.V.
Mittheilung aus der Praxis, ein Beitrag zur Auslegung der §§ 244, 249, 251 und 51 der Strafprozeßordnung, in GA Band 33 (1885), S. 232 ff.

Quedenfeld, Hans Dietrich
Beweisantrag und Verteidigung in den Abschnitten des Strafverfahrens bis zum erstinstanzlichen Urteil, in: Wahrheit und Gerechtigkeit im Strafverfahren, Festgabe für Karl Peters aus Anlaß seines 80. Geburtstages, hrsg. von Klaus Wasserburg und Wilhelm Haddenhorst, Heidelberg 1984, S. 215 ff.

Rasch, Wilfried / Hinz, Stefan
Für den Tatbestand ermitteln ... - Der Einfluß der gesetzlichen Mordmerkmale auf kriminalpolizeiliche Erstvernehmungen bei Tötungsdelikten, in Kriminalistik 1980, 377 ff.

Richter II, Christian
Grenzen anwaltlicher Interessenvertretung im Ermittlungsverfahren, in NJW 1981, 1820 ff.

Rieker, Robert
Die Ablehnung von Beweisanträgen in der Hauptverhandlung, Diss. Tübingen 1935

Rieß, Peter
Zur Revisibilität der freien tatrichterlichen Überzeugung, in GA 1978, 257 ff.
Das Strafverfahrensänderungsgesetz 1979, in NJW 1978, 2265 ff.
Die Vernehmung des Beschuldigten im Strafprozeß, in JA 1980, 293 ff.

Rieß, Peter / Hilger, Hans
Das neue Strafverfahrensrecht - Opferschutzgesetz und Strafverfahrensänderungsgesetz 1987 - in NStZ 1987, 145 ff.

Rintelen, V.
Der Strafprozeß, Berlin 1891

Robert, Olivier
Der Augenschein im Strafprozeß, in: Zürcher Schriften zum Verfahrensrecht, Heft 6, Zürich 1974

Rödig, Jürgen
Die Theorie des gerichtlichen Erkenntnisverfahrens, Berlin/Heidelberg/New York 1973

Röther, Hans-Peter
Die Verwertung von Mitteilungen anonymer Gewährsleute im Strafprozeß, Diss. Marburg 1969

Rogall, Klaus
Der Beschuldigte als Beweismittel gegen sich selbst - Ein Beitrag zur Geltung des Satzes "Nemo tenetur seipsum prodere" im Strafprozeß, in: Schriften zum Prozeßrecht Band 49, Berlin 1977

Gegenwärtiger Stand und Entwicklungstendenzen der Lehre von den strafprozessualen Beweisverboten, in ZStW Band 91 (1979), S. 1 ff.

Roggemann, Herwig
Das Tonband im Verfahrensrecht, in: Göttinger rechtswissenschaftliche Studien, Band 44, Göttingen 1962

Rohling, Walter
Mängel der strafprozessualen Praxis in Verkehrssachen, in DAR 1953, 207 ff.

Ross, Erwin
Zur Lehre vom Augenschein im Strafprozeß, Diss. Erlangen 1935

Roxin, Claus
Strafverfahrensrecht, 19. Auflage, München 1985

Rückel, Christoph
Die Notwendigkeit eigener Ermittlungen des Strafverteidigers, in: Wahrheit und Gerechtigkeit im Strafverfahren, Festgabe für Karl Peters aus Anlaß seines 80. Geburtstages, hrsg. von Klaus Wasserburg und Wilhelm Haddenhorst, Heidelberg 1984, S. 265 ff.

Rüping, Hinrich
Der Grundsatz des rechtlichen Gehörs und seine Bedeutung im Strafverfahren, in: Strafrechtliche Abhandlungen (neue Folge) Band 26, Berlin 1976
(zitiert: Rüping, Rechtliches Gehör)
Das Strafverfahren, 2. Auflage, München 1983
(zitiert: Rüping, Strafverfahren)

Rumpf, Max
Der Strafrichter, Band I, Die tatsächlichen Feststellungen und die Strafrechtstheorie, Berlin 1912

Rupp, Erwin
Der Beweis im Strafverfahren, Freiburg 1884

Russ, o.V.
Tatsachenbekundungen des Sachverständigen im Strafprozeß, in NJW 1963, 385 f.

Sandermann, Almut
"Waffengleichheit" im Strafprozeß - Zu den rechtlichen Grundlagen dieses Rechtsinstituts, Diss. Köln 1975

Sarstedt, Werner
Der Beweisantrag im Strafprozeß, in DAR 1964, 307 ff.

Sarstedt, Werner / Hamm, Rainer
Die Revision in Strafsachen, 5. Auflage, Berlin/New York 1983

Sauer, Wilhelm
Allgemeine Prozeßrechtslehre, Berlin/Detmold/Köln/München 1951

Schäfer, Gerhard
Die Praxis des Strafverfahrens, 4. Auflage, Stuttgart/Berlin/Köln/Mainz 1986
(zitiert: Schäfer, Praxis)

Scheuerle, Wilhelm A.
Rechtsanwendung, Nürnberg und Düsseldorf 1952

Schilling, Georg
Der strafrechtliche Schutz des Augenscheinsbeweises - Ein Beitrag zur Lehre von der Beweismittelfälschung, in: Bonner rechtswissenschaftliche Abhandlungen, Band 67, Bonn 1965

Schlosky, o.V.
Die Ablehnung von Beweisanträgen, in JW 1930, 2505 ff.

Schlüchter, Ellen
Das Strafverfahren, 2. Auflage, Köln/Berlin/Bonn/München 1983

Schmid, Michael J.
Die wörtliche Protokollierung einer Aussage in der Hauptverhandlung, in NJW 1981, 1353 f.

Schmid, Werner
Der Revisionsrichter als Tatrichter, in ZStW Band 85 (1973), S. 360 ff.
Der revisionsgerichtliche Augenscheinsbeweis, in ZStW Band 85 (1973), S. 893 ff.

Schmidhäuser, Eberhard
Zeuge, Sachverständiger und Augenscheinsgehilfe, in ZZP Band 72 (1959), S. 365 ff.

Schmidt, Eberhard

Die Kriegsstrafverfahrensordnung im Ganzen der deutschen Strafprozeßrechtsentwicklung, in ZStW Band 61 (1941/42), S. 429 ff.

Lehrkommentar zur Strafprozeßordnung und zum Gerichtsverfassungsgesetz, Band II: Erläuterungen zur Strafprozeßordnung und zum Einführungsgesetz zur StPO, Göttingen 1957
(zitiert: Schmidt, LK II)

Anmerkung zum Urteil des BGH vom 7.6.1956 (BGHSt 9, 292), in JZ 1957, 229 f.

Der Stand der Rechtsprechung zur Frage der Verwendbarkeit von Tonbandaufnahmen im Strafprozeß, in JZ 1964, 537 ff.

Deutsches Strafprozeßrecht, Ein Kolleg, Göttingen 1967
(zitiert: Schmidt, Kolleg)

Schmidt-Hieber, Werner

Der Beweisantrag im Strafprozeß, in JuS 1985, 1. Teil: S. 291 ff., 2. Teil: S. 458 ff.

Schmitt, Rudolf

Tonbänder im Strafprozeß - OLG Celle, NJW 1965, 1677, in JuS 1967, 19 ff.

Schneickert, Hans

Augenschein, in: Handwörterbuch der Rechtswissenschaft, 1. Band (Abandon-Deichgüter), Berlin/Leipzig 1926

Schneider, Egon

Beweis und Beweiswürdigkeit unter besonderer Berücksichtigung des Zivilprozesses, 3. Auflage, München 1978

Schneidewin, Karl

Die Rechtsprechung in Strafsachen, in: Fünfzig Jahre Reichsgericht am 1. Oktober 1928, hrsg. von Adolf Lobe, Berlin und Leipzig 1929, S. 270 ff.

Schneidewin, Karl

Der Urkundenbeweis in der Hauptverhandlung, in JR 1951, 481 ff.

Konkurrierende Wiederaufnahmegründe, in JZ 1957, 537 ff.

Schönke, Adolf / Schröder, Horst

Strafgesetzbuch, Kommentar, 22. Auflage, München 1985
(zitiert: Sch-Sch-Bearbeiter)

Schöntag, Adolf

Auswertung von Unfallfotos ohne zeitraubende Spurenvermessung am Unfallort, Teil I: Allgemeine Grundlagen, in Archiv für Kriminologie, Band 148 (1971), S. 1 ff.

Schorn, Hubert

Der Strafrichter, Ein Handbuch für das Strafverfahren, Frankfurt am Main 1960
(zitiert: Schorn, Strafrichter)

Der Schutz der Menschenwürde im Strafverfahren, Bingen am Rhein 1963
(zitiert: Schorn, Menschenwürde)

Bemerkungen zum Wiederaufnahmegrund des § 359 Ziff. 5 StPO, in MDR 1965, 869 f.

Die Fürsorgepflicht im Strafverfahren, in MDR 1966, 639 ff.

Schünemann, Bernd

Grundfragen der Revision im Strafprozeß, in JA 1982, 1. Teil: S. 71 ff., 2. Teil: S. 123 ff.

Schuhmacher, Karlheinz

Die Überwachung des Fernmeldeverkehrs im Strafverfahren, Diss. Hamburg 1976

Schulz, Georg
Die Rechte des Angeklagten im Strafverfahren, Mannheim 1953

Schulz, Joachim
Die Austauschbarkeit von Beweismitteln oder die Folgen apokrypher Beweismittel, in Strafverteidiger 1983, 341 ff.

Schuster, Dietmar
Das Gutachten über die Glaubwürdigkeit von Zeugen im Strafprozeß, Diss. München 1966

von Schwarze, Friedrich Oskar
Commentar zu der Deutschen Strafprozeßordnung und zu den auf dieselbe bezüglichen Bestimmungen des Gerichtsverfassungsgesetzes, Leipzig 1878

Schwinge, Erich
Grundlagen des Revisionsrechts, 2. Auflage, Bonn 1960

Seebode, Manfred
"Hörensagen ist halb gelogen" - Das Zeugnis vom Hörensagen im Strafprozeß, in JZ 1980, 506 ff.
Über die Freiheit, die eigene Strafverfolgung zu unterstützen, in JA 1980, 493 ff.

Siegert, Karl
Die außergerichtlichen Tonbandaufnahmen und ihre Verwertung im Zivilprozeß, in NJW 1957, 689 ff.
Verwertung rechtmäßiger Tonbandaufnahmen im Strafprozeß, in GA 1957, 265 ff.

Sieß, Franz
Protokollierungspflicht und freie Beweiswürdigung im Strafprozeß, in NJW 1982, 1625 ff.

Simader, Walter

Die Ablehnung von Beweisanträgen in der Hauptverhandlung, in: Würzburger Abhandlungen zum deutschen und ausländischen Prozeßrecht, Heft 27, Leipzig 1933

Skuhr, Reinhold

Anwesenheitsrecht des Verteidigers im Ermittlungsverfahren, in NJW 1966, 1350 f.

Specht, W.

Möglichkeiten und Grenzen der Auswertung des Bildinhalts photographischer Aufnahmen, in Archiv für Kriminologie, Band 135 (1965), S. 128 ff.

Spendel, Günter

Wahrheitsfindung im Strafprozeß, in JuS 1964, 465 ff.

Beweisverbote im Strafprozeß, in NJW 1966, 1102 ff.

von Stackelberg, Curt Freiherr

Der Anwalt im Strafprozeß, in AnwBl. 1959, 190 ff.

Beweisprobleme im strafprozessualen Wiederaufnahmeverfahren, in: Wahrheit und Gerechtigkeit im Strafverfahren, Festgabe für Karl Peters aus Anlaß seines 80. Geburtstages, hrsg. von Klaus Wasserburg und Wilhelm Haddenhorst, Heidelberg 1984, S. 453 ff.

Staib, Otto

Augenscheinseinnahme und Durchsuchung im geltenden Strafprozeßrechte und ihre Regelung in den neueren Entwürfen, Diss. Tübingen 1933

Steeger, Winfried

Die zivilprozessuale Mitwirkungspflicht der Parteien beim Urkunden- und Augenscheinsbeweis, Diss. Hamburg 1980

Steffen, Otto

Die Verletzung des § 219 StPO als Revisionsgrund, Diss. Marburg 1963

Stein, Friedrich
Das private Wissen des Richters, Leipzig 1893

Stratz, Volker
Körperliche Eingriffe im Strafverfahren - Eine Untersuchung unter besonderer Berücksichtigung der prozessualen Stellung des Arztes, Diss. Freiburg 1978

Stree, Walter
In dubio pro reo, Tübingen 1962

Strzyz, Wolfgang
Die Abgrenzung von Strafverteidigung und Strafvereitelung, München 1983

Stückle, Carl
Die Wiederaufnahme im Strafverfahren unter besonderer Berücksichtigung der Stellung des iudex a quo, Diss. Tübingen 1929

Stützel, Karl
Der Beweisantrag im Strafverfahren, in: Würzburger Abhandlungen zum deutschen und ausländischen Prozeßrecht, Heft 24, Leipzig 1932

Systematischer Kommentar
zum Strafgesetzbuch, Band 2, Besonderer Teil (§§ 80-358) von Hans-Joachim Rudolphi, Eckhard Horn, Erich Samson (Stand: 21. Lieferung 1987), Frankfurt am Main (zitiert: SK-Bearbeiter)

Temming, Gerd
Anmerkung zum Urteil des BGH vom 3.11.1982 (Strafverteidiger 1983, 51), in Strafverteidiger 1983, 52

Tenckhoff, Jörg
Die Wahrunterstellung im Strafprozeß, in: Schriften zum Strafrecht, Band 36, Berlin 1980

Traulsen, Reinhart
Die Aufklärungsrüge des Verteidigers - Voraussetzungen, praktische Durchführung, Kritik an der herrschenden Meinung, Reformvorschläge, ungedr. Diss. Kiel 1974

Tröndle, Herbert
Zur Frage der Berufung in Strafsachen - Rückschau und Ausblick, in GA 1967, S. 161 ff.

Tschadek, Otto
Der Beweis, Eine Betrachtung über Beweismittel und Beweiswürdigung, Wien 1958

Ullmann, Emanuel
Lehrbuch des Deutschen Strafprocessrechts, München 1893

Ulsenheimer, Klaus
Die Verletzung der Protokollierungspflicht im Strafprozeß und ihre revisionsrechtliche Bedeutung, in NJW 1980, 2273 ff.

Völcker, Hans
Die Ablehnung von Beweisanträgen im Strafprozeß, Diss. Bonn 1931

Voß, Hermann
Zum Begriff der richterlichen Augenscheinseinnahme im geltenden und künftigen Gesetz, in GerS Band 79 (1912), S. 432 ff.

Walter, Gerhard
Freie Beweiswürdigung, Eine Untersuchung zu Bedeutung, Bedingungen und Grenzen der freien richterlichen Überzeugung, in: Tübinger rechtswissenschaftliche Abhandlungen, Band 51, Tübingen 1979

Warda, Günter
Dogmatische Grundlagen des richterlichen Ermessens im Strafrecht, Köln/Berlin/Bonn/München 1962

Wasserburg, Klaus
Die Wiederaufnahme des Strafverfahrens - Ein Handbuch unter besonderer Berücksichtigung der Aufgaben des Verteidigers, Stuttgart/Berlin/Köln/Mainz 1983

Wassmann, Hans-Jörg
Strafverteidigung und Strafvereitelung, Diss. Hamburg 1982

Weigelt, Werner
Der Beweisantrag in Verkehrsstrafsachen, in DAR 1964, 314 ff.

Weihrauch, Matthias
Verteidigung im Ermittlungsverfahren, in: Praxis der Strafverteidigung, Band 3, Heidelberg 1984

Weimar, Robert
Psychologische Strukturen richterlicher Entscheidung, Basel und Stuttgart 1969

Weiß, Manfred
Heimliche Tonaufnahmen durch Strafverfolgungsorgane, Diss. Nürnberg 1976

Welp, Jürgen
Zwangsbefugnisse für die Staatsanwaltschaft, in: Recht und Staat in Geschichte und Gegenwart, Heft 457/458, Tübingen 1976

Wenner, Gerd
Die Aufklärungspflicht gem. § 244 Abs. 2 StPO, in: Bochumer juristische Studien Nr. 24, Bochum 1982

Werthauer, o.V.
Eine Beweisaufnahme in der Revisionsinstanz, in ZStW Band 12 (1892), S. 571 f.

Wessels, Johannes
Die Aufklärungsrüge im Strafprozeß, in JuS 1969, 1 ff.

Westhoff, Ursula
Über die Grundlagen des Strafprozesses mit besonderer Berücksichtigung des Beweisrechts, Berlin 1955

Wetterich, Paul
Der Polizeibamte als Zeuge, 2. Auflage, Stuttgart/München/Hannover 1977

von Weveld, Adalbert Freiherr
Zur Lehre vom gerichtlichen Augenschein im Civilprozess, München 1877

Wigger, Ernst
Kriminaltechnik - Leitfaden für Kriminalisten -, BKA-Schriftenreihe, Band 50 (hrsg. vom Bundeskriminalamt), Wiesbaden 1980

Wimmer, August
Justizirrtümer oder summarische Gerechtigkeit in Verkehrsstrafsachen, in: Aktuelle Rechtsprobleme, Hubert Schorn zum 75. Geburtstag, Frankfurt a.M. 1966, S. 99 ff.

Zbinden, Karl
Kriminalistik (Strafuntersuchungskunde), München und Berlin 1954

Ziegler, Wolfgang
Zweckmäßigkeitstendenzen in der höchstrichterlichen Auslegung des Beweisrechts im Strafverfahren, in: Juristische Studien, Band 16, Tübingen 1969

Ziemba, Hartmut
Die Wiederaufnahme des Verfahrens zuungunsten des Freigesprochenen oder Verurteilten (§§ 362 ff. StPO), Diss. Marburg 1974

Zipf, Heinz
Die Strafmaßrevision, München 1969
(zitiert: Zipf, Strafmaßrevision)

Strafprozeßrecht, 2. Auflage, Berlin/New York 1977
(zitiert: Zipf, Strafprozeßrecht)

Die verwendeten Abkürzungen entsprechen dem "Abkürzungsverzeichnis der Rechtssprache auf der Grundlage der für den Bundesgerichtshof geltenden Abkürzungsregeln", bearbeitet von H. Kirchner und F. Kastner, 3. Auflage, Berlin/New York 1983.